金枪鱼渔业科学研究丛书

中西太平洋低温金枪鱼延绳钓渔船捕捞技术研究

宋利明 著

科学出版社

北京

内 容 提 要

本书分4篇,第一篇为"2012年库克群岛水域低温金枪鱼延绳钓渔船捕捞技术研究",第二篇为"2013年库克群岛水域低温金枪鱼延绳钓渔船捕捞技术研究",第三篇为"2015年公海水域低温金枪鱼延绳钓渔船捕捞技术研究",第四篇为"2016年公海水域低温金枪鱼延绳钓渔船捕捞技术研究"。本书基于海上调查数据对主要鱼种(长鳍金枪鱼、黄鳍金枪鱼、大眼金枪鱼)生物学特征、实测钓钩深度与理论深度的关系、渔场形成机制、渔获率与有关海洋环境的关系等进行了研究,对渔具渔法进行了比较试验。

本书可供从事捕捞学、渔业资源学等研究的科研人员,渔业管理部门,海洋渔业科学与技术专业的本科生、研究生,以及从事金枪鱼延绳钓渔业生产的企业参考使用。

图书在版编目(CIP)数据

中西太平洋低温金枪鱼延绳钓渔船捕捞技术研究 /
宋利明著. — 北京:科学出版社,2020.6
(金枪鱼渔业科学研究丛书)
ISBN 978-7-03-063908-0

Ⅰ.①中… Ⅱ.①宋… Ⅲ.①太平洋-超低温-公海渔场-钓鱼船-金枪鱼-海洋捕捞-研究 Ⅳ.
①U674.4

中国版本图书馆CIP数据核字(2020)第066268号

责任编辑:陈 露 / 责任校对:谭宏宇
责任印制:黄晓鸣 / 封面设计:殷 靓

科 学 出 版 社 出版
北京东黄城根北街16号
邮政编码:100717
http://www.sciencep.com

南京展望文化发展有限公司排版
苏州市越洋印刷有限公司印刷
科学出版社发行 各地新华书店经销

*

2020年6月第 一 版 开本:787×1092 1/16
2020年6月第一次印刷 印张:15 1/4
字数:380 000

定价:136.00元
(如有印装质量问题,我社负责调换)

本丛书得到下列项目的资助：
1. 上海海洋大学水产一流学科建设项目
2. 上海市教育委员会上海市属高校应用型本科试点专业建设项目
3. 2015、2016年农业部远洋渔业资源调查和探捕项目（D8006150049）
4. 科技部863计划项目（2012AA092302）
5. 2012、2013年农业部远洋渔业资源调查和探捕项目（D8006128005）
6. 2011年上海市教育委员会科研创新项目（12ZZ168）
7. 2011年高等学校博士学科点专项科研基金联合资助项目（20113104110004）
8. 2009、2010年农业部公海渔业资源探捕项目（D8006090066）
9. 2007、2008年农业部公海渔业资源探捕项目（D8006070054）
10. 科技部863计划项目（2007AA092202）
11. 2005、2006年农业部公海渔业资源探捕项目（D8006050030）
12. 上海高校优秀青年教师后备人选项目（03YQHB125）
13. 2003年农业部公海渔业资源探捕项目（D8006030039）
14. 科技部863计划项目（8181103）

丛书序一

我国大陆的金枪鱼延绳钓渔业始于1988年(台湾地区始于20世纪初),当时将小型流刺网渔船或拖网渔船进行简单改造,获得许可后驶入中西太平洋岛国的专属经济区进行作业。改装船当时都用冰保鲜,冰鲜的渔获物空运到日本销售。超低温金枪鱼延绳钓渔业始于1993年7月,主要在公海作业,发展迅速,到2017年年底,中国大陆的金枪鱼延绳钓渔业已拥有冰鲜和冷海水渔船24艘、低温渔船337艘及超低温渔船149艘。

丛书作者宋利明教授曾作为科技工作者,于1993年7月随中国水产有限公司所属的超低温金枪鱼延绳钓渔船"金丰1号"出海工作。首航出发港为西班牙的拉斯·帕尔马斯(Las Palmas)港,赴大西洋公海,开启了我国大陆在大西洋公海从事金枪鱼延绳钓渔业的先河,宋利明教授是该渔业的重要开拓者之一,其后续开展金枪鱼延绳钓渔业科学研究和技术推广25年,对该渔业的发展做出了重要的贡献。

捕捞技术涉及渔业资源与渔场、渔业生物学与鱼类行为能力、渔具与渔法等。通过对大西洋、太平洋和印度洋金枪鱼延绳钓渔场的多年调查和获取的数据,该丛书按水域、保藏方式和研究内容分为"公海超低温金枪鱼延绳钓渔船捕捞技术研究""印度洋冷海水金枪鱼延绳钓渔船捕捞技术研究""中西太平洋冷海水金枪鱼延绳钓渔船捕捞技术研究""中西太平洋低温金枪鱼延绳钓渔船捕捞技术研究""中西太平洋金枪鱼延绳钓渔业渔情预报模型比较研究""金枪鱼延绳钓钓钩力学性能及渔具捕捞效率研究""金枪鱼延绳钓渔具数值模拟研究""金枪鱼类年龄与生长和耳石微量元素含量研究"8个专题,全面反映了多学科的交汇和捕捞学学科的研究前沿。

宋利明教授长期深入生产第一线采集数据资料,进行现场调查。研究成果直接用于指导渔船的生产作业。该丛书是宋利明教授从事金枪鱼延绳钓渔业研究25年来辛勤劳动的成果,具有重要的实用价值,同时还是渔情预报和渔场分析的重要参考资料。该丛书的出版,将是我国远洋金枪鱼延绳钓渔业科学研究的重要里程碑。

周应祺

2018年10月2日

丛书序二

我国大陆远洋金枪鱼延绳钓渔业经过30多年的历程，逐步发展壮大，现已成为当前我国远洋渔业的一大产业。金枪鱼延绳钓渔业是我国"十三五"渔业发展规划的重要内容之一，属于需稳定优化的渔业。

尽管我国大陆的远洋金枪鱼延绳钓渔业取得了12万t左右的年产量，但金枪鱼类的分布与海洋环境之间的关系、渔情预报技术、渔具渔法等一些基础研究工作跟不上生产发展的要求，与日本、美国、欧盟等国家和地区有一定的差距。有必要加强对金枪鱼延绳钓捕捞技术及其相关技术领域的研究工作，实现合理有效的生产，同时为金枪鱼类资源评估、渔情预报技术提供基础理论依据。

大眼金枪鱼、黄鳍金枪鱼和长鳍金枪鱼是我国金枪鱼延绳钓渔业的主要捕捞对象。本丛书围绕其生物学特性、渔场形成机制、渔情预报模型、渔获率与有关海洋环境的关系、提高目标鱼种渔获率与减少兼捕渔获物的方法、实测钓钩深度与理论深度的关系、延绳钓钓钩力学性能及渔具捕捞效率、延绳钓渔具数值模拟等展开调查研究，研究成果将直接服务于我国远洋金枪鱼延绳钓渔业，有益于促进远洋金枪鱼延绳钓渔业效益的整体提高、保障远洋金枪鱼延绳钓渔业的可持续发展。

本丛书在写作和海上调查期间得到了上海海洋大学捕捞学硕士研究生王家樵、姜文新、高攀峰、张禹、周际、李玉伟、庄涛、张智、吕凯凯、胡振新、曹道梅、武亚萍、惠明明、杨嘉樑、徐伟云、李杰、李冬静、刘海阳、陈浩、谢凯、赵海龙、沈智宾、周建坤、王晓勇、郑志辉，以及中国水产有限公司刘湛清总经理、广东广远渔业集团有限公司方健民总经理、黄富雄副总经理、深圳市联成远洋渔业有限公司周新东董事长、浙江大洋世家股份有限公司郑道昌副总经理和浙江丰汇远洋渔业有限公司朱义峰总经理等的大力支持。在此表示衷心的感谢！

宋利明
2018年9月28日

前　言

"十二五"期间,我国大陆的低温金枪鱼延绳钓船队得到了快速的发展,该船队主要以中西太平洋的长鳍金枪鱼为目标鱼种。为了适应中西太平洋渔业委员会的管理要求、提高经济效益、拓展作业渔场,农业农村部组织上海海洋大学、深圳市华南渔业有限公司和浙江丰汇远洋渔业有限公司分别对中西太平洋库克群岛和公海水域展开了调查、研究。

本书根据2012年9~11月和2013年9月至2014年1月上海海洋大学和深圳市华南渔业有限公司在中西太平洋库克群岛水域、2015年4~9月和2016年3~7月上海海洋大学和浙江丰汇远洋渔业有限公司在中西太平洋波利尼西亚群岛附近的公海水域海上调查和实测获得的数据,围绕我国中西太平洋低温金枪鱼延绳钓渔业主要捕捞对象的生物学特性、实测钓钩深度与理论深度的关系、渔场形成机制、渔获量与有关海洋环境的关系等展开研究,对渔具渔法进行了比较试验,以提高作业渔船的经济效益,为远洋金枪鱼延绳钓渔业的可持续发展提供技术支撑。本书共4篇,第一篇为"2012年库克群岛水域低温金枪鱼延绳钓渔船捕捞技术研究",第二篇为"2013年库克群岛水域低温金枪鱼延绳钓渔船捕捞技术研究",第三篇为"2015年公海水域低温金枪鱼延绳钓渔船捕捞技术研究",第四篇为"2016年公海水域低温金枪鱼延绳钓渔船捕捞技术研究"。

每篇分为:渔场海况,主要金枪鱼鱼种渔获量及上钩率情况,主要金枪鱼种类生物学特性,实际钓钩深度与理论深度的关系,渔具渔法的比较试验,长鳍金枪鱼、黄鳍金枪鱼和大眼金枪鱼的栖息环境,长鳍金枪鱼、黄鳍金枪鱼和大眼金枪鱼渔场形成机制等。

海上调查期间得到了深圳市华南渔业有限公司黄富雄董事长、浙江丰汇远洋渔业有限公司朱义峰董事长等的大力支持,并得到了2011年上海市教育委员会科研创新项目(12ZZ168)、2011年高等学校博士学科点专项科研基金联合资助项目(20113104110004)、农业农村部2012、2013、2015、2016年渔业资源探捕项目的资助,在此深表谢意！还要感谢"华南渔716""丰汇17"和"丰汇18"全体船员,上海海洋大学捕捞学硕士研究生杨嘉樑、徐伟云、周建坤、沈智宾、谢凯、赵海龙、郑志辉、徐双泉和博士研究生齐雨琨等,在海上调查和写作过程中给予我的大力帮助。

由于本书覆盖内容较多,作者的水平有限,可能会有疏漏,敬请各位读者批评指正。

作　者
2019年12月30日

目 录

丛书序一
丛书序二
前言
第一篇 2012年库克群岛水域低温金枪鱼延绳钓渔船捕捞技术研究 ………………… 001
  1 渔场海况 …………………………………………………………………………… 002
    1.1 海流 ………………………………………………………………………… 002
    1.2 风速风向 …………………………………………………………………… 003
    1.3 表层水温 …………………………………………………………………… 003
    1.4 表层盐度 …………………………………………………………………… 003
    1.5 表层叶绿素浓度 …………………………………………………………… 004
  2 主要金枪鱼鱼种渔获量及上钩率情况 …………………………………………… 004
    2.1 渔获量状况 ………………………………………………………………… 004
    2.2 上钩率状况 ………………………………………………………………… 009
  3 主要金枪鱼种类生物学特性 ……………………………………………………… 013
    3.1 长鳍金枪鱼 ………………………………………………………………… 013
    3.2 黄鳍金枪鱼 ………………………………………………………………… 015
  4 实际钓钩深度与理论深度的关系 ………………………………………………… 017
    4.1 不同海流下船用渔具 ……………………………………………………… 018
    4.2 不同海流下试验渔具 ……………………………………………………… 019
    4.3 拟合钓钩深度计算模型 …………………………………………………… 023
  5 渔具渔法的比较试验 ……………………………………………………………… 027
    5.1 调查期间船用渔具和试验渔具的上钩率比较 …………………………… 028
    5.2 不同海流下试验渔具与船用渔具上钩率的比较 ………………………… 028
    5.3 不同海流下试验渔具上钩率的比较 ……………………………………… 032
    5.4 四种饵料的比较 …………………………………………………………… 039
  6 长鳍金枪鱼、黄鳍金枪鱼的栖息环境 …………………………………………… 040
    6.1 应用漂流速度拟合钓钩深度计算模型分析长鳍金枪鱼和黄鳍金枪鱼的

　　　　　栖息环境 ·· 041
　　6.2 应用流剪切系数拟合钓钩深度计算模型分析长鳍金枪鱼和黄鳍金枪鱼
　　　　　的栖息环境 ·· 048
　7 渔场形成机制 ··· 056
　　7.1 长鳍金枪鱼 ··· 057
　　7.2 黄鳍金枪鱼 ··· 060
　　7.3 小结 ··· 060

第二篇 2013年库克群岛水域低温金枪鱼延绳钓渔船捕捞技术研究 ··· 062

　1 渔场海况 ··· 063
　　1.1 海流 ··· 063
　　1.2 风速风向 ··· 063
　　1.3 表层水温 ··· 063
　　1.4 表层叶绿素浓度 ··· 064
　2 主要金枪鱼鱼种渔获量及上钩率情况 ··· 065
　　2.1 渔获量状况 ··· 065
　　2.2 上钩率状况 ··· 069
　3 主要金枪鱼种类生物学特性 ··· 073
　　3.1 长鳍金枪鱼 ··· 073
　　3.2 大眼金枪鱼 ··· 075
　　3.3 黄鳍金枪鱼 ··· 076
　4 实际钓钩深度与理论深度的关系 ··· 078
　　4.1 不同海流下船用渔具 ··· 078
　　4.2 不同海流下试验渔具 ··· 079
　　4.3 拟合钓钩深度计算模型 ··· 081
　5 渔具渔法的比较试验 ··· 085
　　5.1 调查期间船用渔具和试验渔具的上钩率比较 ··· 085
　　5.2 不同海流下试验渔具与船用渔具上钩率的比较 ··· 085
　　5.3 不同海流下试验渔具上钩率的比较 ··· 087
　6 长鳍金枪鱼、黄鳍金枪鱼、大眼金枪鱼的栖息环境 ··· 089
　　6.1 应用漂流速度拟合钓钩深度计算模型分析长鳍金枪鱼、黄鳍金枪鱼、
　　　　　大眼金枪鱼的栖息环境 ·· 090
　　6.2 应用流剪切系数拟合钓钩深度计算模型分析长鳍金枪鱼、黄鳍金枪鱼、
　　　　　大眼金枪鱼的栖息环境 ·· 099
　7 渔场形成机制 ··· 109
　　7.1 长鳍金枪鱼 ··· 110
　　7.2 黄鳍金枪鱼 ··· 112
　　7.3 大眼金枪鱼 ··· 113
　　7.4 小结 ··· 116

第三篇 2015年公海水域低温金枪鱼延绳钓渔船捕捞技术研究 ········· 118
  1 渔场海况 ········· 119
    1.1 海流 ········· 119
    1.2 风速风向 ········· 119
    1.3 表层水温 ········· 119
    1.4 表层叶绿素浓度 ········· 120
    1.5 表层盐度 ········· 121
    1.6 表层溶解氧含量 ········· 121
  2 主要金枪鱼鱼种渔获量及上钩率情况 ········· 122
    2.1 渔获量状况 ········· 122
    2.2 上钩率状况 ········· 125
  3 主要金枪鱼种类生物学特性 ········· 129
    3.1 长鳍金枪鱼 ········· 129
    3.2 大眼金枪鱼 ········· 131
    3.3 黄鳍金枪鱼 ········· 132
  4 实际钓钩深度与理论深度的关系 ········· 134
    4.1 不同海流下船用渔具 ········· 134
    4.2 不同海流下试验渔具 ········· 135
    4.3 拟合钓钩深度计算模型 ········· 136
  5 渔具渔法的比较试验 ········· 140
    5.1 调查期间船用渔具和试验渔具的上钩率比较 ········· 140
    5.2 不同海流下试验渔具上钩率的比较 ········· 142
  6 长鳍金枪鱼、黄鳍金枪鱼、大眼金枪鱼的栖息环境 ········· 144
    6.1 应用漂流速度拟合钓钩深度计算模型分析长鳍金枪鱼、黄鳍金枪鱼、大眼金枪鱼的栖息环境 ········· 144
    6.2 应用流剪切系数拟合钓钩深度计算模型分析长鳍金枪鱼、黄鳍金枪鱼、大眼金枪鱼的栖息环境 ········· 156
  7 渔场形成机制 ········· 169
    7.1 长鳍金枪鱼 ········· 169
    7.2 黄鳍金枪鱼 ········· 172
    7.3 大眼金枪鱼 ········· 173
    7.4 小结 ········· 177

第四篇 2016年公海水域低温金枪鱼延绳钓渔船捕捞技术研究 ········· 178
  1 渔场海况 ········· 179
    1.1 海流 ········· 179
    1.2 风速风向 ········· 179
    1.3 表层水温 ········· 179
    1.4 表层盐度 ········· 179

1.5　表层叶绿素 ·· 181
　　1.6　表层溶解氧含量 ··· 181
2　主要金枪鱼鱼种渔获量及上钩率情况 ·· 181
　　2.1　渔获量状况 ··· 181
　　2.2　上钩率状况 ··· 185
3　主要金枪鱼种类生物学特性 ·· 189
　　3.1　长鳍金枪鱼 ··· 189
　　3.2　大眼金枪鱼 ··· 190
　　3.3　黄鳍金枪鱼 ··· 192
4　实际钓钩深度与理论深度的关系 ·· 194
　　4.1　不同海流下实际钓钩深度与理论深度的关系 ································· 194
　　4.2　拟合钓钩深度计算模型 ··· 195
5　长鳍金枪鱼、黄鳍金枪鱼、大眼金枪鱼的栖息环境 ··································· 197
　　5.1　应用漂流速度拟合钓钩深度计算模型分析长鳍金枪鱼、黄鳍金枪鱼、
　　　　 大眼金枪鱼的栖息环境 ·· 197
　　5.2　应用流剪切拟合钓钩深度计算模型分析长鳍金枪鱼、黄鳍金枪鱼、
　　　　 大眼金枪鱼的栖息环境 ·· 209
6　渔场形成机制 ··· 221
　　6.1　长鳍金枪鱼 ··· 222
　　6.2　黄鳍金枪鱼 ··· 225
　　6.3　大眼金枪鱼 ··· 228
　　6.4　小结 ·· 229

第一篇

2012年库克群岛水域低温金枪鱼延绳钓渔船捕捞技术研究

深圳市华南渔业有限公司与上海海洋大学合作,从2012年9月21日~2012年11月15日对南太平洋库克群岛专属经济区金枪鱼渔场(10°50′~15°05′S,156°14′~168°01′W)进行了探捕。执行本次海上调查任务的渔船为低温金枪鱼延绳钓渔船"华南渔716",主要的船舶参数如下:总长36.60 m;型宽6.60 m;型深3.30 m;总吨196 t;净吨89 t;主机功率440.00 kW。探捕船对52个站点(图1-1-1)进行了探捕调查,记录了每天的投绳位置、投绳开始时间、起绳开始时间、投钩数、投绳时的船速和出绳速度、两钓钩间的时间间隔、两浮子间的钓钩数、主要金枪鱼鱼种的渔获量,抽样测定了它们的上钩钩号、死活状态、上钩时的位置,用卡尺测定了主要金枪鱼鱼种的叉长,用微型温度深度计(TDR-2050)测定了部分钓钩在海水中的实际深度及其变化,用多功能水质仪(XR-620)测定了调查站点的0~250 m的温度、盐度、叶绿素浓度的垂直变化曲线,用三维海流计(Aquadopp-2000)测定了调查站点的0~300 m的海流数据,通过微型温度深度计(TDR-2050)测定钓钩的实际深度。进行了渔具渔法的交叉比较试验,对主要鱼种的生物学参数进行了测定等。

本次调查船上原来所用的钓具结构为:浮子直径为360 mm;浮子绳直径为5.0 mm,长

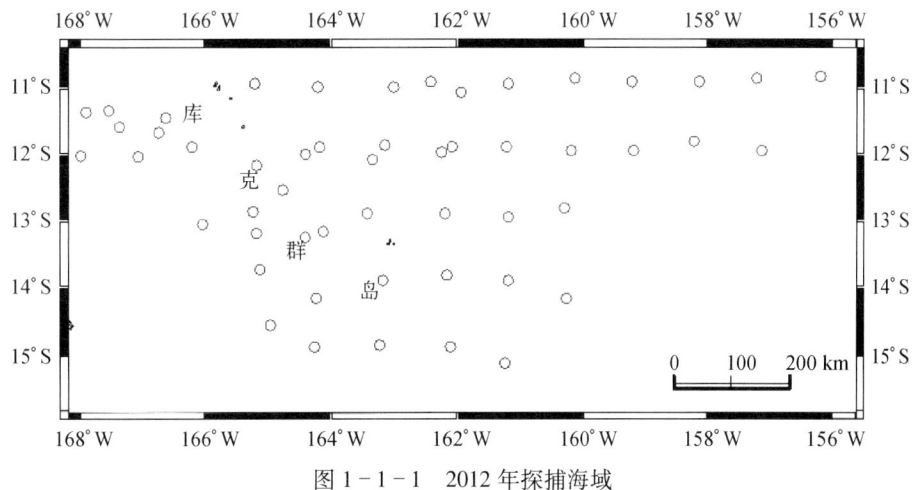

图1-1-1 2012年探捕海域

○:调查站点

17 m;干线直径为4.0 mm;支线第一段为直径3.5 mm的硬质聚丙烯,长1.0 m左右,第二段为180#(直径为2.25 mm)的尼龙单丝,长20 m;自动挂扣与第一段用转环连接;第一段与第二段用转环连接,全长21 m。

试验渔具按照表1-1-1所列的16种组合进行装配,第一段与第二段用4种带铅转环连接,在钓钩上方加2种重量的铅坠,部分在钓钩上方装配塑料荧光管。

表1-1-1 16种试验渔具组合

组 号	水泥块(空气中)重量/kg	转环重量/g	铅坠重量/g	荧光管
1	2	75	18.75	有
2	2	60	18.75	有
3	2	45	11.25	无
4	2	10	11.25	无
5	3	75	18.75	有
6	3	60	18.75	有
7	3	45	11.25	无
8	3	10	11.25	无
9	4	75	18.75	有
10	4	60	18.75	有
11	4	45	11.25	无
12	4	10	11.25	无
13	5	75	18.75	有
14	5	60	18.75	有
15	5	45	11.25	无
16	5	10	11.25	无

调查期间,一般情况下,5:30~9:30,投绳,持续时间为4 h左右;15:30至第二天3:00,起绳,持续时间为11.5 h左右;船长根据探捕调查站点位置决定当天投绳的位置,受条件所限实际的投绳位置和计划站点位置会有一定的偏差。

船速8.0~8.9节,出绳速度一般为10.5节,两浮子间的钓钩数为28枚,两钓钩间的时间间隔为6 s。每天投放原船用渔具840~2 800枚。

投放试验渔具时,靠近浮子的第1枚钩换成4种不同重量的重锤(水泥块),两浮子间的钓钩数为23枚,其他参数不变。试验渔具每种46枚,共16组,每天投放8组。

1 渔场海况

1.1 海流

本次调查时间为2012年9月21日~2012年11月15日,历时1个航次。具体调查范围为10°50′~15°05′S,156°14′~168°01′W。以下分析的海流数据是海流计实测的数据,取5~15 m水深海流为表层海流。表面漂流方向总体往东南、东北,其次为西北,流速范围为0.17~0.51 m/s。

1.2 风速风向

调查海域的风速在 0.5~5.5 m/s,绝大部分情况下低于 3 m/s。调查过程中,0~0.5 m/s 风速未出现,1~3 m/s 风速出现的频率最高,占 88.46%,未出现超过 5.5 m/s 的风速(表 1-1-2)。主导风向为北风,其次为东南、东北、西北风。

表 1-1-2 调查海域的风速频率

风速/(m/s)	频率/%	风速/(m/s)	频率/%
0~0.5	0	2~2.5	25
0.5~1	3.85	2.5~3	7.69
1~1.5	25	3~3.5	7.69
1.5~2	26.92	>3.5	3.85

1.3 表层水温

考虑到海面受天气变化的影响较大,为了保证数据之间的可比性,本文中统一取深度为水下 10±5 m 水层作为表层,然后计算这一水层水温的算术平均值。调查海域的表层水温在 27.65~29.62℃波动,平均为 28.88℃,北部温度较高,南部温度较低(图 1-1-2)。

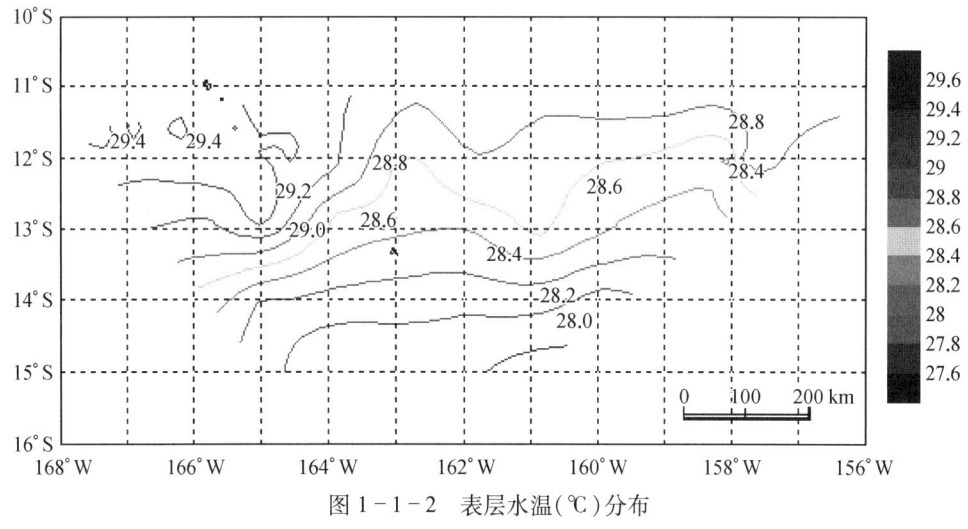

图 1-1-2 表层水温(℃)分布

扫一扫
看彩图

1.4 表层盐度

水层深度同上所述。计算该水层盐度的算术平均值。调查海域的表层盐度在 31.33~36.64 波动,平均为 36.21,波动范围较窄。北部盐度较低,南部盐度较高(图 1-1-3)。

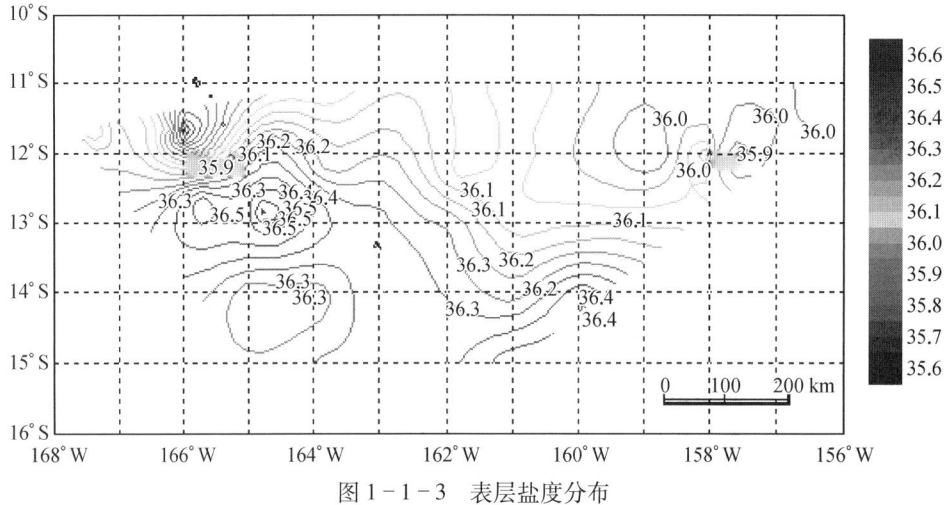

图 1-1-3 表层盐度分布

1.5 表层叶绿素浓度

水层深度同上所述。计算该水层叶绿素浓度的算术平均值。调查海域的表层叶绿素浓度在 0.000 2~0.734 5 μg/L 波动,平均为 0.214 9 μg/L(图 1-1-4)。

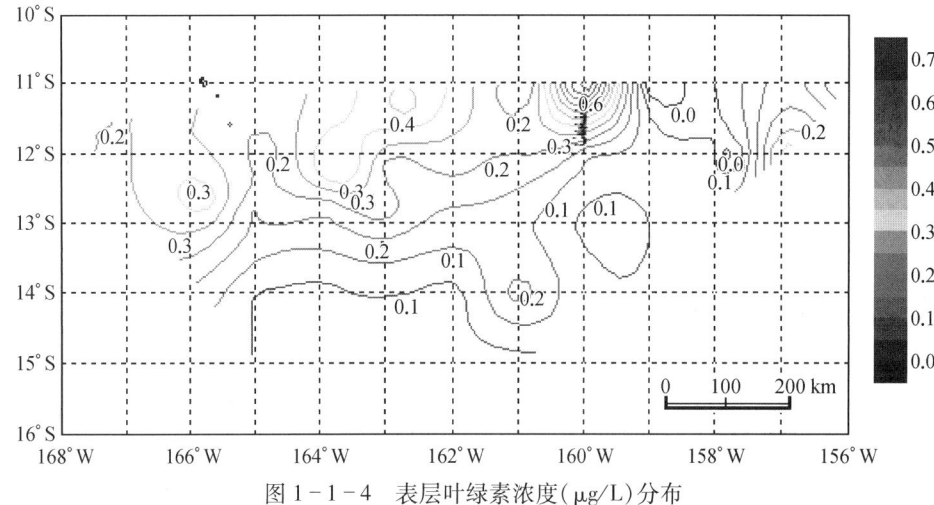

图 1-1-4 表层叶绿素浓度(μg/L)分布

2 主要金枪鱼鱼种渔获量及上钩率情况

2.1 渔获量状况

从 2012 年 9 月 21 日~2012 年 11 月 15 日,共捕获长鳍金枪鱼、鲣、黄鳍金枪鱼、刺鲅、大眼金枪鱼 1 655 尾,其中长鳍金枪鱼 1 163 尾(27.9 t)、鲣 227 尾(3.7 t)、黄鳍金枪鱼 125 尾

(4.3 t)、刺鲅 112 尾(1.6 t)、大眼金枪鱼 28 尾(1.2 t)。长鳍金枪鱼的渔获量较高。具体见表 1-2-1。

表 1-2-1 调查期间调查船的产量(尾)情况

作业次数	长鳍金枪鱼	鲣	黄鳍金枪鱼	刺鲅	大眼金枪鱼	总渔获量
52	1 163	227	125	112	28	1 655

对本航次长鳍金枪鱼、鲣、黄鳍金枪鱼、刺鲅的日渔获量(单位:尾,以下同)、上钩率(CPUE,单位:尾/千钩,以下同)进行了统计,日渔获量按照 0~20、21~40、41~65(尾)步程统计其出现的次数。

整个调查期间,长鳍金枪鱼、鲣、黄鳍金枪鱼、刺鲅和总的日渔获量分布见图 1-2-1~图 1-2-5。

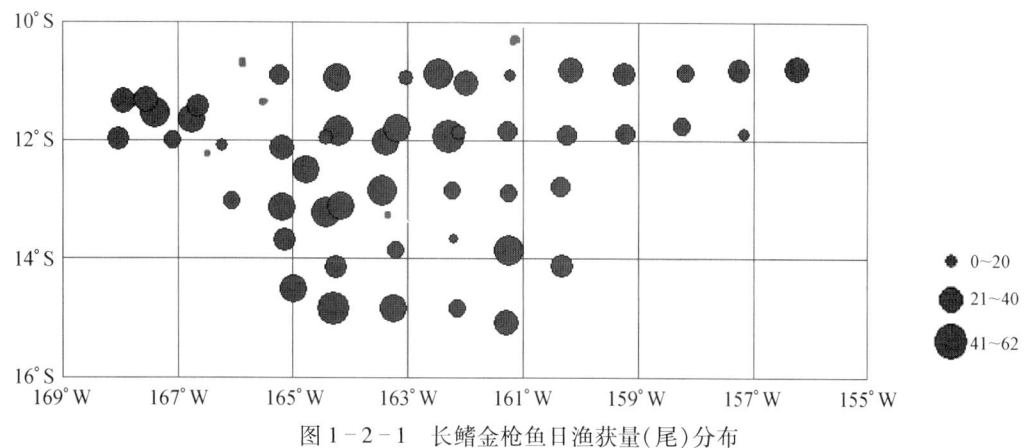

图 1-2-1 长鳍金枪鱼日渔获量(尾)分布

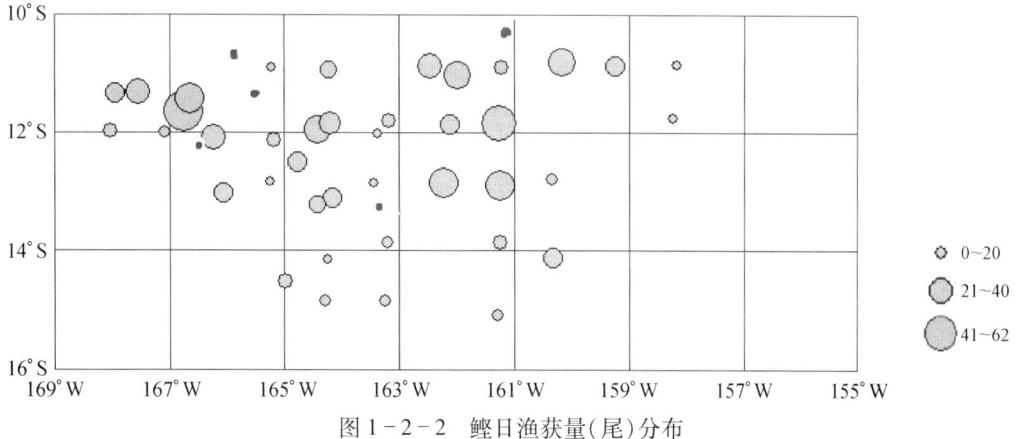

图 1-2-2 鲣日渔获量(尾)分布

整个调查期间,长鳍金枪鱼、鲣、黄鳍金枪鱼、刺鲅和四种鱼(长鳍金枪鱼、鲣、黄鳍金枪鱼和刺鲅)的日渔获量等级分布见图 1-2-6~图 1-2-10。

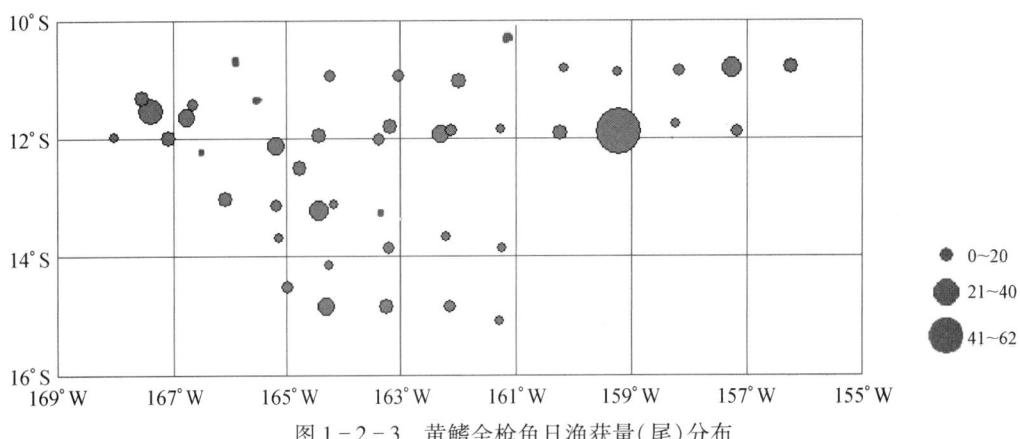

图 1-2-3 黄鳍金枪鱼日渔获量(尾)分布

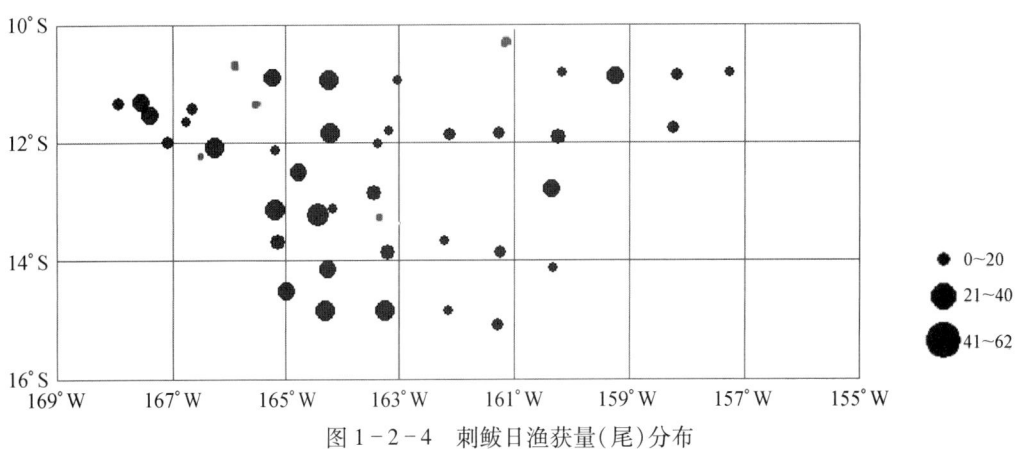

图 1-2-4 刺鲅日渔获量(尾)分布

扫一扫
看彩图

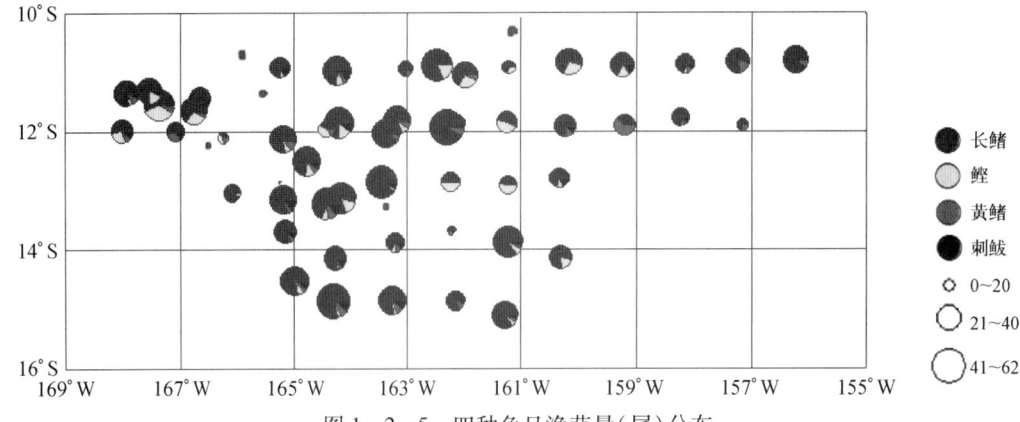

图 1-2-5 四种鱼日渔获量(尾)分布

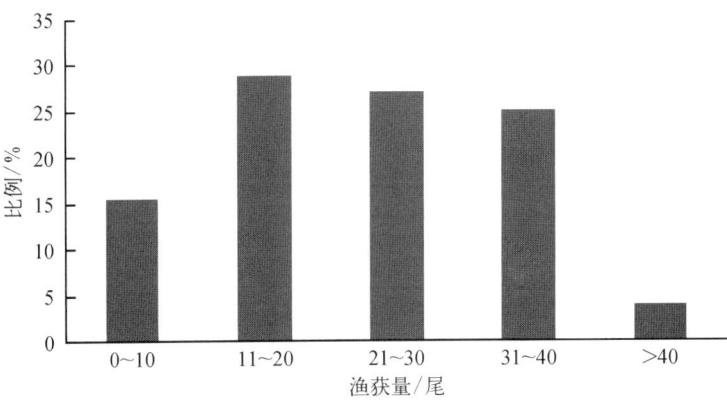

图 1-2-6 长鳍金枪鱼日渔获量等级分布

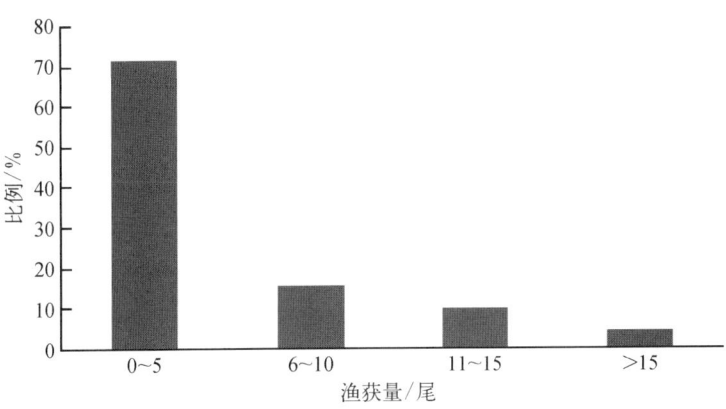

图 1-2-7 鲣日渔获量等级分布

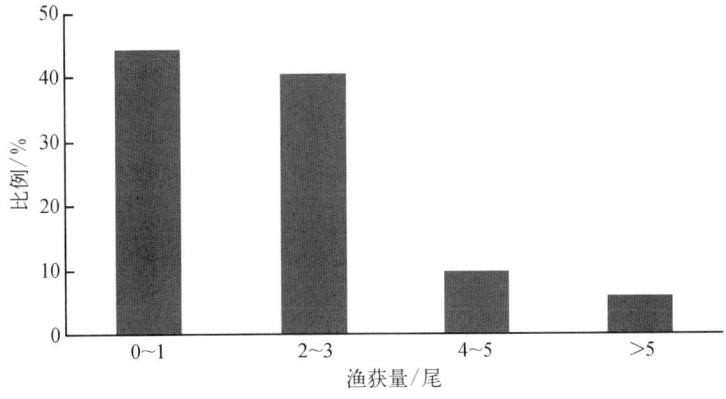

图 1-2-8 黄鳍金枪鱼日渔获量等级分布

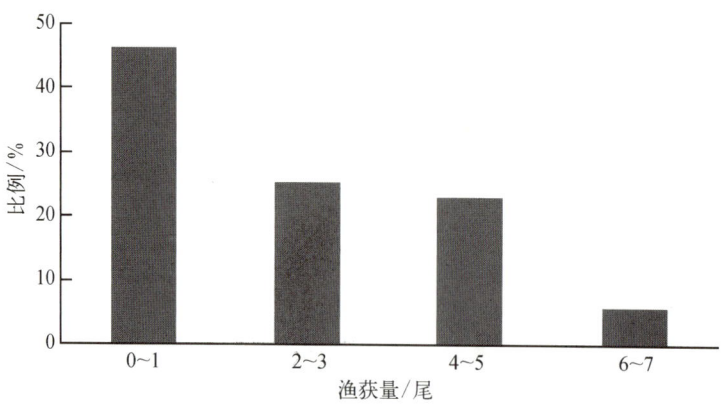

图1-2-9 刺鲅日渔获量等级分布

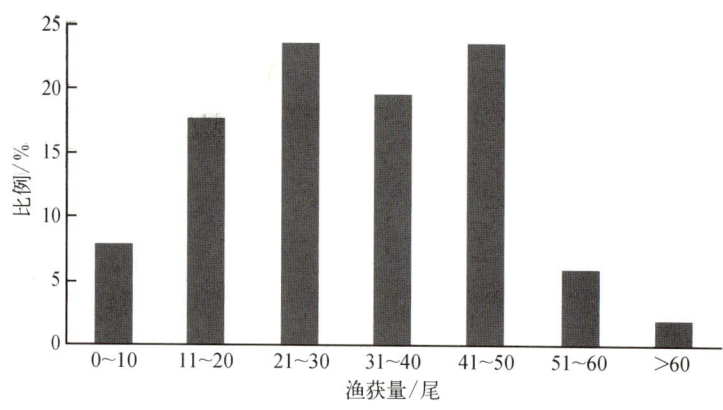

图1-2-10 四种鱼的日渔获量等级分布

1) 长鳍金枪鱼:整个调查期间,其平均日渔获量为22.8尾,最小日渔获量为0尾,最大日渔获量为46尾。具体的渔获量等级分布见图1-2-6,可知日渔获量11~20尾的出现频率最高,占28.8%,40尾(含)以上的渔获量,占3.8%。

2) 鲣:整个调查期间,其平均日渔获量为5.68尾,最小渔获量为0,最大日渔获量为23尾。具体的渔获量等级分布见图1-2-7,可知日渔获量0~5尾出现频率最高,占71.5%,23尾以上没有分布,其他各个等级都有分布,15尾的最少,占1.92%。

3) 黄鳍金枪鱼:整个调查期间,其平均日渔获量为3.13尾,最小渔获量为0,最大日渔获量为27尾。具体的渔获量等级分布见图1-2-8,可知日渔获量0~1尾出现频率最高,占45%,27尾以上没有分布,5尾以上分布最少,只出现1次,占1.92%。

4) 刺鲅:整个调查期间,其平均日渔获量为2.87尾,最小渔获量为0,最大日渔获量为7尾。具体的渔获量等级分布见图1-2-9,可知日渔获量0~1尾出现频率最高,占47.5%,7尾以上没有分布,6~7尾分布最少,占7.5%。

5) 四种鱼:整个调查期间平均日渔获量为31.9尾,最小日渔获量为1尾(11月4日),最大日渔获量为72尾(11月11日)。具体的渔获量等级分布见图1-2-10,可知日渔获量

21~30 和 41~50 尾的出现频率最高,占 23.5%;11~20 尾和 31~40 尾出现频率较高,出现频率最低的为 60 尾以上,约占 2%。

2.2 上钩率状况

本次调查共投钩 102 360 枚,长鳍金枪鱼、鲣、黄鳍金枪鱼、刺鲅的上钩率分别为 11.36 尾/千钩、2.22 尾/千钩、1.22 尾/千钩、1.09 尾/千钩。调查期间调查船的上钩率情况见表 1-2-2。调查期间长鳍金枪鱼、鲣、黄鳍金枪鱼、刺鲅上钩率分布和四种鱼的上钩率分别见图 1-2-11~图 1-2-15。

表 1-2-2 调查期间的钓钩数、各鱼种尾数和上钩率(尾/千钩)情况

钩 数	长鳍金枪鱼		鲣		黄鳍金枪鱼		刺 鲅	
	尾数	上钩率	尾数	上钩率	尾数	上钩率	尾数	上钩率
102 360	1 163	11.36	227	2.22	125	1.22	112	1.09

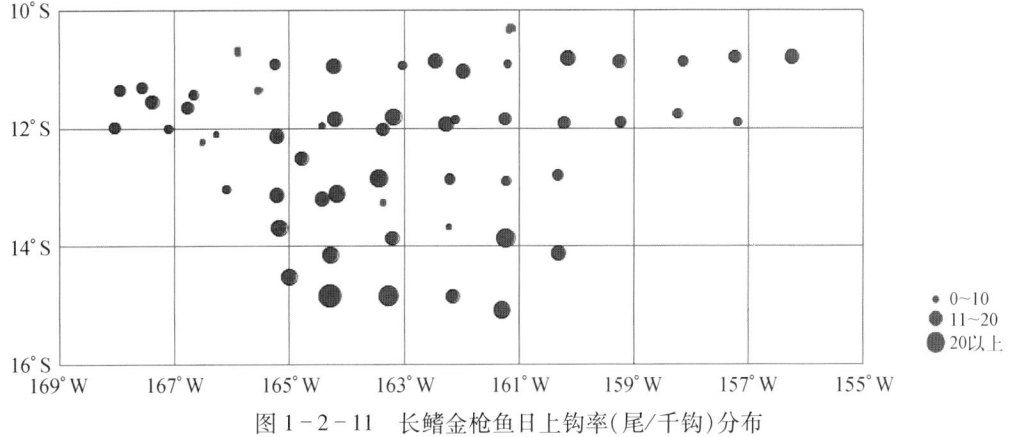

图 1-2-11 长鳍金枪鱼日上钩率(尾/千钩)分布

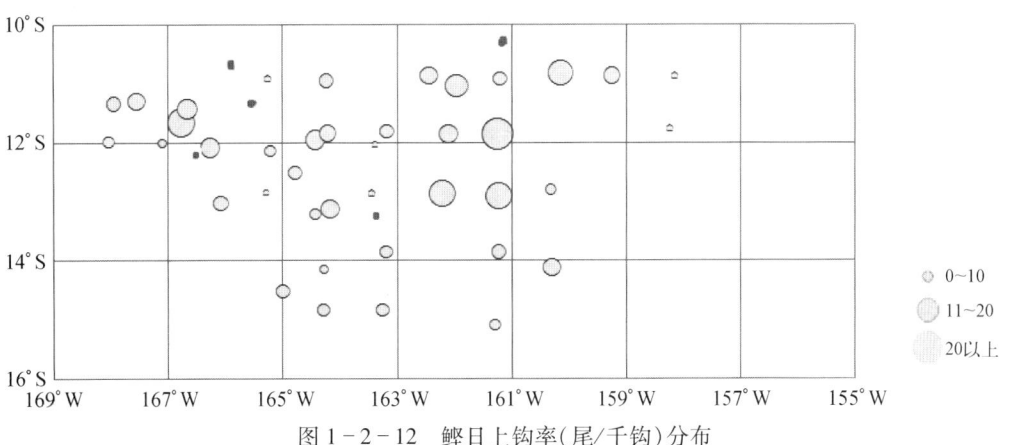

图 1-2-12 鲣日上钩率(尾/千钩)分布

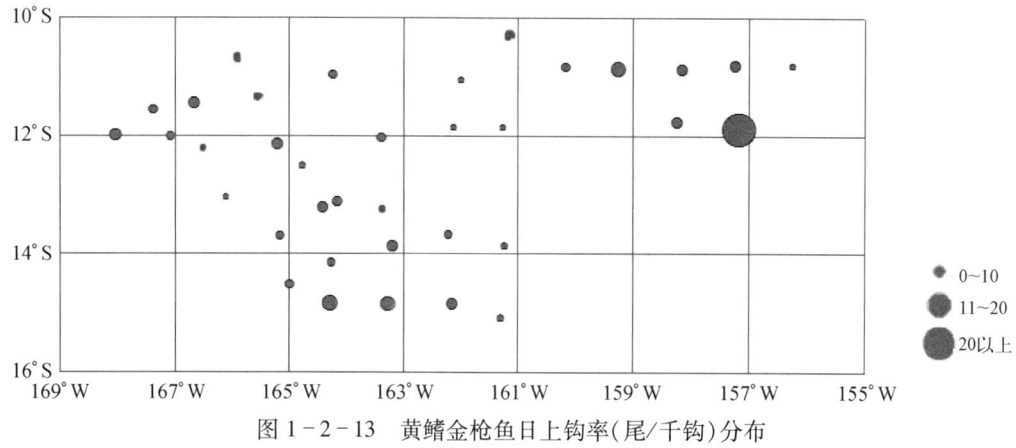

图1-2-13 黄鳍金枪鱼日上钩率(尾/千钩)分布

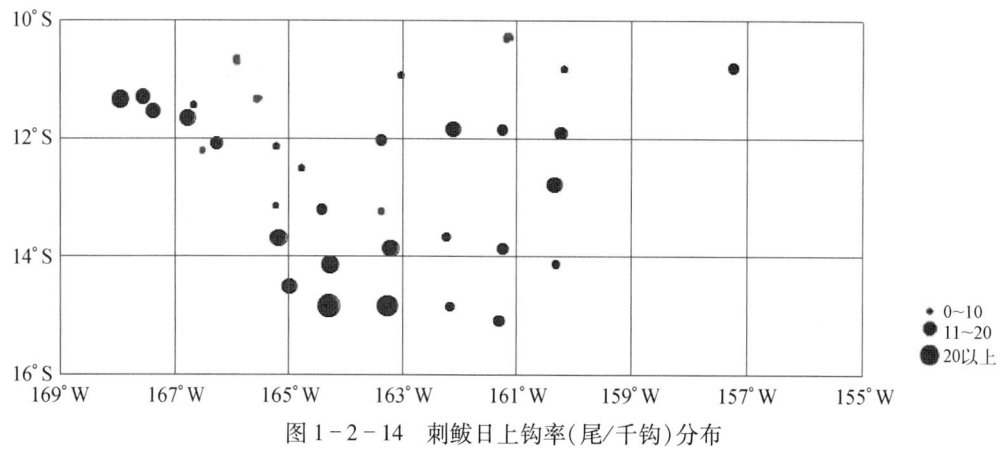

图1-2-14 刺鲅日上钩率(尾/千钩)分布

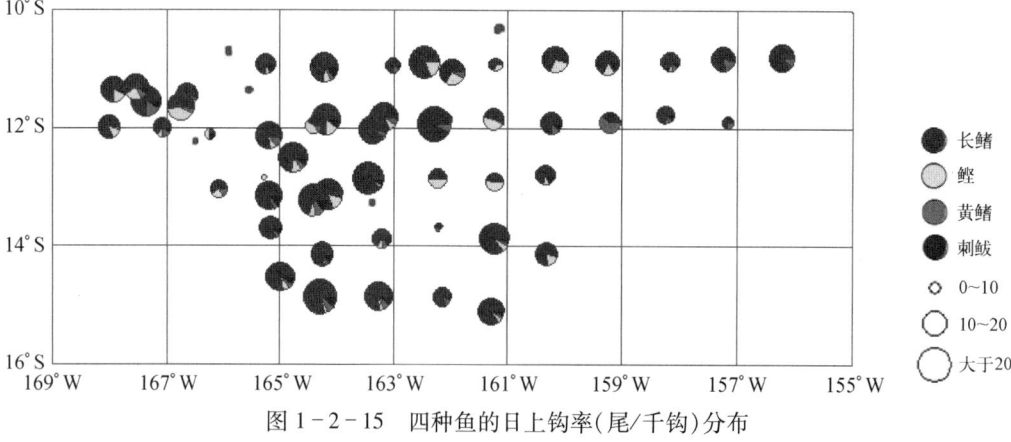

图1-2-15 四种鱼的日上钩率(尾/千钩)分布

对长鳍金枪鱼、鲣、黄鳍金枪鱼、刺鲅的上钩率(单位:尾/千钩,以下同)、四种鱼的上钩率进行了统计,长鳍金枪鱼、鲣、黄鳍金枪鱼、刺鲅的上钩率等级分布、四种鱼的上钩率等级分布见图1-2-16~图1-2-20。

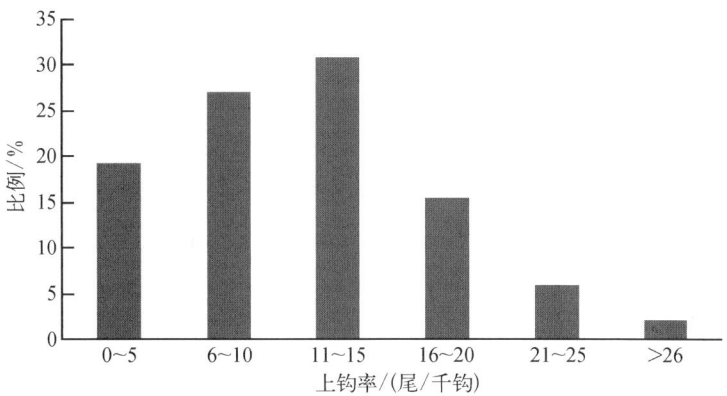

图1-2-16 长鳍金枪鱼的上钩率等级分布

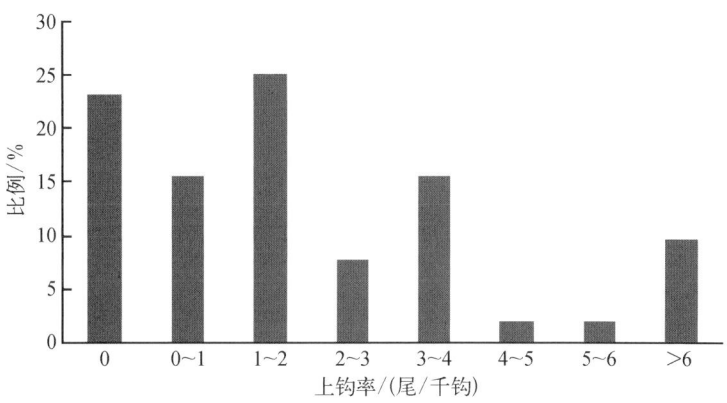

图1-2-17 鲣的上钩率等级分布

图1-2-18 黄鳍金枪鱼的上钩率等级分布

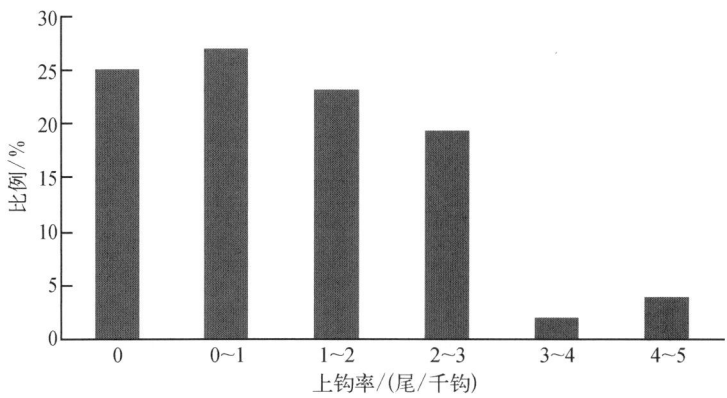

图 1-2-19　刺鲅的上钩率等级分布

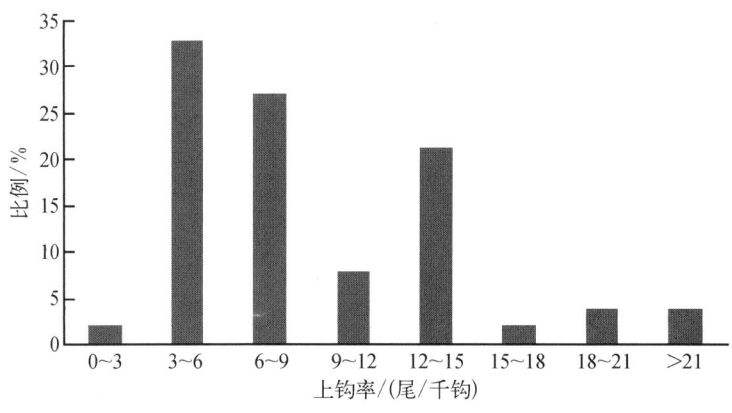

图 1-2-20　四种鱼的上钩率等级分布

1) 长鳍金枪鱼：整个调查期间，其平均上钩率为 11.91 尾/千钩，最小上钩率为 0，最大上钩率为 38.08 尾/千钩。具体的上钩率等级分布见图 1-2-16，由图可知：上钩率等级 11~15 尾/千钩的出现频率最高，占 31%，26 尾/千钩以上出现的频率很少。

2) 鲣：整个调查期间，其平均上钩率等级为 2.14 尾/千钩，最小上钩率为 0，最大上钩率为 10.18 尾/千钩。具体的上钩率等级分布见图 1-2-17，由图可知：上钩率为 1~2 尾/千钩的出现频率最高，占 25.0%，6 尾/千钩以上出现的频率很少。

3) 黄鳍金枪鱼：整个调查期间，其平均上钩率为 1.27 尾/千钩，最小上钩率为 0，最大上钩率为 15.27 尾/千钩。具体的上钩率等级分布见图 1-2-18，由图可知：上钩率为 1~2 尾/千钩的出现频率最高，占 38.5%，4 尾/千钩以上出现的频率很少。

4) 刺鲅：整个调查期间，其平均上钩率为 1.19 尾/千钩，最小上钩率为 0，最大上钩率为 4.97 尾/千钩。具体的上钩率等级分布见图 1-2-19，由图可知：上钩率为 0~1 尾/千钩的出现频率最高，占 42.3%，5 尾/千钩以上出现的频率很少。

5) 四种鱼：整个调查期间平均上钩率为 9.41 尾/千钩，最小上钩率为 0.13 尾/千钩，最大上钩率为 39.75 尾/千钩。上钩率等级分布见图 1-2-20，由图可知：上钩率 3~9 尾/千钩的出现频率较高，31 次，占 59.6%；出现频率最低的为 0~3 和 15~18 尾/千钩，1 次，占 1.9%。

3 主要金枪鱼种类生物学特性

3.1 长鳍金枪鱼

调查期间对所捕获的长鳍金枪鱼(共1 163尾)的叉长、捕捞至甲板时的死活状况、脂肪含量等数据进行了测定。样本叉长范围为50~114 cm,叉长取样覆盖率为99.4%(1 156尾)。由于每尾取样鱼记录的数据不全,所以对于不同的研究项目分析时所用到的尾数不同。

3.1.1 叉长分布

调查期间,共测定了1 156尾长鳍金枪鱼的叉长,最小叉长为50 cm,最大叉长为114 cm,平均叉长为95 cm。整个调查期间的长鳍金枪鱼的叉长分布见图1-3-1,其中90~99 cm为优势叉长,占80.36%。

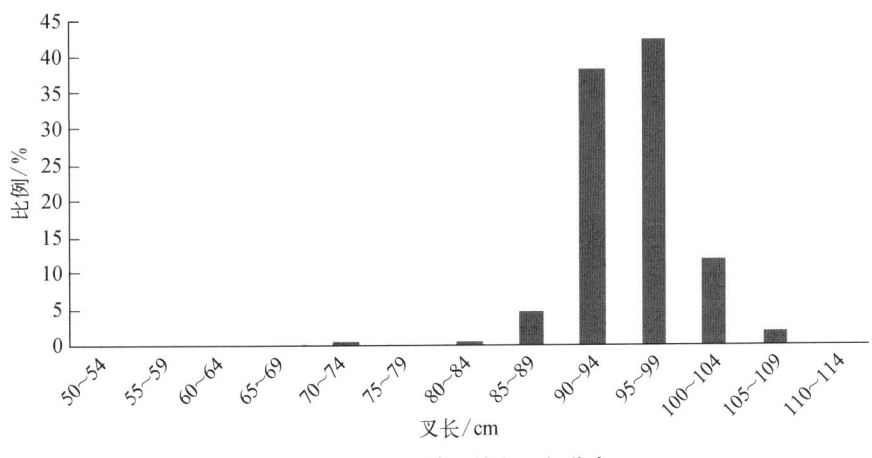

图1-3-1 长鳍金枪鱼叉长分布

3.1.2 死活状况

整个调查期间观测了1 163尾长鳍金枪鱼捕捞到甲板上时的死活状况,见表1-3-1,可知长鳍金枪鱼捕捞到甲板上时活鱼占多数,占61.31%。

表1-3-1 长鳍金枪鱼的死活状况

状 态	尾 数	百分比/%
死	450	38.69
活	713	61.31
总计	1 163	100.00

3.1.3 脂肪含量

调查期间,共测定了478尾长鳍金枪鱼的脂肪含量,最小脂肪含量为0.325%,最大脂肪含量为4.575%,平均脂肪含量为2.018%。整个调查期间长鳍金枪鱼的脂肪含量分布见图1-3-2,日平均脂肪含量见图1-3-3。

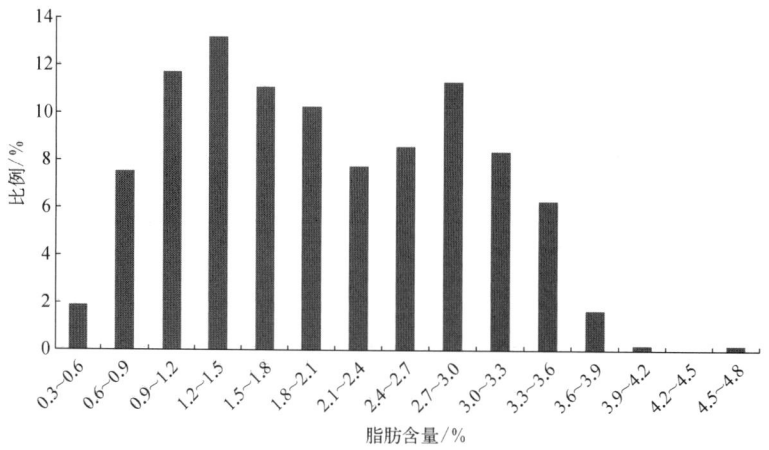

图1-3-2　长鳍金枪鱼脂肪含量分布

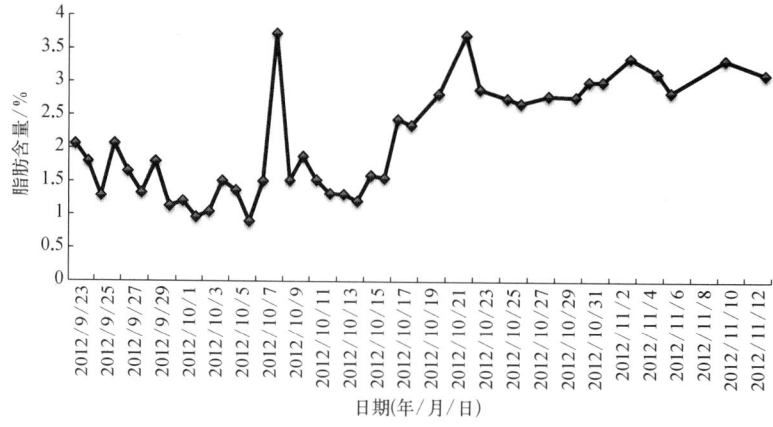

图1-3-3　长鳍金枪鱼日平均脂肪含量

叉长与脂肪含量的关系见图1-3-4,可知随叉长的增大,长鳍金枪鱼脂肪含量有增高的趋势。

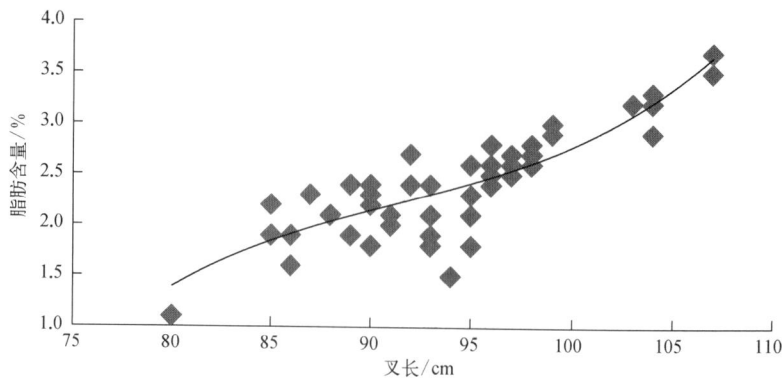

图1-3-4　长鳍金枪鱼叉长与脂肪含量的关系

3.2 黄鳍金枪鱼

调查期间对所捕获的黄鳍金枪鱼(共125尾)的叉长、捕捞至甲板死活状况、脂肪含量等数据进行了测定。样本叉长范围为70~150 cm,叉长取样覆盖率为100%。由于每尾取样鱼记录的数据不全,所以对于不同的研究项目分析时所用到的尾数不同。

3.2.1 叉长分布

调查期间,共测定了125尾黄鳍金枪鱼的叉长,最小叉长为70 cm,最大叉长为150 cm,平均叉长为119 cm。整个调查期间的黄鳍金枪鱼的叉长分布见图1-3-5,其中120~134 cm为优势叉长,占55.20%。

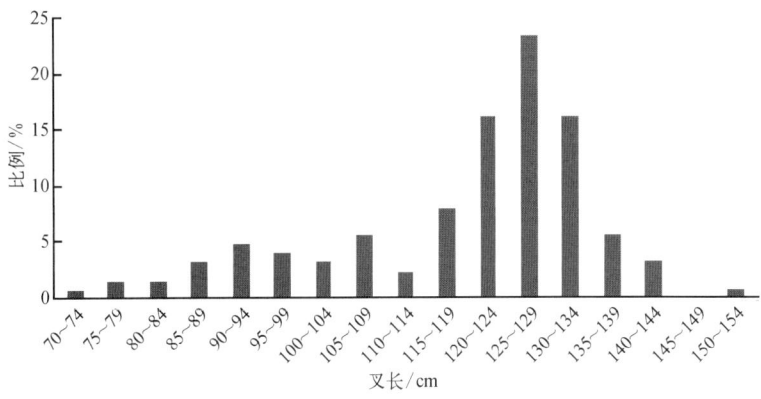

图1-3-5 黄鳍金枪鱼叉长分布

3.2.2 死活状况

整个调查期间观测了125尾黄鳍金枪鱼捕捞到甲板时的死活状况,见表1-3-2,可知黄鳍金枪鱼捕捞到甲板时活鱼明显占多数,占78.40%。

表1-3-2 黄鳍金枪鱼的死活状况

状 态	尾 数	百分比/%
死	27	21.60
活	98	78.40
总计	125	100.00

3.2.3 脂肪含量

调查期间,共测定了35尾黄鳍金枪鱼的脂肪含量,最小脂肪含量为1.238%,最大脂肪含量为20.813%,平均脂肪含量为8.314%。整个调查期间黄鳍金枪鱼的脂肪含量分布见图1-3-6,日平均脂肪含量见图1-3-7。调查期间,鱼类脂肪含量数据由英国Distell公司生产的快速测量仪(FM692)测定。

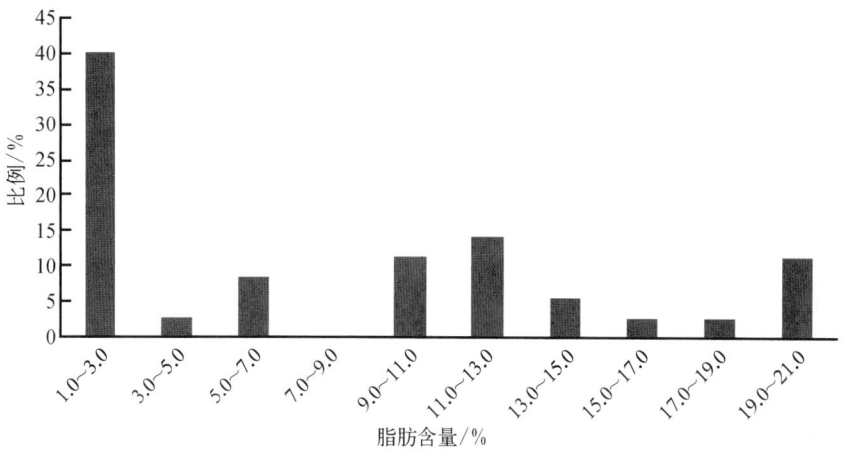

图1-3-6 黄鳍金枪鱼脂肪含量分布

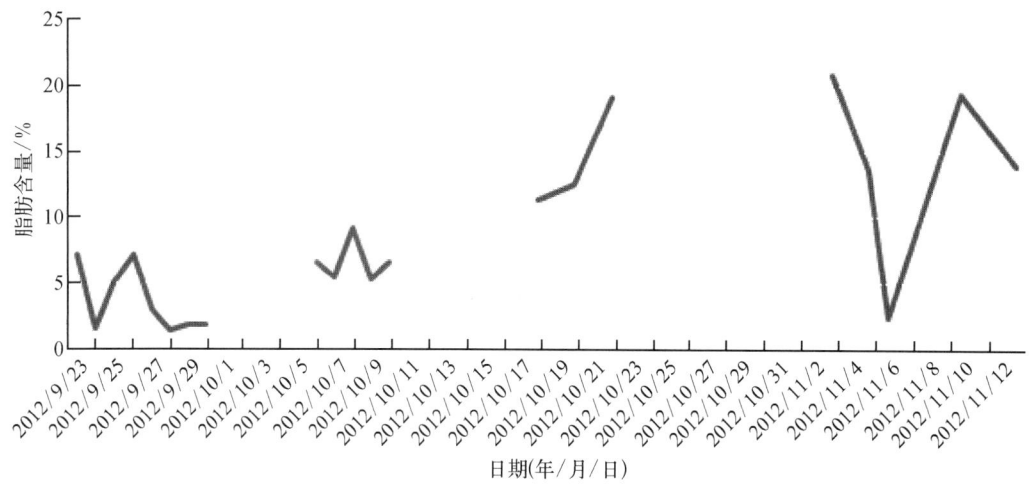

图1-3-7 黄鳍金枪鱼日平均脂肪含量

叉长与脂肪含量的关系见图1-3-8,可知叉长为115~135 cm的黄鳍金枪鱼脂肪含量最高。

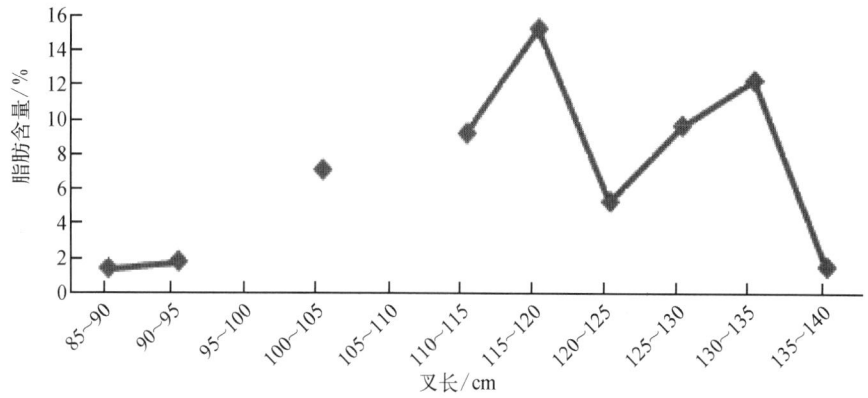

图1-3-8 黄鳍金枪鱼叉长与脂肪含量关系

4 实际钓钩深度与理论深度的关系

国外研究资料显示,影响钓钩深度的因素并不是海流的绝对速度,而是不同水层海流间的剪切作用,本文根据这一观点,对仪器测到的不同水层的原始数据进行处理,得出不同站点每天的流剪切系数[1]。具体公式为

$$\tilde{K} = \log\left\{\frac{\sum_{n=1}^{N}\left[\left(\frac{u_{n+1}-u_n}{z_{n+1}-z_n}\right)^2 + \left(\frac{v_{n+1}-v_n}{z_{n+1}-z_n}\right)^2\right]^{\frac{1}{2}}(z_{n+1}-z_n)}{\sum_{n=1}^{N}(z_{n+1}-z_n)}\right\} \quad (1-4-1)$$

式中,$\tilde{K}$ 为流剪切力的对数形式,u_n 为第 n 个深度处的海流的东西水平分量,v_n 为第 n 个深度处的海流的南北水平分量,z_n 为两深度之间的差值。

本文在以后的分析中采用 $\tilde{K}$(流剪切系数)作为三维海流对实际深度的影响因子,简称为流剪切。

实际钓钩深度为微型温度深度计(TDR-2050)测定的部分钓钩在海水中的实际深度及其变化。

理论深度按照日本吉原有吉的钓钩深度计算公式计算[2],根据钩号,按照理论钓钩深度计算方法计算得出该钩号的理论深度。即

$$D_j = h_a + h_b + l\left[\sqrt{1+\cot^2\varphi_0} - \sqrt{\left(1-\frac{2j}{n}\right)^2 + \cot^2\varphi_0}\right] \quad (1-4-2)$$

$$L = V_2 \times n \times t \quad (1-4-3)$$

$$l = V_1 \times n \times t/2 \quad (1-4-4)$$

$$k = L/2l = V_2/V_1 = \cot\varphi_0 sh^{-1}(tg\varphi_0) \quad (1-4-5)$$

式(1-4-2)~式(1-4-5)中,D_j 为理论深度;h_a 为支线长;h_b 为浮子绳长;l 为干线弧长的一半;φ_0 为干线支承点上切线与水平面的交角,与 k 有关,作业中很难实测 φ_0,采用短缩率 k 来推出 φ_0;j 为 2 浮子之间自一侧计的钓钩编号序数,即钩号;n 为 2 浮子之间干线的分段数,即支线数加 1;L 为 2 浮子之间的海面上的距离;V_2 为船速;t 为投绳时前后 2 支线之间相隔的时间间隔;V_1 为投绳机出绳速度。

试验钓具的理论深度则需要做相应的修正,得出理论深度计算公式,即

$$D'_j = h_a + h_b + D_w + l\left[\sqrt{1+\text{ctg}^2\varphi'_0} - \sqrt{\left(1-\frac{2j}{m}\right)^2 + \text{ctg}^2\varphi'_0}\right] \quad (1-4-6)$$

$$L' = V_2(m+4)t - 2\sqrt{(2V_1 t)^2 - D_w^2} \quad (1-4-7)$$

$$l = \frac{V_1 \times m \times t}{2} \quad (1-4-8)$$

$$k = \frac{L'}{2l} = \text{ctg}\,\varphi'_0 sh^{-1}(tg\,\varphi'_0) \quad (1-4-9)$$

式(1-4-6)~式(1-4-9)中，D'_j 为试验渔具理论深度(m)；D_w 为挂重锤处干线的垂度(m)；L' 为重锤间的水平距离(m)；m 为2重锤间干线的分段数；φ'_0 为挂重锤处干线与浮子绳连接点上切线与水平面的交角；其他则同式(1-4-2)~式(1-4-5)。

实际钓钩深度与理论深度的关系采用线性回归的方法[3]，即把海流分为3个等级[0~0.3节、0.3(含)~0.6节和0.6节及以上]，重锤分为4种(2 kg、3 kg、4 kg、5 kg)情况进行分析，以利于渔民掌握。

实际钓钩深度与理论深度、海洋环境等的关系采用多元回归[3]的方法，得出拟合钓钩深度计算模型。实际深度与理论深度的关系与受到的海流的切应力和风力有关，另外还与漂移方向与投绳方向间夹角的正弦值和风向与投绳方向间夹角的正弦值有关。调查中共获得两组海流数据的表达形式，一种是钓具在海中的漂移速度，另一种是采用海流计测到的0~300 m 的三维海流数据(采用处理后的流剪切系数来表示)。因此，在拟合钓钩深度计算模型时，分别把两种数据作为海流的影响因子，结合理论深度、风速、流向与投绳方向间夹角的正弦值和风向与投绳方向间夹角的正弦值进行多元回归，分别得出这2种方法的钓钩深度计算模型。

4.1 不同海流下船用渔具

海流分为3个等级：0~0.3节、0.3(含)~0.6节和0.6节及以上。

4.1.1 0~0.3节(图1-4-1)

$$y = 0.869x, \quad N = 52, \quad R^2 = 0.782\,9 \qquad (1-4-10)$$

式中，y 为实际钓钩深度，x 为理论钓钩深度，N 为数据个数，下同。

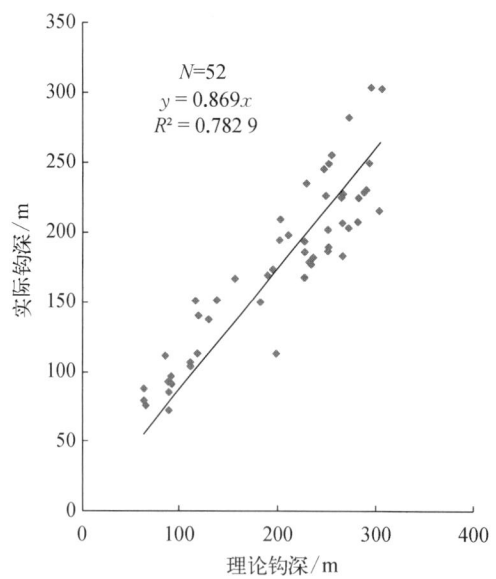

图1-4-1 船用渔具理论深度与实际深度的关系(0~0.3节)

4.1.2　0.3(含)~0.6节(图1-4-2)

$$y = 0.854\,4x, \quad N = 67, \quad R^2 = 0.469\,7 \qquad (1-4-11)$$

4.1.3　0.6节及以上(图1-4-3)

$$y = 0.868\,2x, \quad N = 37, \quad R^2 = 0.671\,0 \qquad (1-4-12)$$

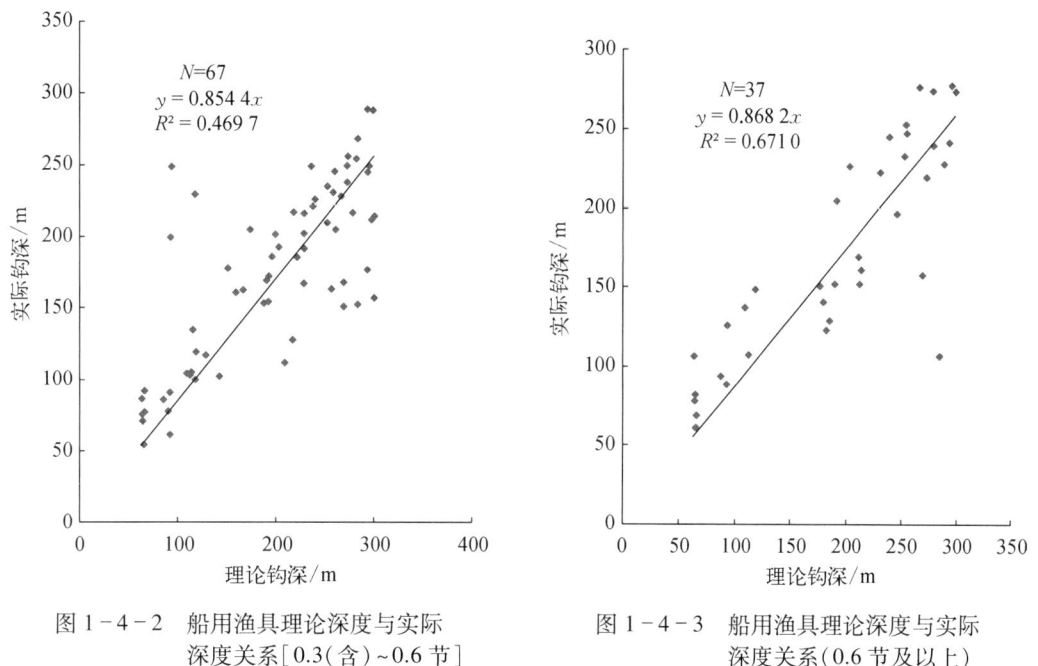

图1-4-2　船用渔具理论深度与实际深度关系[0.3(含)~0.6节]

图1-4-3　船用渔具理论深度与实际深度关系(0.6节及以上)

流速小的时候相关系数比较高,计算误差较小。而流速大的时候相关系数低,计算误差就大。

4.2　不同海流下试验渔具

海流分为3个等级: 0~0.3节、0.3(含)~0.6节和0.6节及以上;试验渔具按照重锤的重量分为4种: 2 kg、3 kg、4 kg、5 kg。

4.2.1　0~0.3节

1) 2 kg沉子(图1-4-4)

$$y = 0.943\,1x, \quad N = 12, \quad R^2 = 0.692\,6 \qquad (1-4-13)$$

2) 3 kg沉子(图1-4-5)

$$y = 0.980\,2x, \quad N = 9, \quad R^2 = 0.669\,3 \qquad (1-4-14)$$

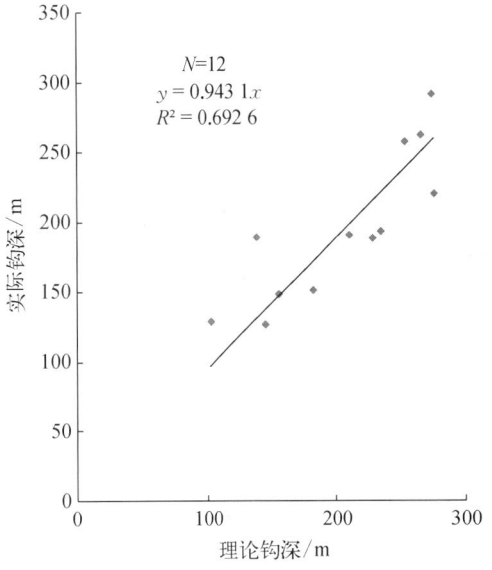

图1-4-4 试验渔具理论深度与实际深度关系(0~0.3节,2 kg)

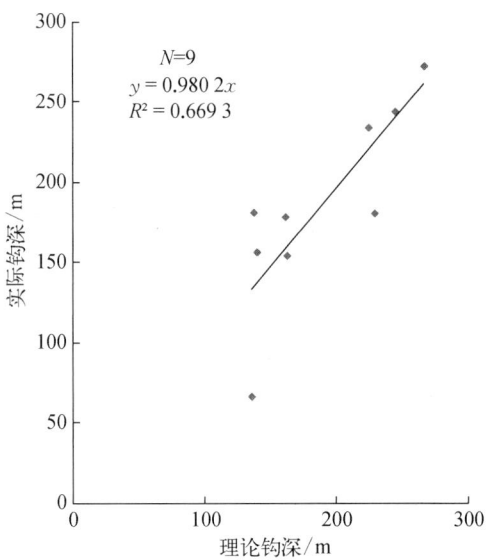

图1-4-5 试验渔具理论深度与实际深度关系(0~0.3节,3 kg)

3) 4 kg沉子(图1-4-6)

$$y = 1.001x, \quad N = 20, \quad R^2 = 0.472\,9 \tag{1-4-15}$$

4) 5 kg沉子(图1-4-7)

$$y = 0.919\,4x, \quad N = 3, \quad R^2 = 0.868\,8 \tag{1-4-16}$$

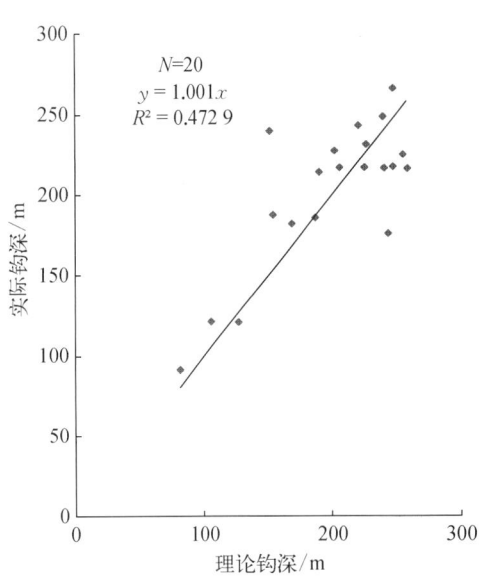

图1-4-6 试验渔具理论深度与实际深度关系(0~0.3节,4 kg)

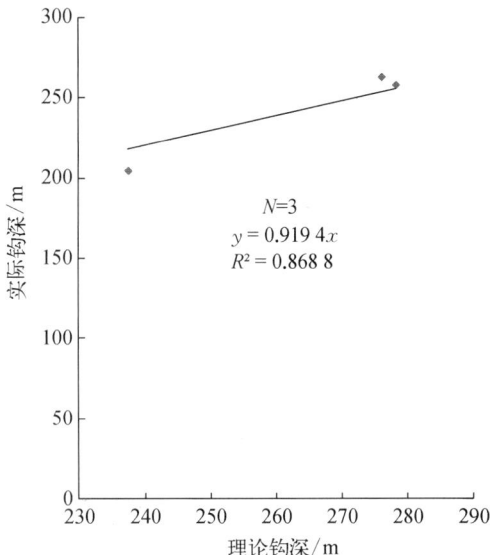

图1-4-7 试验渔具理论深度与实际深度关系(0~0.3节,5 kg)

4.2.2 0.3(含)~0.6节

1) 2 kg 沉子(图1-4-8)

$$y = 0.951\,4x,\ N = 22,\ R^2 = 0.721\,6 \tag{1-4-17}$$

2) 3 kg 沉子(图1-4-9)

$$y = 0.982\,1x,\ N = 23,\ R^2 = 0.320\,8 \tag{1-4-18}$$

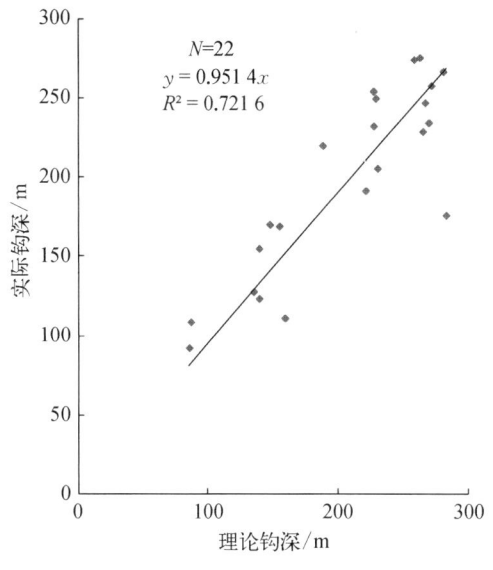
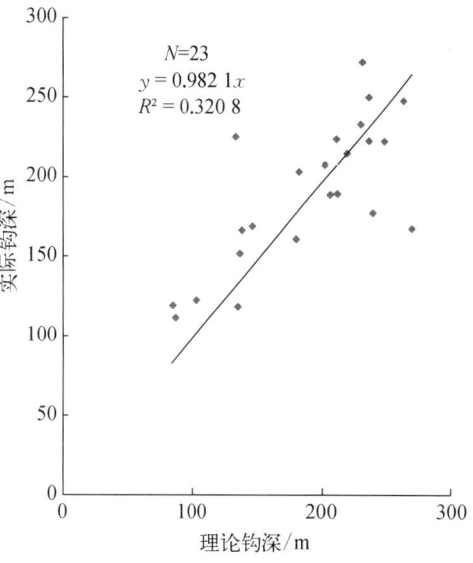

图1-4-8 试验渔具理论深度与实际深度关系 [0.3(含)~0.6节,2 kg]

图1-4-9 试验渔具理论深度与实际深度关系 [0.3(含)~0.6节,3 kg]

3) 4 kg 沉子(图1-4-10)

$$y = 0.814\,6x,\ N = 8,\ R^2 = 0.278 \tag{1-4-19}$$

4) 5 kg 沉子(图1-4-11)

$$y = 0.879\,3x,\ N = 15,\ R^2 = 0.229\,2 \tag{1-4-20}$$

4.2.3 0.6节以上

1) 2 kg 沉子(图1-4-12)

$$y = 0.872\,1x,\ N = 11,\ R^2 = 0.342\,3 \tag{1-4-21}$$

2) 3 kg 沉子(图1-4-13)

$$y = 1.087\,9x,\ N = 8,\ R^2 = 0.744\,1 \tag{1-4-22}$$

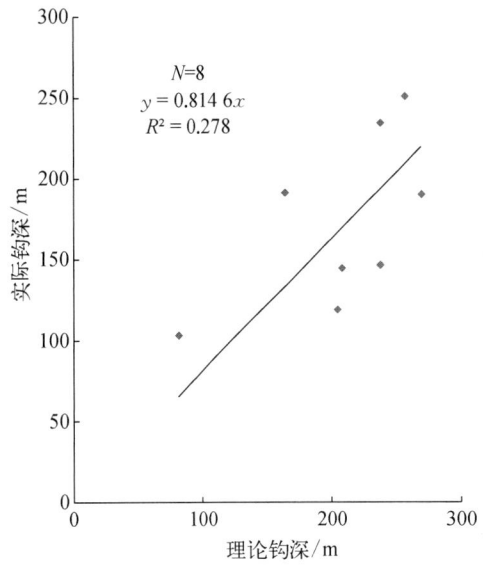

图1-4-10 试验渔具理论深度与实际深度关系 [0.3(含)~0.6节,4 kg]

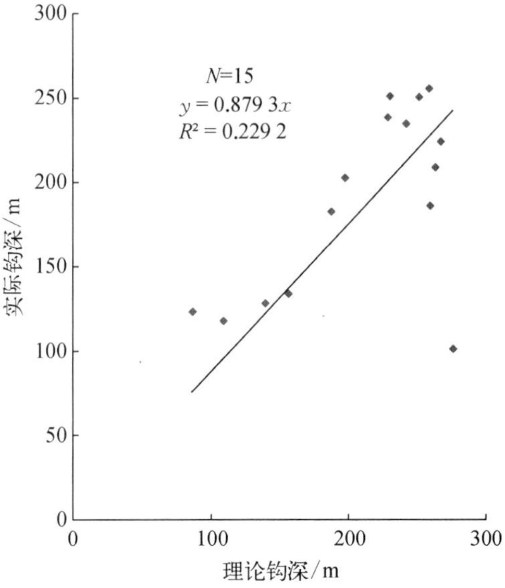

图1-4-11 试验渔具理论深度与实际深度关系 [0.3(含)~0.6节,5 kg]

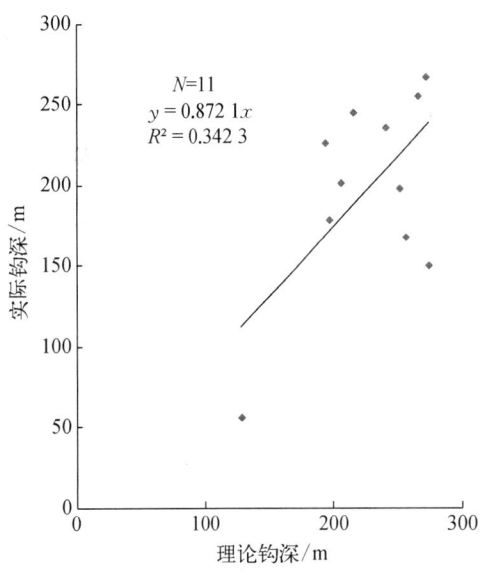
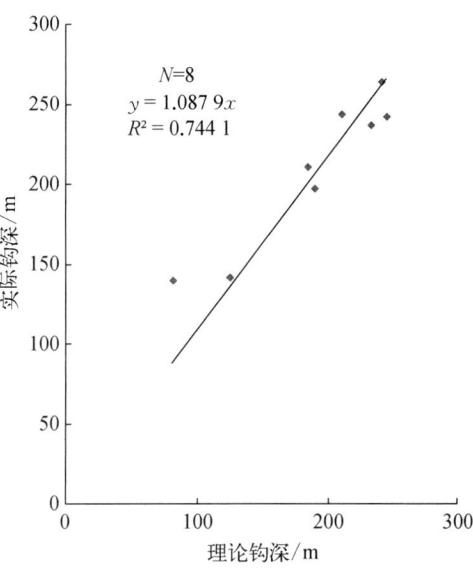

图1-4-12 试验渔具理论深度与实际深度关系 (0.6节及以上,2 kg)

图1-4-13 试验渔具理论深度与实际深度关系 (0.6节及以上,3 kg)

3) 4 kg 沉子(图1-4-14)

$$y = 0.927\,1x,\ N = 6,\ R^2 = 0.129\,7 \qquad (1-4-23)$$

4) 5 kg 沉子(图1-4-15)

$$y = 0.881\,1x,\ N = 7,\ R^2 = 0.517\,9 \qquad (1-4-24)$$

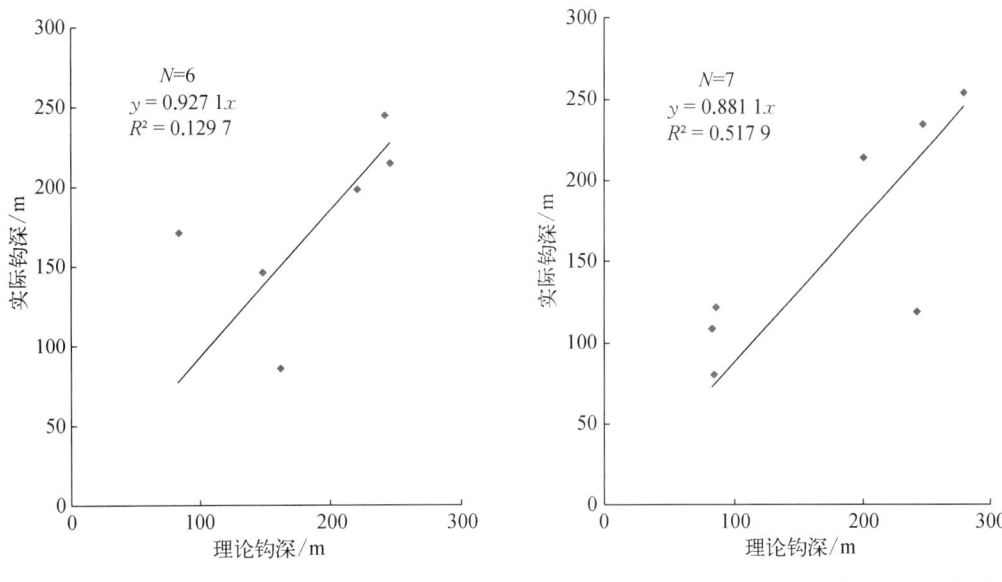

图1-4-14 试验渔具理论深度与实际深度关系
（0.6节及以上，4 kg）

图1-4-15 试验渔具理论深度与实际深度关系
（0.6节及以上，5 kg）

海流速度低时理论深度和实际深度的相关系数都较高,拟合程度好;随海流速度增加相关系数降低,拟合程度降低。

4.3 拟合钓钩深度计算模型

4.3.1 基于钓具漂流速度

应用SPSS软件[3],采用多元线性逐步回归的方法建立2012年9月23日~2012年11月13日测定的300枚(有钓具漂流速度数据)钓钩的实际平均深度($\bar{D}$)与理论深度(D_j)的关系模型。模型分为船用渔具(根据156枚钓钩拟合)和试验渔具(根据144枚钓钩拟合)两部分。船用渔具,认为钓钩所能达到的实际平均深度(拟合钓钩深度)等于理论深度与拟合沉降率的乘积,而拟合沉降率则受到钓具漂移速度(V_g)、风速(V_w)、风流合压角(γ)、风舷角(Q_w)和钩号(j)的影响。试验渔具,认为钓钩拟合沉降率主要受到钓具漂移速度(V_g)、风速(V_w)、风流合压角(γ)、钩号(j)、风弦角(Q_w)和沉子重量(w)的影响,且钓钩的深度是在不断地变化的,在一定的范围内波动。所以将以上参数取对数值作为自变量,以实际钓钩深度(TDR所测深度)与理论深度的比值的对数值作为因变量将数据导入SPSS软件[3]中进行回归,得出关于沉降率的拟合公式,进而计算得到实际平均深度,即拟合钓钩深度。其中,钓具漂移速度是指钓具在风、流的合力作用下,钓具在海中的对地漂移的速度;风速是风速仪测得的风的速度;风流合压角是指钓具在海中的漂移方向与投绳航向之间的夹角;风舷角是指风向与投绳航向之间的夹角;沉子重量指所挂水泥块在空气中的重量。

(1) 对于船用渔具

回归结果见表1-4-1和1-4-2,取模型3为适用模型。

表1-4-1 船用渔具部分回归结果概要

模 型	R	R^2	调整R^2	估计的标准误差
1	0.543[a]	0.295	0.29	0.091 48
2	0.573[b]	0.329	0.32	0.089 56
3	0.593[c]	0.351	0.338	0.088 33

a. 预测变量:(常量),lg钩号。
b. 预测变量:(常量),lg钩号,lg风舷角正弦值。
c. 预测变量:(常量),lg钩号,lg风舷角正弦值,lg风速。

表1-4-2 船用渔具部分回归参数

模 型		非标准化系数		标准系数	t	Sig.
		样本回归系数	标准误差	样本回归系数		
1	(常量)	0.091	0.017		5.188	0.000
	lg钩号	-0.166	0.021	-0.543	-8.026	0.000
2	(常量)	0.109	0.018		5.944	0.000
	lg钩号	-0.167	0.020	-0.548	-8.269	0.000
	lg风舷角正弦值	0.123	0.044	0.184	2.769	0.006
3	(常量)	0.135	0.021		6.336	0.000
	lg钩号	-0.169	0.020	-0.553	-8.456	0.000
	lg风舷角正弦值	0.137	0.044	0.205	3.099	0.002
	lg风速	-0.086	0.037	-0.152	-2.303	0.023

设

$$\lg(Y_1/Y_2) = b_0 + b_1\lg(X_1) + b_2\lg(X_2) + b_3\lg(X_3) + b_4\lg(X_4) + b_5\lg(X_5) \tag{1-4-25}$$

式中,Y_1为拟合钓钩深度;Y_2为理论深度;X_1为钩号;X_2为钓具漂移速度;X_3为风速;X_4为风流合压角正弦值;X_5为风舷角正弦值。

则回归模型为

$$\lg(Y_1/Y_2) = 0.135 - 0.169\lg(X_1) - 0.086\lg(X_3) + 0.137\lg(X_5) \quad (N = 156, R = 0.593) \tag{1-4-26}$$

则拟合钓钩深度的最终计算公式:

$$\bar{D}_j = 1.365 D_j \cdot j^{-0.169} V_w^{-0.086} (\sin Q_w)^{0.137} \tag{1-4-27}$$

(2) 对于试验渔具

试验渔具为在浮子附近挂沉子来增加钓具的重量,因此,沉子作为一个因子。回归结果见表1-4-3和1-4-4,取模型3为适用模型。

表 1-4-3 试验渔具回归结果概要

模 型	R	R^2	调整 R^2	估计的标准误差
1	0.449[a]	0.202	0.196	0.095 74
2	0.512[b]	0.262	0.252	0.092 38
3	0.532[c]	0.283	0.267	0.091 40

a. 预测变量:(常量),lg 钩号。
b. 预测变量:(常量),lg 钩号,lg 风舷角正弦值。
c. 预测变量:(常量),lg 钩号,lg 风舷角正弦值,lg 风流合压角正弦值。

表 1-4-4 试验渔具回归结果参数

模 型		非标准化系数		标准系数	t	Sig.
		样本回归系数	标准误差	样本回归系数		
1	(常量)	0.106	0.021		4.971	0.000
	lg 钩号	−0.156	0.026	−0.449	−5.991	0.000
2	(常量)	0.131	0.022		6.008	0.000
	lg 钩号	−0.157	0.025	−0.454	−6.280	0.000
	lg 风舷角正弦值	0.160	0.047	0.246	3.396	0.001
3	(常量)	0.124	0.022		5.641	0.000
	lg 钩号	−0.160	0.025	−0.463	−6.461	0.000
	lg 风舷角正弦值	0.147	0.047	0.225	3.116	0.002
	lg 风流合压角正弦值	−0.007	0.003	−0.145	−2.006	0.047

设

$$\lg(Y_1/Y_2) = b_0 + b_1\lg(X_1) + b_2\lg(X_2) + b_3\lg(X_3) + b_4\lg(X_4) + b_5\lg(X_5) + b_6\lg(X_6) \quad (1-4-28)$$

式中,Y_1 为拟合钓钩深度;Y_2 为理论深度;X_1 为钩号;X_2 为钓具漂移速度;X_3 为风速;X_4 为风流合压角正弦值;X_5 为风舷角正弦值,X_6 为重锤重量。

则回归模型为

$$\lg(Y_1/Y_2) = 0.124 - 0.16\lg(X_1) - 0.007\lg(X_4) + 0.147\lg(X_5), \quad N=144, \quad R=0.532 \quad (1-4-29)$$

则拟合钓钩深度的最终计算公式:

$$\bar{D}_j = 1.33 D_j \cdot j^{-0.16} \cdot (\sin\gamma)^{-0.007} \cdot (\sin Q_w)^{0.147} \quad (1-4-30)$$

4.3.2 基于流剪切系数

应用 SPSS 软件[3],采用多元线性逐步回归的方法建立 2012 年 9 月 23 日～2012 年 11 月 13 日测定的 264 枚(有流剪切系数数据)钓钩的实际平均深度($\bar{D}_j$)与理论深度(D_j)的关系模型。模型分为船用渔具(根据 140 枚钓钩拟合)和试验渔具(根据 124 枚钓钩拟合)两部分。船用渔具,认为钓钩所能达到的实际平均深度(拟合钓钩深度)等于理论深度与拟合沉降率的乘积,而拟合沉降率则主要受到流剪切力($\tilde{K}$)、风速(V_w)、风流合压角(γ)、钩号(j)和风弦角(Q_w)的影响;试验渔具,认为钓钩所能达到的实际平均深度主要受到流剪切力($\tilde{K}$)、风速(V_w)、风向(C_w)、风流合压角(γ)、钩号(j)、风弦角(Q_w)和沉子重量的影响,且钓钩的深度是在不断地变化的,在一定的范围内波动。

(1) 对于船用渔具

回归结果见表1-4-5和1-4-6,取模型3为适用模型。

表1-4-5 船用渔具部分回归结果概要

模 型	R	R^2	调整 R^2	估计的标准误差
1	0.543[a]	0.295	0.29	0.091 48
2	0.573[b]	0.329	0.32	0.089 56
3	0.593[c]	0.351	0.338	0.088 33

a. 预测变量:(常量),lg 钩号。
b. 预测变量:(常量),lg 钩号,lg 风舷角正弦值。
c. 预测变量:(常量),lg 钩号,lg 风舷角正弦值,lg 风速。

表1-4-6 船用渔具部分回归参数

模型		非标准化系数		标准系数	t	Sig.
		样本回归系数	标准误差	样本回归系数		
1	(常量)	0.089	0.019		4.648	0.000
	lg 钩号	-0.166	0.023	-0.531	-7.359	0.000
2	(常量)	0.107	0.020		5.323	0.000
	lg 钩号	-0.168	0.022	-0.536	-7.570	0.000
	lg 风舷角正弦值	0.116	0.046	0.177	2.492	0.014
3	(常量)	0.138	0.023		6.030	0.000
	lg 钩号	-0.170	0.022	-0.544	-7.842	0.000
	lg 风舷角正弦值	0.124	0.046	0.190	2.734	0.007
	lg 风速	-0.116	0.044	-0.184	-2.647	0.009

设

$$\lg(Y_1/Y_2) = b_0 + b_1\lg(X_1) + b_2\lg(X_2) + b_3\lg(X_3) + b_4\lg(X_4) + b_5\lg(X_5) \tag{1-4-31}$$

式中,Y_1 为拟合钓钩深度;Y_2 为理论深度;X_1 为钩号;X_2 为流剪切系数 $\tilde{K}$;X_3 为风速;X_4 为风流合压角正弦值;X_5 为风舷角正弦值。

则回归模型为

$$\lg(Y_1/Y_2) = 0.138 - 0.170\lg(X_1) + 0.124X_5 - 0.116\lg(X_3), \quad N = 140, \quad R = 0.593 \tag{1-4-32}$$

则拟合钓钩深度的最终计算公式:

$$\overline{D}_j = 1.374 D_j \cdot j^{-0.170} \cdot (\sin Q_w)^{0.124} \cdot (V_w)^{-0.116} \tag{1-4-33}$$

(2) 对于试验渔具

试验渔具为在浮子附近挂沉子来增加钓具的重量,因此沉子作为一个因子。回归结果见表1-4-7和表1-4-8,取模型2为适用模型。

表1-4-7 试验渔具回归结果概要

模 型	R	R^2	调整R^2	估计的标准误差
1	0.442[a]	0.196	0.189	0.099 20
2	0.500[b]	0.250	0.238	0.096 16

a. 预测变量:(常量),lg 钩号。
b. 预测变量:(常量),lg 钩号,lg 风舷角正弦值。

表1-4-8 试验渔具回归结果参数

模 型		非标准化系数		标准系数	t	Sig.
		样本回归系数	标准误差	样本回归系数		
1	(常量)	0.103	0.023		4.480	0.000
	lg 钩号	-0.157	0.028	-0.442	-5.603	0.000
2	(常量)	0.129	0.024		5.404	0.000
	lg 钩号	-0.159	0.027	-0.448	-5.853	0.000
	lg 风舷角正弦值	0.152	0.050	0.233	3.047	0.003

设

$$\lg(Y_1/Y_2) = b_0 + b_1\lg(X_1) + b_2 X_2 + b_3\lg(X_3) + b_4\lg(X_4) + b_5\lg(X_5) + b_6\lg(X_6) \tag{1-4-34}$$

式中,Y_1为拟合钓钩深度;Y_2为理论深度;X_1为钩号;X_2为流剪切系数$\tilde{K}$;X_3为风速;X_4为风流合压角正弦值;X_5为风舷角正弦值;X_6为重锤重量。

则回归模型为

$$\lg(Y_1/Y_2) = 0.129 - 0.159\lg(X_1) + 0.152\lg(X_5), \quad N = 124, \quad R = 0.500 \tag{1-4-35}$$

则拟合钓钩深度的最终计算公式:

$$\overline{D}_j = 1.346 D_j \cdot j^{-0.159} \cdot (\sin Q_w)^{0.152} \tag{1-4-36}$$

5 渔具渔法的比较试验

对调查期间船用渔具、试验渔具的长鳍金枪鱼、黄鳍金枪鱼、刺鲅、鲣和4种鱼合计的上钩率分海流等级[0~0.3节、0.3(含)~0.6节、0.6节及以上],在不同的重锤下,采用统计的方法比较其上钩率情况。对于16种组合,比较分析哪种组合对提高长鳍金枪鱼、黄鳍金枪鱼、大眼金枪鱼、鲣和4种鱼合计的上钩率最明显,采用正交试验的方法。

5.1 调查期间船用渔具和试验渔具的上钩率比较

调查期间试验渔具和船用渔具(环型钩)的长鳍金枪鱼、黄鳍金枪鱼、大眼金枪鱼、鲣和4种鱼合计的平均、最高上钩率见表1-5-1,长鳍金枪鱼、黄鳍金枪鱼、大眼金枪鱼、鲣和4种鱼合计的"上钩率最高"的渔具分别为船用渔具、船用渔具、试验渔具、试验渔具和船用渔具。船用渔具长鳍金枪鱼的平均上钩率(13.262尾/千钩)高于试验渔具(8.832尾/千钩);船用渔具黄鳍金枪鱼的平均上钩率(1.259尾/千钩)略低于试验渔具(1.723尾/千钩);船用渔具大眼金枪鱼的平均上钩率(0.282尾/千钩)略低于试验渔具(0.572尾/千钩);船用渔具鲣的平均上钩率(6.529尾/千钩)略高于试验渔具(6.386尾/千钩);船用渔具4种金枪鱼的平均上钩率(5.333尾/千钩)略高于试验渔具(4.378尾/千钩)。

表1-5-1 调查期间2种渔具的平均上钩率和最高上钩率 (单位:尾/千钩)

	长鳍金枪鱼	黄鳍金枪鱼	大眼金枪鱼	鲣	合 计
船用渔具(平均)	13.262	1.259	0.282	6.529	5.333
试验渔具(平均)	8.832	1.723	0.572	6.386	4.378
船用渔具(最高)	50.000	18.571	1.786	21.429	50.000
试验渔具(最高)	40.761	8.152	5.435	21.739	40.761

5.2 不同海流下试验渔具与船用渔具上钩率的比较

海流分为3个等级:0~0.3节、0.3(含)~0.6节和0.6节及以上。试验渔具按照沉子的重量分为4种:2 kg、3 kg、4 kg、5 kg;上钩率分为长鳍金枪鱼、黄鳍金枪鱼、大眼金枪鱼、鲣和4种鱼合计5种情况。

5.2.1 沉子为2 kg时

1) 漂流速度为0~0.3节时

长鳍金枪鱼、黄鳍金枪鱼、大眼金枪鱼、鲣和4种鱼合计的上钩率(CPUE,单位:尾/千钩,以下同)情况见表1-5-2,由此得出:试验渔具长鳍金枪鱼的上钩率(14.266尾/千钩)比船用渔具的上钩率(24.226尾/千钩)低;试验渔具黄鳍金枪鱼的上钩率(0.679尾/千钩)比船用渔具的上钩率(0.536尾/千钩)高;试验渔具大眼金枪鱼的上钩率(0尾/千钩)比船用渔具的上钩率(0.357尾/千钩)低;试验渔具鲣的上钩率(2.717尾/千钩)比船用渔具的上钩率(9.821尾/千钩)低;船用渔具4种鱼合计的上钩率(8.735尾/千钩)高于试验渔具的上钩率(4.416尾/千钩)。流速较低、黄鳍金枪鱼较多时可用2 kg的沉子。

2) 漂流速度为0.3(含)~0.6节时

长鳍金枪鱼、黄鳍金枪鱼、大眼金枪鱼、鲣和4种鱼合计的CPUE情况见表1-5-2,由此得出:试验渔具长鳍金枪鱼的上钩率(6.114尾/千钩)比船用渔具的上钩率(31.250尾/千钩)低;试验渔具黄鳍金枪鱼的上钩率(3.397尾/千钩)比船用渔具的上钩率(1.488尾/千钩)高;试验渔具大眼金枪鱼的上钩率(0 尾/千钩)比船用渔具的上钩率(0.595 尾/千钩)低;试验渔具鲣的上钩率(5.435 尾/千钩)比船用渔具的上钩率(6.250 尾/千钩)低;船用渔具 4 种鱼合计的上钩率(9.896 尾/千钩)高于试验渔具的上钩率(3.736 尾/千钩)。流速中等、黄鳍金枪鱼较多时可用 2 kg 的沉子。

表 1-5-2　不同海流和沉子重量下 2 种渔具的上钩率　　（单位：尾/千钩）

海流状况/节	沉子重量/kg	渔具类型	长鳍金枪鱼	黄鳍金枪鱼	大眼金枪鱼	鲣	合计
0~0.3	2	船用钩	24.226	0.536	0.357	9.821	8.735
		试验钩	14.266	0.679	0.000	2.717	4.416
	3	船用钩	11.212	0.948	0.000	4.728	4.222
		试验钩	0.000	0.000	0.000	4.755	1.189
	4	船用钩	7.857	0.619	0.238	9.476	4.548
		试验钩	5.435	0.543	1.087	3.261	2.582
	5	船用钩	13.253	1.042	0.000	5.089	4.846
		试验钩	4.755	0.000	0.000	2.038	1.698
0.3(含)~0.6	2	船用钩	31.250	1.488	0.595	6.250	9.896
		试验钩	6.114	3.397	0.000	5.435	3.736
	3	船用钩	6.607	0.863	0.446	3.155	2.768
		试验钩	0.679	0.000	0.000	2.717	0.849
	4	船用钩	9.552	1.190	0.286	8.310	4.835
		试验钩	9.239	2.174	0.000	9.239	5.163
	5	船用钩	9.321	0.571	0.179	6.750	4.205
		试验钩	7.609	0.000	0.543	4.891	3.261
0.6 及以上	2	船用钩	10.357	1.071	0.179	9.196	5.201
		试验钩	0.679	2.038	0.000	6.114	2.208
	3	船用钩	7.887	0.744	0.446	3.333	3.103
		试验钩	2.717	0.000	0.000	6.114	2.208
	4	船用钩	15.821	0.643	0.321	5.321	5.527
		试验钩	22.826	1.630	0.000	7.609	8.016
	5	船用钩	13.929	5.893	0.357	5.982	6.540
		试验钩	2.717	0.679	0.679	2.717	1.698

3）漂流速度为 0.6 节及以上时

长鳍金枪鱼、黄鳍金枪鱼、大眼金枪鱼、鲣和 4 种鱼合计的 CPUE 情况见表 1-5-2，由此得出：试验渔具长鳍金枪鱼的上钩率(0.679 尾/千钩)比船用渔具的上钩率(10.357 尾/千钩)低;试验渔具黄鳍金枪鱼上钩率(2.038 尾/千钩)比船用渔具上钩率(1.071 尾/千钩)高;试验渔具大眼金枪鱼上钩率(0 尾/千钩)比船用渔具上钩率(0.179 尾/千钩)低;试验渔具鲣上钩率(6.114 尾/千钩)比船用渔具(9.196 尾/千钩)低。流速较大，2 kg 沉子对黄鳍金枪鱼上钩率作用较大。

5.2.2 沉子为 3 kg 时

1）漂流速度为 0~0.3 节时

长鳍金枪鱼、黄鳍金枪鱼、大眼金枪鱼、鲣和 4 种鱼合计的上钩率（CPUE）情况见表 1-5-2，由此得出：试验渔具长鳍金枪鱼、黄鳍金枪鱼的上钩率均为（0 尾/千钩），比对应船用渔具的上钩率（长鳍金枪鱼 11.212 尾/千钩、黄鳍金枪鱼 0.948 尾/千钩）低；试验渔具大眼金枪鱼的上钩率与船用渔具的上钩率都为 0 尾/千钩；试验渔具鲣的上钩率（4.755 尾/千钩）比船用渔具的上钩率（4.728 尾/千钩）略高；流速较低时，3 kg 的沉子对上钩率影响不大。

2）漂流速度为 0.3（含）~0.6 节时

长鳍金枪鱼、黄鳍金枪鱼、大眼金枪鱼、鲣和 4 种鱼合计的上钩率（CPUE）情况见表 1-5-2，由此得出：试验渔具长鳍金枪鱼、黄鳍金枪鱼、大眼金枪鱼、鲣的上钩率（长鳍金枪鱼 0.679 尾/千钩、黄鳍金枪鱼 0 尾/千钩、大眼金枪鱼 0 尾/千钩、鲣 2.717 尾/千钩）均比对应船用渔具的上钩率（长鳍金枪鱼 6.607 尾/千钩、黄鳍金枪鱼 0.863 尾/千钩、大眼金枪鱼 0.446 尾/千钩、鲣 3.155 尾/千钩）低；流速中等时，3 kg 的沉子对 4 种金枪鱼的上钩率都出现负影响。

3）漂流速度为 0.6 节及以上时

长鳍金枪鱼、黄鳍金枪鱼、大眼金枪鱼、鲣和 4 种鱼合计的上钩率（CPUE）情况见表 1-5-2，由此得出：试验渔具长鳍金枪鱼、黄鳍金枪鱼、大眼金枪鱼的上钩率（长鳍金枪鱼 2.717 尾/千钩、黄鳍金枪鱼 0 尾/千钩、大眼金枪鱼 0 尾/千钩）均比对应船用渔具的上钩率（长鳍金枪鱼 7.887 尾/千钩、黄鳍金枪鱼 0.744 尾/千钩、大眼金枪鱼 0.446 尾/千钩）低；试验渔具鲣的上钩率（6.114 尾/千钩）高于船用渔具的上钩率（3.333 尾/千钩）。流速较大、鲣较多时，使用 3 kg 的沉子效果较好。

5.2.3 沉子为 4 kg 时

1）漂流速度为 0~0.3 节时

长鳍金枪鱼、黄鳍金枪鱼、大眼金枪鱼、鲣和 4 种鱼合计的上钩率（CPUE）情况见表 1-5-2，由此得出：试验渔具长鳍金枪鱼、黄鳍金枪鱼、鲣的上钩率（长鳍金枪鱼 5.435 尾/千钩、黄鳍金枪鱼 0.543 尾/千钩、鲣 3.261 尾/千钩）均比对应船用渔具的上钩率（长鳍金枪鱼 7.857 尾/千钩、黄鳍金枪鱼 0.619 尾/千钩、鲣 9.476 尾/千钩）低；试验渔具大眼金枪鱼的上钩率（1.087 尾/千钩）高于船用渔具的上钩率（0.238 尾/千钩）。流速较低、大眼金枪鱼较多时，使用 4 kg 的沉子效果较好。

2）漂流速度为 0.3（含）~0.6 节时

长鳍金枪鱼、黄鳍金枪鱼、大眼金枪鱼、鲣和 4 种鱼合计的上钩率（CPUE）情况见表 1-5-2，由此得出：试验渔具长鳍金枪鱼上钩率（9.239 尾/千钩）比对应船用渔具的上钩率（长鳍金枪鱼 9.552 尾/千钩）略低；试验渔具黄鳍金枪鱼、鲣的上钩率（黄鳍金枪鱼 2.174 尾/千钩、鲣 9.239 尾/千钩）均比对应船用渔具的上钩率（黄鳍金枪鱼 1.190 尾/千钩、鲣 8.310 尾/千钩）高；试验渔具大眼金枪鱼的上钩率（0 尾/千钩）低于船用渔具的上钩率（0.286 尾/千钩）。流速中等，黄鳍金枪鱼、鲣较多时，使用 4 kg 的沉子效果较好。

3) 漂流速度为 0.6 节及以上时

长鳍金枪鱼、黄鳍金枪鱼、大眼金枪鱼、鲣和 4 种鱼合计的上钩率（CPUE）情况见表 1-5-2，由此得出：试验渔具长鳍金枪鱼、黄鳍金枪鱼、鲣的上钩率（长鳍金枪鱼 22.826 尾/千钩、黄鳍金枪鱼 1.630 尾/千钩、鲣 7.609 尾/千钩）均比对应船用渔具的上钩率（长鳍金枪鱼 15.821 尾/千钩、黄鳍金枪鱼 0.643 尾/千钩、鲣 5.321 尾/千钩）高；试验渔具大眼金枪鱼的上钩率（0 尾/千钩）低于船用渔具的上钩率（0.321 尾/千钩）。流速较大，长鳍金枪鱼、黄鳍金枪鱼、鲣较多时，使用 4 kg 的沉子效果较好。

5.2.4 沉子为 5 kg 时

1) 漂流速度为 0~0.3 节时

长鳍金枪鱼、黄鳍金枪鱼、大眼金枪鱼、鲣和 4 种鱼合计的上钩率（CPUE）情况见表 1-5-2，由此得出：试验渔具长鳍金枪鱼、黄鳍金枪鱼、鲣的上钩率（长鳍金枪鱼 4.755 尾/千钩、黄鳍金枪鱼 0 尾/千钩、鲣 2.038 尾/千钩）均比对应船用渔具的上钩率（长鳍金枪鱼 13.253 尾/千钩、黄鳍金枪鱼 1.042 尾/千钩、鲣 5.089 尾/千钩）低；试验渔具大眼的上钩率（0 尾/千钩）与船用渔具的上钩率（0 尾/千钩）相同。流速较小时，使用 5 kg 的沉子效果不好，甚至起到反作用。

2) 漂流速度为 0.3（含）~0.6 节时

长鳍金枪鱼、黄鳍金枪鱼、大眼金枪鱼、鲣和 4 种鱼合计的上钩率（CPUE）情况见表 1-5-2，由此得出：试验渔具长鳍金枪鱼、黄鳍金枪鱼、鲣的上钩率（长鳍金枪鱼 7.609 尾/千钩、黄鳍金枪鱼 0 尾/千钩、鲣 4.891 尾/千钩）均比对应船用渔具的上钩率（长鳍金枪鱼 9.321 尾/千钩、黄鳍金枪鱼 0.571 尾/千钩、鲣 6.750 尾/千钩）低；试验渔具大眼金枪鱼的上钩率（0.543 尾/千钩）比船用渔具的上钩率（0.179 尾/千钩）高。流速中等、大眼金枪鱼较多时，使用 5 kg 的沉子效果较好。

3) 漂流速度为 0.6 节及以上时

长鳍金枪鱼、黄鳍金枪鱼、大眼金枪鱼、鲣和 4 种鱼合计的上钩率（CPUE）情况见表 1-5-2，由此得出：试验渔具长鳍金枪鱼、黄鳍金枪鱼、鲣的上钩率（长鳍金枪鱼 2.717 尾/千钩、黄鳍金枪鱼 0.679 尾/千钩、鲣 2.717 尾/千钩）均比对应船用渔具的上钩率（长鳍金枪鱼 13.929 尾/千钩、黄鳍金枪鱼 5.893 尾/千钩、鲣 5.982 尾/千钩）低；试验渔具大眼金枪鱼的上钩率（0.679 尾/千钩）比船用渔具的上钩率（0.357 尾/千钩）高。流速较大、大眼金枪鱼较多时，使用 5 kg 的沉子效果较好。

通过以上比较对于各种沉子在不同海流下是否使用的情况归纳见表 1-5-3。

表 1-5-3 不同情况下沉子的配备情况

海流状况/节	沉子重量/kg	长鳍较多时	黄鳍较多时	大眼较多时	鲣较多时	建议使用
0~0.3	2	不用	用	不用	不用	船用渔具
0~0.3	3	不用	不用	不用	用	船用渔具
0~0.3	4	不用	不用	用	不用	船用渔具
0~0.3	5	不用	不用	不用	不用	船用渔具
0.3(含)~0.6	2	不用	用	不用	不用	船用渔具
0.3(含)~0.6	3	不用	不用	不用	不用	船用渔具
0.3(含)~0.6	4	不用	用	不用	用	船用渔具

续表

海流状况/节	沉子重量/kg	长鳍较多时	黄鳍较多时	大眼较多时	鲣较多时	建议使用
0.3(含)~0.6	5	不用	不用	用	不用	船用渔具
0.6 及以上	2	不用	用	不用	不用	船用渔具
0.6 及以上	3	不用	不用	不用	用	船用渔具
0.6 及以上	4	用	用	不用	用	试验渔具
0.6 及以上	5	不用	不用	用	不用	船用渔具

5.3 不同海流下试验渔具上钩率的比较

海流分为3个等级：0~0.3节、0.3(含)~0.6节和0.6节及以上；上钩率(CPUE)分为长鳍金枪鱼、黄鳍金枪鱼、鲣和3种金枪鱼合计4种情况。

5.3.1 不分海流等级情况下

（1）3种金枪鱼合计

16种不同组合的钓具对应的3种金枪鱼合计CPUE见表1-5-4，方差分析、试验结果见表1-5-5。

表1-5-4 不分海流等级情况下,3种金枪鱼合计16种不同组合的渔具对应的CPUE

(单位：尾/千钩)

组　号	长鳍金枪鱼 CPUE	黄鳍金枪鱼 CPUE	鲣 CPUE	3种鱼合计 CPUE
1	8.15	0.00	5.43	4.53
2	10.87	2.72	5.43	6.34
3	2.72	0.00	10.87	4.53
4	10.87	8.15	0.00	6.34
5	8.15	0.00	10.87	6.34
6	2.72	5.43	10.87	6.34
7	0.00	2.72	5.43	2.72
8	2.72	5.43	10.87	6.34
9	32.61	2.72	2.72	12.68
10	8.15	2.72	5.43	5.43
11	10.87	0.00	8.15	6.34
12	16.30	5.43	2.72	8.15
13	10.87	5.43	19.02	11.78
14	10.87	2.72	10.87	8.15
15	40.76	0.00	2.72	14.49
16	8.15	2.72	21.74	10.87

表1-5-5 方差分析、试验结果

因　素	偏差平方和	自由度	F 比	F 临界值	显著性
水泥块	27.193	3	6.446	4.223	显著
带铅转环	4.517	3	1.071	4.443	不显著
沉铅	19.930	1	14.173	5.261	显著
荧光管	85.123	1	60.535	5.732	显著

续表

因　素	偏差平方和	自由度	F 比	F 临界值	显著性
误差	11.249	8			
均值1	5.435	8.833	7.925	7.925	
均值2	5.435	6.565	7.246	7.246	
均值3	8.150	7.020			
均值4	11.323	7.925			
极差	−5.888	−2.268	0.679	0.679	

即不分海流等级情况下,水泥块、沉铅和荧光管对3种金枪鱼合计上钩率有显著影响,带铅转环对3种金枪鱼合计上钩率无显著影响;所以最优的组合为5 kg重锤、75 g带铅转环、18.75 g的沉铅、有荧光管。

（2）长鳍金枪鱼

长鳍金枪鱼16种不同组合的渔具对应的CPUE见表1-5-4,方差分析、试验结果见表1-5-6。

表1-5-6　方差分析、试验结果

因　素	偏差平方和	自由度	F 比	F 临界值	显著性
水泥块	11.81	3	0.17	4.180	不显著
带铅转环	43.304	3	4.19	4.644	不显著
沉铅	35.431	1	10.286	5.446	显著
荧光管	31.494	1	0.356	5.668	不显著
误差	236.206	8			
均值1	3.968	5.952	5.952	2.976	
均值2	3.968	3.968	0.992	0	
均值3	5.06	4.464			
均值4	1.984	0			
极差	1.984	3.968	4.96	2.976	

即不分海流等级情况下,沉铅对长鳍金枪鱼上钩率有显著的影响,而水泥块、带铅转环和荧光管对长鳍金枪鱼上钩率无显著的影响。最优的组合为4 kg重锤、75 g带铅转环、18.75 g的沉铅、有荧光管。

（3）黄鳍金枪鱼

黄鳍金枪鱼16种不同组合的渔具对应的CPUE见表1-5-4,方差分析、试验结果见表1-5-7。

表1-5-7　方差分析、试验结果

因　素	偏差平方和	自由度	F 比	F 临界值	显著性
水泥块	43.304	3	4.19	4.072	显著
带铅转环	11.81	3	1.143	4.033	不显著
沉铅	35.431	1	1.532	5.393	不显著
荧光管	15.747	1	0.533	5.223	不显著
误差	27.557	8			

续表

因　素	偏差平方和	自由度	F 比	F 临界值	显著性
均值 1	3.968	7.984	2.976	2.976	
均值 2	2.679	4.665	3.423	2.232	
均值 3	5.06	4.464			
均值 4	0	1.984			
极差	3.968	1.984	2.976	2.976	

即不分海流等级情况下,水泥块对黄鳍金枪鱼上钩率有显著的影响,而沉铅、带铅转环和荧光管对黄鳍金枪鱼上钩率无显著的影响。最优的组合为 4 kg 重锤、75 g 带铅转环、11.25 g 的沉铅、有荧光管。

5.3.2　0~0.3 节海流

（1）3 种金枪鱼合计

16 种不同组合的渔具对应的 3 种金枪鱼合计 CPUE 见表 1-5-8,方差分析、试验结果见表 1-5-9。

表 1-5-8　0~0.3 节以下海流情况下,3 种金枪鱼合计 16 种不同组合的渔具对应的 CPUE

（单位：尾/千钩）

组　号	长鳍金枪鱼 CPUE	黄鳍金枪鱼 CPUE	鲣 CPUE	3 种鱼合计 CPUE
1	2.72	0.00	0.91	1.21
2	3.62	0.91	0.91	1.81
3	0.91	0.00	1.81	0.91
4	3.62	2.72	1.81	2.72
5	2.72	0.00	1.81	1.51
6	0.91	1.81	3.62	2.11
7	0.00	0.91	1.81	0.91
8	0.91	1.81	3.62	2.11
9	0.00	0.00	1.81	0.60
10	0.00	0.00	1.81	0.60
11	0.91	0.00	0.00	0.30
12	0.91	0.00	2.72	1.21
13	0.00	0.00	1.81	0.60
14	0.00	0.00	1.81	0.60
15	5.43	0.00	0.91	2.11
16	2.72	0.91	7.25	3.62

表 1-5-9　方差分析、试验结果

因　素	偏差平方和	自由度	F 比	F 临界值	显著性
水泥块	113.702	3	2.225	4.657	不显著
带铅转环	28.227	3	0.603	4.106	不显著
沉铅	7.005	1	0.418	5.867	不显著
荧光管	112.298	1	7.286	5.384	显著
误差	25.315	8			
均值 1	5.871	7.801	5.148	6.737	
均值 2	0.469	3.165	4.618	2.454	

续表

因　素	偏差平方和	自由度	F 比	F 临界值	显著性
均值3	6.430	4.453			
均值4	6.388	3.956			
极差	1.105	2.064	1.924	1.467	

即 0~0.3 节海流情况下，荧光管对 3 种金枪鱼合计上钩率的影响显著，其余三个因子对 3 种金枪鱼总计上钩率的影响都不显著。最优的组合为 4 kg 重锤、75 g 带铅转环、18.75 g 的沉铅、有荧光管。

(2) 长鳍金枪鱼

长鳍金枪鱼 16 种不同组合的渔具对应的 CPUE 见表 1-5-8，方差分析、试验结果见表 1-5-10。

表 1-5-10　方差分析、试验结果

因　素	偏差平方和	自由度	F 比	F 临界值	显著性
水泥块	2.269	3	0.315	4.879	不显著
带铅转环	9.268	3	1.286	4.165	不显著
沉铅	14.462	1	6.020	5.661	显著
荧光管	55.361	1	23.044	6.101	显著
误差	19.219	8			
均值1	2.976	1.984	3.968	4.878	
均值2	3.638	3.472	2.067	1.157	
均值3	2.811	3.968			
均值4	2.646	2.646			
极差	0.992	1.984	1.901	3.720	

即 0~0.3 节海流情况下，沉铅、荧光管对长鳍金枪鱼上钩率都有显著影响，水泥块、带铅转环对长鳍金枪鱼上钩率的影响不显著。最优的组合为 3 kg 重锤、45 g 带铅转环、18.75 g 沉铅、有荧光管。

(3) 黄鳍金枪鱼

黄鳍金枪鱼 16 种不同组合的渔具对应的 CPUE 见表 1-5-8，方差分析、试验结果见表 1-5-11。

表 1-5-11　方差分析、试验结果

因　素	偏差平方和	自由度	F 比	F 临界值	显著性
水泥块	1.176	3	0.065	4.879	不显著
带铅转环	5.753	3	0.549	4.165	不显著
沉铅	4.227	1	1.226	5.661	不显著
荧光管	4.667	1	1.226	6.101	不显著
误差	25.315	8			
均值1	7.481	7.194	6.110	7.876	
均值2	1.218	3.747	4.512	3.367	
均值3	7.075	5.075			
均值4	6.568	5.656			
极差	6.733	4.434	1.467	5.679	

即 0~0.3 节海流情况下,四个因子对黄鳍金枪鱼上钩率的影响不显著。最优的组合为 2 kg 重锤、75 g 带铅转环、18.75 g 的沉铅、有荧光管。

5.3.3 0.3 节(含)~0.6 节海流

(1) 3 种金枪鱼合计 CPUE

16 种不同组合的渔具 3 种金枪鱼合计对应的 CPUE 见表 1-5-12,方差分析、试验结果见表 1-5-13。

表 1-5-12 0.3 节(含)~0.6 节海流情况下,3 种金枪鱼合计 16 种不同组合的渔具对应的 CPUE

(单位:尾/千钩)

组 号	长鳍金枪鱼 CPUE	黄鳍金枪鱼 CPUE	鲣 CPUE	3 种鱼合计 CPUE
1	5.43	1.81	6.34	4.53
2	3.62	0.91	3.62	2.72
3	3.62	0.00	0.91	1.51
4	13.59	0.91	7.25	7.25
5	2.72	0.00	0.91	1.21
6	3.62	0.00	0.00	1.21
7	0.00	0.91	1.81	0.91
8	0.91	1.81	3.62	2.11
9	5.43	0.00	0.91	2.11
10	0.00	0.00	2.72	0.91
11	0.91	0.91	1.81	1.21
12	0.91	0.00	0.00	0.30
13	0.00	0.00	2.72	0.91
14	3.62	0.00	0.91	1.51
15	9.06	0.00	0.91	3.32
16	2.72	0.91	7.25	3.62

表 1-5-13 方差分析、试验结果

因 素	偏差平方和	自由度	F 比	F 临界值	显著性
水泥块	28.176	3	2.225	5.012	不显著
带铅转环	4.663	3	0.603	4.916	不显著
沉铅	20.559	1	0.418	6.066	不显著
荧光管	85.201	1	7.286	5.657	显著
误差	25.045	8			
均值 1	3.018	1.682	3.338	3.539	
均值 2	2.111	3.581	1.464	1.282	
均值 3	2.064	3.172			
均值 4	2.687	2.641			
极差	4.154	2.493	0.773	2.168	

即 0.3 节(含)~0.6 节海流情况下,荧光管对 3 种金枪鱼合计上钩率的影响显著,另外 3 个因子对 3 种金枪鱼合计上钩率的影响不显著。最优的组合为 2 kg 重锤、60 g 带铅转环、18.75 g 的沉铅、有荧光管。

(2) 长鳍金枪鱼

长鳍金枪鱼 16 种不同组合的渔具对应的 CPUE 见表 1-5-12,方差分析、试验结果见表 1-5-14。

表 1-5-14　方差分析、试验结果

因　素	偏差平方和	自由度	F 比	F 临界值	显著性
水泥块	2.502	3	0.065	4.385	不显著
带铅转环	3.679	3	0.549	4.366	不显著
沉铅	13.438	1	1.226	5.518	不显著
荧光管	29.495	1	1.226	5.718	不显著
误差	8.356	8			
均值 1	6.732	5.831	6.547	7.818	
均值 2	3.461	4.469	3.895	2.521	
均值 3	5.604	4.478			
均值 4	4.771	4.829			
极差	1.117	1.242	2.215	2.834	

即 0.3 节(含)~0.6 节海流情况下,4 个因子对长鳍金枪鱼上钩率没有显著的影响。最优的组合为 2 kg 重锤、75 g 带铅转环、18.75 g 的沉铅、有荧光管。

(3) 黄鳍金枪鱼

黄鳍金枪鱼 16 种不同组合的渔具对应的 CPUE 见表 1-5-12,方差分析、试验结果见表 1-5-15。

表 1-5-15　方差分析、试验结果

因　素	偏差平方和	自由度	F 比	F 临界值	显著性
水泥块	96.226	3	1.325	4.071	不显著
带铅转环	39.592	3	0.840	4.072	不显著
沉铅	0.354	1	0.018	5.091	不显著
荧光管	64.493	1	3.780	5.557	不显著
误差	177.667	8			
均值 1	5.855	7.143	3.390	6.399	
均值 2	0.450	2.331	4.092	2.083	
均值 3	2.506	3.720			
均值 4	1.655	3.320			
极差	5.804	4.762	0.238	4.315	

即 0.3 节(含)~0.6 节海流情况下,四个因子对黄鳍金枪鱼上钩率都没有显著的影响。最优的组合为 2 kg 重锤、75 g 带铅转环、11.25 g 的沉铅、有荧光管。

5.3.4　0.6 节及以上海流

(1) 3 种金枪鱼合计 CPUE

16 种不同组合的钓具 3 种金枪鱼合计对应的 CPUE 见表 1-5-16,方差分析、试验结果见表 1-5-17。

表1-5-16　0.6节及以上海流情况下,3种金枪鱼16种不同组合的渔具对应的CPUE

（单位：尾/千钩）

组　号	长鳍金枪鱼CPUE	黄鳍金枪鱼CPUE	鲣CPUE	3种鱼合计CPUE
1	0.91	1.81	1.81	1.51
2	0.00	0.91	3.62	1.51
3	0.91	1.81	0.00	0.91
4	3.54	0.00	0.00	1.18
5	2.72	0.00	3.62	2.11
6	0.91	1.81	3.62	2.11
7	0.00	0.91	1.81	0.91
8	2.72	0.00	0.91	1.21
9	3.62	0.00	0.00	1.21
10	0.00	0.00	0.00	0.00
11	2.72	0.91	0.91	1.51
12	0.00	0.00	1.81	0.60
13	0.00	1.81	1.81	1.21
14	0.91	0.00	0.00	0.30
15	0.91	0.00	2.72	1.21
16	0.00	0.00	1.81	0.60

表1-5-17　方差分析、试验结果

因　素	偏差平方和	自由度	F比	F临界值	显著性
水泥块	33.427	3	2.225	4.184	不显著
带铅转环	9.438	3	0.603	4.632	不显著
沉铅	9.908	1	0.418	6.198	不显著
荧光管	89.183	1	7.286	5.331	显著
误差	19.673	8			
均值1	3.901	2.974	4.073	5.267	
均值2	4.529	4.100	2.697	1.601	
均值3	3.794	4.351			
均值4	2.754	2.979			
极差	3.967	2.54	2.229	4.929	

即0.6节及以上海流情况下,荧光管对3种金枪鱼合计上钩率的影响显著,其他三个因子对3种金枪鱼合计上钩率的影响都不显著。最优的组合为3 kg重锤、45 g带铅转环、18.75 g的沉铅、有荧光管。

(2) 长鳍金枪鱼

长鳍金枪鱼16种不同组合的渔具对应的CPUE见表1-5-16,方差分析、试验结果见表1-5-18。

表1-5-18　方差分析、试验结果

因　素	偏差平方和	自由度	F比	F临界值	显著性
水泥块	43.304	3	4.190	5.331	不显著
带铅转环	11.810	3	1.143	4.960	不显著
沉铅	35.431	1	10.286	4.440	显著

续表

因　素	偏差平方和	自由度	F 比	F 临界值	显著性
荧光管	35.431	1	10.286	5.335	显著
误差	27.557	8			
均值1	3.968	1.054	2.976	2.976	
均值2	0.000	0.204	0.000	0.000	
均值3	0.000	0.984			
均值4	1.984	0.000			
极差	3.968	1.984	2.976	2.976	

即 0.6 节及以上海流情况下，沉铅和荧光管对长鳍金枪鱼上钩率影响显著，水泥块、带铅转环对长鳍金枪鱼上钩率影响不显著。最优的组合为 2 kg 重锤、75 g 带铅转环、18.75 g 的沉铅，有荧光管。

（3）黄鳍金枪鱼

黄鳍金枪鱼 16 种不同组合的渔具对应的 CPUE 见表 1-5-16，方差分析、试验结果见表 1-5-19。

表 1-5-19　方差分析、试验结果

因　素	偏差平方和	自由度	F 比	F 临界值	显著性
水泥块	2.350	3	0.065	4.960	不显著
带铅转环	9.338	3	0.549	4.440	不显著
沉铅	14.778	1	1.226	5.335	不显著
荧光管	56.258	1	1.226	5.964	不显著
误差	9.668	8			
均值1	4.265	3.207	1.806	2.951	
均值2	0.906	2.301	2.592	1.984	
均值3	3.100	1.430			
均值4	0.594	1.004			
极差	3.461	2.227	0.718	1.689	

即 0.6 节及以上海流情况下，四个因子对黄鳍金枪鱼上钩率都没有显著的影响。最优的组合为 2 kg 重锤、75 g 带铅转环、11.25 g 的沉铅、有荧光管。

5.4　四种饵料的比较

统计不同饵料对长鳍金枪鱼、黄鳍金枪鱼、鲣 3 种鱼的上钩率，得到表 1-5-20。由表可知长鳍金枪鱼、黄鳍金枪鱼上钩率最高的饵料是鱿鱼，鲣上钩率最高的饵料为沙丁鱼。

表 1-5-20　不同饵料的上钩率　　　　　　（单位：尾/千钩）

饵　料	长鳍金枪鱼	黄鳍金枪鱼	鲣金枪鱼
鱿鱼	13.393	1.190	2.143
秋刀鱼	2.571	0.714	6.429

续表

饵 料	长鳍金枪鱼	黄鳍金枪鱼	鲣金枪鱼
沙丁鱼	10.179	0.381	8.071
长体圆鲹	6.429	0.714	5.714

6 长鳍金枪鱼、黄鳍金枪鱼的栖息环境

对长鳍金枪鱼、黄鳍金枪鱼的栖息水层、水温、盐度、叶绿素浓度的研究,采用研究长鳍金枪鱼、黄鳍金枪鱼的上钩率(CPUE,单位:尾/千钩,以下同)与拟合钓钩深度、水温、盐度、叶绿素浓度的关系来进行,具体方法如下。

水层:从 40~280 m,每 40 m 为一层,共 6 层;

水温:从 17~30℃,每 1℃ 为一段,共 13 段;

盐度:从 35.5~37.50,每 0.10 为一段,共 20 段;

叶绿素浓度:从 0~0.6 μg/L,每 0.02 μg/L 为一段,共 30 段;

东西向海流:从 -0.3~0.4 m/s,每 0.1 m/s 为一段,共 7 段;

南北向海流:从 -0.6~0.7 m/s,每 0.1 m/s 为一段,共 13 段;

垂向海流:从 -0.1~0.05 m/s,每 0.01 m/s 为一段,共 15 段;

水平海流:从 0~0.7 m/s,每 0.1 m/s 为一段,共 7 段。

各水层、水温、盐度、叶绿素浓度和三维海流范围的 CPUE 根据如下的方法确定。

根据拟合钓钩深度计算公式,统计该渔场整个调查期间各水层、水温、盐度、叶绿素浓度和三维海流范围和水平海流范围的长鳍金枪鱼、黄鳍金枪鱼的渔获尾数和钓钩数,船用渔具部分渔获尾数分别记作 N_{1j}、N_{2j}、N_{3j}、N_{4j}、N_{5j}、N_{6j}、N_{7j}、N_{8j};试验部分共分为 4 组,用 e 表示不同水泥块重量($e = 1、2、3、4$ 分别表示 $2、3、4、5$ kg),试验渔具部分渔获尾数分别计作 N'_{e1j}、N'_{e2j}、N'_{e3j}、N'_{e4j}、N'_{e5j}、N'_{e6j}、N'_{e7j}、N'_{e8j};船用渔具部分钓钩数记作 H_{1j}、H_{2j}、H_{3j}、H_{4j}、H_{5j}、H_{6j}、H_{7j}、H_{8j};试验渔具部分钓钩数分别计作 H'_{e1j}、H'_{e2j}、H'_{e3j}、H'_{e4j}、H'_{e5j}、H'_{e6j}、H'_{e7j}、H'_{e8j}。长鳍金枪鱼黄鳍金枪鱼各水层、水温、盐度、叶绿素浓度和三维海流范围和水平海流范围的渔获率 $CPUE_{ij}$(分别记作 $CPUE_{1j}$、$CPUE_{2j}$、$CPUE_{3j}$、$CPUE_{4j}$、$CPUE_{5j}$、$CPUE_{6j}$、$CPUE_{7j}$、$CPUE_{8j}$),其表达式为

$$CPUE_{ij} = \frac{(N_{ij} + \sum_{e=1}^{4} N'_{eij})}{(H_{ij} + \sum_{e=1}^{4} H'_{eij})} \times 1\,000 \qquad (1-6-1)$$

式 1-6-1 中,$i = 1, 2, 3, \cdots, 8$;统计各水层($i=1$)的数据时,$j = 1, 2, 3, \cdots, 6$;统计各水温范围($i=2$)数据时 $j = 1, 2, 3, \cdots, 13$;统计各盐度范围($i=3$)的数据时,$j = 1, 2, 3, \cdots, 20$;统计各叶绿素浓度范围($i=4$)数据时 $j = 1, 2, 3, \cdots, 30$;统计 Z 向海流范围($i=5$)的数据时,$j = 1, 2, 3, \cdots, 15$;统计 X 向海流范围($i=6$)的数据时,$j = 1, 2, 3, \cdots, 7$;统计 Y 向海流范围($i=7$)数据时 $j = 1, 2, 3, \cdots, 13$;统计水平海流范围($i=8$)的数据时,$j = 1, 2, 3, \cdots, 7$。

6.1 应用漂流速度拟合钓钩深度计算模型分析长鳍金枪鱼和黄鳍金枪鱼的栖息环境

应用 SPSS 软件[3],采用多元线性逐步回归的方法建立 2012 年 9 月 23 日~2012 年 11 月 13 日测定的 300 枚(有钓具漂流速度数据)钓钩的实际平均深度($\overline{D}_j$)与理论深度(D_j)的关系模型。模型分为船用渔具(根据 156 枚钓钩拟合)和试验渔具(根据 144 枚钓钩拟合)两部分。

船用渔具部分钓钩深度计算模型为

$$\overline{D}_j = 1.365 D_j \cdot j^{-0.169} V_w^{-0.086} (\sin Q_w)^{0.137} \quad (1-6-2)$$

试验渔具部分钓钩深度计算模型为

$$\overline{D}_j = 1.33 D_j \cdot j^{-0.16} \cdot (\sin \gamma)^{-0.007} \cdot (\sin Q_w)^{0.147} \quad (1-6-3)$$

6.1.1 长鳍金枪鱼的栖息环境

调查期间,共测定了 1 164 尾长鳍金枪鱼的上钩钩号。分析长鳍金枪鱼 CPUE 与拟合钓钩深度、水温、盐度、叶绿素浓度、三维海流、水平海流的关系时,用到全部 1 164 尾鱼。以下分析结合专家经验和有关数据进行。

6.1.1.1 长鳍金枪鱼的栖息水层

长鳍金枪鱼 CPUE 与钓钩深度的关系见图 1-6-1。由图可得,长鳍金枪鱼的 CPUE 随着深度的增加而上升,CPUE 最高(20.78 尾/千钩)的水层为 160~200 m。240~280 m 水层 CPUE 为 22.55 尾/千钩,可能为异常值。

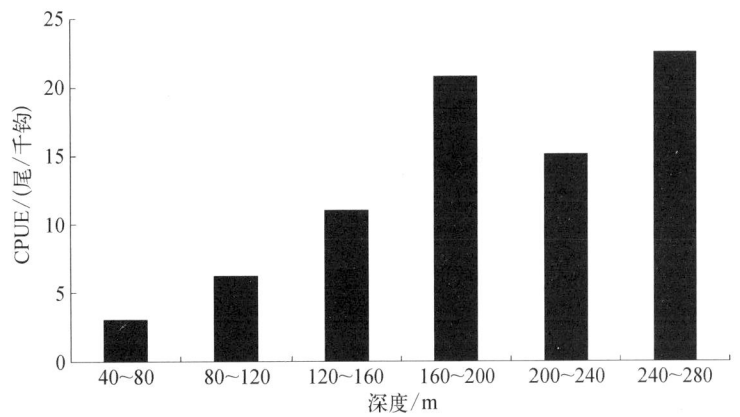

图 1-6-1 长鳍金枪鱼 CPUE 与水深的关系

6.1.1.2 长鳍金枪鱼的栖息水温

长鳍金枪鱼 CPUE 与水温的关系见图 1-6-2。由图可得,长鳍金枪鱼 CPUE 较高

(15.5尾/千钩)的水温范围为21~25℃,长鳍金枪鱼CPUE最高(17.02尾/千钩)的水温范围为23~24℃。

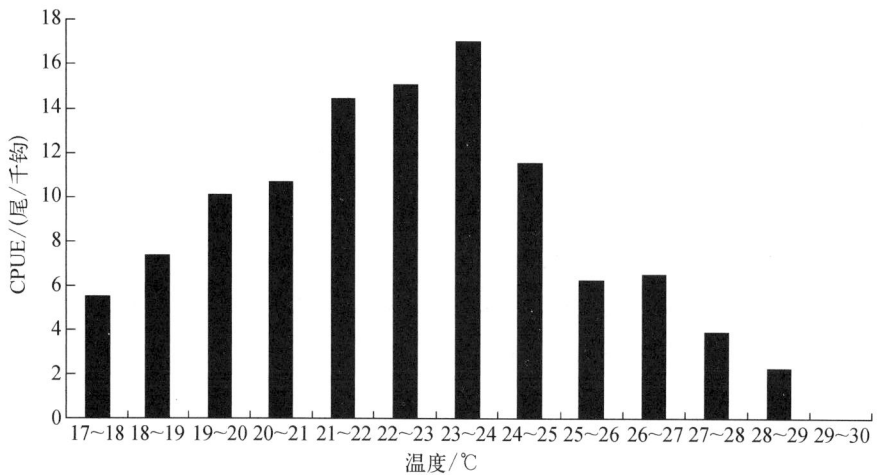

图1-6-2 长鳍金枪鱼CPUE与水温的关系

6.1.1.3 长鳍金枪鱼的栖息盐度

长鳍金枪鱼CPUE与盐度的关系见图1-6-3。由图可得,长鳍金枪鱼CPUE较高的盐度范围为36.2~37.2,CPUE最高(17.72尾/千钩)的盐度范围为36.2~36.3。

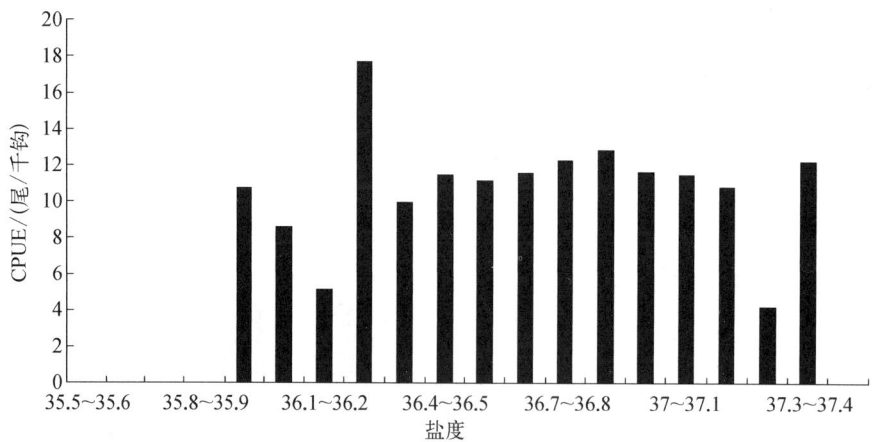

图1-6-3 长鳍金枪鱼CPUE与盐度的关系

6.1.1.4 长鳍金枪鱼的栖息叶绿素浓度

长鳍金枪鱼CPUE与叶绿素浓度的关系见图1-6-4。由图可得,长鳍金枪鱼CPUE较高的叶绿素浓度范围为0.06~0.16 μg/L。CPUE最高(21.43尾/千钩)处的叶绿素浓度范围为0.06~0.08 μg/L。叶绿素浓度范围为0.56~0.58 μg/L可能为异常值,不予考虑。

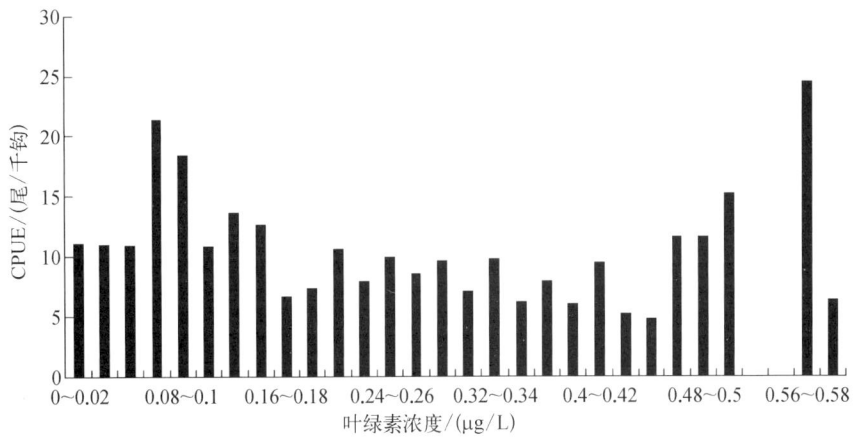

图1-6-4　长鳍金枪鱼CPUE与叶绿素浓度的关系

6.1.1.5　长鳍金枪鱼的栖息南北向海流

长鳍金枪鱼CPUE与南北向海流的关系见图1-6-5。由图可得,长鳍金枪鱼CPUE较高的南北向海流范围为-0.1~0.2 m/s,长鳍金枪鱼CPUE最高(12.98尾/千钩)的海流范围为-0.1~0 m/s。海流范围为-0.6~-0.5 m/s的CPUE(16.44尾/千钩)可能为异常值。

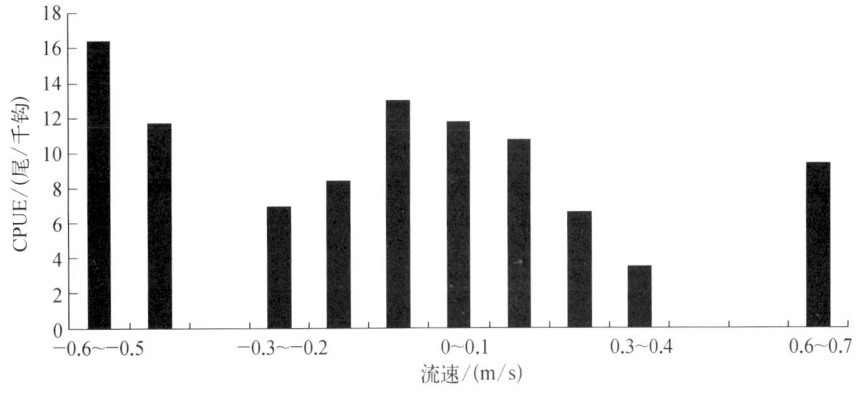

图1-6-5　长鳍金枪鱼CPUE与南北向海流的关系

6.1.1.6　长鳍金枪鱼的栖息东西向海流

长鳍金枪鱼CPUE与东西向海流的关系见图1-6-6。由图可得,长鳍金枪鱼CPUE较高的东西向海流范围为-0.3~0.2 m/s,长鳍金枪鱼CPUE最高(12.23尾/千钩)的海流范围为-0.1~0 m/s。

6.1.1.7　长鳍金枪鱼的栖息垂向海流

长鳍金枪鱼CPUE与垂向海流的关系见图1-6-7。由图可得,除-0.09~-0.08 m/s范围内的CPUE(23.17尾/千钩)明显较高外,其他各垂向海流范围内的长鳍金枪鱼CPUE相差不大。

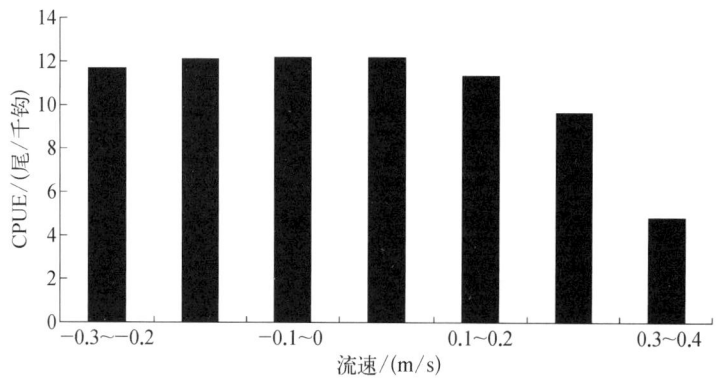

图1-6-6 长鳍金枪鱼CPUE与东西向海流的关系

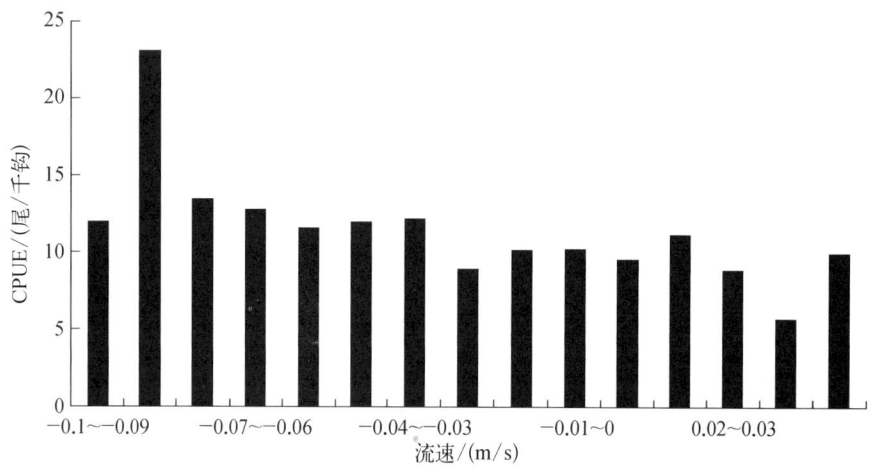

图1-6-7 长鳍金枪鱼CPUE与垂向海流的关系

6.1.1.8 长鳍金枪鱼的栖息水平海流

长鳍金枪鱼CPUE与水平海流的关系见图1-6-8。由图可得,随着水平流速的增加,长鳍金枪鱼的CPUE呈下降趋势。长鳍金枪鱼CPUE较高的水平海流范围为0~0.2 m/s。最高CPUE(16.37尾/千钩)对应的水平流速范围为0.5~0.6 m/s,可能存在取样误差。

6.1.2 黄鳍金枪鱼的栖息环境

调查期间,共测定了126尾黄鳍金枪鱼的上钩钩号。分析黄鳍金枪鱼CPUE与拟合钩深、水温、盐度、叶绿素浓度与三维海流的关系时,用到全部126尾鱼,以下分析结合专家经验和有关数据进行。

6.1.2.1 黄鳍金枪鱼的栖息水层

黄鳍金枪鱼CPUE与拟合钓钩深度的关系见图1-6-9。由图可得,黄鳍金枪鱼CPUE较高的水层为120~280 m,黄鳍金枪鱼CPUE最高(1.91尾/千钩)的水层为160~200 m。

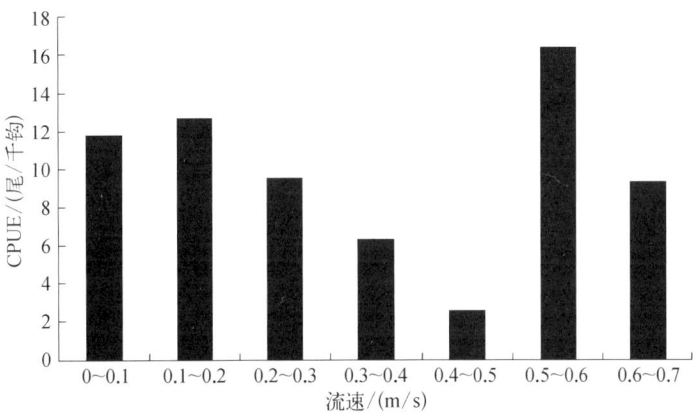

图1-6-8　长鳍金枪鱼CPUE与水平海流的关系

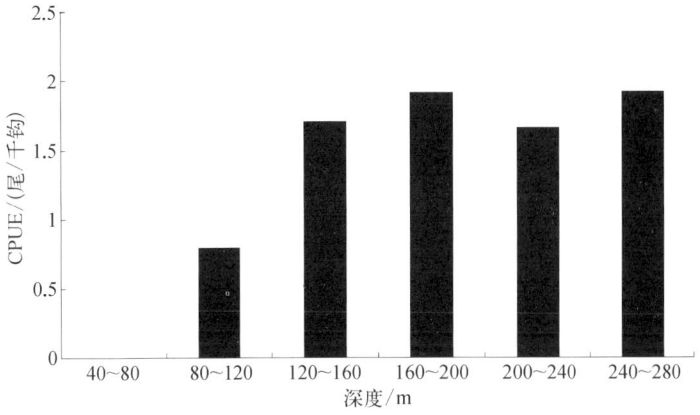

图1-6-9　黄鳍金枪鱼CPUE与水深的关系

6.1.2.2　黄鳍金枪鱼的栖息水温

黄鳍金枪鱼CPUE与水温的关系见图1-6-10。由图可得,黄鳍金枪鱼CPUE较高的

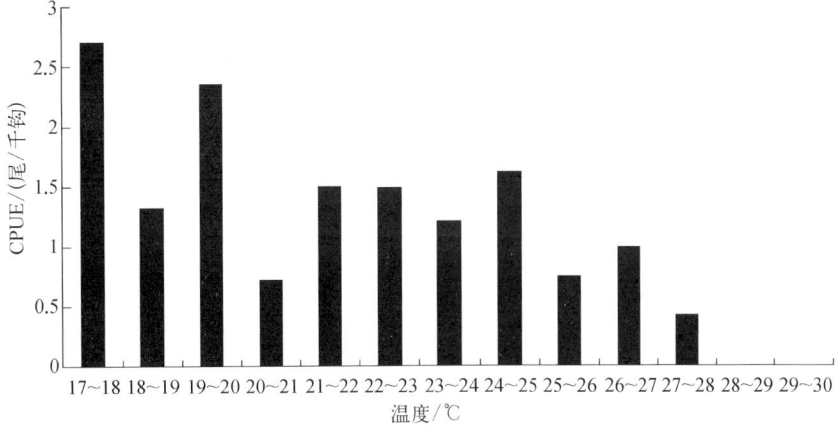

图1-6-10　黄鳍金枪鱼CPUE与水温的关系

水温范围为 18~25℃,黄鳍金枪鱼 CPUE 最高(2.36 尾/千钩)的水温为 19~20℃。温度范围 17~18℃,CPUE 为 2.71 尾/千钩,可能为异常值,故不予考虑。

6.1.2.3 黄鳍金枪鱼的栖息盐度

黄鳍金枪鱼 CPUE 与盐度的关系见图 1-6-11。由图可得,黄鳍金枪鱼 CPUE 较高的盐度范围为 35.7~37.2,黄鳍金枪鱼 CPUE 最高(14.65 尾/千钩)的盐度为 35.7~35.8。

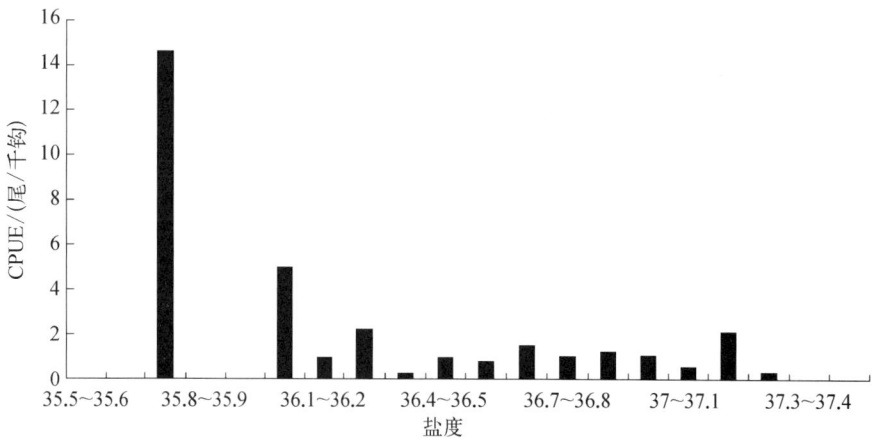

图 1-6-11 黄鳍金枪鱼 CPUE 与盐度的关系

6.1.2.4 黄鳍金枪鱼的栖息叶绿素浓度

黄鳍金枪鱼 CPUE 与叶绿素浓度的关系见图 1-6-12。由图可得,黄鳍金枪鱼 CPUE 较高的叶绿素浓度为 0.04~0.38 μg/L,黄鳍金枪鱼 CPUE 最高(3.67 尾/千钩)的叶绿素浓度为 0.34~0.36 μg/L。异常值不予考虑。

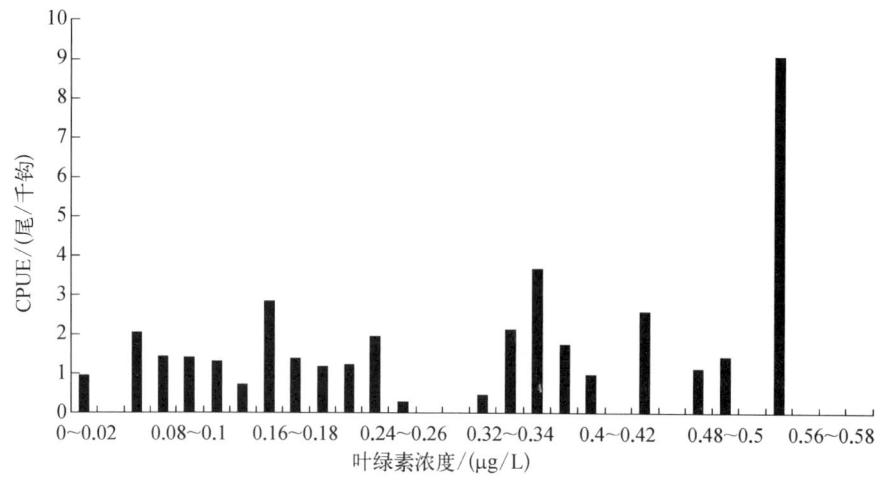

图 1-6-12 黄鳍金枪鱼 CPUE 与叶绿素浓度的关系

6.1.2.5 黄鳍金枪鱼的栖息南北向海流

黄鳍金枪鱼 CPUE 与南北向海流的关系见图 1-6-13。由图可得,黄鳍金枪鱼 CPUE 较高的南北向海流范围为 -0.2~0.4 m/s,黄鳍金枪鱼 CPUE 最高(1.70 尾/千钩)的海流范围为 0~0.1 m/s。异常值不予考虑。

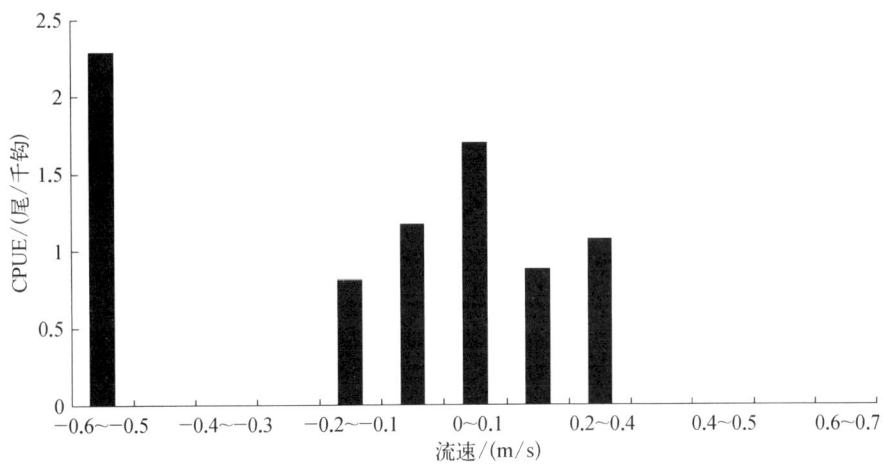

图 1-6-13 黄鳍金枪鱼 CPUE 与南北向海流的关系

6.1.2.6 黄鳍金枪鱼的栖息东西向海流

黄鳍金枪鱼 CPUE 与东西向海流的关系见图 1-6-14。由图可得,黄鳍金枪鱼 CPUE 较高的东西向海流范围为 -0.2~0.3 m/s;黄鳍金枪鱼 CPUE 最高(1.51 尾/千钩)的东西向海流范围为 0~0.1 m/s。

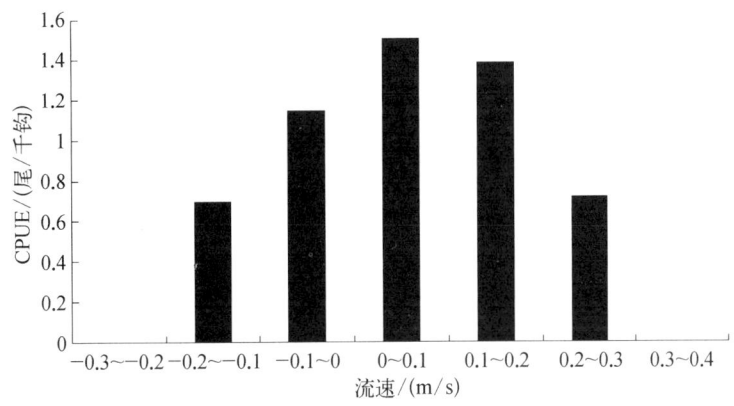

图 1-6-14 黄鳍金枪鱼 CPUE 与东西向海流的关系

6.1.2.7 黄鳍金枪鱼的栖息垂向海流

黄鳍金枪鱼 CPUE 与垂向海流的关系见图 1-6-15。由图可得,黄鳍金枪鱼 CPUE 较高

的垂向海流范围为 $-0.1 \sim -0.06$ m/s 和 $-0.01 \sim 0.04$ m/s，黄鳍金枪鱼 CPUE 最高（3.20 尾/千钩）的垂向海流范围为 $0.02 \sim 0.03$ m/s。

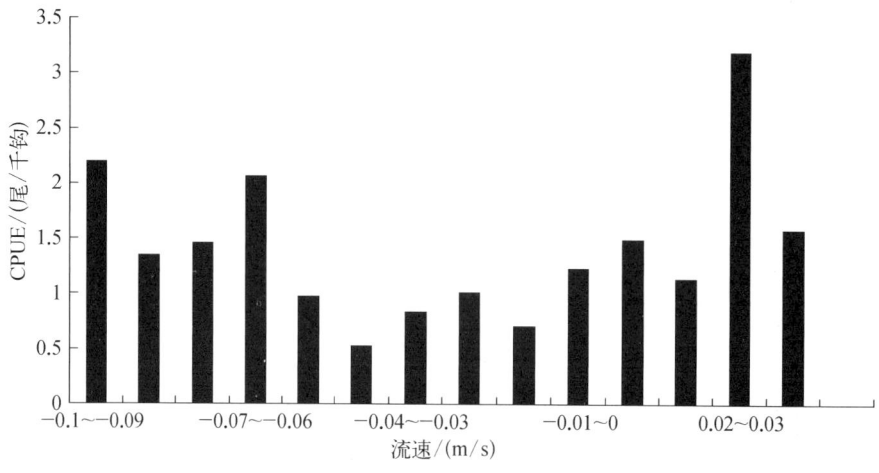

图 1-6-15 黄鳍金枪鱼 CPUE 与垂向海流的关系

6.1.2.8 黄鳍金枪鱼的栖息水平海流

黄鳍金枪鱼 CPUE 与水平海流的关系见图 1-6-16。由图可得，黄鳍金枪鱼 CPUE 较高的水平流速范围为 $0 \sim 0.3$ m/s，黄鳍金枪鱼 CPUE 最高（2.27 尾/千钩）的水平流速范围为 $0 \sim 0.1$ m/s。水平流速在 $0.5 \sim 0.6$ m/s 内可能存在取样误差，故不予考虑。

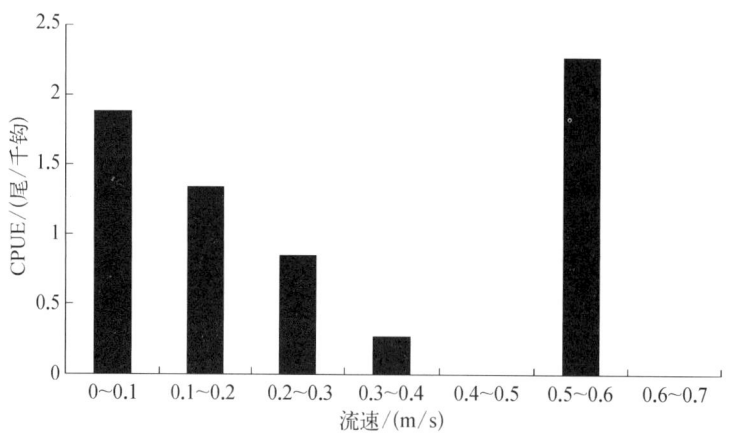

图 1-6-16 黄鳍金枪鱼 CPUE 与水平海流的关系

6.2 应用流剪切系数拟合钓钩深度计算模型分析长鳍金枪鱼和黄鳍金枪鱼的栖息环境

应用 SPSS 软件[3]，采用多元线性逐步回归的方法建立 2012 年 9 月 23 日~2012 年 11 月 13 日测定的 264 枚（有流剪切系数数据）钓钩的实际平均深度（$\bar{D}_j$）与理论深度（D_j）的关系模型。模型分为船用渔具(根据140枚钓钩拟合)和试验渔具(根据124枚钓钩拟合)两部分。

船用渔具部分钓钩深度计算采用的模型为

$$\bar{D}_j = 1.374 D_j \cdot j^{-0.170} \cdot (\sin Q_w)^{0.124} \cdot (V_w)^{-0.116} \quad (1-6-4)$$

试验渔具部分钓钩深度计算采用的模型为

$$\bar{D}_j = 1.346 D_j \cdot j^{-0.159} \cdot (\sin Q_w)^{0.152} \quad (1-6-5)$$

6.2.1 长鳍金枪鱼的栖息环境

调查期间,共测定了1 164尾长鳍金枪鱼的上钩钩号。分析长鳍金枪鱼CPUE与拟合钓钩深度、水温、盐度、叶绿素浓度、三维海流、水平流速的关系时,用到全部1 164尾鱼。以下分析结合专家经验和有关数据进行。

6.2.1.1 长鳍金枪鱼的栖息水层

长鳍金枪鱼CPUE与钓钩深度的关系见图1-6-17。由图可得,长鳍金枪鱼的CPUE随着深度的增加而上升,CPUE最高(18.81尾/千钩)的水层为160~200 m。240~280 m水层的CPUE为20.59尾/千钩,可能为异常值,故不予考虑。

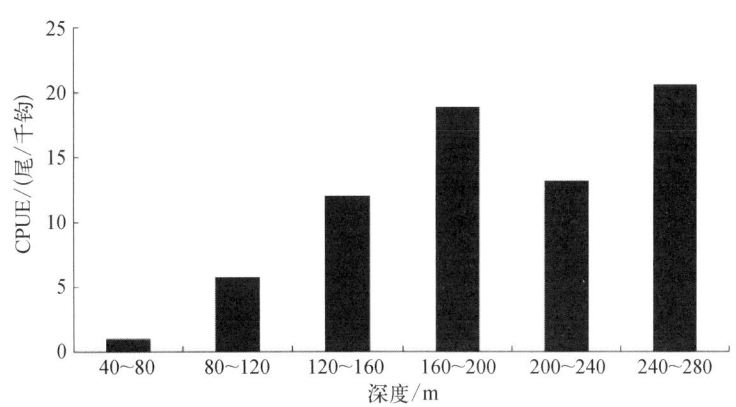

图1-6-17 长鳍金枪鱼CPUE与水深的关系

6.2.1.2 长鳍金枪鱼的栖息水温

长鳍金枪鱼CPUE与水温的关系见图1-6-18。由图可得,长鳍金枪鱼CPUE较高的水温范围为21~25℃,长鳍金枪鱼CPUE最高(16.42尾/千钩)的水温范围为23~24℃。

6.2.1.3 长鳍金枪鱼的栖息盐度

长鳍金枪鱼CPUE与盐度的关系见图1-6-19。由图可得,长鳍金枪鱼CPUE较高的盐度范围为36.5~36.9,CPUE最高(13.76尾/千钩)的盐度范围为36.7~36.8。盐度范围为35.7~35.8的CPUE可能存在取样误差。

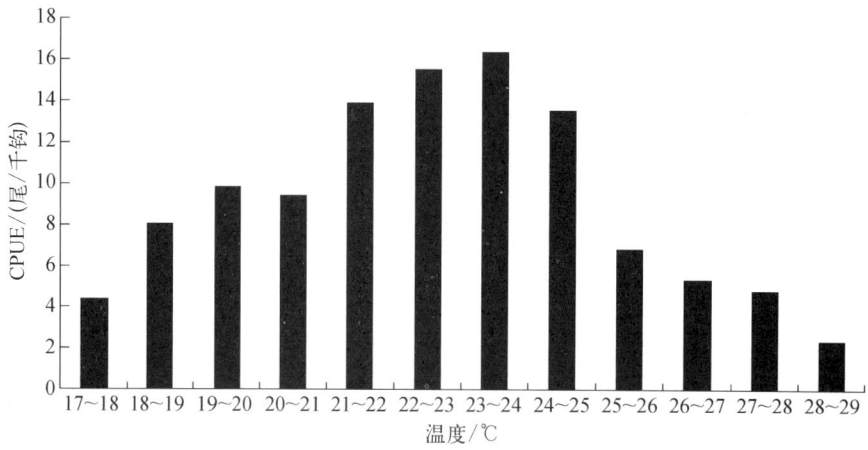

图 1-6-18 长鳍金枪鱼 CPUE 与水温的关系

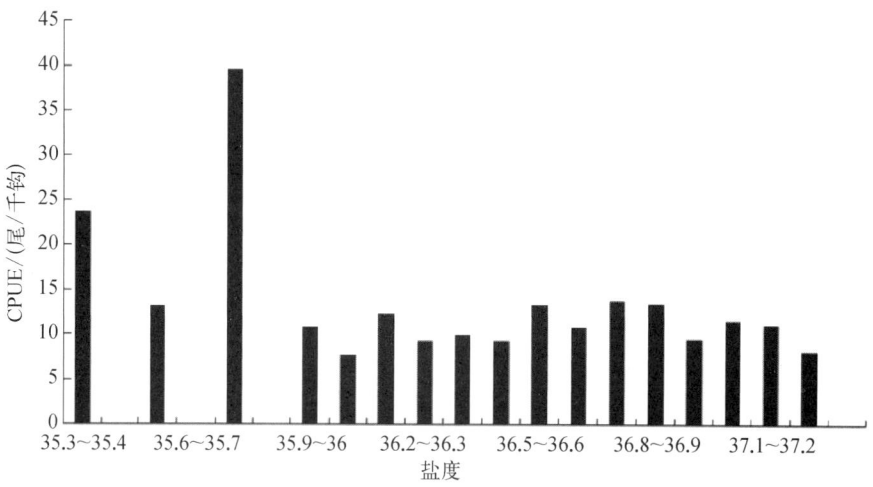

图 1-6-19 长鳍金枪鱼 CPUE 与盐度的关系

6.2.1.4 长鳍金枪鱼的栖息叶绿素浓度

长鳍金枪鱼 CPUE 与叶绿素浓度的关系见图 1-6-20。由图可得,长鳍金枪鱼 CPUE 较高的叶绿素浓度范围为 0.04~0.24 μg/L,CPUE 最高(23.27 尾/千钩)为 0.06~0.08 μg/L。叶绿素浓度为 0.56~0.58 μg/L 时的 CPUE 为 51.64 尾/千钩,可能为异常值,故不予考虑。

6.2.1.5 长鳍金枪鱼的栖息南北向海流

长鳍金枪鱼 CPUE 与南北向海流的关系见图 1-6-21。由图可得,长鳍金枪鱼 CPUE 较高的南北向海流范围为 -0.1~0.2 m/s,CPUE 最高(13.13 尾/千钩)的海流范围为 -0.1~0 m/s。

6.2.1.6 长鳍金枪鱼的栖息东西向海流

长鳍金枪鱼 CPUE 与东西向海流的关系见图 1-6-22。由图可得,长鳍金枪鱼 CPUE 较高的东西向海流范围为 -0.3~0.4 m/s,CPUE 最高(13.88 尾/千钩)的海流范围为 -0.2~-0.1 m/s。

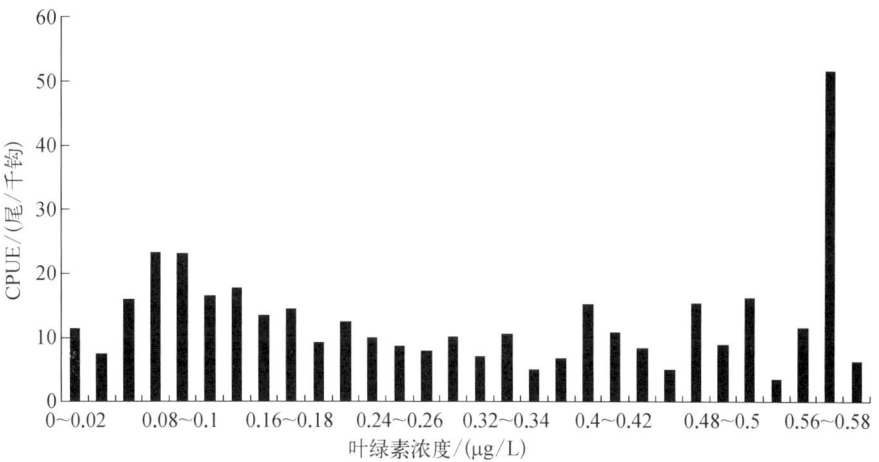

图 1-6-20 长鳍金枪鱼 CPUE 与叶绿素浓度的关系

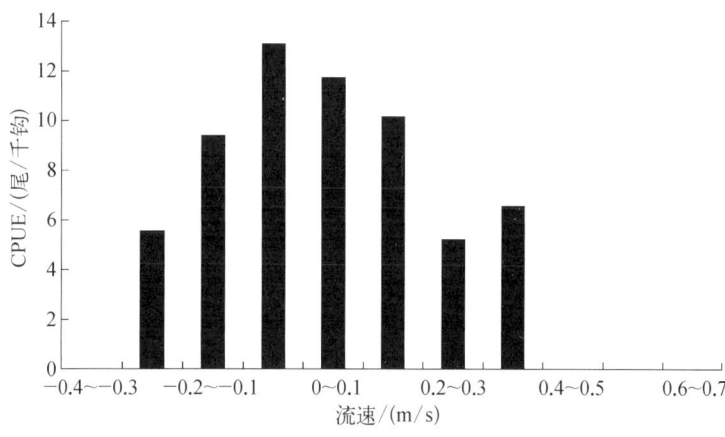

图 1-6-21 长鳍金枪鱼 CPUE 与南北向海流的关系

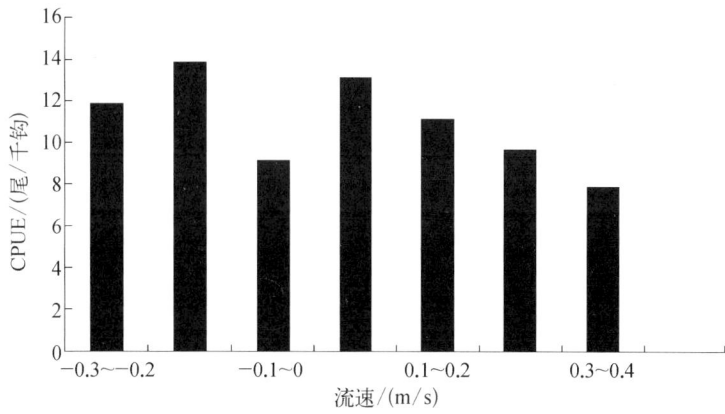

图 1-6-22 长鳍金枪鱼 CPUE 与东西向海流的关系

6.2.1.7 长鳍金枪鱼的栖息垂向海流

长鳍金枪鱼 CPUE 与垂向海流的关系见图 1-6-23。由图可得,除 -0.1~-0.08 m/s 范围内的 CPUE 较高外,其他各垂向海流范围内的长鳍金枪鱼 CPUE 相差不大。

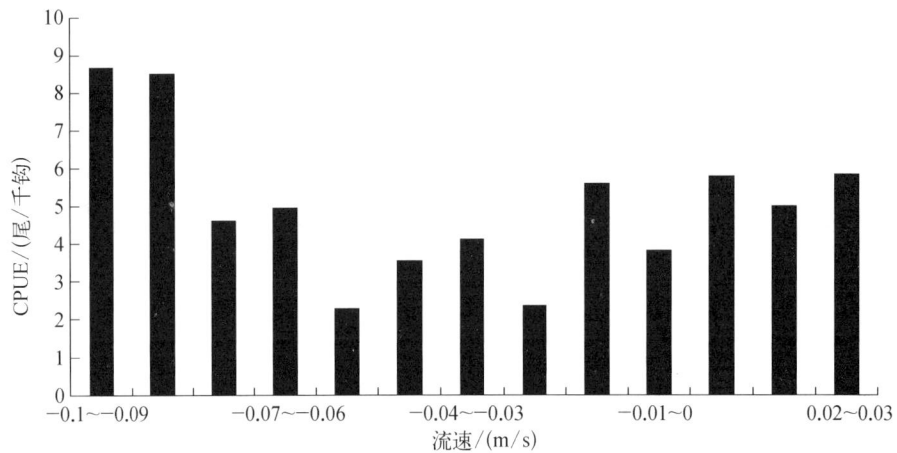

图 1-6-23　长鳍金枪鱼 CPUE 与垂向海流的关系

6.2.1.8 长鳍金枪鱼的栖息水平海流

长鳍金枪鱼 CPUE 与水平海流的关系见图 1-6-24。由图可得,随着水平流速的增加,长鳍金枪鱼的 CPUE 呈下降趋势。长鳍金枪鱼 CPUE 较高的水平流速范围为 0~0.2 m/s。最高 CPUE(12.37 尾/千钩)对应的水平流速范围为 0~0.1 m/s。

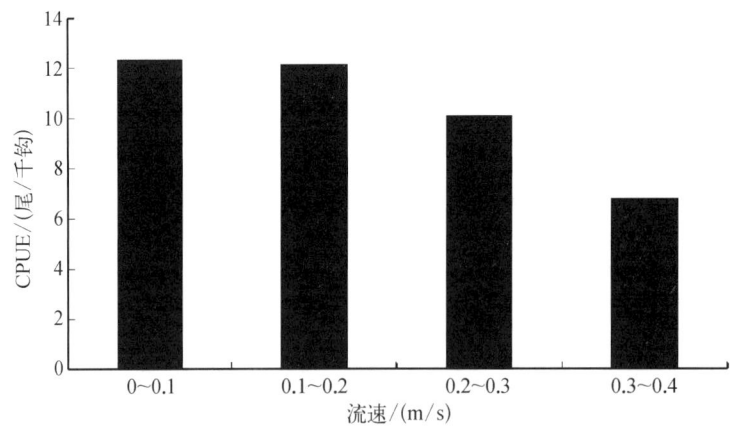

图 1-6-24　长鳍金枪鱼 CPUE 与水平海流的关系

6.2.2　黄鳍金枪鱼的栖息环境

调查期间,共测定了 126 尾黄鳍金枪鱼的上钩钩号。分析黄鳍金枪鱼 CPUE 与拟合钓钩深度、水温、盐度、叶绿素浓度、三维海流、水平流速的关系时,用到全部 126 尾鱼。以下分析结合专家经验和有关数据进行。

6.2.2.1 黄鳍金枪鱼的栖息水层

黄鳍金枪鱼 CPUE 与拟合钓钩深度的关系见图 1-6-25。由图可得,黄鳍金枪鱼 CPUE 较高的水层为 120~280 m,CPUE 最高(1.93 尾/千钩)的水层为 160~200 m,240~280 m 水层的黄鳍金枪鱼 CPUE 可能存在取样误差,故不予考虑。

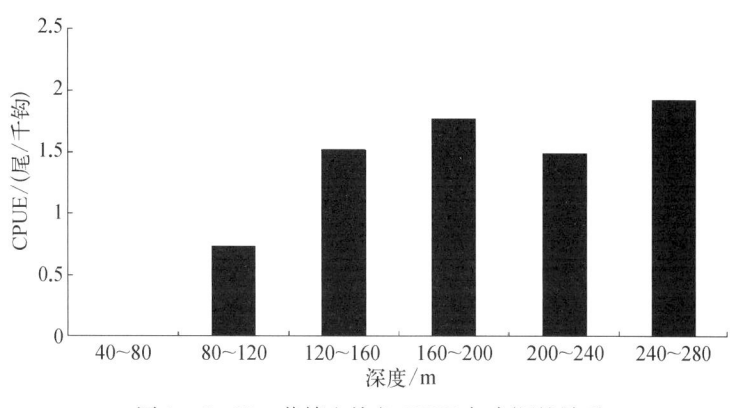

图 1-6-25 黄鳍金枪鱼 CPUE 与水深的关系

6.2.2.2 黄鳍金枪鱼的栖息水温

黄鳍金枪鱼 CPUE 与水温的关系见图 1-6-26。由图可得,黄鳍金枪鱼 CPUE 较高的水温范围为 19~25℃,CPUE 最高(2.28 尾/千钩)的水温为 19~20℃。温度范围在 17~18℃,CPUE 为 2.71 尾/千钩,可能为异常值,故不予考虑。

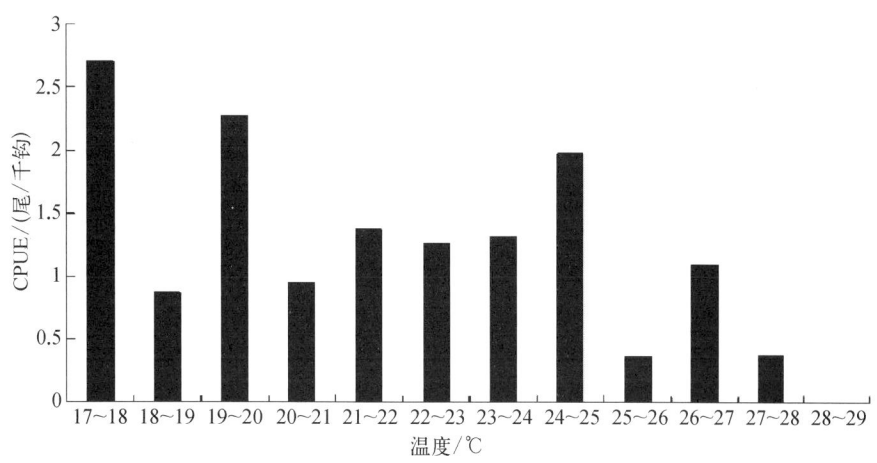

图 1-6-26 黄鳍金枪鱼 CPUE 与水温的关系

6.2.2.3 黄鳍金枪鱼的栖息盐度

黄鳍金枪鱼 CPUE 与盐度的关系见图 1-6-27。由图可得,黄鳍金枪鱼 CPUE 较高的盐度范围为 36.0~37.2，CPUE 最高(4.06 尾/千钩)的盐度范围为 36.1~36.2。盐度范围 35.8~35.9 时，CPUE 可能为异常值，故不予考虑。

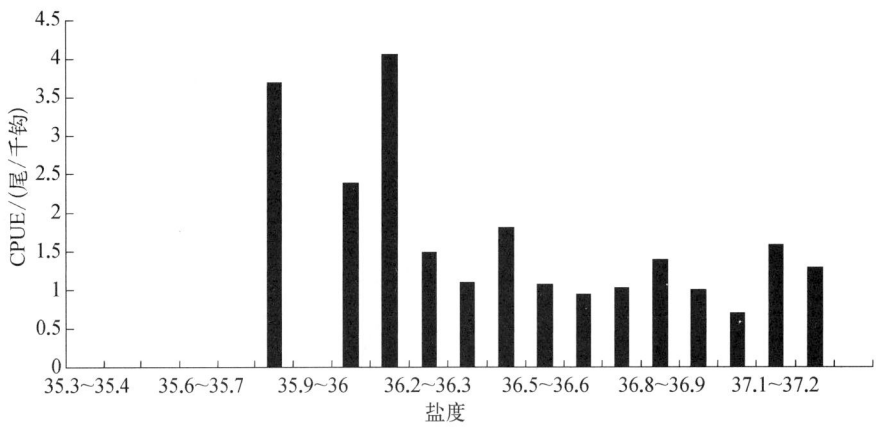

图 1-6-27 黄鳍金枪鱼 CPUE 与盐度的关系

6.2.2.4 黄鳍金枪鱼的栖息叶绿素浓度

黄鳍金枪鱼 CPUE 与叶绿素浓度的关系见图 1-6-28。由图可得，黄鳍金枪鱼 CPUE 较高的叶绿素浓度范围为 0.04~0.36 μg/L，CPUE 最高(3.56 尾/千钩)的叶绿素浓度范围为 0.04~0.06 μg/L。

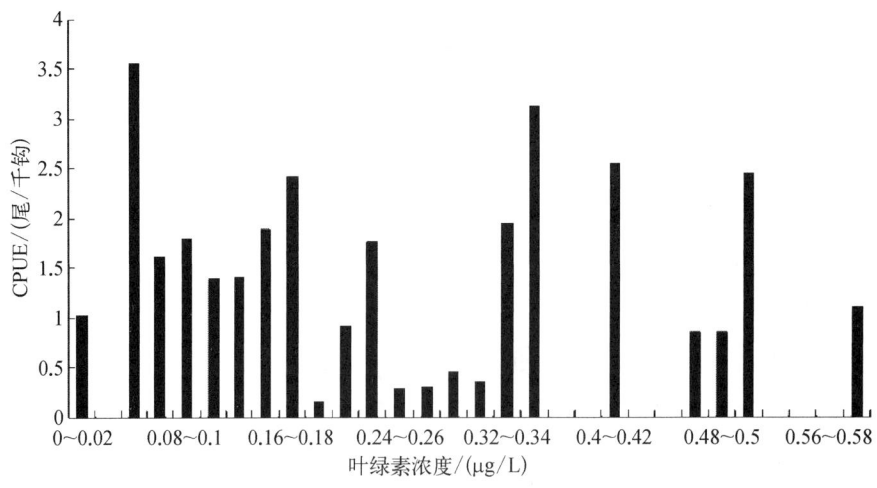

图 1-6-28 黄鳍金枪鱼 CPUE 与叶绿素浓度的关系

6.2.2.5 黄鳍金枪鱼的栖息南北向海流

黄鳍金枪鱼 CPUE 与南北向海流的关系见图 1-6-29。由图可得，黄鳍金枪鱼 CPUE 较高的南北向海流范围为 -0.2~0.3 m/s，CPUE 最高(1.57 尾/千钩)的海流范围为 0~0.1 m/s。

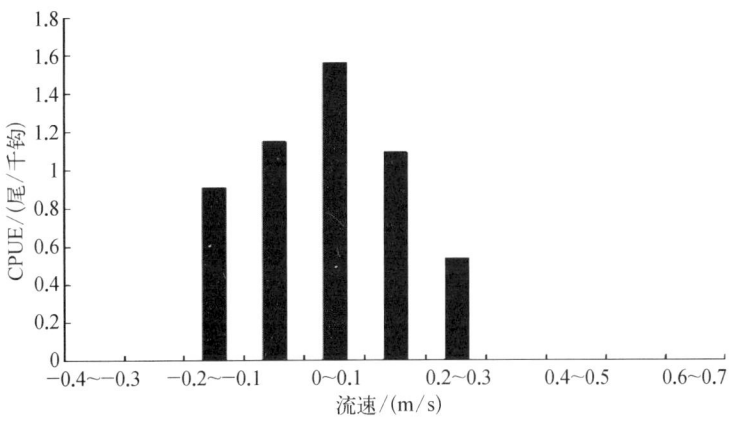

图 1-6-29　黄鳍金枪鱼 CPUE 与南北向海流的关系

6.2.2.6　黄鳍金枪鱼的栖息东西向海流

黄鳍金枪鱼 CPUE 与东西向海流的关系见图 1-6-30。由图可得,黄鳍金枪鱼 CPUE 较高的东西向海流范围为 -0.2~0.3 m/s,黄鳍金枪鱼 CPUE 最高(1.42 尾/千钩)的海流范围为 0~0.1 m/s。

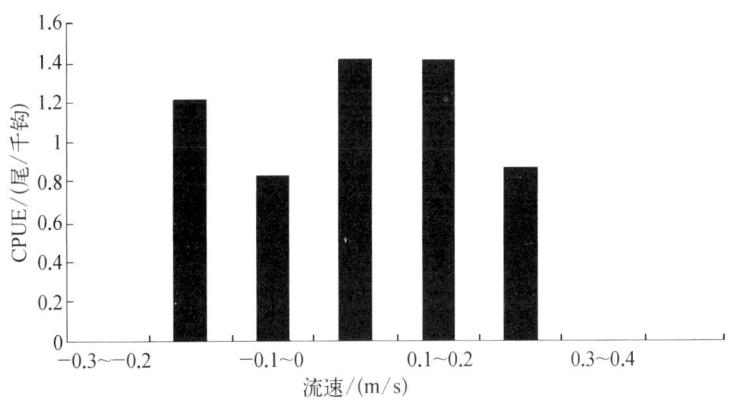

图 1-6-30　黄鳍金枪鱼 CPUE 与东西向海流的关系

6.2.2.7　黄鳍金枪鱼的栖息垂向海流

黄鳍金枪鱼 CPUE 与垂向海流的关系见图 1-6-31。由图可得,除 -0.1~-0.09 m/s 范围内的 CPUE 明显较高(3.29 尾/千钩)外,其他各垂向海流范围内的黄鳍金枪鱼 CPUE 相差不大。

6.2.2.8　黄鳍金枪鱼的栖息水平海流

黄鳍金枪鱼 CPUE 与水平海流的关系见图 1-6-32。由图可得,随着水平流速的增加,黄鳍金枪鱼的 CPUE 呈下降趋势。最高 CPUE(1.42 尾/千钩)对应的水平流速范围为 0~0.1 m/s。

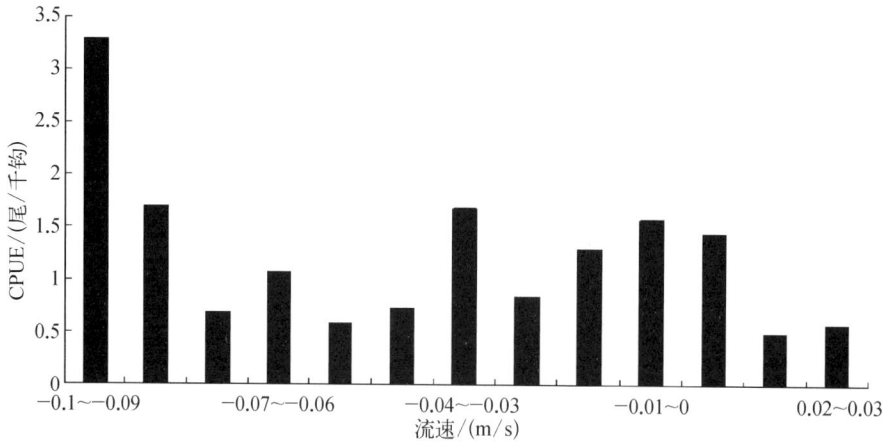

图 1-6-31 黄鳍金枪鱼 CPUE 与垂向海流的关系

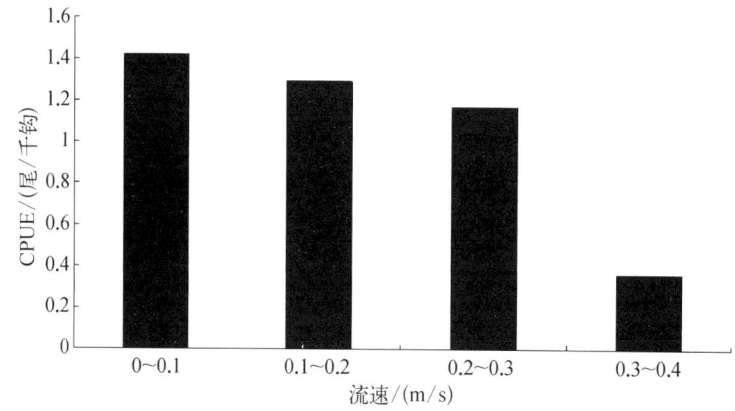

图 1-6-32 黄鳍金枪鱼 CPUE 与水平海流的关系

7 渔场形成机制

温度、盐度、叶绿素浓度数据的测定方法:通过计算机及其应用软件,利用多功能水质仪(XR-620)测定,通过计算机把测得的数据读出,存入计算机,记录好相应的测定位置,并取所要分析的深度处的±5 m 内的数据的算术平均值作为其数据。

风流合压角 γ、钓具的漂移速度 V_g 的测定方法:利用船上的 GPS 记录同一浮子投出和收进的位置,计算得出这一天的漂流方向、钓具漂移速度、再计算投绳时航程较长的航向与漂流方向之间的夹角(小于 90°)——风流合压角。

三维海流 V_U、V_N、V_E 的测量方法:用三维海流计测定,通过计算机把测得的数据读出,存入计算机,记录好相应的测定位置,并取所要分析的深度处的±5 m 内的数据的算术平均值作为对应深度的数据。

长鳍金枪鱼、黄鳍金枪鱼的上钩率 CPUE(尾/千钩)的测定方法:观测每天长鳍金枪鱼、黄鳍金枪鱼的渔获尾数(N)及当天的实际下钩数(H),利用下式计算得出。

$$\text{CPUE} = \frac{N}{H} \times 1\,000 \qquad (1-7-1)$$

把每个渔场每天的各水层的温度、盐度、三维海流、水平海流数据、渔具漂移速度 V_g、漂移方向 C_g、风速 V_w、风向 C_w、风舷角 Q_w、风流合压角 γ，将长鳍金枪鱼、黄鳍金枪鱼的上钩率 CPUE 数据输入 SPSS 统计分析软件[3]中，先将这些数据进行标准化处理，使其成为无量纲的变量，求出各指标与以上4种鱼 CPUE 的 Pearson 相关系数，此相关系数反映两指标间的相关关系，再通过两指标间的显著性系数（取5%），确定显著相关性指标。

利用海洋数据处理软件 Marine explorer，把有关渔场与 CPUE 相关系数较大的具有代表性的指标与以上2种鱼的 CPUE 进行叠图。

按照前面图1-1-1中的52个站点来分析主要鱼种 CPUE 与水深（10 m、25 m、50 m、75 m、100 m、150 m、200 m、250 m、300 m）的温度、盐度、叶绿素浓度（水温分别记为 T_{10}、T_{25}、T_{50}、T_{75}、T_{100}、T_{150}、T_{200}、T_{250}、T_{300}。盐度分别记为 S_{10}、S_{25}、S_{50}、S_{75}、S_{100}、S_{150}、S_{200}、S_{250}、S_{300}。叶绿素浓度分别记为 CH_{10}、CH_{25}、CH_{50}、CH_{75}、CH_{100}、CH_{150}、CH_{200}、CH_{250}、CH_{300}）及渔具的漂移速度 V_g、风流合压角 γ、风速 V_w、风舷角 Q_w 的相关关系。

本次探捕调查，调查船为"华南渔716"船，进行了52个站点的调查。调查船取得的数据有：风速，风向，海流剪切系数，渔具飘移速度、飘移方向，风流合压角 γ，风弦角 Q_w，0~300 m 水深各水层的温度、盐度、叶绿素浓度和三维海流数据。

以上数据可能会对主要鱼种 CPUE 产生影响，或相关。通过对获得的数据与主要鱼种 CPUE 数据进行相关分析，找出相关性显著的指标。

运用 SPSS 软件[3]进行相关性分析。首先通过相关分析，求出各指标与主要鱼种 CPUE 的 Pearson 相关系数，此相关系数反映两指标间的相关关系，再通过两指标间的显著性系数（取5%），确定显著相关性指标。

7.1 长鳍金枪鱼

调查期间长鳍金枪鱼 CPUE（单位：尾/千钩，以下同）分布见图1-7-1。

整个调查期间52个站点与长鳍金枪鱼 CPUE 分布有显著相关性的指标及相关系数和显著性水平见表1-7-1。

表1-7-1　整个调查期间与长鳍金枪鱼 CPUE 有显著相关性的指标及相关系数和显著性水平（52个站点汇总统计）

相关指标	Pearson 相关系数	显著性水平 P（双尾）
T_{25}	0.490	0.000
S_{125}	0.326	0.018
T_{150}	0.456	0.001
T_{300}	0.436	0.001

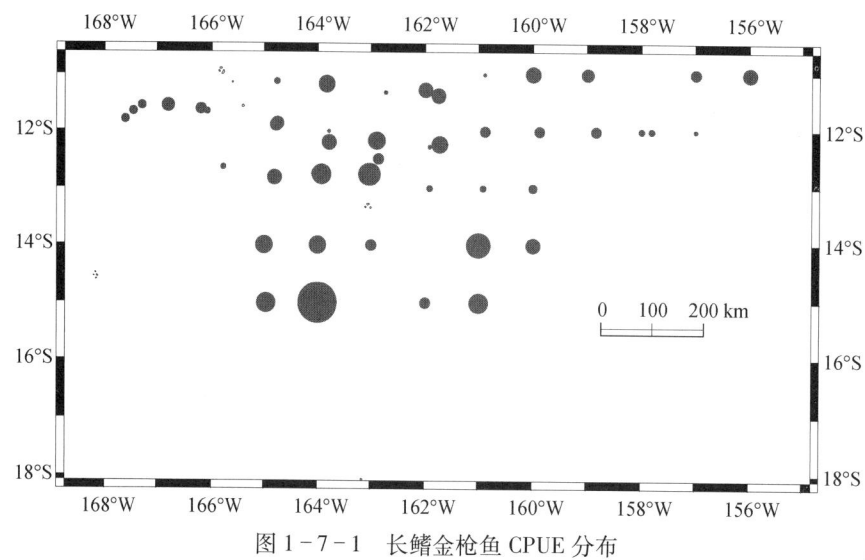

图 1-7-1 长鳍金枪鱼 CPUE 分布

长鳍金枪鱼 CPUE 与 25 m 水深处的温度关系见图 1-7-2。由图可得：长鳍金枪鱼 CPUE 与 25 m 水深处的温度有较弱的负相关关系，温度在 27.8~28.2℃ 内，长鳍金枪鱼 CPUE 较高，温度高于 28.6℃ 的区域，CPUE 较低。

扫一扫
看彩图

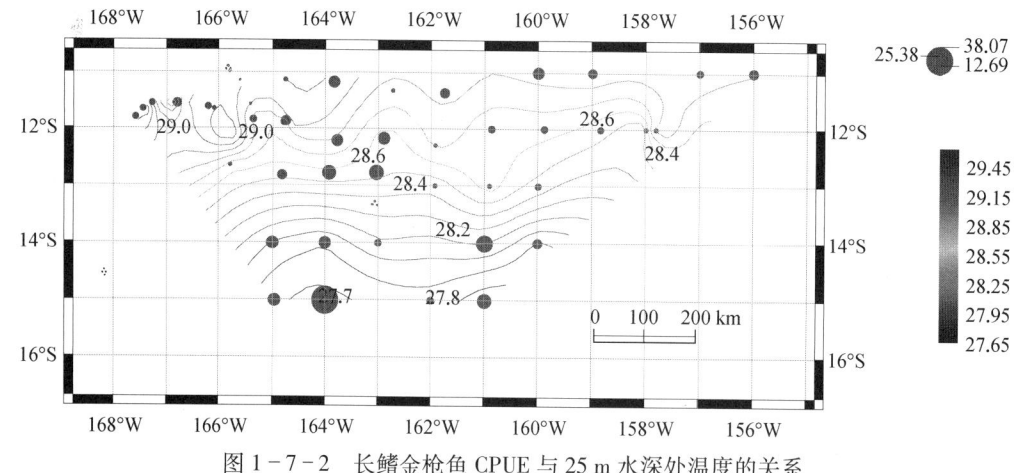

图 1-7-2 长鳍金枪鱼 CPUE 与 25 m 水深处温度的关系

长鳍金枪鱼 CPUE 与 125 m 水深处盐度关系如图 1-7-3。由图可得：长鳍金枪鱼 CPUE 与 125 m 水深处的盐度有较弱的负相关关系，盐度在 36.7~36.9 内，长鳍金枪鱼 CPUE 较高，盐度大于 37.1 的区域，CPUE 较低。

长鳍金枪鱼 CPUE 与 150 m 水深处温度关系见图 1-7-4。由图可得：长鳍金枪鱼 CPUE 与 150 m 水深处的温度有较弱的正相关关系，温度在 24.5~24.8℃ 内，长鳍金枪鱼 CPUE 较高，温度低于 24.5℃ 的区域，长鳍金枪鱼 CPUE 较低。

长鳍金枪鱼 CPUE 与 300 m 水深处的温度关系见图 1-7-5。由图可得：长鳍金枪鱼 CPUE 与 300 m 处的温度有较弱的正相关关系，温度在 17.7~18.9℃ 内，长鳍金枪鱼 CPUE 较高，温度低于 16.4℃ 的区域，长鳍金枪鱼 CPUE 较低。

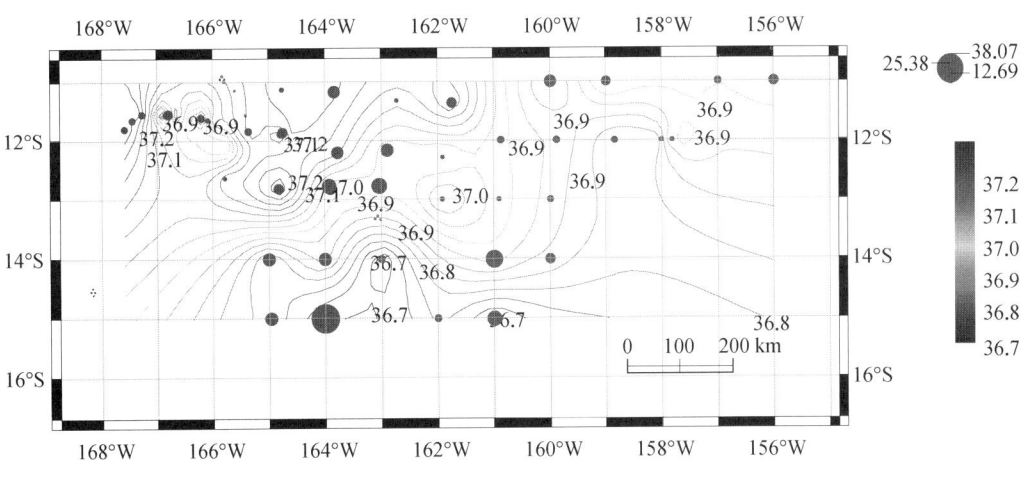

图 1-7-3 长鳍金枪鱼 CPUE 与 125 m 水深处盐度的关系

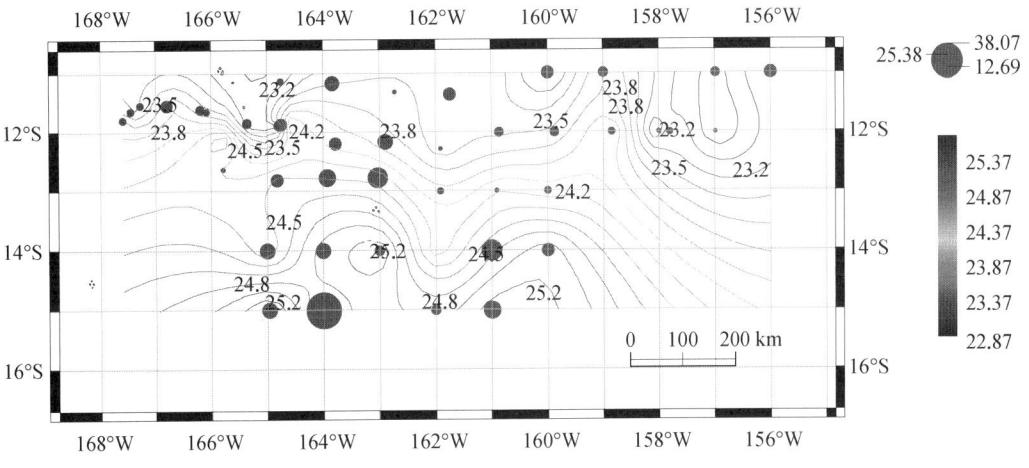

图 1-7-4 长鳍金枪鱼 CPUE 与 150 m 水深处温度的关系

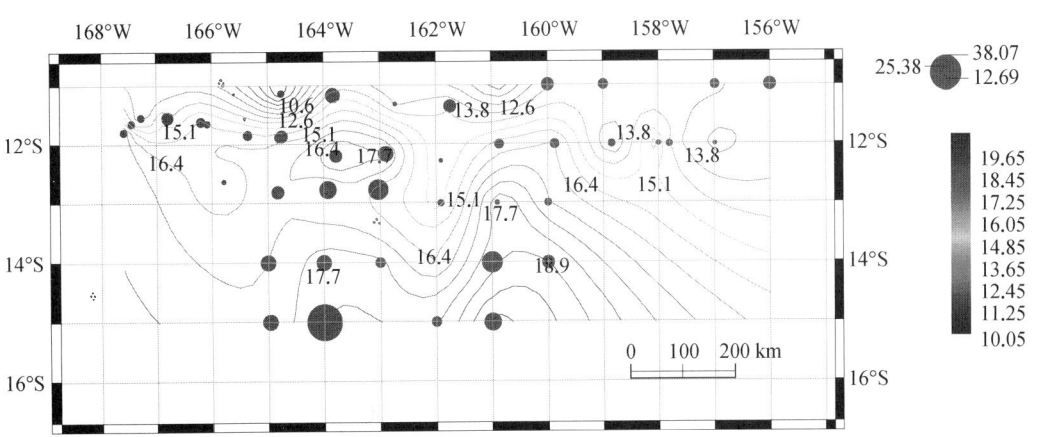

图 1-7-5 长鳍金枪鱼 CPUE 与 300 m 水深处温度的关系

7.2 黄鳍金枪鱼

调查期间黄鳍金枪鱼 CPUE(单位: 尾/千钩,以下同)分布见图 1-7-6。

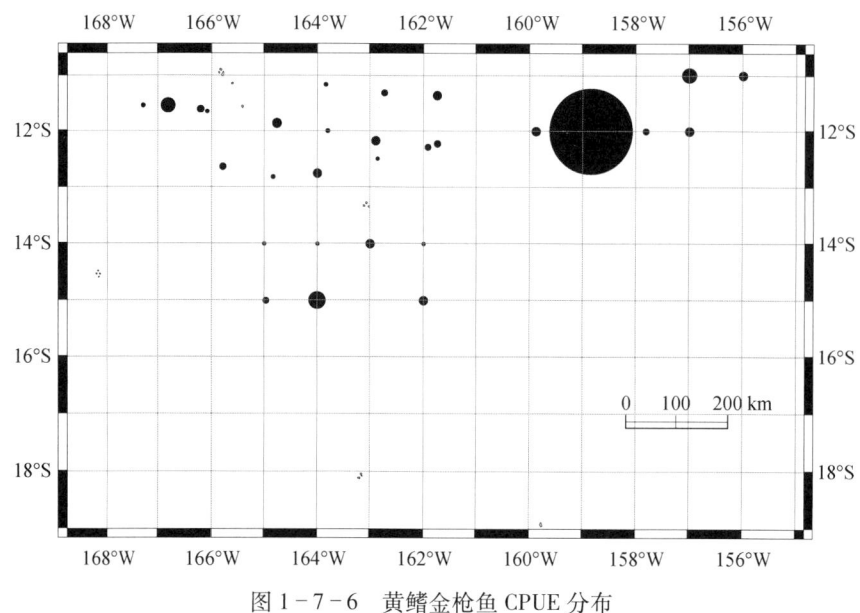

图 1-7-6 黄鳍金枪鱼 CPUE 分布

整个调查期间 52 个站点与黄鳍金枪鱼 CPUE 分布有显著相关性的指标及相关系数和显著性水平见表 1-7-2。

表 1-7-2 整个调查期间与黄鳍金枪鱼 CPUE 有显著相关性的指标
及相关系数和显著性水平(52 个站点汇总统计)

相 关 指 标	Pearson 相关系数	显著性水平 P(双尾)
CH_{150}	0.347	0.012

黄鳍金枪鱼 CPUE 与 150 m 水深处的叶绿素浓度关系见图 1-7-7。由图可得: 黄鳍金枪鱼 CPUE 与 150 m 水深处的叶绿素浓度有较弱的正相关关系,叶绿素浓度在 0.3~0.6 μg/L 内,黄鳍金枪鱼 CPUE 较高,叶绿素浓度低于 0.3 μg/L 的区域,黄鳍金枪鱼 CPUE 较低。

7.3 小结

以上为 2012 年 9 月 21 日~2012 年 11 月 15 日,基于"华南渔 716"调查船取得的数据对长鳍金枪鱼、黄鳍金枪鱼的渔场形成机制分析的结果。本次调查测量的指标较广,几乎搜集了所有的风速、风向、渔具漂移速度、漂移方向、0~300 m 各水层的水温、盐度、叶绿素浓度、三维海流数据。

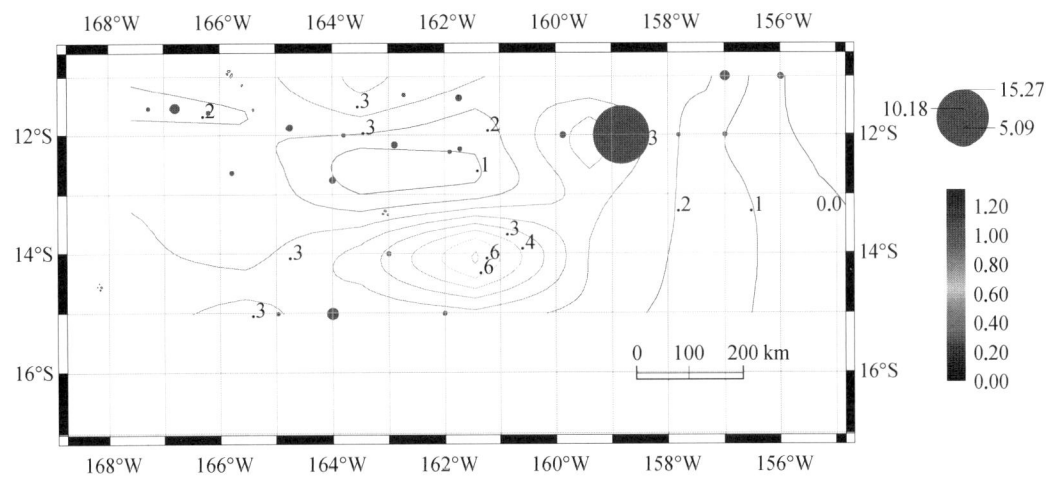

图 1-7-7 黄鳍金枪鱼 CPUE 与 150 m 水深处叶绿素浓度的关系

7.3.1 长鳍金枪鱼

根据对调查船整个调查期间所有数据进行分析的结果，25 m、150 m、300 m 水深处温度，125 m 水深处盐度对长鳍金枪鱼 CPUE 的影响较大。

长鳍金枪鱼 CPUE 较高处为：

1）25 m 水深处温度范围 27.8~28.2℃；
2）150 m 水深处温度范围 24.5~24.8℃；
3）300 m 水深处温度范围 17.7~18.9℃；
4）125 m 水深处盐度范围 36.7~36.9。

7.3.2 黄鳍金枪鱼

根据对调查船整个调查期间所有数据进行分析的结果，150 m 水深处叶绿素浓度对黄鳍金枪鱼 CPUE 的影响较大。

黄鳍金枪鱼 CPUE 较高处为：150 m 水深处叶绿素浓度范围 0.3~0.6 μg/L。

参 考 文 献

1. Keith Bigelow, Michael K. Musyl, Ftanxois Poisson, et al. Pelagic longline gear depth and shoaling. Fisheries Research, 2006, 77: 173-183.
2. 斉藤昭二.マグロの遊泳層と延縄漁法.東京：成山堂書屋，1992：9-10.
3. 李志辉，罗平.SPSS for Windows 统计分析教程.北京：电子工业出版社，2003：173-175.

第二篇

2013年库克群岛水域低温金枪鱼延绳钓渔船捕捞技术研究

深圳市华南渔业有限公司与上海海洋大学合作,从2013年9月3日~2014年1月2日对南太平洋库克群岛专属经济区金枪鱼渔场($9°00'\sim19°00'S,157°00'\sim168°00'W$)进行了探捕,累计探捕时间112天。执行本次海上调查任务的渔船为低温金枪鱼延绳钓渔船"华南渔719",主要的船舶参数如下:总长36.60 m;型宽6.60 m;型深3.30 m;总吨196t;净吨89t;主机功率440.00 kW。探捕船对82个站点(图2-1-1)进行了探捕调查,记录了每天的投绳位置、投绳开始时间、起绳开始时间、投钩数、投绳时的船速和出绳速度、两钓钩间的时间间隔、两浮子间的钓钩数、主要金枪鱼鱼种的渔获量,抽样测定了它们的上钩钩号、死活状态、上钩时的位置,用卡尺测定了主要金枪鱼鱼种的叉长,对56个站点用多功能水质仪(XR-620)测定了调查站点的0~250 m的温度、盐度、叶绿素浓度的垂直变化曲线,用三维海流计(Aquadopp-2000)测定了调查站点的0~300 m的海流数据,通过微型温度深度计(TDR-2050)分别测定了316枚船用渔具和224枚试验渔具钓

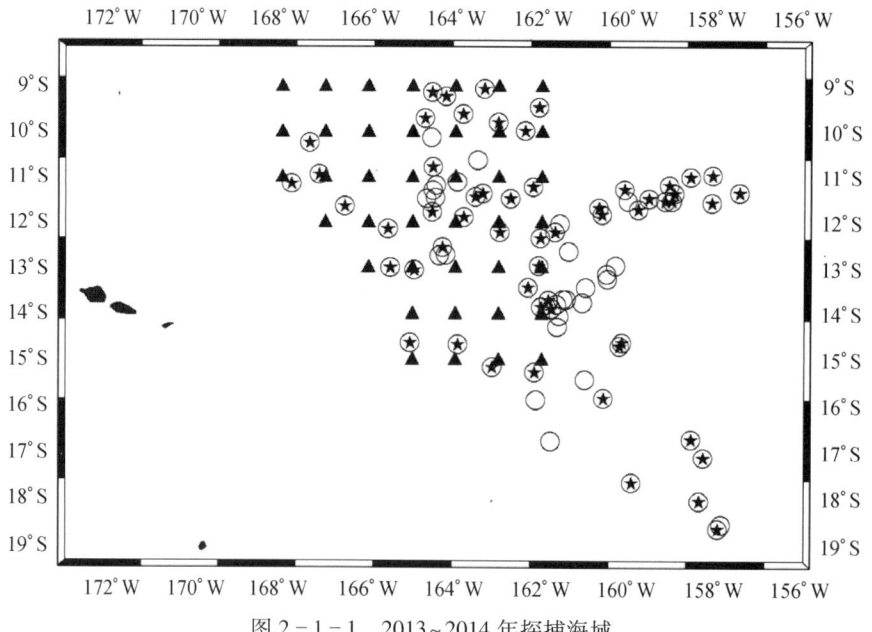

图2-1-1 2013~2014年探捕海域
○:探捕站点;★:仪器测定站点;▲:计划站点

钩的实际深度。进行了渔具渔法的交叉比较试验,对主要鱼种的生物学参数进行了测定等。

本次调查船上原来所用的钓具结构为:浮子直径为 360 mm(浮力 20 kg);浮子绳长 22 m;干线直径为 4.0 mm;支线第一段为直径 3.5 mm 的硬质聚丙烯,长 1.5 m 左右,第二段为 180#(直径为 2.25 mm)的尼龙单丝,长 17 m;第一段与第二段用 H 型转环(不带铅)连接,试验渔具的转环为带铅转环(45 g 或 60 g);钓钩采用圆形钓钩(16/0)。

调查期间,一般情况下,5:30~9:30,投绳,持续时间为 4 h 左右;15:30 至第二天 3:00,起绳,持续时间为 11.5 h 左右;船长根据探捕调查站点位置决定当天投绳的位置,受条件所限实际的投绳位置和计划站点位置会有一定的偏差。

船速 8.0~9.0 节,出绳速度一般为 9.8 节,两浮子间的钓钩数为 28 枚,两钓钩间的时间间隔为 6 s。每天投放船用渔具钓钩 1 900~3 500 枚。

投放试验渔具时,靠近浮子的第 1、2 枚钓钩空缺,从第 3 个钩位开始投放试验渔具,两浮子间的钓钩数为 24 枚,其他参数不变。

1 渔场海况

1.1 海流

本次调查时间为 2013 年 9 月 8 日~2013 年 12 月 18 日,历时 1 个航次。具体调查范围为 $9°06'~18°04'S,157°05'~167°46'W$。以下分析的海流数据是海流计实测的数据,取 5~15 m 水深海流为表层海流。表面漂流方向主要为东、东南,其次为东北,流速范围为 0.21~0.98 m/s。

1.2 风速风向

调查海域的风速为 0.5~13.4 m/s,绝大部分情况下为 3~9 m/s。调查过程中,0~3 m/s 和 9~13.4 m/s 风速出现很少,3~9 m/s 风速出现的频率最高,占 81.70%,未出现超过 13.4 m/s 的风速(表 2-1-1)。主导风向为东南风、东风和东北风,其次为西南风。

表 2-1-1 调查海域的风速频率

风速/(m/s)	频率/%	风速/(m/s)	频率/%
0~3	9.76	6~7	14.63
3~4	10.98	7~8	6.10
4~5	20.73	8~9	9.76
5~6	18.29	>9	8.54

1.3 表层水温

本文中取深度为水下 10±5 m 水层作为表层,考虑到海面受天气变化的影响较大,为了保证数据之间的可比性,本文统一取此水层作为表层,然后计算这一水层水温的算术平均值。调查海域的表层水温在27.4~29.7℃波动,平均为28.4℃,北部温度较高,南部温度较低(图2-1-2)。

扫一扫
看彩图

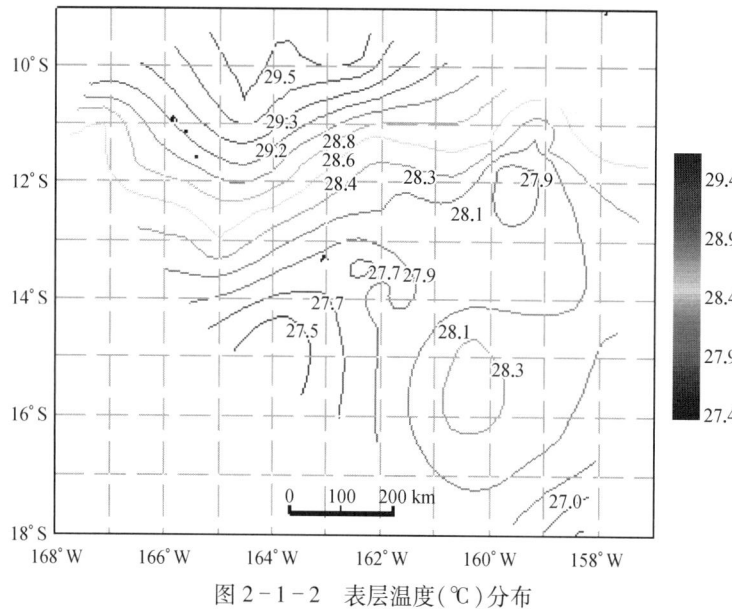

图2-1-2　表层温度(℃)分布

1.4　表层叶绿素浓度

水层深度同上所述。计算该水层叶绿素浓度的算术平均值。调查海域的表层叶绿素浓度在0.04~0.33 μg/L波动,平均为0.11 μg/L(图2-1-3)。

扫一扫
看彩图

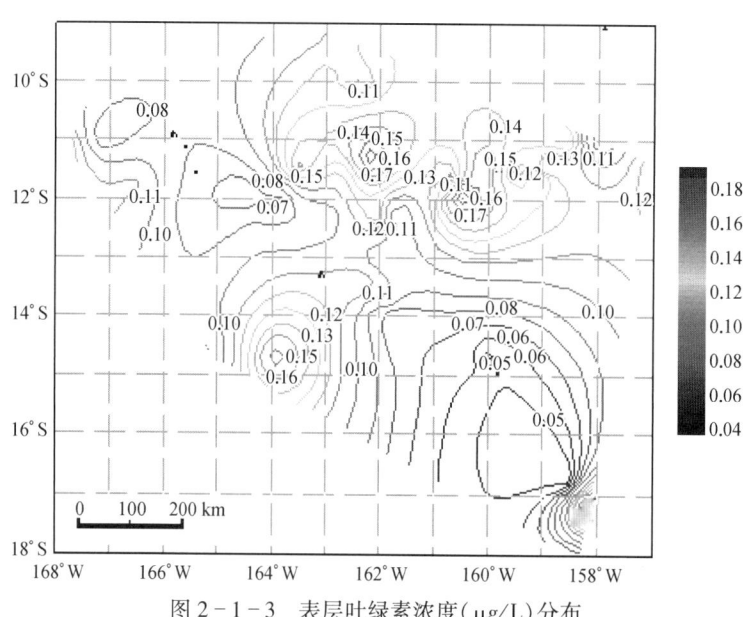

图2-1-3　表层叶绿素浓度(μg/L)分布

2 主要金枪鱼鱼种渔获量及上钩率情况

2.1 渔获量状况

从2013年9月3日~2014年1月2日,共捕获长鳍金枪鱼、大眼金枪鱼、黄鳍金枪鱼、刺鲅、鲣、蓝枪鱼4 963尾,其中长鳍金枪鱼2 880尾(60.0 t)、大眼金枪鱼282尾(7.1 t)、黄鳍金枪鱼1 057尾(22.5 t)、鲣227尾(1.3 t)、刺鲅313尾(5.0 t)、蓝枪鱼204尾(10.8 t)。具体见表2-2-1。

表2-2-1 调查期间调查船的产量(尾)情况

作业次数	长鳍金枪鱼	鲣	黄鳍金枪鱼	刺鲅	大眼金枪鱼	蓝枪鱼	总渔获量
82	2 880	227	1 057	313	282	204	4 963

对本航次长鳍金枪鱼、大眼金枪鱼、黄鳍金枪鱼、蓝枪鱼的日渔获量(单位:尾,下同)、上钩率(CPUE,单位:尾/千钩,以下同)进行了统计。整个调查期间,长鳍金枪鱼、大眼金枪鱼、黄鳍金枪鱼、蓝枪鱼的日渔获量分布见图2-2-1~图2-2-4。

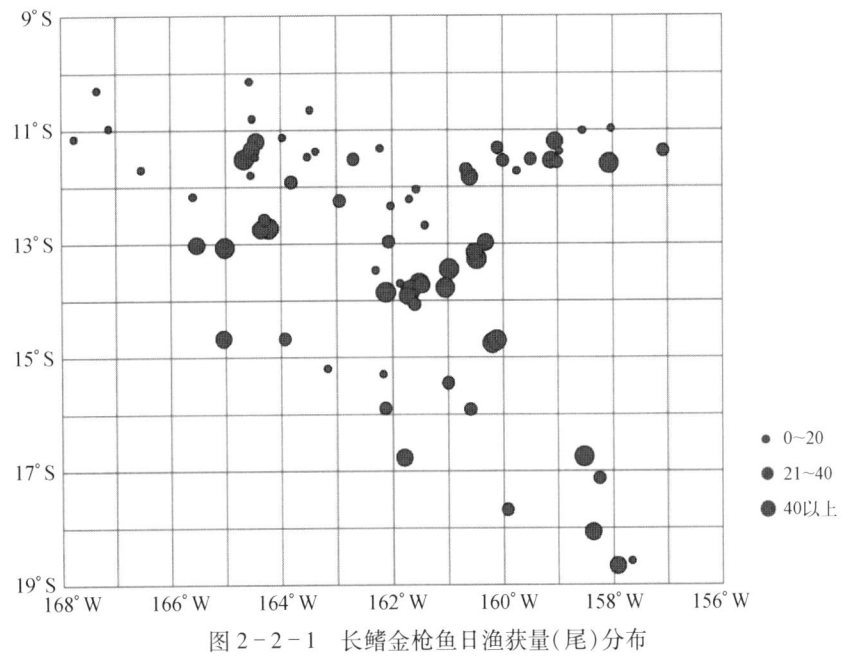

图2-2-1 长鳍金枪鱼日渔获量(尾)分布

整个调查期间,长鳍金枪鱼、大眼金枪鱼、黄鳍金枪鱼、蓝枪鱼和总的日渔获量等级分布见图2-2-5~图2-2-9。

1) 长鳍金枪鱼:整个调查期间,其平均日渔获量为38.9尾,最小日渔获量为0,最大日渔获量为134尾。具体的渔获量等级分布见图2-2-5,可知日渔获量40尾以上的出现频率最高,29次,占39.19%;其他各个等级都有分布,21~30尾出现频率最低,7次,占9.46%。

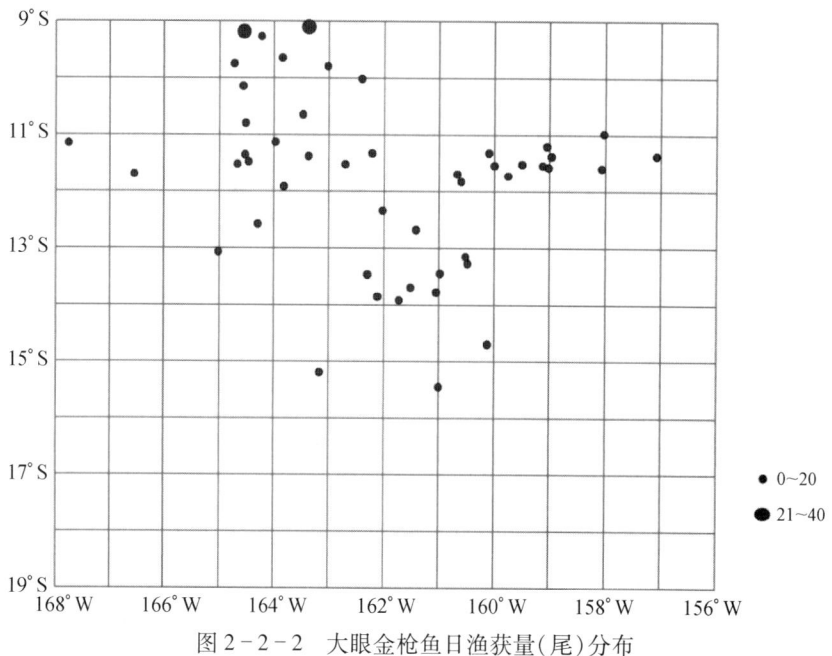

图 2-2-2 大眼金枪鱼日渔获量(尾)分布

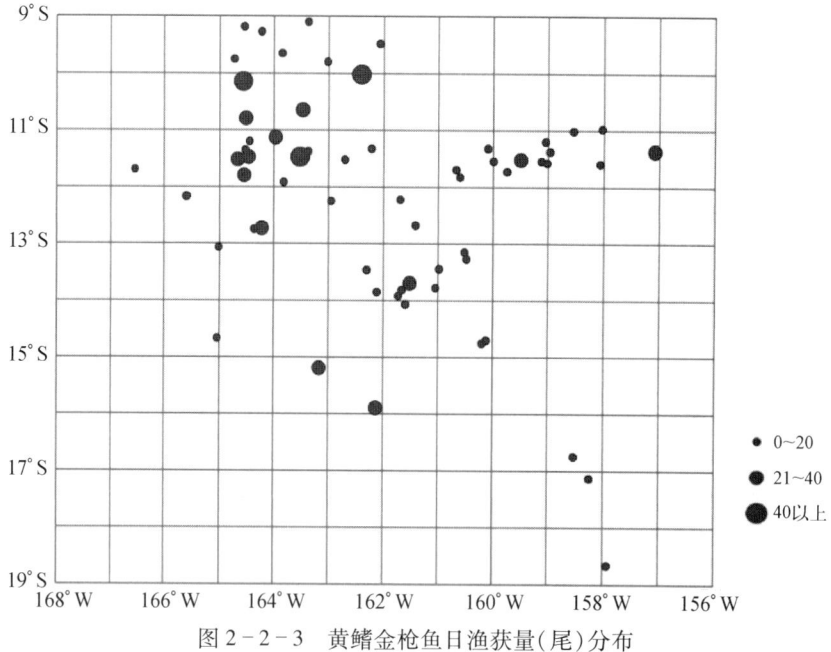

图 2-2-3 黄鳍金枪鱼日渔获量(尾)分布

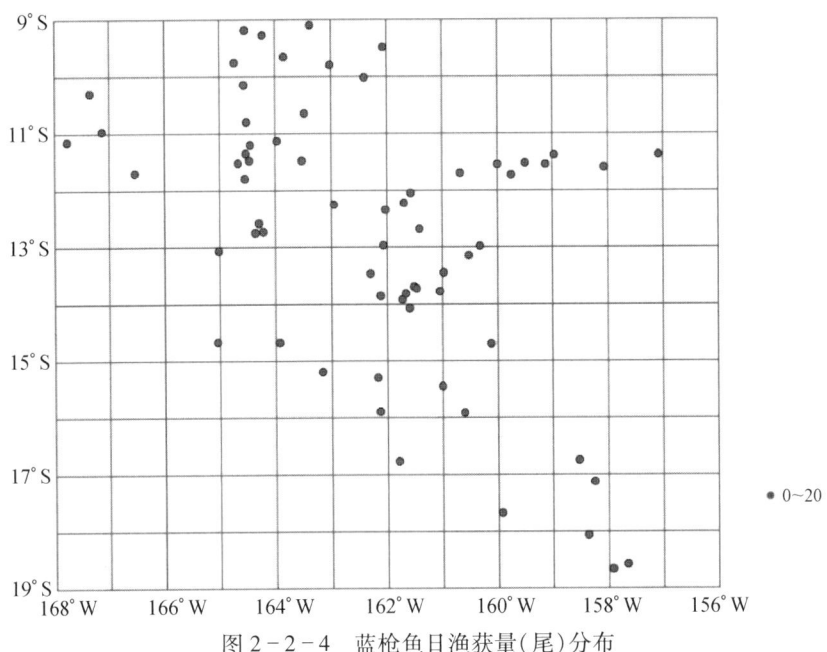

图 2-2-4 蓝枪鱼日渔获量(尾)分布

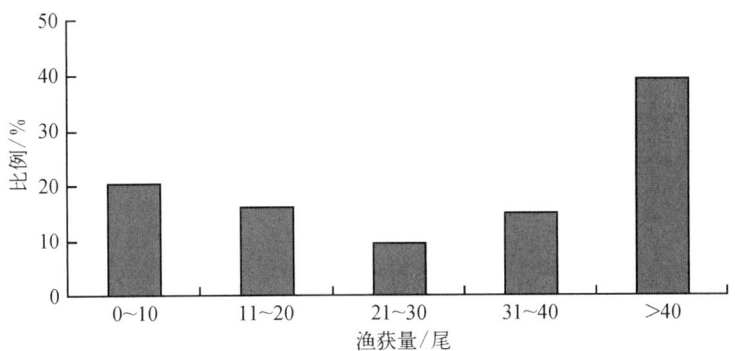

图 2-2-5 长鳍金枪鱼日渔获量等级分布

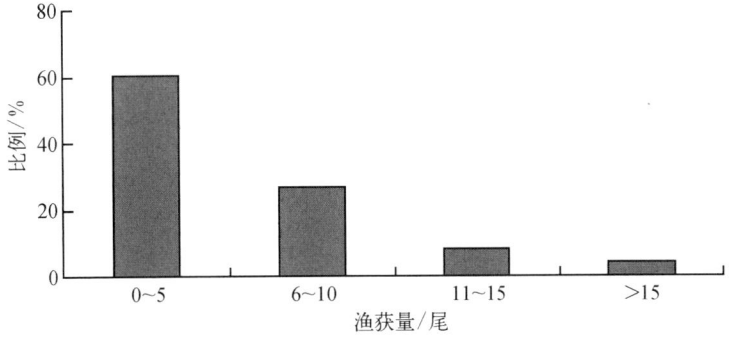

图 2-2-6 大眼金枪鱼日渔获量等级分布

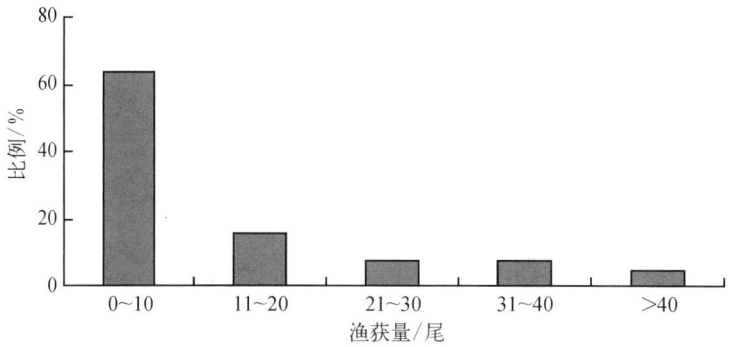

图 2-2-7 黄鳍金枪鱼日渔获量等级分布

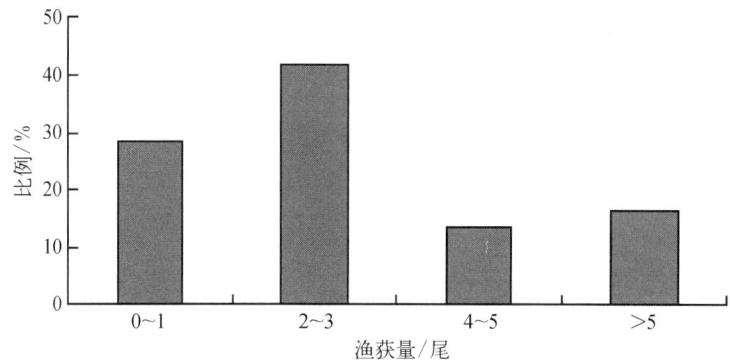

图 2-2-8 蓝枪鱼日渔获量等级分布

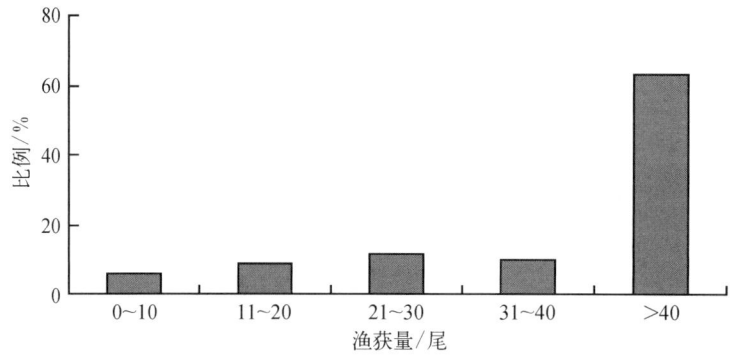

图 2-2-9 总的日渔获量等级分布

2) 大眼金枪鱼:整个调查期间,其平均日渔获量为 5.86 尾,最小渔获量为 0,最大日渔获量为 40 尾。具体的日渔获量等级分布见图 2-2-6,可知日渔获量 0~5 尾出现频率最高,29 次,占 60.42%;其他各个等级都有分布,15 尾以上的出现频率最低,只出现 2 次,占 4.17%。

3) 黄鳍金枪鱼:整个调查期间,其平均日渔获量为 16.52 尾,最小渔获量为 0,最大日渔获量为 180 尾。具体的日渔获量等级分布见图 2-2-7,可知日渔获量 0~10 尾出现频率最高,41 次,占 64.06%;40 尾以上出现频率最低,3 次,占 4.69%;11~20 尾出现频率较高,10 次,占 15.63%;21~30 尾、31~40 尾出现频率相同,各 5 次,占 7.81%。

4) 蓝枪鱼:整个调查期间,其平均日渔获量为 3.04 尾,最小渔获量为 0,最大日渔获量为12尾。具体的日渔获量等级分布见图2-2-8,可知日渔获量2~3尾出现频率最高,28次,占41.79%;其他各个等级都有分布,4~5尾出现频率最低,占13.43%。

5) 四种鱼:整个调查期间平均日渔获量为58.64尾,最小日渔获量为4尾(11月26日),最大日渔获量为196尾(11月10日)。具体的日渔获量等级分布见图2-2-9,可知日渔获量在40尾以上的出现频率最高,共43次,占63.24%;21~30尾、31~40尾出现频率较高;出现频率最低的为0~10尾、11~20尾,各占5.88%、8.82%。

2.2 上钩率状况

共投钩282 500枚,长鳍金枪鱼、大眼金枪鱼、黄鳍金枪鱼、蓝枪鱼的上钩率分别为10.19尾/千钩、1.00尾/千钩、3.74尾/千钩、0.72尾/千钩。调查期间调查船的上钩率情况见表2-2-2。调查期间长鳍金枪鱼、大眼金枪鱼、黄鳍金枪鱼、蓝枪鱼日上钩率分布见图2-2-10~图2-2-13。

表2-2-2 调查期间的上钩率(尾/千钩)情况

钩 数	长鳍金枪鱼		大眼金枪鱼		黄鳍金枪鱼		蓝枪鱼	
	尾数	上钩率	尾数	上钩率	尾数	上钩率	尾数	上钩率
282 500	2 880	10.19	282	1.00	1 057	3.74	204	0.72

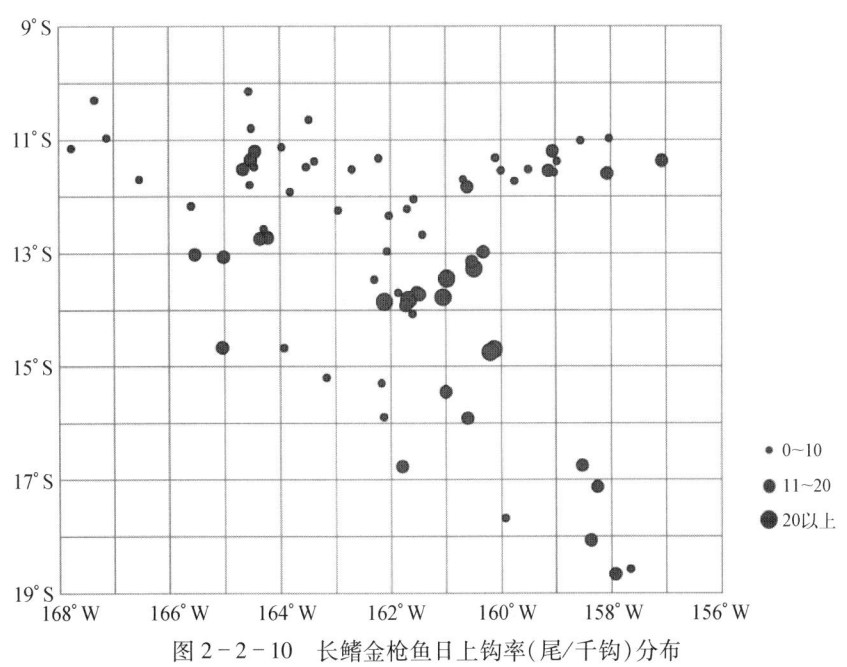

图2-2-10 长鳍金枪鱼日上钩率(尾/千钩)分布

对长鳍金枪鱼、大眼金枪鱼、黄鳍金枪鱼、蓝枪鱼的上钩率(单位:尾/千钩,以下同)、四种鱼的上钩率进行了统计,长鳍金枪鱼、大眼金枪鱼、黄鳍金枪鱼、蓝枪鱼的上钩率等级分布、四种鱼的上钩率等级分布见图2-2-14~图2-2-18。

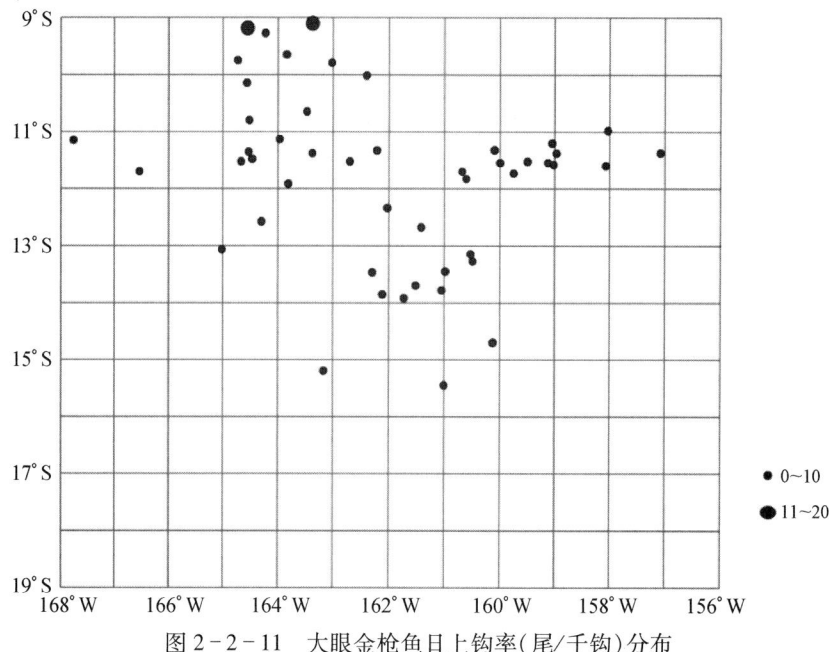

图 2-2-11 大眼金枪鱼日上钩率(尾/千钩)分布

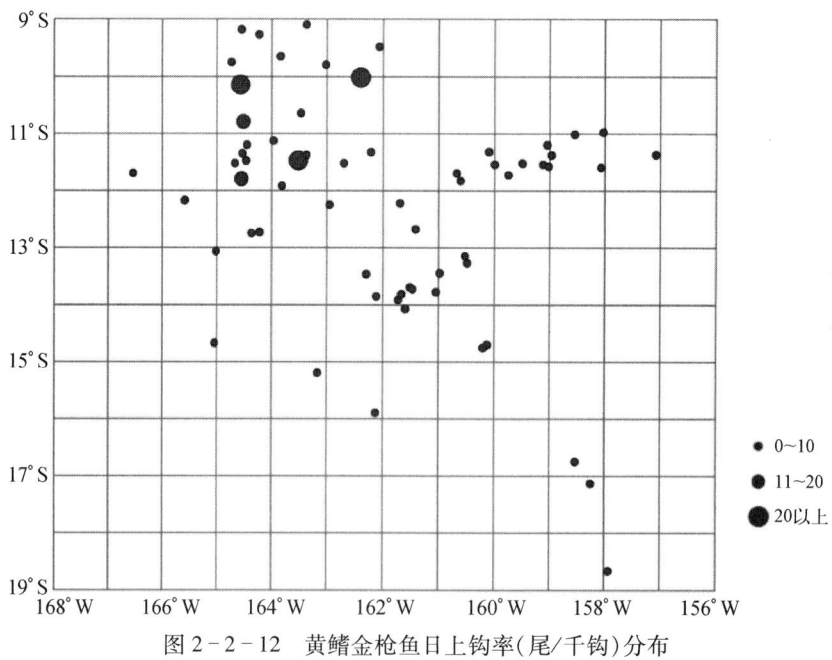

图 2-2-12 黄鳍金枪鱼日上钩率(尾/千钩)分布

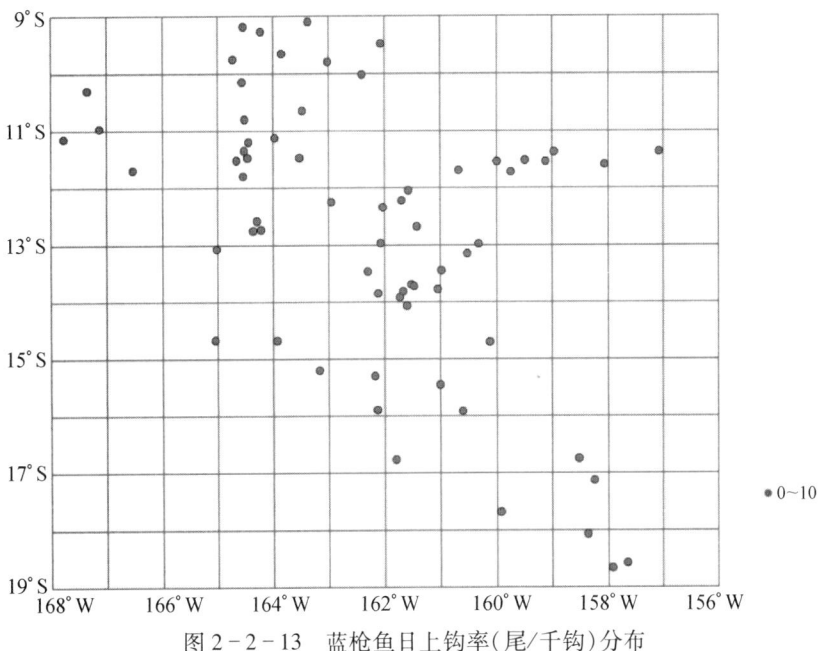

图 2-2-13　蓝枪鱼日上钩率(尾/千钩)分布

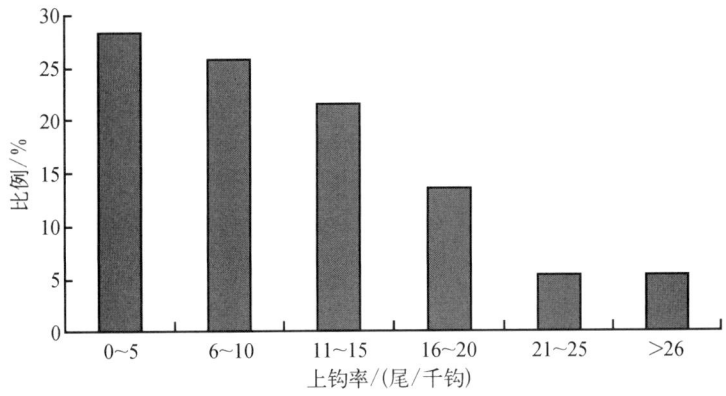

图 2-2-14　长鳍金枪鱼的上钩率等级分布

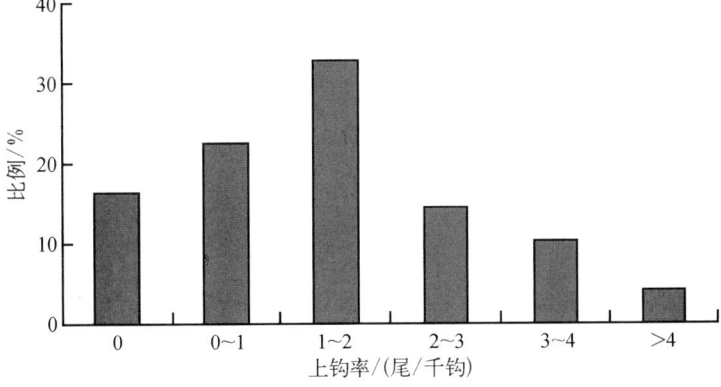

图 2-2-15　大眼金枪鱼的上钩率等级分布

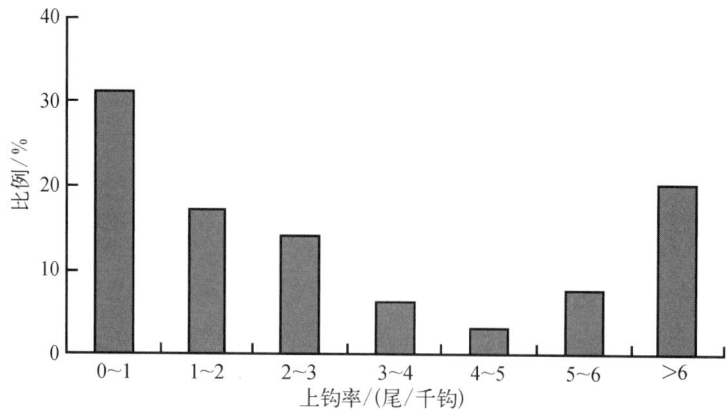

图 2-2-16　黄鳍金枪鱼的上钩率等级分布

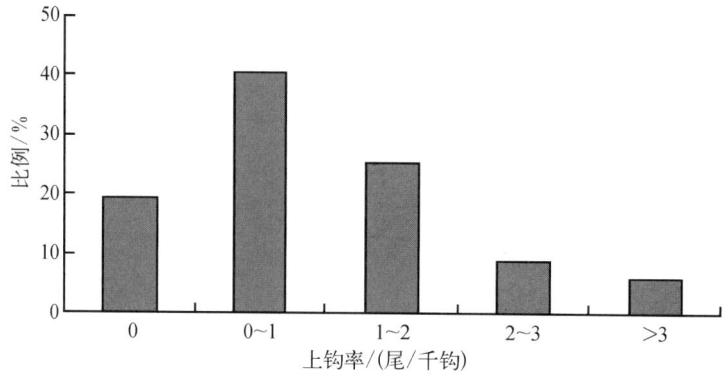

图 2-2-17　蓝枪鱼的上钩率等级分布

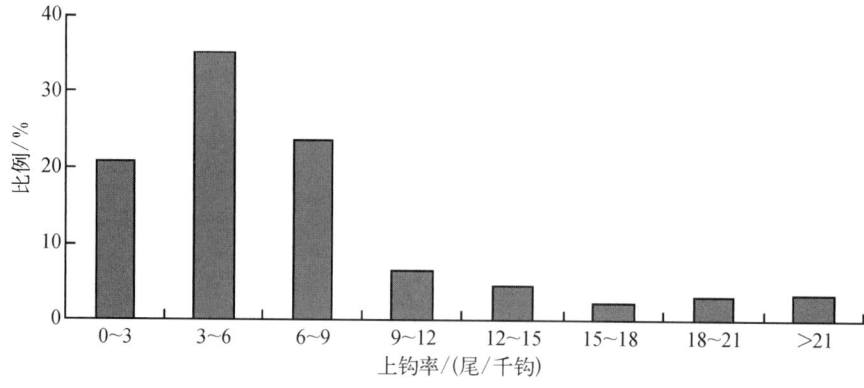

图 2-2-18　四种鱼的上钩率等级分布

1）长鳍金枪鱼：整个调查期间，其平均上钩率为 10.19 尾/千钩，最小上钩率为 0，最大上钩率为 35.71 尾/千钩。具体的上钩率等级分布见图 2-2-14，可知上钩率 0~5、6~10、11~15 尾/千钩的出现频率较高，分别为 21、19、16 次，各占 28.48%、25.68%、21.62%，26 尾/千钩以上出现的频率最少。

2）大眼金枪鱼：整个调查期间，其平均上钩率为 1.00 尾/千钩，最小上钩率为 0，最大上钩率为 12.99 尾/千钩。具体的上钩率等级分布见图 2-2-15，可知上钩率为 1~2 尾/千钩的出现频率最高,16 次,占 32.65%,4 尾/千钩以上出现的频率很少。

3) 黄鳍金枪鱼:整个调查期间,其平均上钩率为 3.74 尾/千钩,最小上钩率为 0,最大上钩率为 49.45 尾/千钩。具体的上钩率等级分布见图 2-2-16,可知上钩率为 0~1 尾/千钩和 6 尾/千钩以上出现频率较高,分别为 20 和 13 次,各占 31.25% 和 20.31%,4~5 尾/千钩出现的频率最低,占 3.13%。

4) 蓝枪鱼:整个调查期间,其平均上钩率为 0.72 尾/千钩,最小上钩率为 0,最大上钩率为 3.57 尾/千钩。具体的上钩率等级分布见图 2-2-17,可知上钩率为 0~1 尾/千钩的出现频率最高,27 次,占 40.30%,3 尾/千钩以上出现的频率很少。

5) 四种鱼:整个调查期间平均上钩率为 4.94 尾/千钩,最小上钩率为 0.26 尾/千钩,最大上钩率为 49.45 尾/千钩。上钩率等级分布见图 2-2-18,可知上钩率 3~9 尾/千钩的出现频率较高,占 58.66%、出现频率最低的为 15~18 尾/千钩,占 2.36%。

3 主要金枪鱼种类生物学特性

3.1 长鳍金枪鱼

调查期间对所捕获的长鳍金枪鱼共 2 857 尾的叉长、体重、捕捞至甲板时的死活状况等数据进行了测定。样本叉长范围为 71~115 cm。

3.1.1 叉长分布

长鳍金枪鱼最小叉长为 71 cm,最大叉长为 115 cm,平均叉长为 96 cm。整个调查期间的长鳍金枪鱼的叉长分布见图 2-3-1,其中 90~99 cm 为优势叉长,占 67.67%。

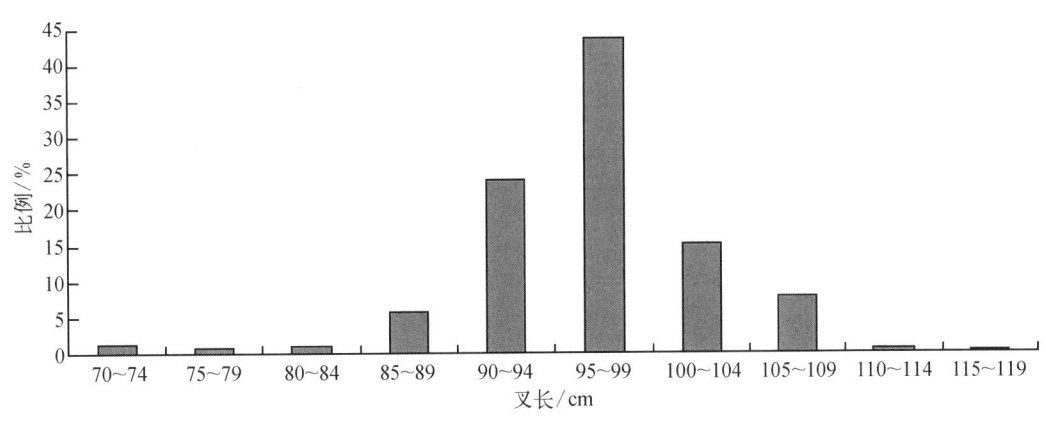

图 2-3-1 长鳍金枪鱼叉长分布

3.1.2 体重分布

长鳍金枪鱼最小体重为 7 kg,最大体重为 30 kg,平均体重为 17.7 kg。整个调查期间的长鳍金枪鱼的体重分布见图 2-3-2,其中 16~20 kg 为优势体重,占 62.91%。

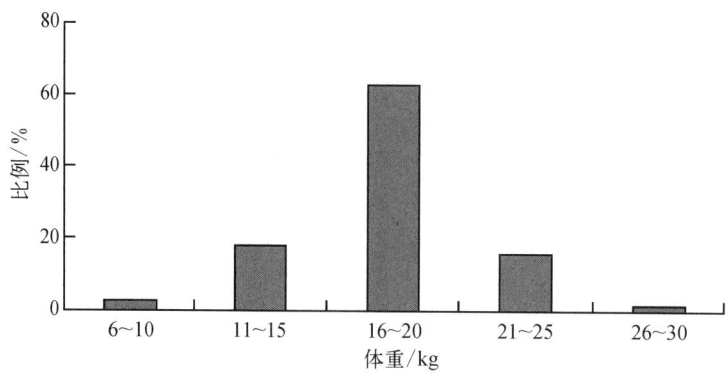

图 2-3-2 长鳍金枪鱼体重分布

对调查期间的 401 尾长鳍金枪鱼的叉长、体重进行拟合,长鳍金枪鱼叉长与体重的关系见图 2-3-3。

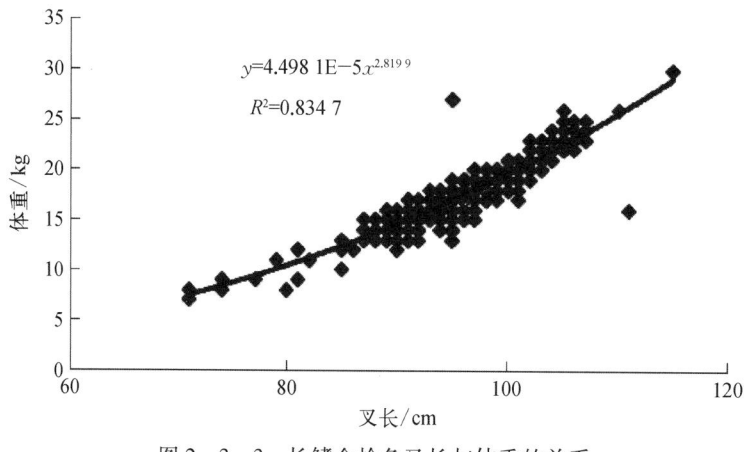

图 2-3-3 长鳍金枪鱼叉长与体重的关系

图 2-3-3 可知,调查期间长鳍金枪鱼的叉长与体重成幂函数关系,即

$$y = 4.4981 \times 10^{-5} x^{2.8199}, R^2 = 0.8347, N = 401 \qquad (2-3-1)$$

3.1.3 死活状况

整个调查期间观测了 2 857 尾长鳍金枪鱼捕捞到甲板时的死活状况,见表 2-3-1,可知长鳍金枪鱼捕捞到甲板时活鱼明显占多数,为 60.58%。

表 2-3-1 长鳍金枪鱼的死活状况

状 态	尾 数	百分比/%
死	1 126	39.42
活	1 731	60.58
总计	2 857	100.00

3.2 大眼金枪鱼

调查期间对所捕获的大眼金枪鱼共 282 尾的叉长、体重、捕捞至甲板时的死活状况等数据进行了测定。样本叉长范围为 71~171 cm,叉长取样覆盖率为 100%。

3.2.1 叉长分布

大眼金枪鱼的最小叉长为 71 cm,最大叉长为 171 cm,平均叉长为 114 cm。整个调查期间的大眼金枪鱼的叉长分布见图 2-3-4,其中 110~119 cm 为优势叉长,占 43.97%。

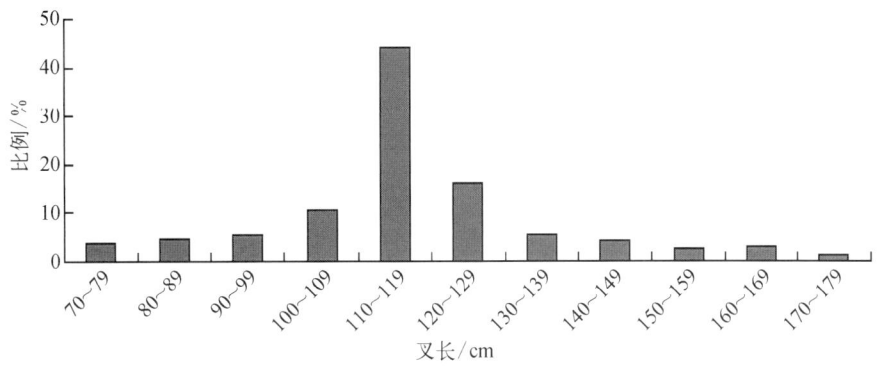

图 2-3-4　大眼金枪鱼叉长分布

3.2.2 体重分布

大眼金枪鱼的最小体重为 6 kg,最大体重为 65 kg,平均体重为 33.05 kg。整个调查期间的大眼金枪鱼的体重分布见图 2-3-5,其中 26~35 kg 为优势体重,占 29.51%。

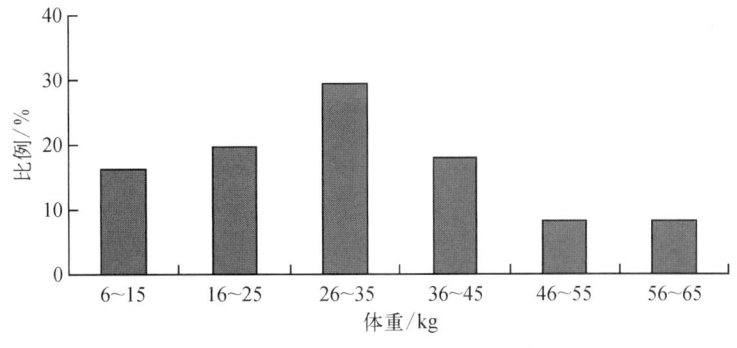

图 2-3-5　大眼金枪鱼体重分布

对调查期间的 88 尾大眼金枪鱼的叉长、体重进行拟合,大眼金枪鱼叉长与体重的关系图见图 2-3-6。

由图 2-3-6 可知,调查期间大眼金枪鱼的叉长与体重成幂函数关系,即

$$y = 1.761\,5 \times 10^{-4} x^{2.525\,6},\ R^2 = 0.970\,4,\ N = 88 \qquad (2-3-2)$$

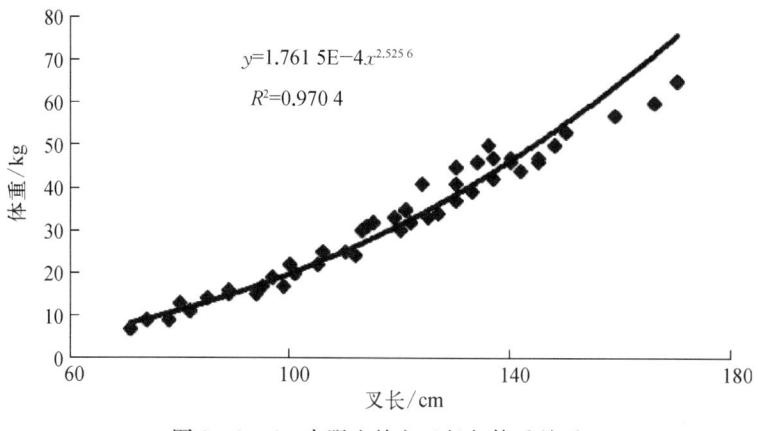

图 2-3-6 大眼金枪鱼叉长与体重关系

3.2.3 死活状况

整个调查期间观测了 282 尾大眼金枪鱼捕捞到甲板时的死活状况,见表 2-3-2,可知大眼金枪鱼捕捞到甲板时活鱼明显占多数,为 71.63%。

表 2-3-2 大眼金枪鱼的死活状况

状 态	尾 数	百分比/%
死	80	28.37
活	202	71.63
总计	282	100.00

3.3 黄鳍金枪鱼

调查期间对所捕获的黄鳍金枪鱼共 1 057 尾的叉长、体重、捕捞至甲板时的死活状况等数据进行了测定。样本叉长范围为 70~138 cm,叉长取样覆盖率为 100%。

3.3.1 叉长分布

黄鳍金枪鱼的最小叉长为 70 cm,最大叉长为 138 cm,平均叉长为 97.29 cm。整个调查期间的黄鳍金枪鱼的叉长分布见图 2-3-7,其中 85~104 cm 为优势叉长,占 72.06%。

3.3.2 体重分布

黄鳍金枪鱼的最小体重为 6 kg,最大体重为 45 kg,平均体重为 16.9 kg。整个调查期间的黄鳍金枪鱼的体重分布见图 2-3-8,其中 16~20 kg 为优势体重,占 55.56%。

对调查期间的 140 尾黄鳍金枪鱼的叉长、体重进行拟合,黄鳍金枪鱼叉长与体重的关系见图 2-3-9。

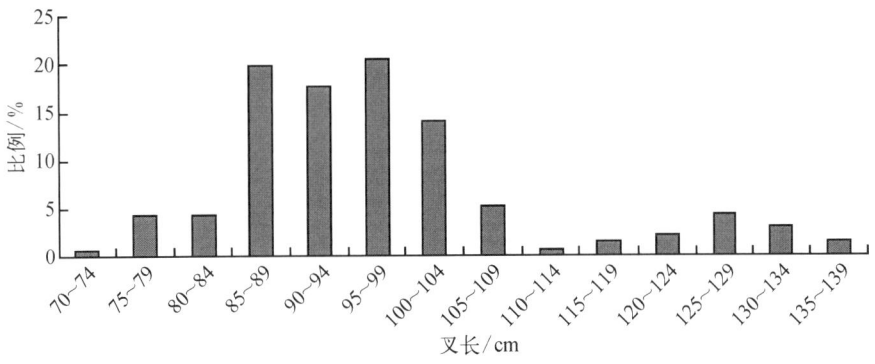

图 2-3-7 黄鳍金枪鱼叉长分布

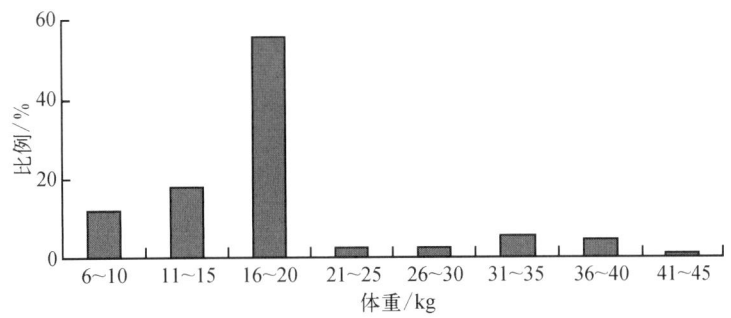

图 2-3-8 黄鳍金枪鱼体重分布

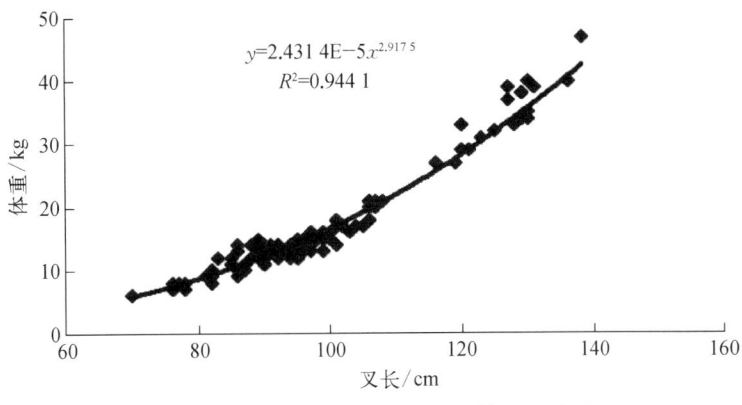

图 2-3-9 黄鳍金枪鱼叉长与体重的关系

由图 2-3-9 可知,调查期间黄鳍金枪鱼的叉长与体重成幂函数关系,即

$$y = 2.431\,4 \times 10^{-5} x^{2.917\,5}, \ R^2 = 0.944\,1, \ N = 140 \qquad (2-3-3)$$

3.3.3 死活状况

整个调查期间观测了 1 057 尾黄鳍金枪鱼捕捞到甲板时的死活状况,见表 2-3-3,可知黄鳍金枪鱼捕捞到甲板时活鱼明显占多数,为 78.40%。

表 2-3-3 黄鳍金枪鱼的死活状况

状　态	尾　数	百分比/%
死	228	21.60
活	829	78.40
总计	1 057	100.00

4 实际钓钩深度与理论深度的关系

实际钓钩深度与理论深度的关系采用线性回归的方法,即把海流分为 3 个等级[0~0.3 节、0.3(含)~0.6 节和 0.6 节及以上],把钓具分为船用渔具和试验渔具(转环分为 45 g 和 60 g)进行分析,试验渔具钓钩的理论深度计算同船用渔具,不需要作修正。其他参见"第一篇 4 实际钓钩深度与理论深度的关系"。

4.1 不同海流下船用渔具

海流分为 3 个等级:0~0.3 节、0.3(含)~0.6 节和 0.6 节及以上。

4.1.1 0~0.3 节(图 2-4-1)

$$y = 0.984\,8x,\ N = 262,\ R^2 = 0.531\,1 \quad (2-4-1)$$

式中,y 为实际钓钩深度,x 为理论钓钩深度,N 为数据个数,下同。

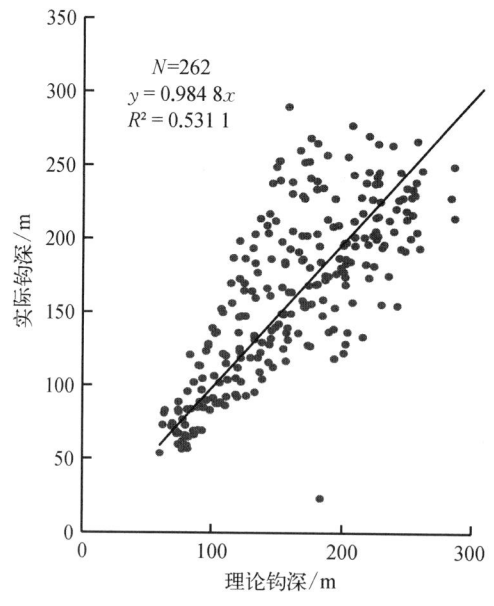

图 2-4-1 船用渔具理论深度与实际深度的关系(0~0.3 节)

4.1.2 0.3(含)~0.6节(图2-4-2)

$$y = 0.953\ 7x,\ N = 30,\ R^2 = 0.455\ 9 \quad (2-4-2)$$

4.1.3 0.6(含)节以上(图2-4-3)

$$y = 1.062\ 7x,\ N = 27,\ R^2 = 0.382\ 8 \quad (2-4-3)$$

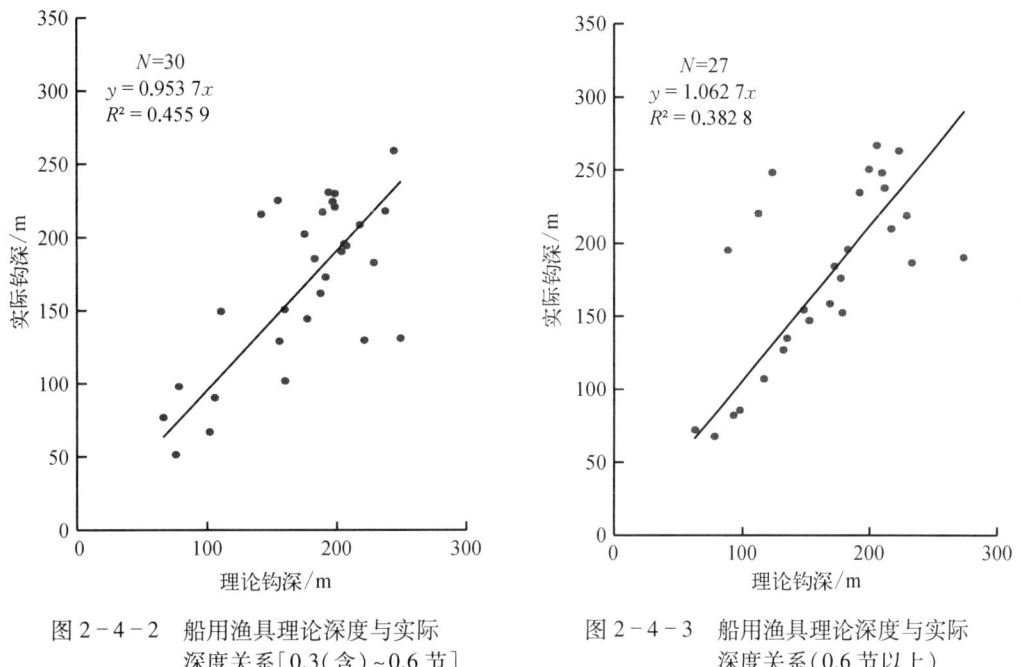

图2-4-2 船用渔具理论深度与实际深度关系[0.3(含)~0.6节]

图2-4-3 船用渔具理论深度与实际深度关系(0.6节以上)

海流速度低时理论钓钩深度和实际钓钩深度的相关系数比较高,拟合程度好;随海流速度增加相关系数降低,拟合程度减低。

4.2 不同海流下试验渔具

海流分为3个等级:0~0.3节、0.3(含)~0.6节和0.6节及以上;试验渔具按照转环的重量分为2种:45 g、60 g。

4.2.1 0~0.3节

1) 45 g转环(图2-4-4)

$$y = 1.015\ 7x,\ N = 76,\ R^2 = 0.694\ 1 \quad (2-4-4)$$

2) 60 g转环(图2-4-5)

$$y = 1.108\ 2x,\ N = 106,\ R^2 = 0.717\ 7 \quad (2-4-5)$$

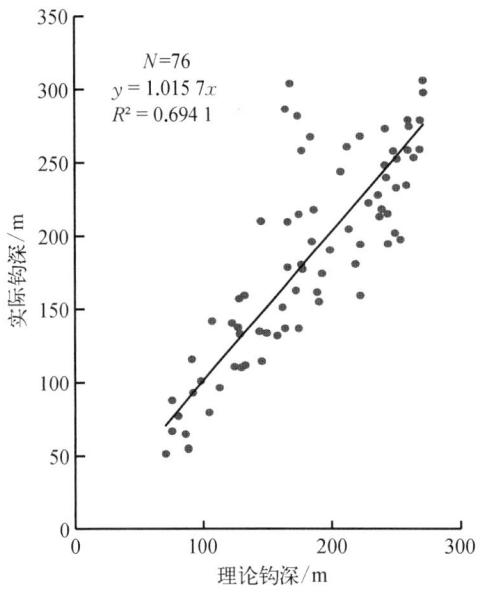

图 2-4-4 试验渔具理论深度与实际
深度关系(0~0.3 节,45 g)

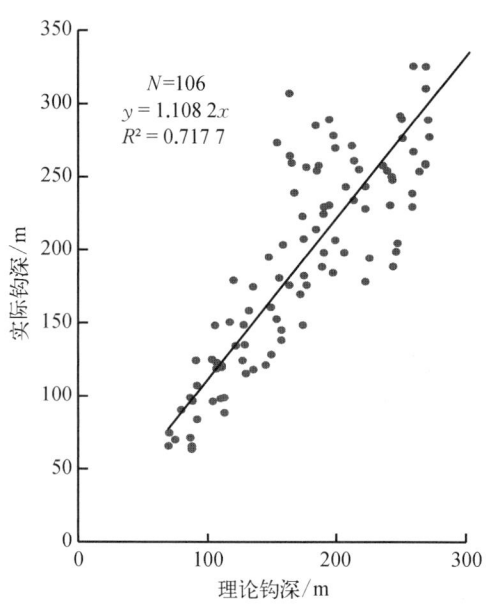

图 2-4-5 试验渔具理论深度与实际
深度关系(0~0.3 节,60 g)

4.2.2　0.3(含)~0.6 节

1) 45 g 转环(图 2-4-6)

$$y = 0.869\,5x, \quad N = 12, \quad R^2 = 0.295\,8 \tag{2-4-6}$$

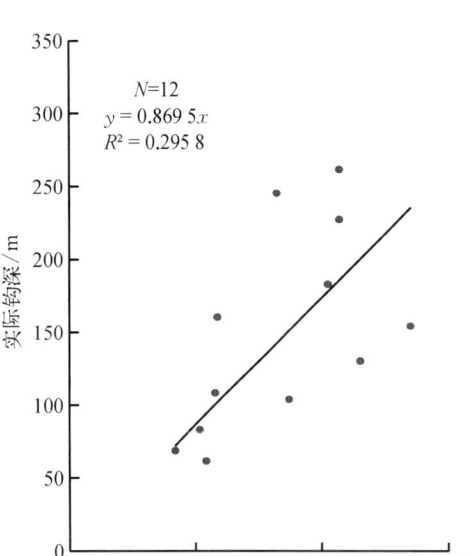

图 2-4-6 试验渔具理论深度与实际深度关系
[0.3(含)~0.6 节,45 g]

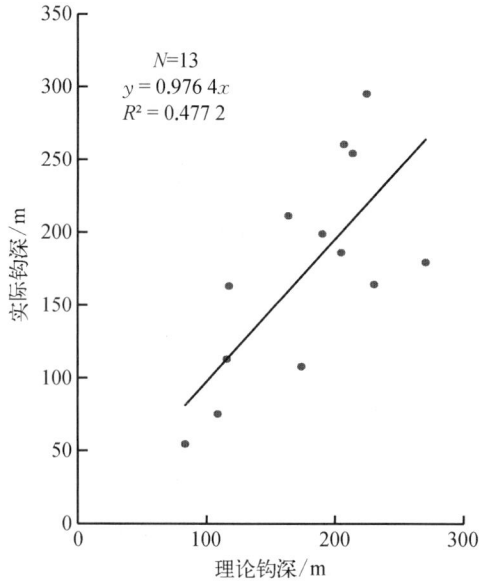

图 2-4-7 试验渔具理论深度与实际深度关系
[0.3(含)~0.6 节,60 g]

2) 60 g 转环(图 2 - 4 - 7)

$$y = 0.976\,4x, \quad N = 13, \quad R^2 = 0.477\,2 \qquad (2-4-7)$$

4.2.3　0.6 节及以上

1) 45 g 转环(图 2 - 4 - 8)

$$y = 1.028\,2x, \quad N = 7, \quad R^2 = 0.809\,5 \qquad (2-4-8)$$

2) 60 g 转环(图 2 - 4 - 9)

$$y = 1.080\,8x, \quad N = 9, \quad R^2 = 0.669 \qquad (2-4-9)$$

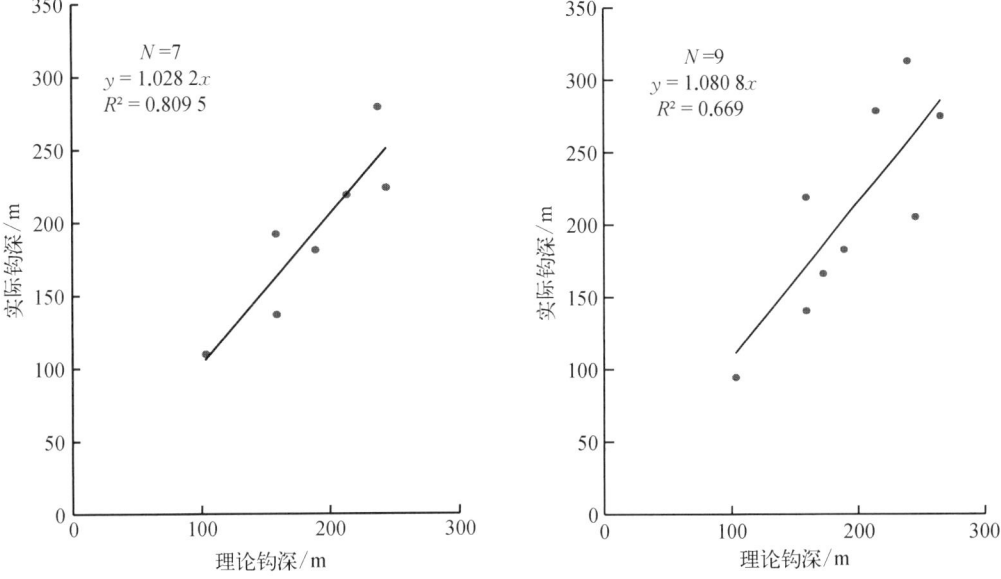

图 2 - 4 - 8　试验渔具理论深度与实际深度关系（0.6 节及以上,45 g）　图 2 - 4 - 9　试验渔具理论深度与实际深度关系（0.6 节及以上,60 g）

流速小的时候相关系数比较高,计算误差较小。而流速大的时候相关系数低,计算误差较大。

4.3　拟合钓钩深度计算模型

4.3.1　基于钓具漂流速度

对于试验渔具,把沉子重量(w)改为转环重量(w)。其他同"第一篇　4.3.1　基于钓具漂流速度"。

（1）对于船用渔具

回归结果见表 2 - 4 - 1 和 2 - 4 - 2,取模型 3 为适用模型。

表 2 - 4 - 1　船用渔具回归结果概要

模　型	R	R^2	调整 R^2	估计的标准误差
1	0.443[a]	0.196	0.175	0.118 34
2	0.543[b]	0.295	0.262	0.116 17
3	0.586[c]	0.343	0.306	0.114 93

a. 预测变量：(常量)，lg 漂移速度。
b. 预测变量：(常量)，lg 漂移速度，lg 风速。
c. 预测变量：(常量)，lg 漂移速度，lg 风速，lg 风舷角正弦值。

表 2 - 4 - 2　船用渔具回归参数

模　型		非标准化系数		标准系数	t	Sig.
		样本回归系数	标准误差	样本回归系数		
1	(常量)	−0.017	0.012		−1.466	0.044
	lg 漂移速度	−0.100	0.039	−0.143	−2.562	0.011
2	(常量)	0.073	0.028		2.625	0.009
	lg 漂移速度	0.105	0.038	−0.150	2.734	0.007
	lg 风速	−0.119	0.033	0.197	−3.581	0.000
3	(常量)	0.066	0.027		2.411	0.016
	lg 漂移速度	0.116	0.038	0.166	3.041	0.003
	lg 风速	−0.098	0.034	−0.161	−2.893	0.004
	lg 风舷角正弦值	0.005	0.002	0.156	2.784	0.006

设

$$\lg(Y_1/Y_2) = b_0 + b_1\lg(X_1) + b_2\lg(X_2) + b_3\lg(X_3) + b_4\lg(X_4) + b_5\lg(X_5) \quad (2-4-10)$$

式中，Y_1 为实测钓钩深度；Y_2 为理论深度；X_1 为钩号；X_2 为漂移速度；X_3 为风速；X_4 为风流合压角正弦值；X_5 为风舷角正弦值。

则回归模型为

$$\lg(Y_1/Y_2) = 0.066 + 0.116\lg(X_2) - 0.098\lg(X_3) + 0.005\lg(X_5)，N = 316，R = 0.586 \quad (2-4-11)$$

则拟合钓钩深度的最终计算公式：

$$\overline{D}_j = 1.164 D_j \cdot V_g^{0.116} V_w^{-0.098} (\sin Q_w)^{0.005} \quad (2-4-12)$$

(2) 对于试验渔具

试验渔具为挂了不同重量的转环。回归结果见表 2 - 4 - 3 和 2 - 4 - 4，取模型 3 为适用模型。

表 2 - 4 - 3　试验渔具回归结果概要

模　型	R	R^2	调整 R^2	估计的标准误差
1	0.300[a]	0.090	0.086	0.099 46
2	0.347[a]	0.120	0.112	0.098 00
3	0	0.172	0.157	0.095 49

a. 预测变量：(常量)，lg 钩号。
b. 预测变量：(常量)，lg 钩号，lg 转环重量。
c. 预测变量：(常量)，lg 钩号，lg 风流合压角正弦值，lg 风舷角正弦值，lg 转环重量。

表 2-4-4 试验渔具回归结果参数

模 型		非标准化系数		标准系数	t	Sig.
		样本回归系数	标准误差	样本回归系数		
1	（常量）	-0.081	0.022		-3.630	0.000
	lg 钩号	0.117	0.025	0.300	4.656	0.000
2	（常量）	-0.588	0.185		-3.183	0.002
	lg 钩号	0.119	0.025	0.304	4.789	0.000
	lg 转环重量	0.293	0.106	0.175	2.764	0.006
3	（常量）	-0.552	0.180		-3.060	0.002
	lg 钩号	0.122	0.024	0.311	5.035	0.000
	lg 风流合压角正弦值	0.044	0.015	0.181	2.873	0.004
	lg 风舷角正弦值	0.004	0.002	0.176	2.805	0.005
	lg 转环重量	0.284	0.104	0.170	2.746	0.007

设

$$\lg(Y_1/Y_2) = b_0 + b_1\lg(X_1) + b_2\lg(X_2) + b_3\lg(X_3) + b_4\lg(X_4) + b_5\lg(X_5) + b_6\lg(X_6)$$
(2-4-13)

式中，Y_1 为实测钓钩深度；Y_2 为理论钓钩深度；X_1 为钩号；X_2 为漂移速度；X_3 为风速；X_4 为风流合压角正弦值；X_5 为风舷角正弦值；X_6 为转环重量。

则回归模型为

$$\lg(Y_1/Y_2) = -0.552 + 0.122\lg(X_1) + 0.044\lg(X_4) + 0.004\lg(X_5) + 0.284\lg(X_6),$$
$$N = 224, \ R = 0.415 \quad (2-4-14)$$

则拟合钓钩深度的最终计算公式：

$$\overline{D}_j = 0.281 D_j \cdot j^{-0.122}(\sin\gamma)^{0.044}(\sin Q_w)^{0.004} w^{0.284} \quad (2-4-15)$$

4.3.2 基于流剪切系数

对于试验渔具，把沉子重量（w）改为转环重量（w）。其他同"第一篇 4.3.2 基于钓具漂流速度"。

（1）对于试验渔具

回归结果见表 2-4-5 和 2-4-6，取模型 3 为适用模型。

表 2-4-5 船用渔具回归结果概要

模 型	R	R^2	调整 R^2	估计的标准误差
1	0.520[a]	0.270	0.241	0.067 72
2	0.558[b]	0.311	0.277	0.066 99

a. 预测变量：（常量），lg 钩号。
b. 预测变量：（常量），lg 钩号，lg 风流合压角正弦值。

表 2-4-6 船用渔具回归参数

模型		非标准化系数		标准系数	t	Sig.
		样本回归系数	标准误差	样本回归系数		
1	(常量)	−0.136	0.018		−7.493	0.000
	lg 钩号	0.086	0.021	0.320	4.071	0.000
2	(常量)	−0.140	0.018		−7.725	0.000
	lg 钩号	0.078	0.021	0.292	3.686	0.000
	lg 风流合压角正弦值	−0.026	0.013	−0.162	−2.042	0.043

设

$$\lg(Y_1/Y_2) = b_0 + b_1\lg(X_1) + b_2\lg(X_2) + b_3\lg(X_3) + b_4\lg(X_4) + b_5\lg(X_5) \quad (2-4-16)$$

式中,Y_1 为实测钓钩深度;Y_2 为理论深度;X_1 为钩号;X_2 为流剪切系数 $\tilde{K}$;X_3 为风速;X_4 为风流合压角正弦值;X_5 为风舷角正弦值。

则回归模型为

$$\lg(Y_1/Y_2) = -0.140 + 0.078\lg(X_1) - 0.026\lg(X_4), \quad N = 140, \quad R = 0.558 \quad (2-4-17)$$

则拟合钓钩深度的最终计算公式:

$$\overline{D}_j = 0.724 D_j \cdot j^{0.078}(\sin\gamma)^{-0.026} \quad (2-4-18)$$

(2) 对于试验渔具

回归结果见表 2-4-7 和 2-4-8,取模型 2 为适用模型。

表 2-4-7 试验渔具回归结果概要

模型	R	R^2	调整 R^2	估计的标准误差
1	0.469[a]	0.220	0.211	0.085 94
2	0.609[a]	0.371	0.356	0.077 65
3	0.688[a]	0.474	0.455	0.071 44

a. 预测变量:(常量),lg 钩号。
b. 预测变量:(常量),lg 钩号,lg 转环重量。
c. 预测变量:(常量),lg 钩号,lg 转环重量,lg 风舷角正弦值。

表 2-4-8 试验渔具回归结果参数

模型		非标准化系数		标准系数	t	Sig.
		样本回归系数	标准误差	样本回归系数		
1	(常量)	−0.142	0.028		−5.162	0.000
	lg 钩号	−0.161	0.032	0.469	4.959	0.000
2	(常量)	−0.121	0.024		−5.110	0.000
	lg 钩号	0.151	0.029	0.499	5.819	0.000
	lg 转环重量	0.009	0.135	0.389	4.534	0.000
3	(常量)	−1.138	0.219		−5.201	0.000
	lg 钩号	0.161	0.027	0.471	5.938	0.000
	lg 转环重量	0.582	0.125	0.369	4.669	0.000
	lg 风舷角正弦值	0.008	0.002	0.322	4.075	0.000

设

$$\lg(Y_1/Y_2) = b_0 + b_1\lg(X_1) + b_2\lg(X_2) + b_3\lg(X_3) + b_4\lg(X_4) + b_5\lg(X_5) + b_6\lg(X_6)$$
(2-4-19)

式中,Y_1 为实测钓钩深度;Y_2 为理论深度;X_1 为钩号;X_2 为流剪切系数 $\tilde{K}$;X_3 为风速;X_4 为风流合压角正弦值;X_5 为风舷角正弦值;X_6 为转环重量。

则回归模型为

$$\lg(Y_1/Y_2) = -1.138 + 0.161\lg(X_1) + 0.008\lg(X_5) + 0.582\lg(X_6), N = 90, R = 0.688$$
(2-4-20)

则拟合钓钩深度的最终计算公式:

$$\overline{D}_j = 0.073 D_j \cdot j^{0.161}(\sin Q_w)^{0.008} w^{0.582}$$
(2-4-21)

5 渔具渔法的比较试验

对调查期间船用渔具、试验渔具的长鳍金枪鱼、黄鳍金枪鱼、大眼金枪鱼和3种鱼合计的上钩率分海流等级[0~0.3 节、0.3(含)~0.6 节、0.6 节及以上],按照不同重量的转环,采用统计的方法比较其上钩率情况,分析哪一因素对长鳍金枪鱼、黄鳍金枪鱼、大眼金枪鱼和3种鱼合计的上钩率最明显。

5.1 调查期间船用渔具和试验渔具的上钩率比较

调查期间的船用渔具(H 型不带铅转环)和试验渔具(带铅转环)的长鳍金枪鱼、黄鳍金枪鱼、大眼金枪鱼和3种鱼合计的总体平均、最高上钩率见表2-5-1。长鳍金枪鱼、黄鳍金枪鱼、大眼金枪鱼和3种鱼合计的"上钩率最高"的渔具分别为试验渔具、船用渔具、试验渔具、试验渔具;船用渔具长鳍金枪鱼的平均上钩率(10.32 尾/千钩)高于试验渔具(8.41 尾/千钩);船用渔具黄鳍金枪鱼的平均上钩率(3.73 尾/千钩)略低于试验渔具(3.87 尾/千钩);船用渔具大眼金枪鱼的平均上钩率(0.98 尾/千钩)略低于试验渔具(1.27 尾/千钩);船用渔具3种金枪鱼合计的平均上钩率(5.01 尾/千钩)略高于试验渔具(4.52 尾/千钩)。

表 2-5-1 调查期间 2 种渔具的平均上钩率和最高上钩率　　(单位:尾/千钩)

	长鳍金枪鱼	黄鳍金枪鱼	大眼金枪鱼	合 计
船用渔具(平均)	10.32	3.73	0.98	5.01
试验渔具(平均)	8.41	3.87	1.27	4.52
船用渔具(最高)	34.34	49.70	12.86	49.70
试验渔具(最高)	50.00	46.43	14.29	50.00

5.2 不同海流下试验渔具与船用渔具上钩率的比较

海流分为3个等级:0~0.3 节、0.3(含)~0.6 节和 0.6 节及以上。渔具分为船用渔具、试验渔具2种。

5.2.1 漂流速度为0~0.3节时

长鳍金枪鱼、黄鳍金枪鱼、大眼金枪鱼和3种鱼合计的上钩率(CPUE,单位:尾/千钩,以下同)情况见表2-5-2,由此得出:试验渔具长鳍金枪鱼的上钩率(5.526尾/千钩)比船用渔具的上钩率(9.271尾/千钩)低;试验渔具黄鳍金枪鱼的上钩率(3.778尾/千钩)比船用渔具的上钩率(4.508尾/千钩)低;试验渔具大眼金枪鱼的上钩率(1.399尾/千钩)略高于船用渔具的上钩率(1.127尾/千钩);试验渔具3种金枪鱼合计的上钩率(3.568尾/千钩)略低于船用渔具的上钩率(4.969尾/千钩)。流速较低、大眼金枪鱼较多时可用试验渔具。

表2-5-2 不同海流下2种渔具的上钩率 (单位:尾/千钩)

海流状况/节	渔具类型	长鳍金枪鱼	黄鳍金枪鱼	大眼金枪鱼	合　计
0~0.3	船用渔具	9.271	4.508	1.127	4.969
	试验渔具	5.526	3.778	1.399	3.568
0.3(含)~0.6	船用渔具	21.582	1.990	0.435	8.002
	试验渔具	24.254	5.169	0.398	9.940
0.6及以上	船用渔具	11.224	1.261	1.501	3.661
	试验渔具	9.524	2.381	1.587	4.497

5.2.2 漂流速度为0.3(含)~0.6节时

长鳍金枪鱼、黄鳍金枪鱼、大眼金枪鱼和3种鱼合计的CPUE情况见表2-5-2,由此得出:试验渔具长鳍金枪鱼的上钩率(24.254尾/千钩)比船用渔具的上钩率(21.582尾/千钩)高;试验渔具黄鳍金枪鱼的上钩率(5.169尾/千钩)比船用渔具的上钩率(1.990尾/千钩)高;试验渔具大眼金枪鱼的上钩率(0.398尾/千钩)比船用渔具的上钩率(0.435尾/千钩)低;试验渔具3种金枪鱼合计的上钩率(9.940尾/千钩)略高于船用渔具(8.002尾/千钩)。流速中等,长鳍金枪鱼、黄鳍金枪鱼较多时,可用试验渔具。

5.2.3 漂流速度为0.6节及以上时

长鳍金枪鱼、黄鳍金枪鱼、大眼金枪鱼和3种鱼合计的CPUE情况见表2-5-2,由此得出:试验渔具长鳍金枪鱼的上钩率(9.524尾/千钩)比船用渔具的上钩率(11.224尾/千钩)低;试验渔具黄鳍金枪鱼上钩率(2.381尾/千钩)比船用渔具的上钩率(1.261尾/千钩)高;试验渔具大眼金枪鱼上钩率(1.587尾/千钩)比船用渔具的上钩率(1.501尾/千钩)高;试验渔具3种金枪鱼合计的上钩率(4.497尾/千钩)略高于船用渔具的上钩率(3.661尾/千钩)。流速较大,黄鳍金枪鱼、大眼金枪鱼较多时可用试验渔具。

综上比较对于2种渔具在不同海流下是否使用的情况见表2-5-3。

表 2-5-3　不同情况下渔具的配备情况

海流状况/节	转环类型	长鳍金枪鱼较多时	黄鳍金枪鱼较多时	大眼金枪鱼较多时	建议使用
0~0.3	船用渔具	用	用	不用	船用渔具
	试验渔具	不用	不用	用	
0.3(含)~0.6	船用渔具	不用	不用	用	试验渔具
	试验渔具	用	用	不用	
0.6 及以上	船用渔具	用	不用	不用	试验渔具
	试验渔具	不用	用	用	

5.3　不同海流下试验渔具上钩率的比较

海流分为 3 个等级：0~0.3 节、0.3(含)~0.6 节和 0.6 节及以上；上钩率分为长鳍金枪鱼、黄鳍金枪鱼、大眼金枪鱼和 3 种鱼合计 4 种情况，分为船用渔具和试验渔具两组。

5.3.1　不分海流等级情况下

(1) 3 种金枪鱼合计 CPUE

2 组渔具对应的长鳍金枪鱼、黄鳍金枪鱼、大眼金枪鱼 CPUE 见表 2-5-1，方差分析、试验结果见表 2-5-4。即不分海流等级情况下，船用渔具与试验渔具对 3 种金枪鱼合计上钩率无显著性差异。

表 2-5-4　方差分析、试验结果

因　素	平均值	方　差	自由度	F	$P(F \leq f)$ 单尾	F 单尾临界值	显著性
船用渔具	5.010	23.018	2	1.763	0.362	19	不显著
试验渔具	4.519	13.054	2				

(2) 3 种金枪鱼对不同钓具对应的 CPUE 显著性差异分析

3 种金枪鱼对 2 种渔具对应的 CPUE 见表 2-5-1，卡方检验分析、试验结果见表 2-5-5。即不分海流等级情况下，船用渔具与试验渔具对 3 种鱼上钩率均无显著性差异。

表 2-5-5　卡方检验分析、试验结果

鱼　种	卡方值	自由度	P 值	显著性差异
长鳍金枪鱼	0.194 8	1	0.659	无
黄鳍金枪鱼	0.002 6	1	0.959 5	无
大眼金枪鱼	0.037 4	1	0.846 7	无

5.3.2　0~0.3 节以下海流

(1) 3 种金枪鱼合计 CPUE

2 种渔具对应的 CPUE 见表 2-5-2，方差分析、试验结果见表 2-5-6。即 0~0.3 节海流情况下,2 种渔具对 3 种金枪鱼合计上钩率无显著性差异。

表 2-5-6　方差分析、试验结果

因　素	平均值	方　差	自由度	F	$P(F \leqslant f)$ 单尾	F 单尾临界值	显著性
船用渔具	4.969	16.740	2	3.901	0.204	19	不显著
试验渔具	3.568	4.291	2				

（2）3 种金枪鱼对不同渔具对应的 CPUE 显著性差异分析

3 种金枪鱼对 2 种渔具对应的 CPUE 见表 2-5-2,卡方检验分析、试验结果见表 2-5-7。即 0~0.3 节以下海流情况下,船用渔具与试验渔具对 3 种鱼的上钩率均无显著性差异。

表 2-5-7　卡方检验分析、试验结果

鱼　　种	卡方值	自由度	P 值	显著性差异
长鳍金枪鱼	0.947 8	1	0.330 3	无
黄鳍金枪鱼	0.064 3	1	0.799 8	无
大眼金枪鱼	0.029 3	1	0.864 1	无

5.3.3　0.3（含）~0.6 节海流

（1）3 种金枪鱼合计 CPUE

2 种渔具对应的 CPUE 见表 2-5-2,方差分析、试验结果见表 2-5-8。即 0.3（含）~0.6 节海流情况下,2 种渔具对 3 种金枪鱼合计上钩率具有显著性差异。

表 2-5-8　方差分析、试验结果

因　素	平均值	方　差	自由度	F	$P(F \leqslant f)$ 单尾	F 单尾临界值	显著性
船用渔具	8.002	138.91	2	0.872	0.466	0.053	显著
试验渔具	9.940	159.35	2				

由表 2-5-2 可知,试验渔具优于船用渔具。

（2）3 种金枪鱼对不同渔具对应的 CPUE 显著性差异分析

3 种金枪鱼对 2 种渔具对应的 CPUE 见表 2-5-2,卡方检验分析、试验结果见表 2-5-9。即 0.3（含）~0.6 节海流情况下,船用渔具与试验渔具对 3 种鱼的上钩率均无显著性差异。

表 2-5-9　卡方检验分析、试验结果

鱼　　种	卡方值	自由度	P 值	显著性差异
长鳍金枪鱼	0.155 8	1	0.693 1	无
黄鳍金枪鱼	1.411 7	1	0.234 8	无
大眼金枪鱼	0.001 6	1	0.967 7	无

5.3.4　0.6节及以上海流

(1) 3种金枪鱼合计CPUE

2种渔具对应的CPUE见表2-5-2,方差分析、试验结果见表2-5-10。即0.6节及以上海流情况下,2种渔具对3种金枪鱼合计上钩率无显著性差异。

表2-5-10　方差分析、试验结果

因　素	平均值	方　差	自由度	F	$P(F \leqslant f)$单尾	F单尾临界值	显著性
船用渔具	3.661	32.309	2	1.691	0.372	19	不显著
试验渔具	4.497	19.108	2				

(2) 3种金枪鱼对不同渔具对应的CPUE显著性差异分析

3种金枪鱼对2种渔具对应的CPUE见表2-5-2,卡方检验分析、试验结果见表2-5-11。即0.6节及以上海流情况下,船用渔具与试验渔具对3种鱼上钩率均无显著性差异。

表2-5-11　卡方检验分析、试验结果

鱼　　种	卡方值	自由度	P值	显著性差异
长鳍金枪鱼	0.139 3	1	0.709	无
黄鳍金枪鱼	0.344 4	1	0.557 3	无
大眼金枪鱼	0.002 4	1	0.961	无

6　长鳍金枪鱼、黄鳍金枪鱼、大眼金枪鱼的栖息环境

长鳍金枪鱼、黄鳍金枪鱼、大眼金枪鱼的栖息水层、水温、叶绿素浓度的研究采用研究长鳍金枪鱼、黄鳍金枪鱼、大眼金枪鱼的上钩率(CPUE)与拟合钓钩深度、水温、叶绿素浓度、三维海流的关系进行,具体方法如下。

水层：从40~280 m,每40 m为一层,分为6层；

水温：从17~30℃,每1℃为一段,分为13段；

叶绿素浓度：从0~0.6 μg/L,每0.02 μg/L为一段,共30段；

东西向海流：从-0.3~0.4 m/s,每0.1 m/s为一段,共7段；

南北向海流：从-0.6~0.7 m/s,每0.1 m/s为一段,共13段；

垂向海流：从-0.1~0.05 m/s,每0.01 m/s为一段,共15段；

水平海流：从0~0.7 m/s,每0.1 m/s为一段,分7段。

各水层、水温、叶绿素浓度和三维海流范围的CPUE根据如下的方法确定。

根据拟合钓钩深度计算公式,统计该渔场整个调查期间各水层、水温、叶绿素浓度和三维海流范围和水平海流范围的长鳍金枪鱼、黄鳍金枪鱼、大眼金枪鱼的渔获尾数和钓钩数,正常作业部分渔获尾数分别记作 N_{1j}、N_{2j}、N_{3j}、N_{4j}、N_{5j}、N_{6j}、N_{7j}；试验渔具共为1组,用 e 表示,试验渔具渔获尾数分别计作 N'_{e1j}、N'_{e2j}、N'_{e3j}、N'_{e4j}、N'_{e5j}、N'_{e6j}、N'_{e7j}；船用渔具钓钩数记作

H_{1j}、H_{2j}、H_{3j}、H_{4j}、H_{5j}、H_{6j}、H_{7j};试验渔具钓钩数分别计作 H'_{e1j}、H'_{e2j}、H'_{e3j}、H'_{e4j}、H'_{e5j}、H'_{e6j}、H'_{e7j}。长鳍金枪鱼、黄鳍金枪鱼、大眼金枪鱼各水层、水温、叶绿素浓度和三维海流范围和水平海流范围的渔获率 $CPUE_{ij}$(分别记作 $CPUE_{1j}$、$CPUE_{2j}$、$CPUE_{3j}$、$CPUE_{4j}$、$CPUE_{5j}$、$CPUE_{6j}$、$CPUE_{7j}$),其表达式为

$$CPUE_{ij} = \frac{N_{ij} + N'_{eij}}{H_{ij} + H'_{eij}} \times 1\,000 \qquad (2-6-1)$$

式 2-6-1 中,$i = 1, 2, 3, \cdots, 7$;统计各水层($i = 1$)的数据时,$j = 1, 2, 3, \cdots, 6$;统计各水温范围($i = 2$)数据时,$j = 1, 2, 3, \cdots, 13$;统计各叶绿素浓度范围($i = 3$)数据时,$j = 1, 2, 3, \cdots, 30$;统计 Z 向海流范围($i = 4$)的数据时,$j = 1, 2, 3, \cdots, 15$;统计 X 向海流范围($i = 5$)的数据时,$j = 1, 2, 3, \cdots, 7$;统计 Y 向海流范围($i = 6$)的数据时,$j = 1, 2, 3, \cdots, 13$;统计水平海流范围($i = 7$)的数据时,$j = 1, 2, 3, \cdots, 7$。

6.1 应用漂流速度拟合钓钩深度计算模型分析长鳍金枪鱼、黄鳍金枪鱼、大眼金枪鱼的栖息环境

应用 SPSS 软件,采用多元线性逐步回归的方法建立 2013 年 9 月 8 日~2013 年 12 月 31 日测定的 540 枚(有钓具漂流速度数据)钓钩的实际平均深度($\bar{D}_j$)与理论深度(D_j)的关系模型。模型分为船用渔具(根据 316 枚钓钩拟合)和试验渔具(根据 224 枚钓钩拟合)两部分。

船用渔具钓钩深度计算模型为

$$\bar{D}_j = 1.164 D_j \cdot V_g^{0.116} V_w^{-0.098} (\sin Q_w)^{0.005} \qquad (2-6-2)$$

试验渔具钓钩深度计算模型为

$$\bar{D}_j = 0.281 D_j \cdot j^{0.122} (\sin \gamma)^{0.044} (\sin Q_w)^{0.004} w^{0.284} \qquad (2-6-3)$$

6.1.1 长鳍金枪鱼的栖息环境

调查期间,共测定了 2 880 尾长鳍金枪鱼的上钩钩号。分析长鳍金枪鱼 CPUE 与拟合钓钩深度、水温、叶绿素浓度、三维海流、水平海流的关系时,用到全部 2 880 尾鱼。以下分析结合专家经验和有关数据进行。

6.1.1.1 长鳍金枪鱼的栖息水层

长鳍金枪鱼 CPUE 与钓钩深度的关系见图 2-6-1,由图可得,长鳍金枪鱼的 CPUE 随着深度的增加先增加后减小,高 CPUE 主要集中在 40~160 m 水层,CPUE 最高(22.10 尾/千钩)的水层为 80~120 m。240~280 m 水层 CPUE 为 7.62 尾/千钩,可能为异常值。

6.1.1.2 长鳍金枪鱼的栖息水温

长鳍金枪鱼 CPUE 与水温的关系见图 2-6-2,由图可得,长鳍金枪鱼 CPUE 较高的水

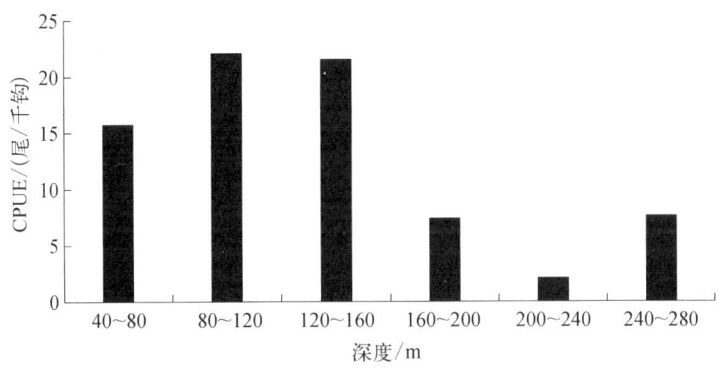

图 2-6-1　长鳍金枪鱼 CPUE 与水深的关系

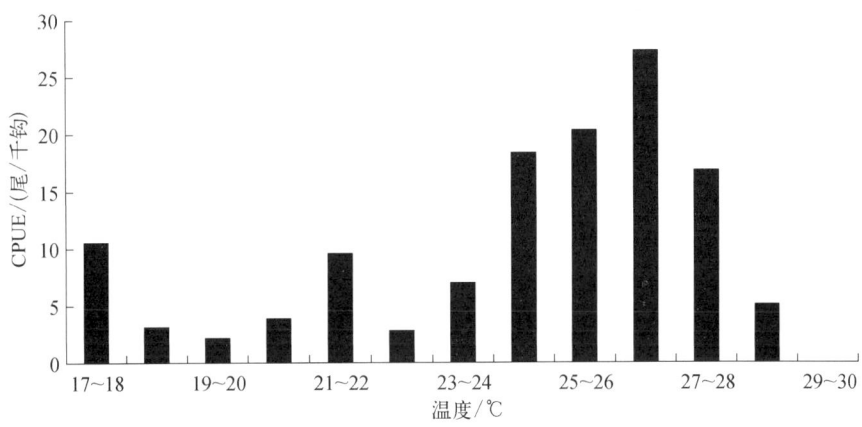

图 2-6-2　长鳍金枪鱼 CPUE 与水温的关系

温范围为 24~28℃,长鳍金枪鱼 CPUE 最高(27.33 尾/千钩)的水温范围为 26~27℃。

6.1.1.3　长鳍金枪鱼的栖息叶绿素浓度

长鳍金枪鱼 CPUE 与叶绿素浓度的关系见图 2-6-3,由图可得,长鳍金枪鱼 CPUE 较高的叶绿素浓度范围为 0.42~0.48 μg/L。CPUE 最高(34.31 尾/千钩)为 0.44~0.46 μg/L。

6.1.1.4　长鳍金枪鱼的栖息南北向海流

长鳍金枪鱼 CPUE 与南北向海流的关系见图 2-6-4,由图可得,长鳍金枪鱼 CPUE 较高的南北向海流范围为 -0.2~0.2 m/s,长鳍金枪鱼 CPUE 最高(14.92 尾/千钩)的海流范围为 -0.1~0 m/s。

6.1.1.5　长鳍金枪鱼的栖息东西向海流

长鳍金枪鱼 CPUE 与东西向海流的关系见图 2-6-5,由图可得,长鳍金枪鱼 CPUE 较高的东西向海流范围为 -0.1~0.1 m/s 和 0.3~0.5 m/s,长鳍金枪鱼 CPUE 最高(17.93 尾/千钩)的海流范围为 0.3~0.4 m/s。

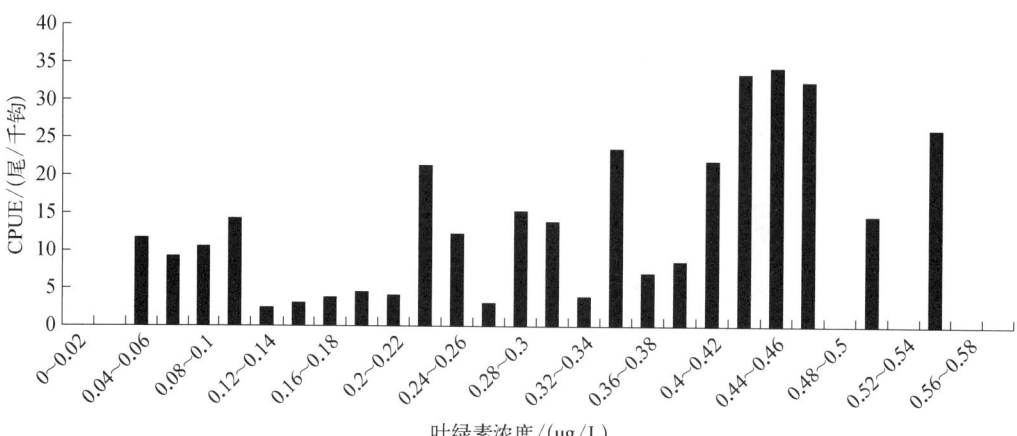

图 2-6-3　长鳍金枪鱼 CPUE 与叶绿素浓度的关系

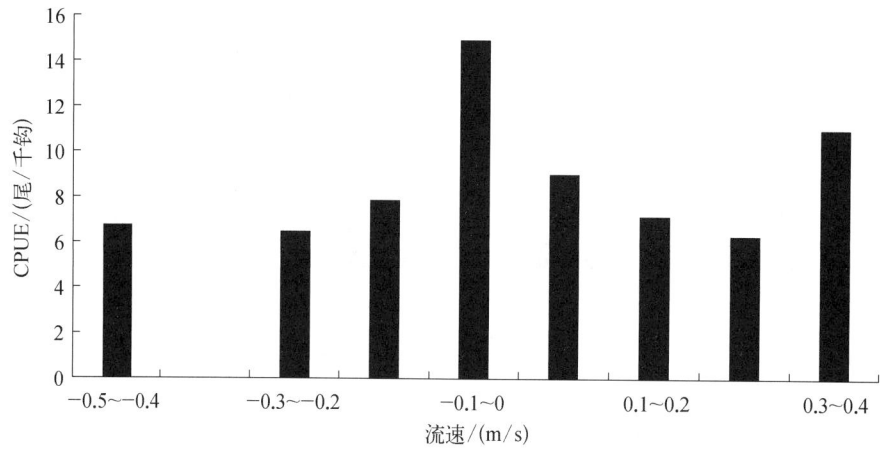

图 2-6-4　长鳍金枪鱼 CPUE 与南北向海流的关系

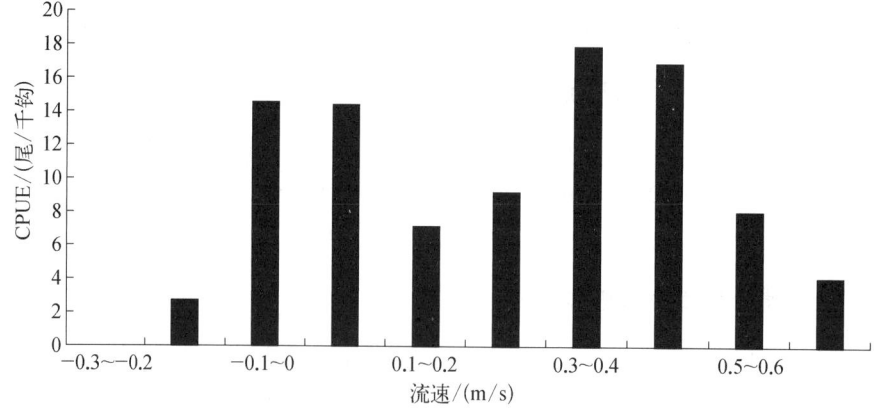

图 2-6-5　长鳍金枪鱼 CPUE 与东西向海流的关系

6.1.1.6 长鳍金枪鱼的栖息垂向海流

长鳍金枪鱼 CPUE 与垂向海流的关系见图 2-6-6,由图可得,各垂直海流范围内的长鳍金枪鱼 CPUE 相差不大。

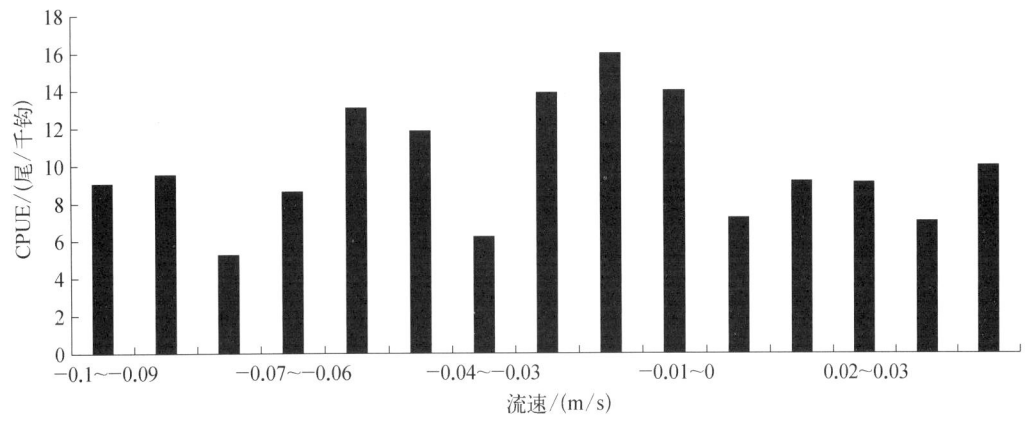

图 2-6-6 长鳍金枪鱼 CPUE 与垂向海流的关系

6.1.1.7 长鳍金枪鱼的栖息水平海流

长鳍金枪鱼 CPUE 与水平海流的关系见图 2-6-7,由图可得,长鳍金枪鱼在 0~0.6 m/s 水平海流范围内的 CPUE 相差不大。其中最高 CPUE(12.62 尾/千钩)对应的水平流速范围为 0.1~0.2 m/s。

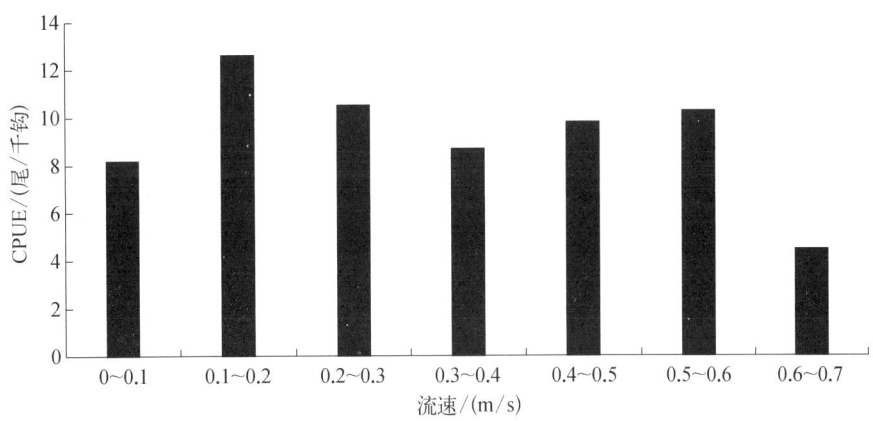

图 2-6-7 长鳍金枪鱼 CPUE 与水平海流的关系

6.1.2 黄鳍金枪鱼的栖息环境

调查期间,共测定了 1 057 尾黄鳍金枪鱼的上钩钩号。分析黄鳍金枪鱼 CPUE 与拟合钓钩深度、水温、叶绿素浓度与三维海流的关系时,用到全部 1 057 尾鱼,以下分析结合专家经验和有关数据进行。

6.1.2.1 黄鳍金枪鱼的栖息水层

黄鳍金枪鱼 CPUE 与拟合钓钩深度的关系见图 2-6-8,由图可得,黄鳍金枪鱼 CPUE 较高的水层为 120~200 m,黄鳍金枪鱼 CPUE 最高(7.72 尾/千钩)的水层为 120~160 m,240~280 m 的 CPUE 可能误差,不予考虑。

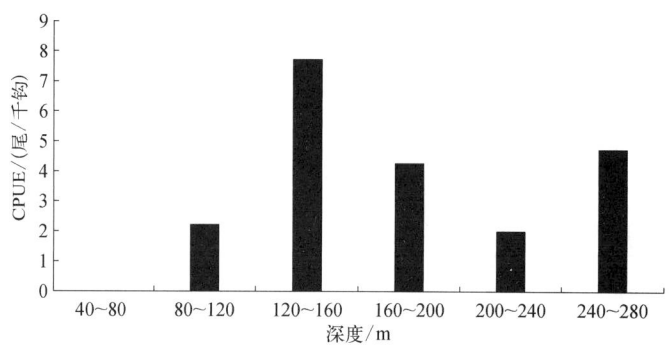

图 2-6-8　黄鳍金枪鱼 CPUE 与水深的关系

6.1.2.2 黄鳍金枪鱼的栖息水温

黄鳍金枪鱼 CPUE 与水温的关系见图 2-6-9,由图可得,黄鳍金枪鱼 CPUE 较高的水温范围为 22~26℃,黄鳍金枪鱼 CPUE 最高(6.32 尾/千钩)的水温为 23~24℃。

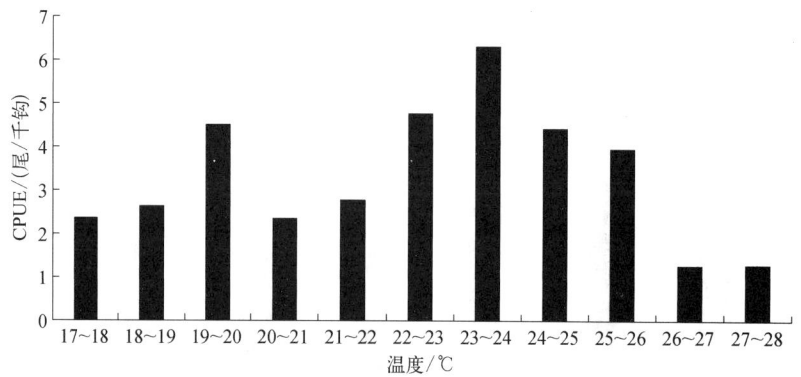

图 2-6-9　黄鳍金枪鱼 CPUE 与水温的关系

6.1.2.3 黄鳍金枪鱼的栖息叶绿素浓度

黄鳍金枪鱼 CPUE 与叶绿素浓度的关系见图 2-6-10,由图可得,黄鳍金枪鱼 CPUE 较高的叶绿素浓度为 0.20~0.38 μg/L,黄鳍金枪鱼 CPUE 最高(10.72 尾/千钩)的叶绿素浓度为 0.30~0.32 μg/L。

6.1.2.4 黄鳍金枪鱼的栖息南北向海流

黄鳍金枪鱼 CPUE 与南北向海流的关系见图 2-6-11,由图可得,黄鳍金枪鱼 CPUE 较

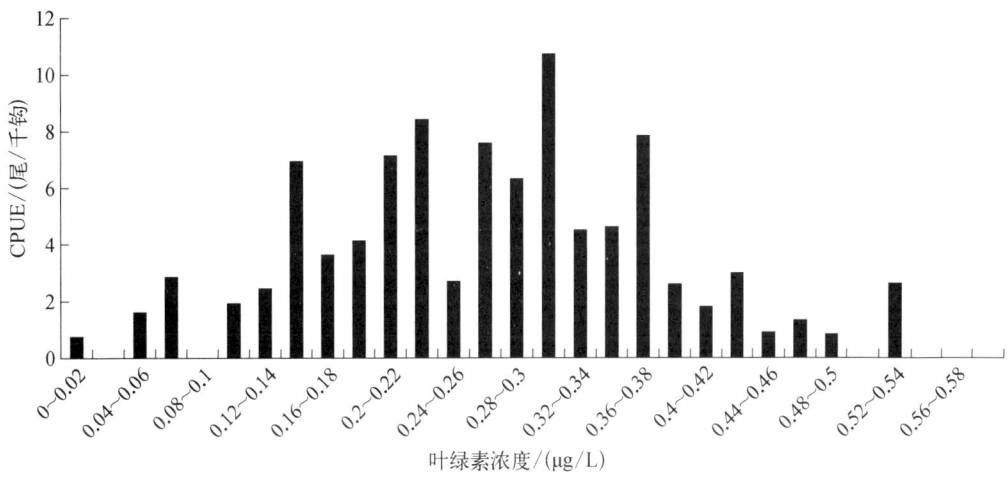

图 2-6-10 黄鳍金枪鱼 CPUE 与叶绿素浓度的关系

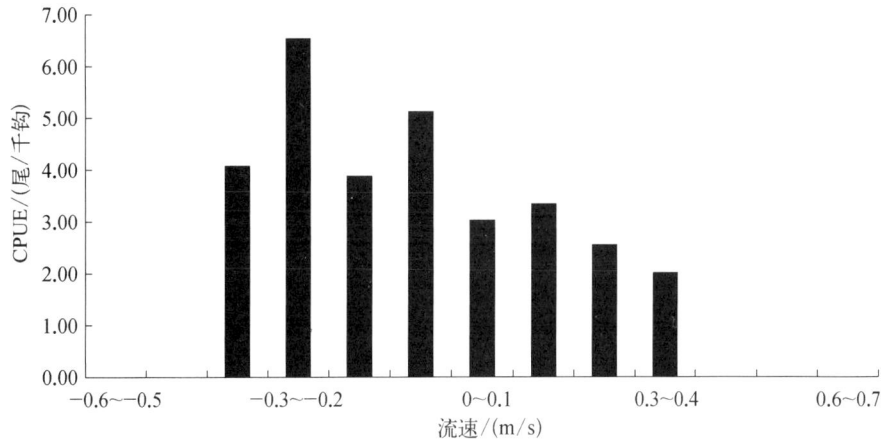

图 2-6-11 黄鳍金枪鱼 CPUE 与南北向海流的关系

高的南北向海流范围为 -0.3~0 m/s;黄鳍金枪鱼 CPUE 最高(6.54 尾/千钩)的海流范围为 -0.3~-0.2 m/s。

6.1.2.5 黄鳍金枪鱼的栖息东西向海流

黄鳍金枪鱼 CPUE 与东西向海流的关系见图 2-6-12。由图可得,黄鳍金枪鱼 CPUE 较高的东西向海流范围为 -0.1~0.2 m/s;黄鳍金枪鱼 CPUE 最高(4.58 尾/千钩)的东西向海流范围为 0~0.1 m/s。

6.1.2.6 黄鳍金枪鱼的栖息垂向海流

黄鳍金枪鱼 CPUE 与垂向海流的关系见图 2-6-13。由图可得,黄鳍金枪鱼 CPUE 在各垂向海流范围均相差不大;黄鳍金枪鱼 CPUE 最高(6.7 尾/千钩)的垂向海流范围为 0.02~0.03 m/s。

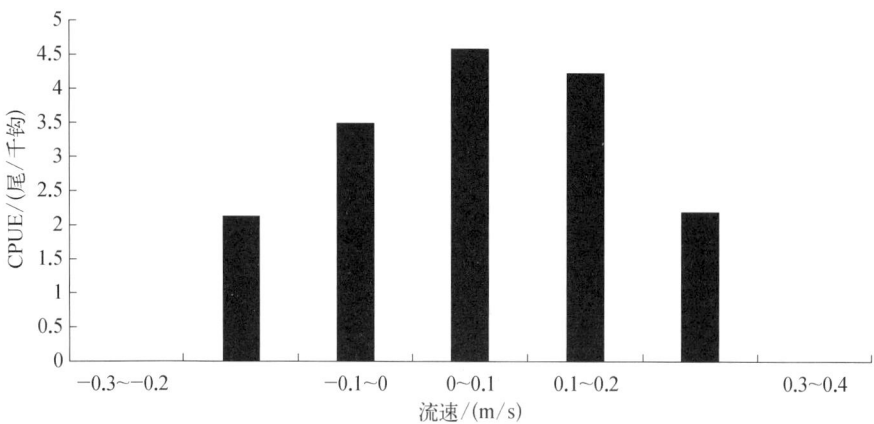

图 2-6-12　黄鳍金枪鱼 CPUE 与东西向海流的关系

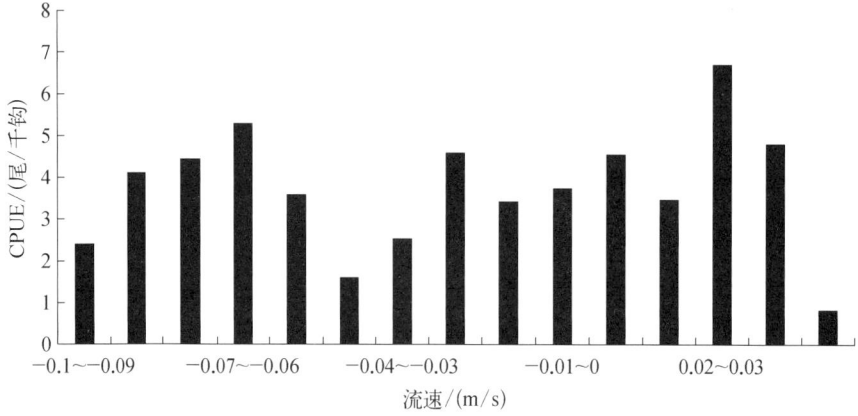

图 2-6-13　黄鳍金枪鱼 CPUE 与垂向海流的关系

6.1.2.7　黄鳍金枪鱼的栖息水平海流

黄鳍金枪鱼 CPUE 与水平海流的关系见图 2-6-14,由图可得,黄鳍金枪鱼 CPUE 较高

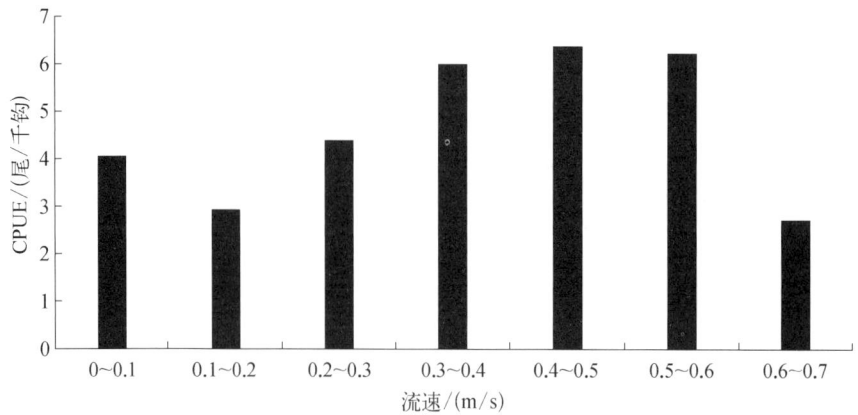

图 2-6-14　黄鳍金枪鱼 CPUE 与水平海流的关系

的水平海流范围为 0.3~0.6 m/s;黄鳍金枪鱼 CPUE 最高(6.38 尾/千钩)的水平海流范围为 0.4~0.5 m/s。

6.1.3 大眼金枪鱼的栖息环境

调查期间,共测定了 282 尾大眼金枪鱼的上钩钩号。分析大眼金枪鱼 CPUE 与拟合钓钩深度、水温、叶绿素浓度与三维海流的关系时,用到全部 282 尾鱼,以下分析结合专家经验和有关数据进行。

6.1.3.1 大眼金枪鱼的栖息水层

大眼金枪鱼 CPUE 与拟合钓钩深度的关系见图 2-6-15,由图可得,大眼金枪鱼 CPUE 较高的水层为 80~160 m,大眼金枪鱼 CPUE 最高(2.49 尾/千钩)的水层为 120~160 m。

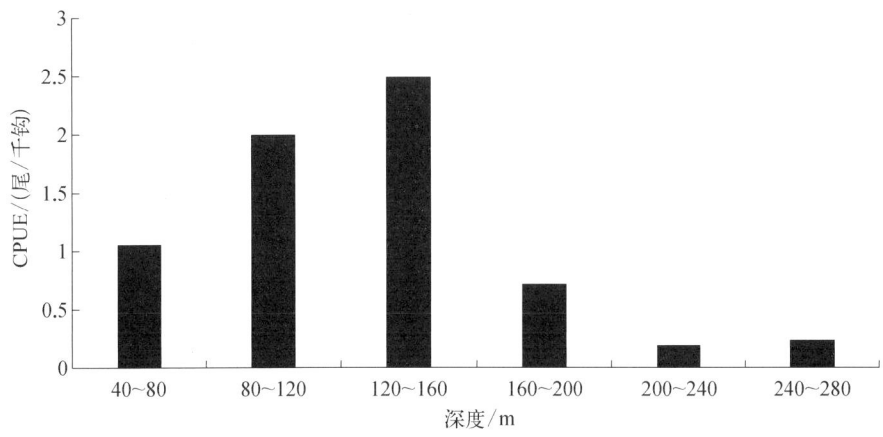

图 2-6-15 大眼金枪鱼 CPUE 与水深的关系

6.1.3.2 大眼金枪鱼的栖息水温

大眼金枪鱼 CPUE 与水温的关系见图 2-6-16,由图可得,大眼金枪鱼 CPUE 较高的水

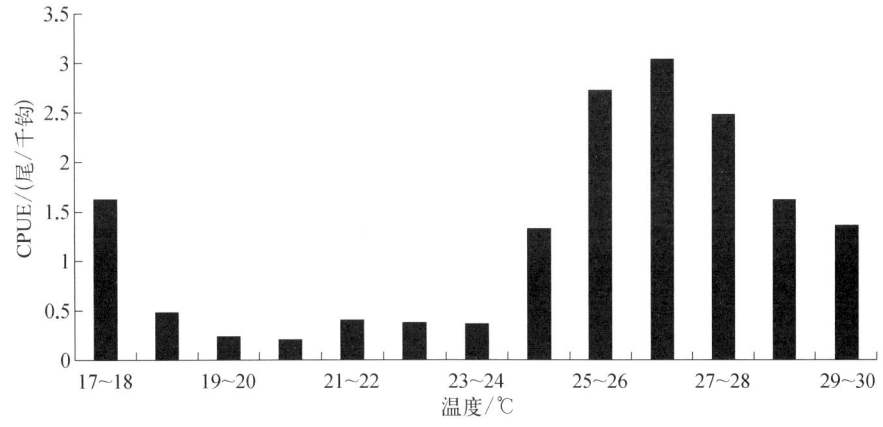

图 2-6-16 大眼金枪鱼 CPUE 与水温的关系

温范围为25~28℃;大眼金枪鱼CPUE最高(3.03尾/千钩)的水温范围为26~27℃。

6.1.3.3 大眼金枪鱼的栖息叶绿素浓度

大眼金枪鱼CPUE与叶绿素浓度的关系见图2-6-17,由图可得,大眼金枪鱼CPUE较高的叶绿素浓度为0.12~0.48 μg/L,大眼金枪鱼CPUE最高(2.71尾/千钩)的叶绿素为0.44~0.46 μg/L。

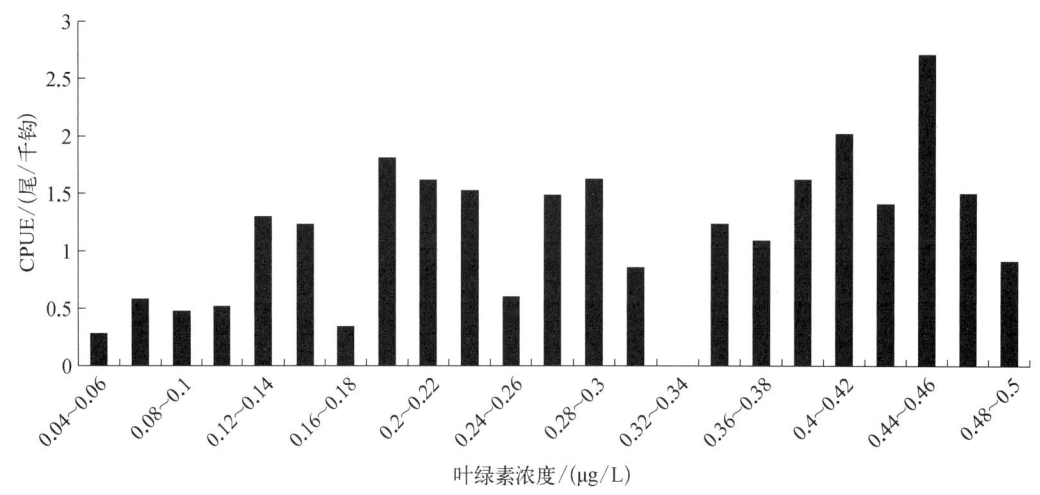

图2-6-17 大眼金枪鱼CPUE与叶绿素浓度的关系

6.1.3.4 大眼金枪鱼的栖息南北向海流

大眼金枪鱼CPUE与南北向海流的关系见图2-6-18,由图可得,大眼金枪鱼CPUE较高的南北向海流范围为-0.2~0 m/s;大眼金枪鱼CPUE最高(4.79尾/千钩)的海流范围为-0.2~-0.1 m/s。海流范围0.5~0.6 m/s的CPUE为3.34尾/千钩,可能为异常值,不予考虑。

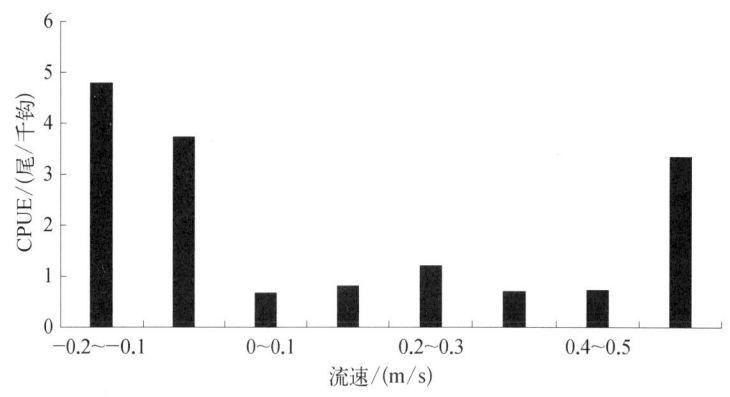

图2-6-18 大眼金枪鱼CPUE与南北向海流的关系

6.1.3.5 大眼金枪鱼的栖息东西向海流

大眼金枪鱼CPUE与东西向海流的关系见图2-6-19,由图可得,大眼金枪鱼CPUE较高的东西向海流范围为 0.1~0.6 m/s；大眼金枪鱼 CPUE 最高(2.75 尾/千钩)的东西向海流范围为 0.4~0.5 m/s。海流范围 0.6~0.7 m/s 的 CPUE 为 2.39 尾/千钩，可能为异常值，不予考虑。

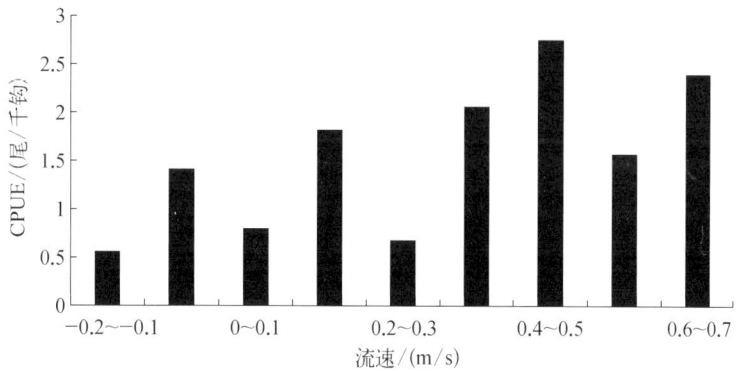

图 2-6-19　大眼金枪鱼 CPUE 与东西向海流的关系

6.1.3.6　大眼金枪鱼的栖息垂向海流

大眼金枪鱼 CPUE 与垂向海流的关系见图 2-6-20，由图可得，大眼金枪鱼 CPUE 最高 (2.54 尾/千钩)的垂向海流范围为-0.01~0 m/s。

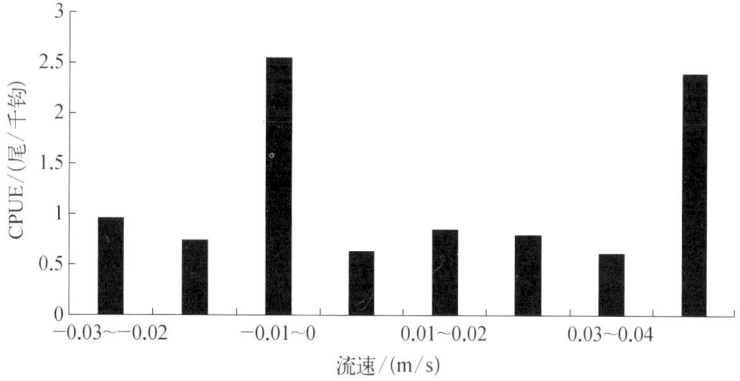

图 2-6-20　大眼金枪鱼 CPUE 与垂向海流的关系

6.1.3.7　大眼金枪鱼的栖息水平海流

大眼金枪鱼 CPUE 与水平海流的关系见图 2-6-21，由图可得，大眼金枪鱼 CPUE 较高的水平流速范围为 0.1~0.4 m/s；大眼金枪鱼 CPUE 最高(1.68 尾/千钩)的水平流速范围为 0.2~0.3 m/s。

6.2　应用流剪切系数拟合钓钩深度计算模型分析长鳍金枪鱼、黄鳍金枪鱼、大眼金枪鱼的栖息环境

应用 SPSS 软件，采用多元线性逐步回归的方法建立 2013 年 9 月 8 日~2013 年 12

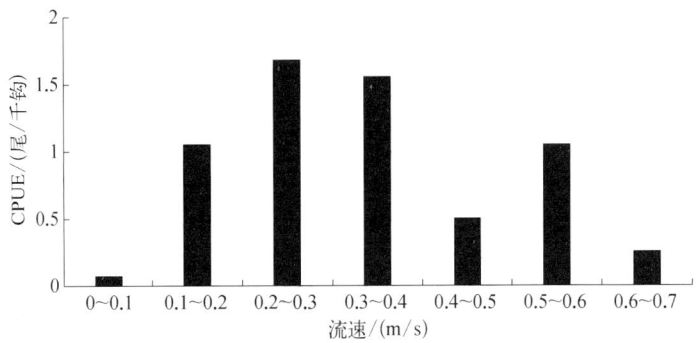

图 2-6-21　大眼金枪鱼 CPUE 与水平海流的关系

月 31 日测定的 230 枚(有流剪切系数数据)钓钩的实际平均深度($\overline{D}_j$)与理论深度(D_j)的关系模型。模型分为船用渔具(根据 140 枚钓钩拟合)和试验渔具(根据 90 枚钓钩拟合)两部分。

船用渔具钓钩深度计算采用的模型为

$$\overline{D}_j = 0.724 D_j \cdot j^{0.078} (\sin \gamma)^{-0.026} \tag{2-6-4}$$

试验渔具钓钩深度计算采用的模型为

$$\overline{D}_j = 0.073 D_j \cdot j^{0.101} (\sin Q_w)^{0.008} w^{0.582} \tag{2-6-5}$$

6.2.1　长鳍金枪鱼的栖息环境

调查期间,共测定了 2 880 尾长鳍金枪鱼的上钩钩号。分析长鳍金枪鱼 CPUE 与拟合钩深、水温、叶绿素浓度、三维海流、水平海流的关系时,用到全部 2 880 尾鱼。以下分析结合专家经验和有关数据进行。

6.2.1.1　长鳍金枪鱼的栖息水层

长鳍金枪鱼 CPUE 与拟合钓钩深度的关系见图 2-6-22,由图可得,长鳍金枪鱼的 CPUE 随着深度的增加先上升后下降,CPUE 最高(14.53 尾/千钩)的水层为 160~200 m。

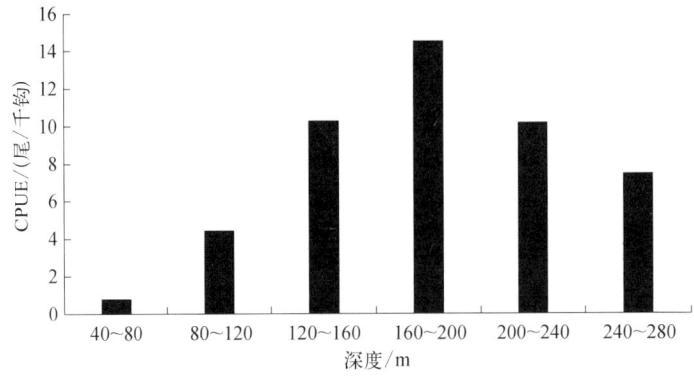

图 2-6-22　长鳍金枪鱼 CPUE 与水深的关系

6.2.1.2 长鳍金枪鱼的栖息水温

长鳍金枪鱼 CPUE 与水温的关系见图 2-6-23,由图可得长鳍金枪鱼 CPUE 较高的水温范围为 21~24℃,长鳍金枪鱼 CPUE 最高(15.81 尾/千钩)的水温范围为 21~22℃。

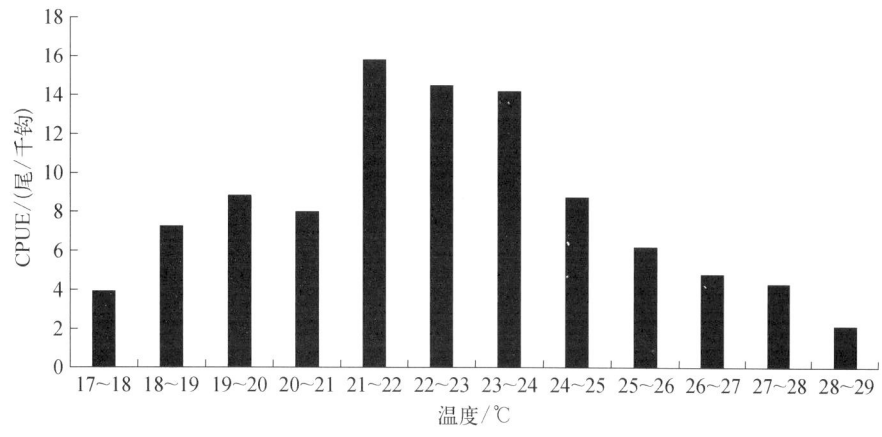

图 2-6-23　长鳍金枪鱼 CPUE 与水温的关系

6.2.1.3 长鳍金枪鱼的栖息叶绿素浓度

长鳍金枪鱼 CPUE 与叶绿素浓度的关系见图 2-6-24,由图可得,长鳍金枪鱼 CPUE 在整个叶绿素浓度范围内都比较高,CPUE 最高(14.13 尾/千钩)为 0.12~0.14 μg/L。

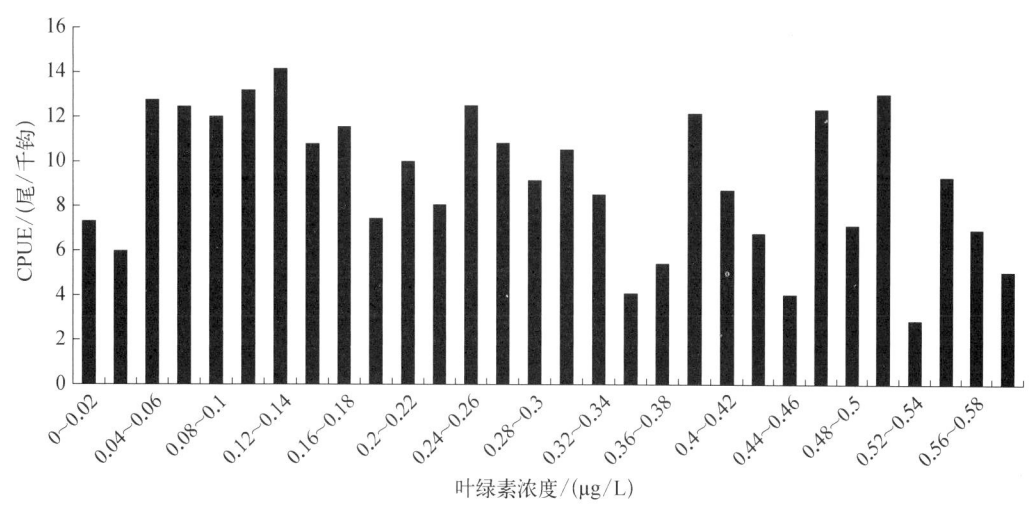

图 2-6-24　长鳍金枪鱼 CPUE 与叶绿素浓度的关系

6.2.1.4 长鳍金枪鱼的栖息南北向海流

长鳍金枪鱼 CPUE 与南北向海流的关系见图 2-6-25,由图可得,长鳍金枪鱼 CPUE 较高的南北向海流范围为-0.2~0.2 m/s,长鳍金枪鱼CPUE最高(12.46尾/千钩)的海流范围为0.1~0.2 m/s。

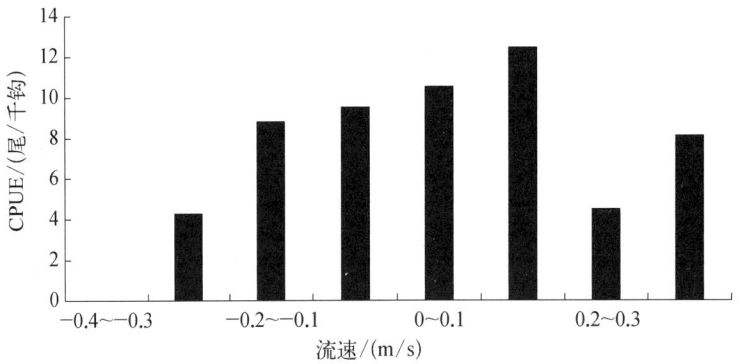

图2-6-25 长鳍金枪鱼CPUE与南北向海流的关系

6.2.1.5 长鳍金枪鱼的栖息东西向海流

长鳍金枪鱼CPUE与东西向海流的关系见图2-6-26,由图可得,长鳍金枪鱼CPUE较高的东西向海流范围为-0.2~0.3 m/s,长鳍金枪鱼CPUE最高(11.61尾/千钩)的海流范围为0~0.1 m/s。

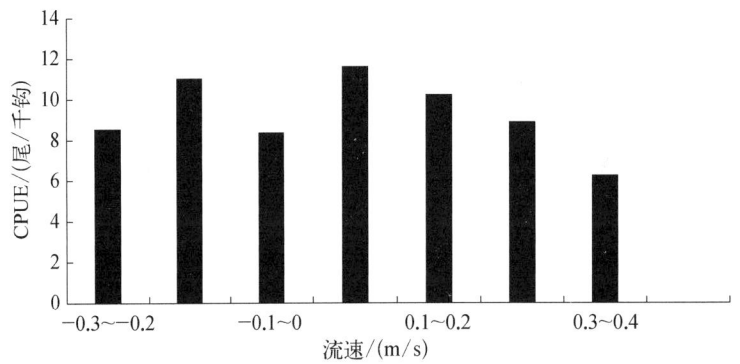

图2-6-26 长鳍金枪鱼CPUE与东西向海流的关系

6.2.1.6 长鳍金枪鱼的栖息垂向海流

长鳍金枪鱼CPUE与垂向海流的关系见图2-6-27,由图可得,除-0.06~-0.05 m/s海流内的CPUE较高外,其他各垂向海流范围内的长鳍金枪鱼CPUE相差不大。

6.2.1.7 长鳍金枪鱼的栖息水平海流

长鳍金枪鱼CPUE与水平海流的关系见图2-6-28,由图可得,随着水平流速的增加,长鳍金枪鱼的CPUE呈先增长后下降趋势。长鳍金枪鱼CPUE较高的水平海流范围为0.1~0.3 m/s。最高CPUE(11.68尾/千钩)对应的水平流速范围为0.1~0.2 m/s。

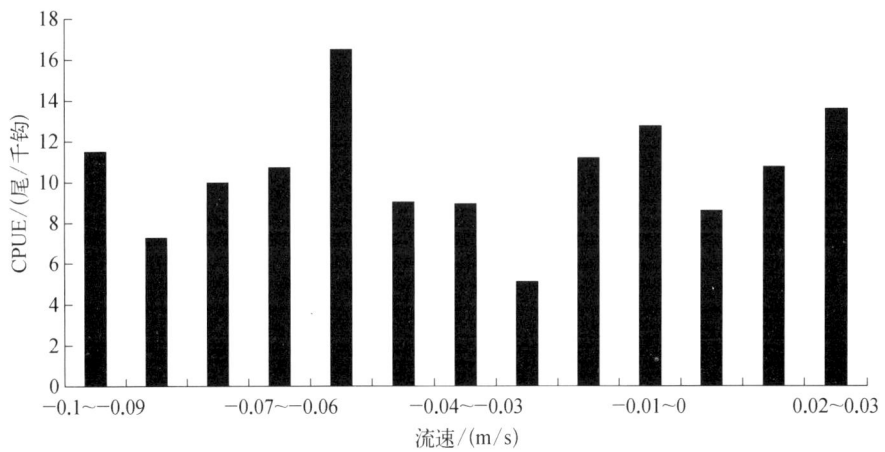

图 2-6-27　长鳍金枪鱼 CPUE 与垂向海流的关系

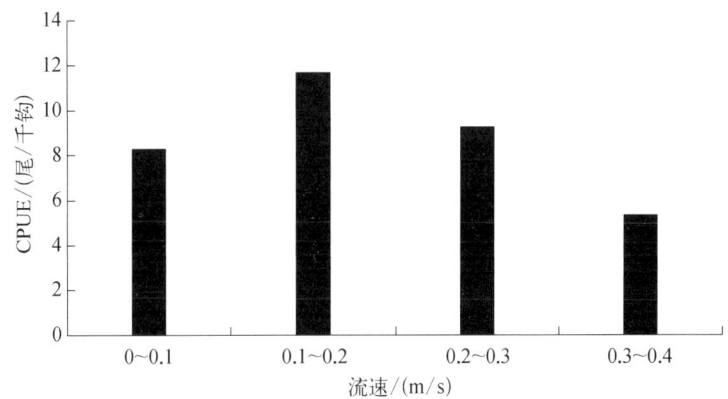

图 2-6-28　长鳍金枪鱼 CPUE 与水平海流的关系

6.2.2　黄鳍金枪鱼的栖息环境

调查期间,共测定了 1 057 尾黄鳍金枪鱼的上钩钩号。分析黄鳍金枪鱼 CPUE 与拟合钓钩深度、水温、叶绿素浓度、三维海流、水平海流的关系时,用到全部 1 057 尾鱼。以下分析结合专家经验和有关数据进行。

6.2.2.1　黄鳍金枪鱼的栖息水层

黄鳍金枪鱼 CPUE 与拟合钓钩深度的关系见图 2-6-29,由图可得,黄鳍金枪鱼 CPUE 较高的水层为 120~240 m,CPUE 最高(1.92 尾/千钩)的水层为 120~160 m。

6.2.2.2　黄鳍金枪鱼的栖息水温

黄鳍金枪鱼 CPUE 与水温的关系见图 2-6-30,由图可得,黄鳍金枪鱼 CPUE 较高的水温范围为 19~25℃,黄鳍金枪鱼 CPUE 最高(6.38 尾/千钩)的水温为 21~22℃。

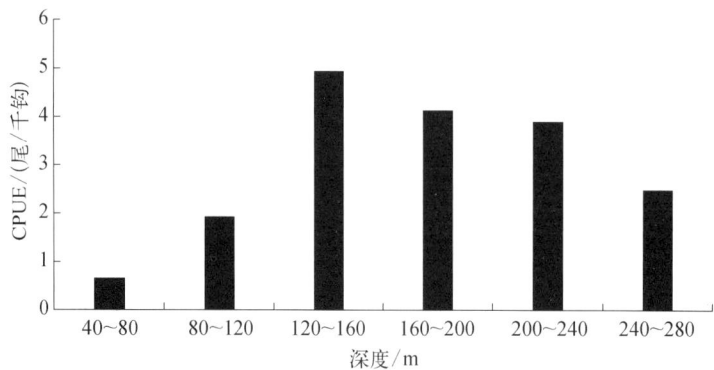

图 2-6-29　黄鳍金枪鱼 CPUE 与水深的关系

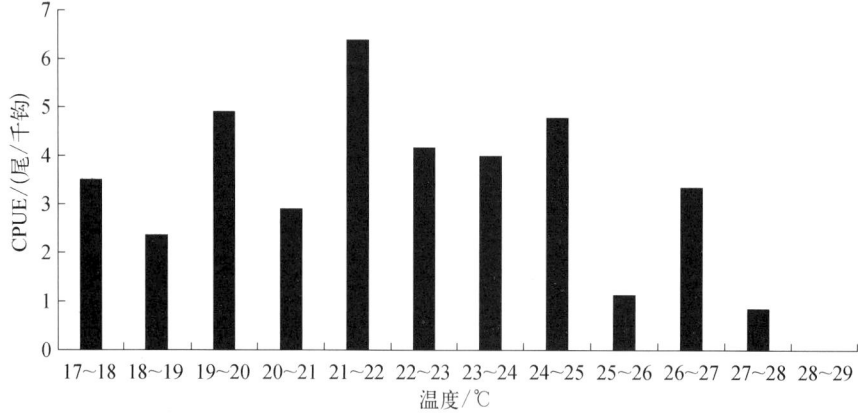

图 2-6-30　黄鳍金枪鱼 CPUE 与水温的关系

6.2.2.3　黄鳍金枪鱼的栖息叶绿素浓度

黄鳍金枪鱼 CPUE 与叶绿素浓度的关系见图 2-6-31,由图可得,黄鳍金枪鱼 CPUE 较

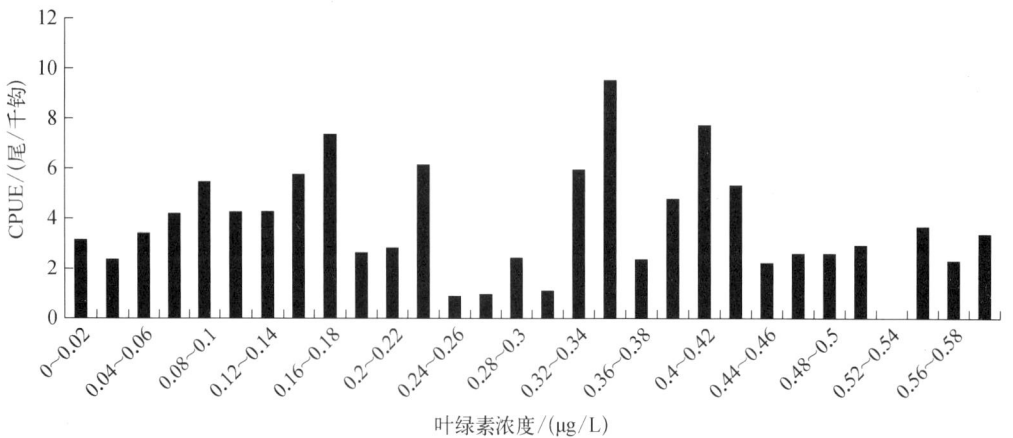

图 2-6-31　黄鳍金枪鱼 CPUE 与叶绿素浓度的关系

高的叶绿素浓度范围为 0.06~0.24 μg/L 和 0.32~0.44 μg/L。CPUE 最高(9.53 尾/千钩)为 0.34~0.36 μg/L。

6.2.2.4 黄鳍金枪鱼的栖息南北向海流

黄鳍金枪鱼 CPUE 与南北向海流的关系见图 2-6-32，由图可得，黄鳍金枪鱼 CPUE 较高的南北向海流范围为 -0.2~0.2 m/s，黄鳍金枪鱼 CPUE 最高(4.54 尾/千钩)的海流范围为 0~0.1 m/s。

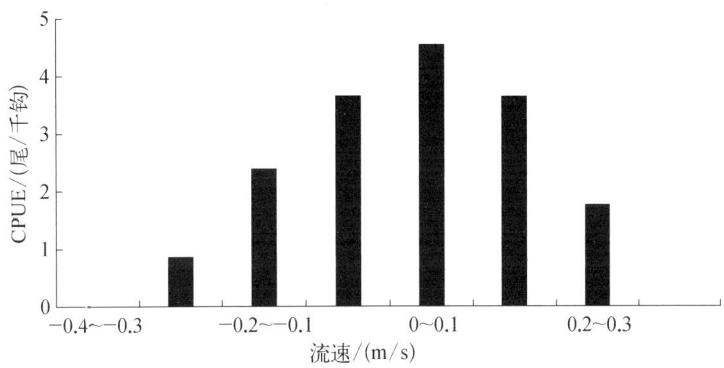

图 2-6-32　黄鳍金枪鱼 CPUE 与南北向海流的关系

6.2.2.5 黄鳍金枪鱼的栖息东西向海流

黄鳍金枪鱼 CPUE 与东西向海流的关系见图 2-6-33，由图可得，黄鳍金枪鱼 CPUE 较高的东西向海流范围为 -0.2~0.3 m/s，黄鳍金枪鱼 CPUE 最高(4.7 尾/千钩)的海流范围为 0.1~0.2 m/s。

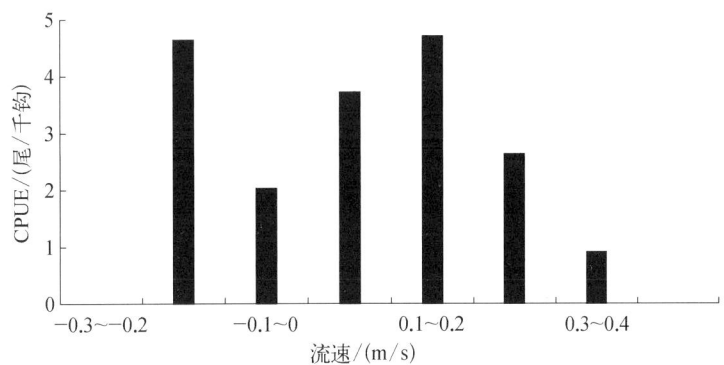

图 2-6-33　黄鳍金枪鱼 CPUE 与东西向海流的关系

6.2.2.6 黄鳍金枪鱼的栖息垂向海流

黄鳍金枪鱼 CPUE 与垂向海流的关系见图 2-6-34，由图可得，除 -0.06~-0.05 m/s 内的 CPUE 明显较高(7.19 尾/千钩)和 0.02~0.03 m/s 内的 CPUE 明显较低外，其他各垂向海流范围内的黄鳍金枪鱼 CPUE 相差不大。

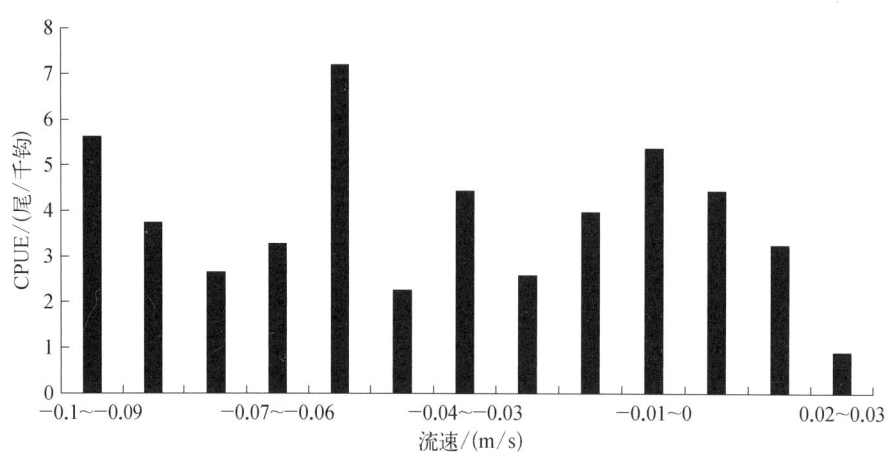

图 2-6-34　黄鳍金枪鱼 CPUE 与垂向海流的关系

6.2.2.7　黄鳍金枪鱼的栖息水平海流

黄鳍金枪鱼 CPUE 与水平海流的关系见图 2-6-35,由图可得,随着水平流速的增加,黄鳍金枪鱼的 CPUE 在 0~0.3 m/s 较高。最高 CPUE(4.44 尾/千钩)对应的水平流速范围为 0.2~0.3 m/s。

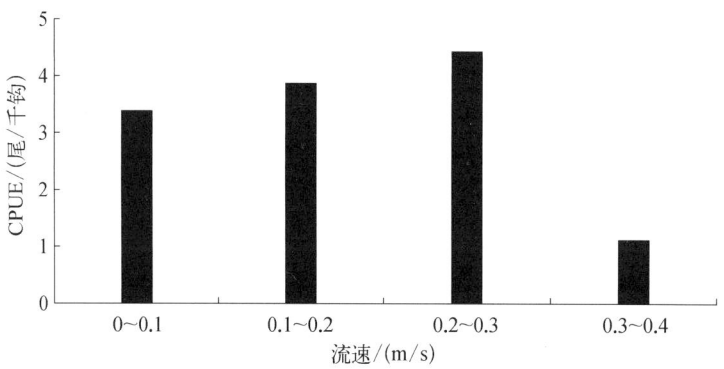

图 2-6-35　黄鳍金枪鱼 CPUE 与水平海流的关系

6.2.3　大眼金枪鱼的栖息环境

调查期间,共测定了 282 尾大眼金枪鱼的上钩钩号。分析大眼金枪鱼 CPUE 与拟合钩深、水温、叶绿素浓度、三维海流、水平海流的关系时,用到全部 282 尾鱼。以下分析结合专家经验和有关数据进行。

6.2.3.1　大眼金枪鱼的栖息水层

大眼金枪鱼 CPUE 与拟合钓钩深度的关系见图 2-6-36,由图可得,CPUE 最高 (1.51 尾/千钩)的水层为 160~200 m。大眼金枪鱼 CPUE 较高的水层为 80~200 m。

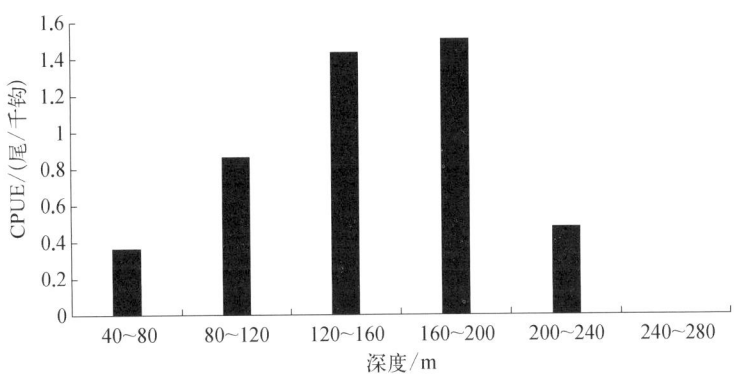

图 2-6-36 大眼金枪鱼 CPUE 与水深的关系

6.2.3.2 大眼金枪鱼的栖息水温

大眼金枪鱼 CPUE 与水温的关系见图 2-6-37,由图可得,大眼金枪鱼 CPUE 较高的水温范围为 18~26℃,大眼金枪鱼 CPUE 最高(2.35 尾/千钩)的水温范围为 25~26℃。

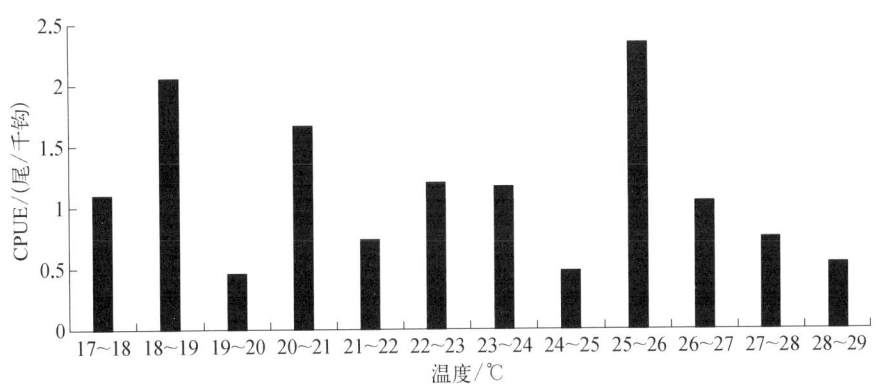

图 2-6-37 大眼金枪鱼 CPUE 与水温的关系

6.2.3.3 大眼金枪鱼的栖息叶绿素浓度

大眼金枪鱼 CPUE 与叶绿素浓度的关系见图 2-6-38,由图可得,大眼金枪鱼 CPUE 较高的叶绿素浓度范围主要集中在为 0.16~0.36 μg/L,CPUE 最高(1.94 尾/千钩)为 0.2~0.22 μg/L。

6.2.3.4 大眼金枪鱼的栖息南北向海流

大眼金枪鱼 CPUE 与南北向海流的关系见图 2-6-39,由图可得,大眼金枪鱼 CPUE 除了海流范围为 -0.1~0 m/s 较高外,其他海流范围相差不大。大眼金枪鱼 CPUE 最高为 1.94 尾/千钩。

6.2.3.5 大眼金枪鱼的栖息东西向海流

大眼金枪鱼 CPUE 与东西向海流的关系见图 2-6-40,由图可得,大眼金枪鱼 CPUE 较

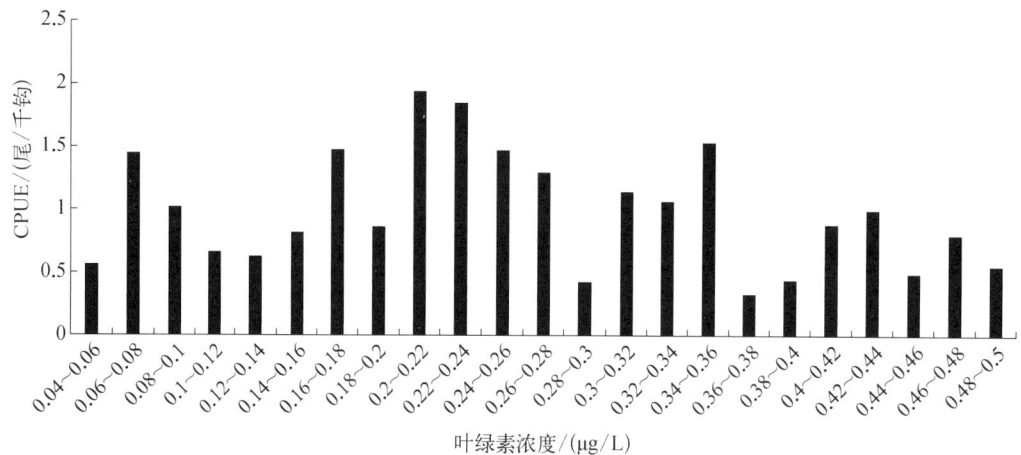

图 2-6-38 大眼金枪鱼 CPUE 与叶绿素浓度的关系

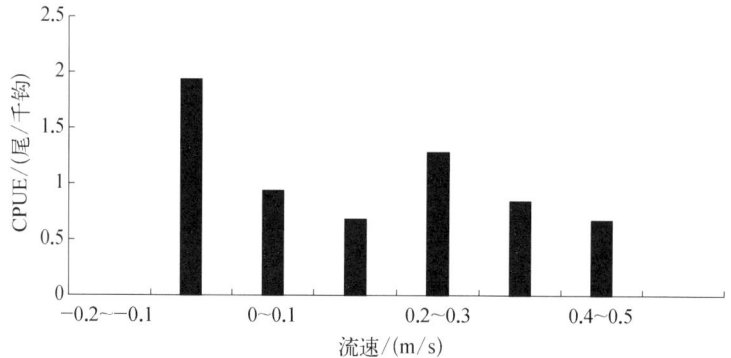

图 2-6-39 大眼金枪鱼 CPUE 与南北向海流的关系

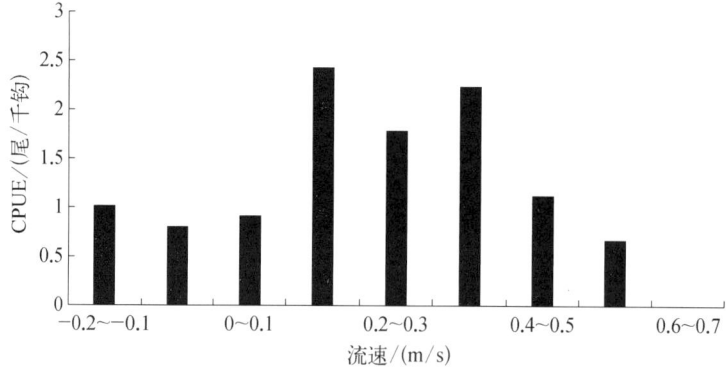

图 2-6-40 大眼金枪鱼 CPUE 与东西向海流的关系

高的东西向海流范围为 0.1~0.4 m/s,大眼金枪鱼 CPUE 最高(2.43 尾/千钩)的海流范围为 0.1~0.2 m/s。

6.2.3.6 大眼金枪鱼的栖息垂向海流

大眼金枪鱼 CPUE 与垂向海流的关系见图 2-6-41,由图可得,大眼金枪鱼 CPUE 较高

的垂直海流范围为 $-0.01\sim0.04$ m/s。CPUE 最高(1.64 尾/千钩)的垂向海流范围为 $-0.01\sim 0$ m/s。

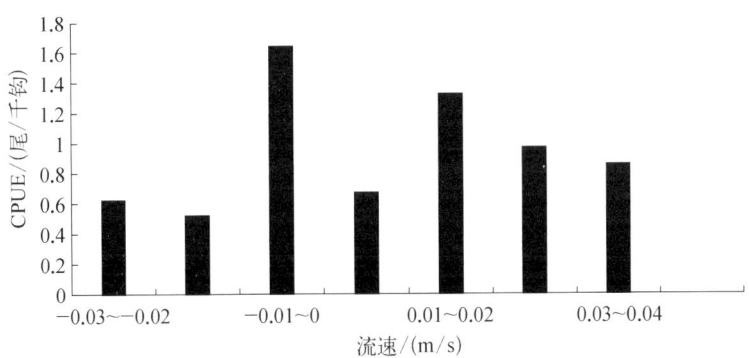

图 2-6-41　大眼金枪鱼 CPUE 与垂向海流的关系

6.2.3.7　大眼金枪鱼的栖息水平海流

大眼金枪鱼 CPUE 与水平海流的关系见图 2-6-42,由图可得,大眼金枪鱼 CPUE 除了在 $0.4\sim0.5$ m/s 较高外,其他水平海流范围相差不大,大眼金枪鱼 CPUE 最高为 1.72 尾/千钩。

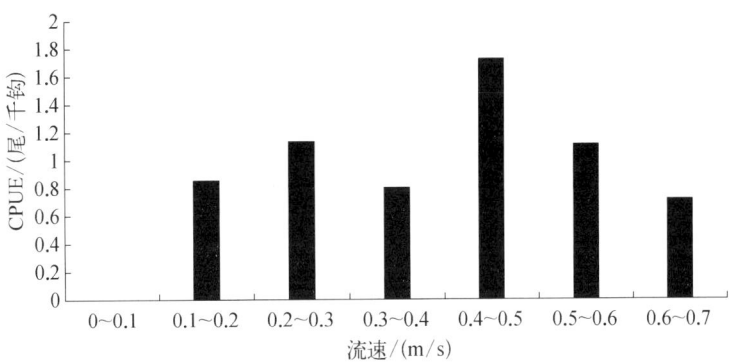

图 2-6-42　大眼金枪鱼 CPUE 与水平海流的关系

7　渔场形成机制

按照"图 2-1-1"中的 56 个仪器测定站点的数据来分析主要鱼种 CPUE(单位:尾/千钩,以下同)与水深(10 m、25 m、50 m、75 m、100 m、150 m、200 m、250 m、300 m 水层)的温度(分别记为 T_{10}、T_{25}、T_{50}、T_{75}、T_{100}、T_{150}、T_{200}、T_{250}、T_{300})、叶绿素浓度(分别记为 CH_{10}、CH_{25}、CH_{50}、CH_{75}、CH_{100}、CH_{150}、CH_{200}、CH_{250}、CH_{300})及钓具的漂移速度 V_g、风流合压角 γ、风速 V_w、风舷角 Q_w 的相关关系。

其他参见"第一篇　7　渔场形成机制"。

7.1 长鳍金枪鱼

调查期间长鳍金枪鱼 CPUE 分布见图 2-7-1。

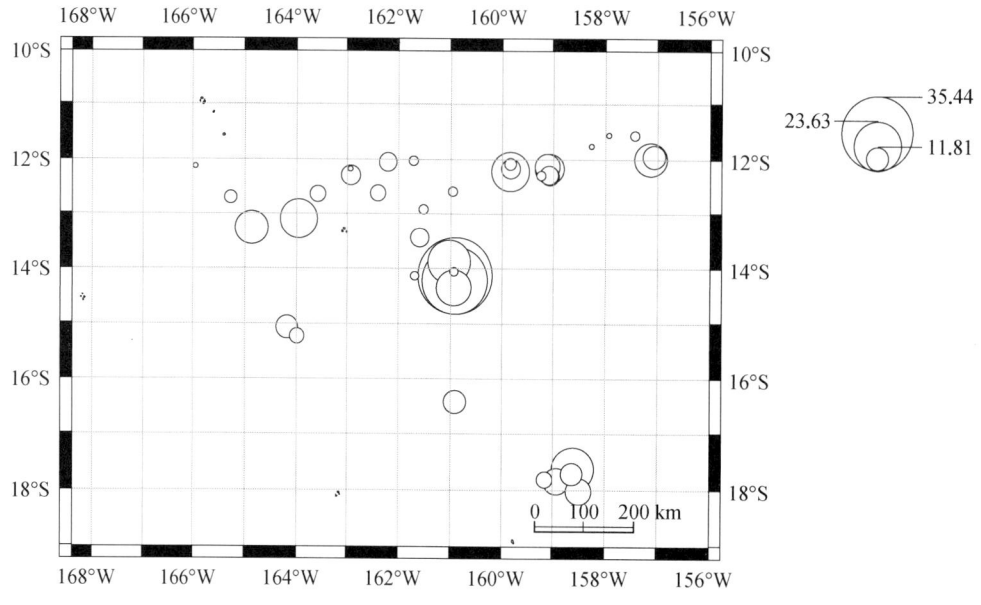

图 2-7-1　长鳍金枪鱼 CPUE 分布

整个调查期间 56 个站点与长鳍金枪鱼 CPUE 分布有显著相关性的指标及相关系数和显著性水平见表 2-7-1。

表 2-7-1　整个调查期间与长鳍金枪鱼 CPUE 有显著相关性的指标及相关系数和显著性水平(56 个站点汇总统计)

相关指标	Pearson 相关系数	P 值(双尾)
T_{25}	0.529	0.000
CH_{75}	0.288	0.033
T_{200}	0.628	0.000

长鳍金枪鱼 CPUE 与 25 m 水深处的温度关系见图 2-7-2。由图可得：长鳍金枪鱼 CPUE 与 25 m 水深处的温度有较弱的负相关关系，温度在 26.5~27.6℃ 内，长鳍金枪鱼 CPUE 较高，温度高于 27.6℃ 的区域，CPUE 较低。

长鳍金枪鱼 CPUE 与 75 m 水深处叶绿素浓度关系如图 2-7-3。由图可得：长鳍金枪鱼 CPUE 与 75 m 水深处叶绿素浓度有较弱的正相关关系，叶绿素浓度在 0.3~0.5 μg/L 内，长鳍金枪鱼 CPUE 较高，小于 0.3 μg/L 的区域，CPUE 较低。

长鳍金枪鱼 CPUE 与 200 m 水深处的温度关系见图 2-7-4。由图可得：长鳍金枪鱼 CPUE 与 200 m 处的温度有较弱的正相关关系，温度在 20.3~21.9℃ 内，长鳍金枪鱼 CPUE 较高，温度低于 20.3℃ 的区域，CPUE 较低。

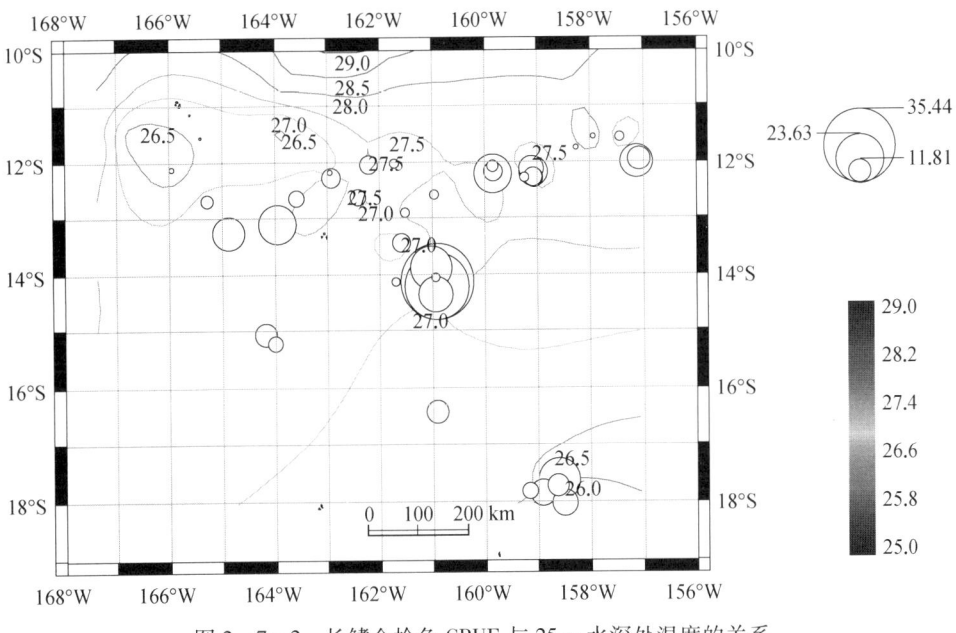

图 2-7-2　长鳍金枪鱼 CPUE 与 25 m 水深处温度的关系

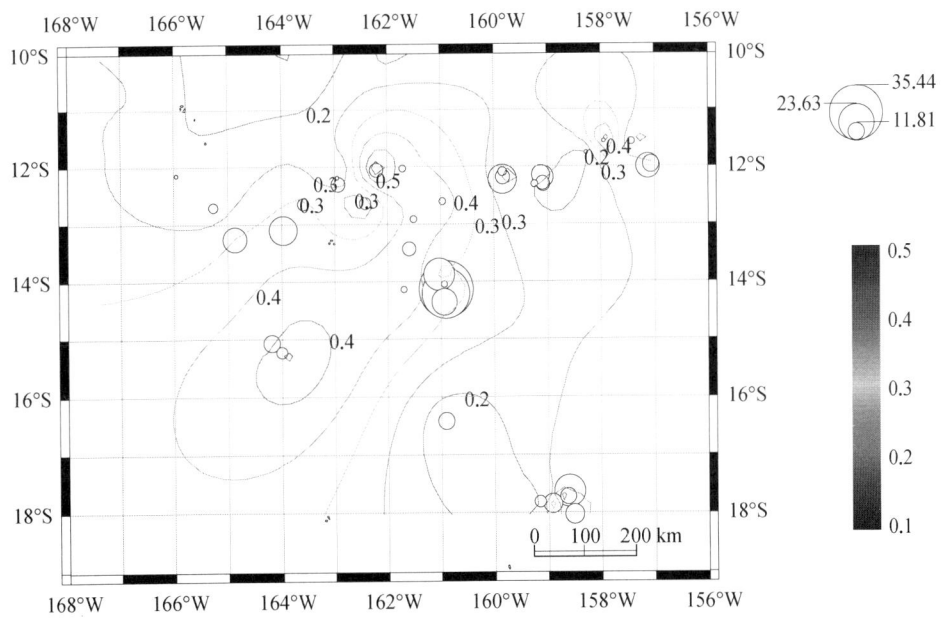

图 2-7-3　长鳍金枪鱼 CPUE 与 75 m 水深处叶绿素浓度的关系

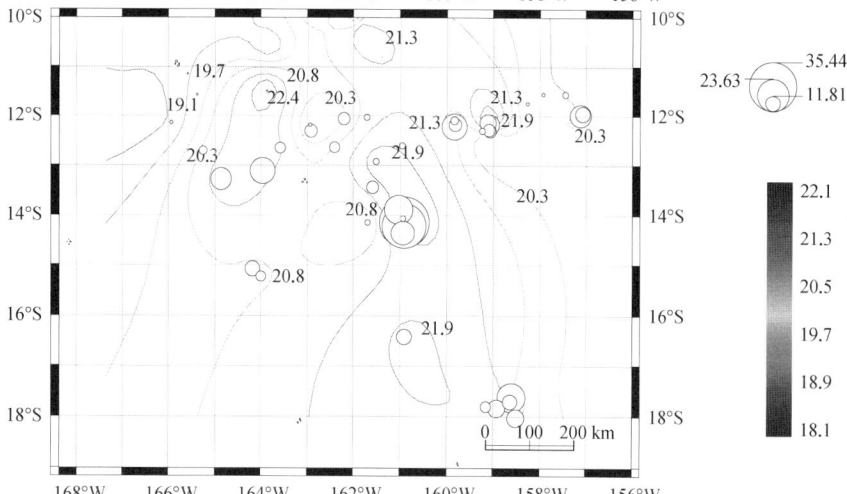

图 2-7-4　长鳍金枪鱼 CPUE 与 200 m 水深处温度的关系

7.2　黄鳍金枪鱼

调查期间黄鳍金枪鱼 CPUE 分布见图 2-7-5。

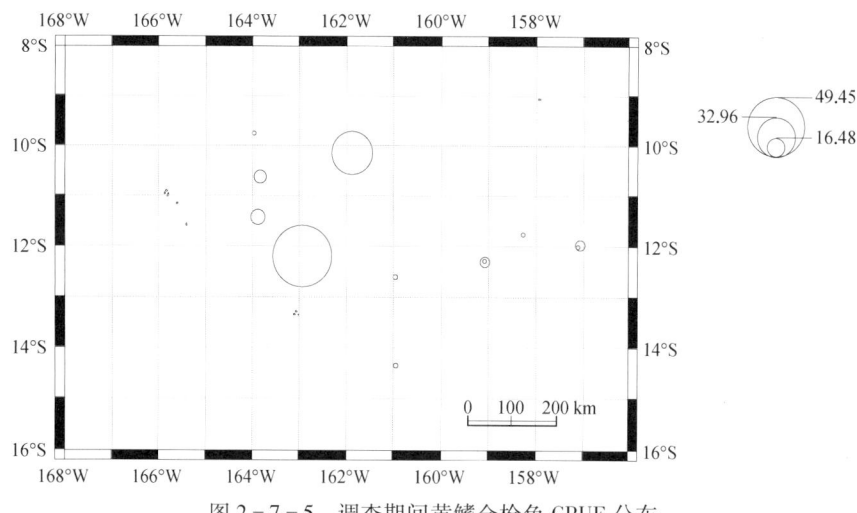

图 2-7-5　调查期间黄鳍金枪鱼 CPUE 分布

整个调查期间 56 个站点与黄鳍金枪鱼 CPUE 分布有显著相关性的指标及相关系数和显著性水平见表 2-7-2。

表 2-7-2　整个调查期间与黄鳍金枪鱼 CPUE 有显著相关性的指标
及相关系数和显著性水平（56 个站点汇总统计）

相关指标	Pearson 相关系数	P 值（双尾）
T_{200}	0.308	0.028

黄鳍金枪鱼 CPUE 与 200 m 水深处的温度关系见图 2-7-6。由图可得：黄鳍金枪鱼 CPUE 与 200 m 水深处的温度有较弱的正相关关系,温度在 20.0~20.5℃内,黄鳍金枪鱼 CPUE 较高,温度低于 20.0℃的区域,CPUE 较低。

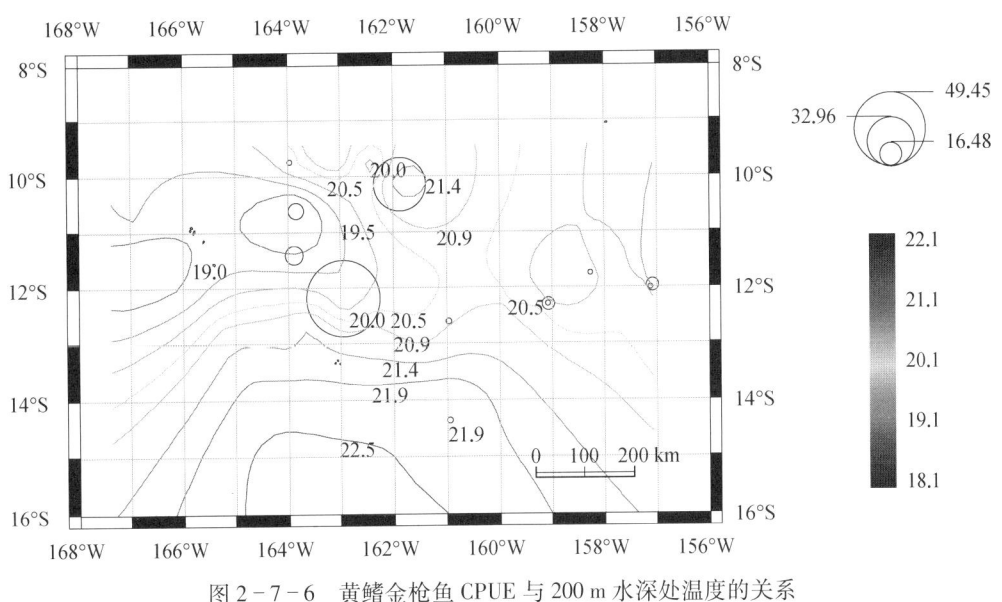

图 2-7-6　黄鳍金枪鱼 CPUE 与 200 m 水深处温度的关系

7.3　大眼金枪鱼

调查期间大眼金枪鱼 CPUE 分布见图 2-7-7。

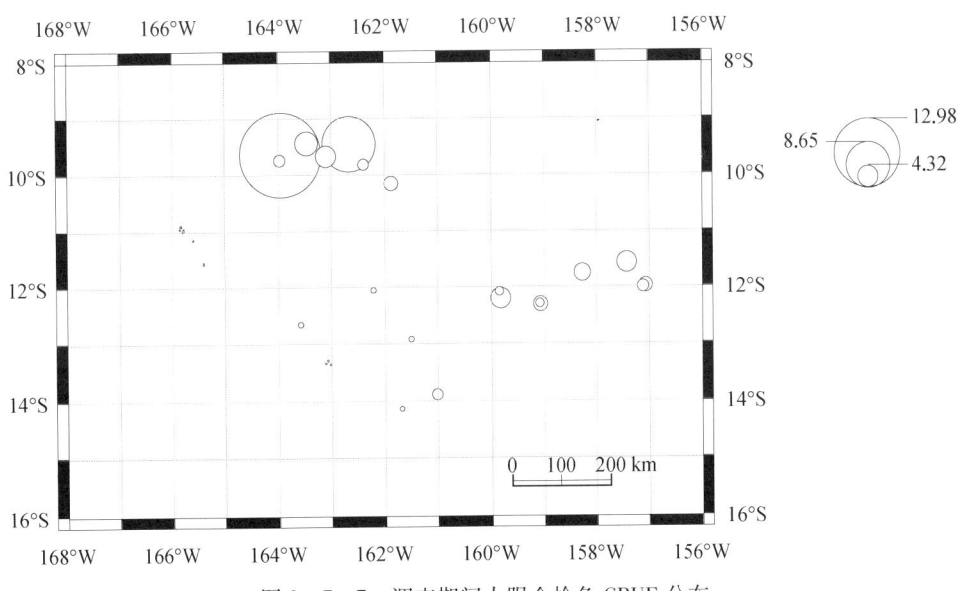

图 2-7-7　调查期间大眼金枪鱼 CPUE 分布

整个调查期间 56 个站点与大眼金枪鱼 CPUE 分布有显著相关性的指标及相关系数和显著性水平见表 2-7-3。

表 2-7-3 整个调查期间与大眼金枪鱼 CPUE 有显著相关性的指标及相关系数和显著性水平(56 个站点汇总统计)

相关指标	Pearson 相关系数	P 值(双尾)
T_{25}	0.493	0.000
CH_{25}	0293	0.033
T_{125}	0.313	0.023
T_{300}	0.336	0.014

大眼金枪鱼 CPUE 与 25 m 水深处的温度关系见图 2-7-8。分析图 2-7-8 得:大眼金枪鱼 CPUE 与 25 m 水深处的温度有较弱的正相关关系,温度在 28.3~29.6℃ 内,大眼金枪鱼 CPUE 较高,温度低于 28.3℃ 的区域,CPUE 较低。

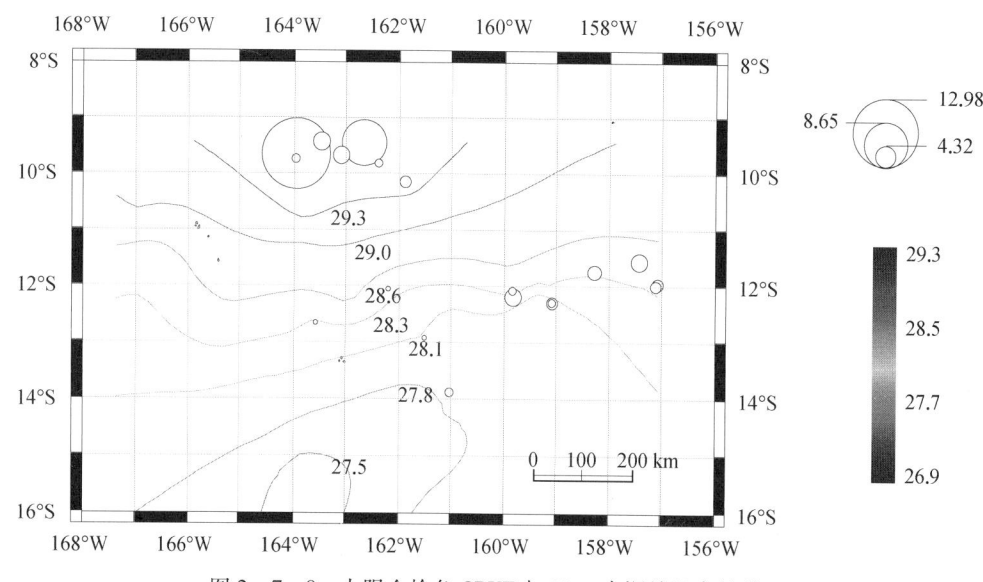

图 2-7-8 大眼金枪鱼 CPUE 与 25 m 水深处温度的关系

大眼金枪鱼 CPUE 与 25 m 水深处的叶绿素浓度关系见图 2-7-9。由图可得:大眼金枪鱼 CPUE 与 25 m 水深处的叶绿素浓度有较弱的正相关关系,叶绿素浓度在 0.12~0.18 μg/L 内,大眼金枪鱼 CPUE 较高,叶绿素浓度低于 0.12 μg/L 的区域,CPUE 较低。

大眼金枪鱼 CPUE 与 125 m 水深处温度关系如图 2-7-10。由图可得:大眼金枪鱼 CPUE 与 125 m 水深处温度有较弱的正相关关系,温度在 24.4~25.8℃ 内,大眼金枪鱼 CPUE 较高,温度小于 24.4℃ 的区域,CPUE 较低。

大眼金枪鱼 CPUE 与 300 m 水深处温度关系如图 2-7-11。由图可得:大眼金枪鱼 CPUE 与 300 m 水深处温度有较弱的负相关关系,温度在 12.4~13.2℃ 内,大眼金枪鱼 CPUE 较高,温度大于 13.2℃ 的区域,CPUE 较低。

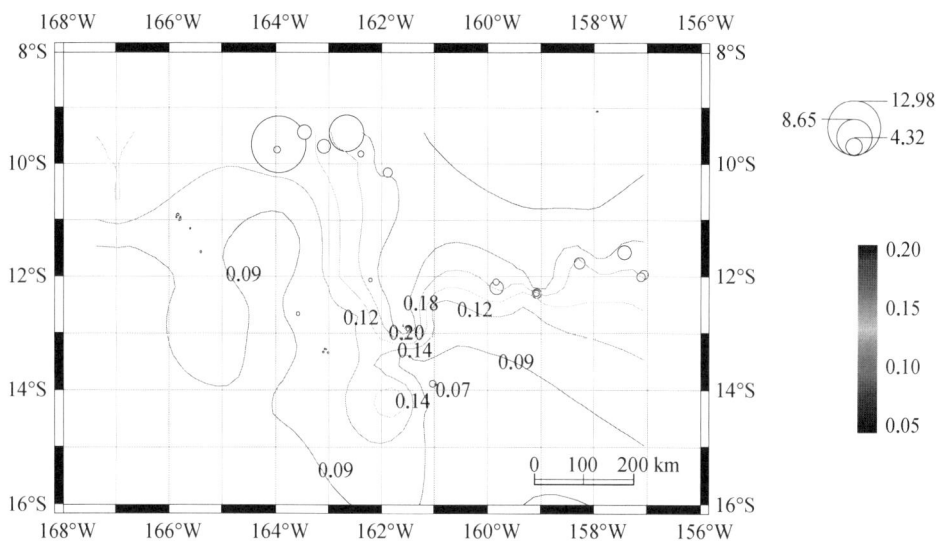

图 2-7-9 大眼金枪鱼 CPUE 与 25 m 水深处叶绿素浓度的关系

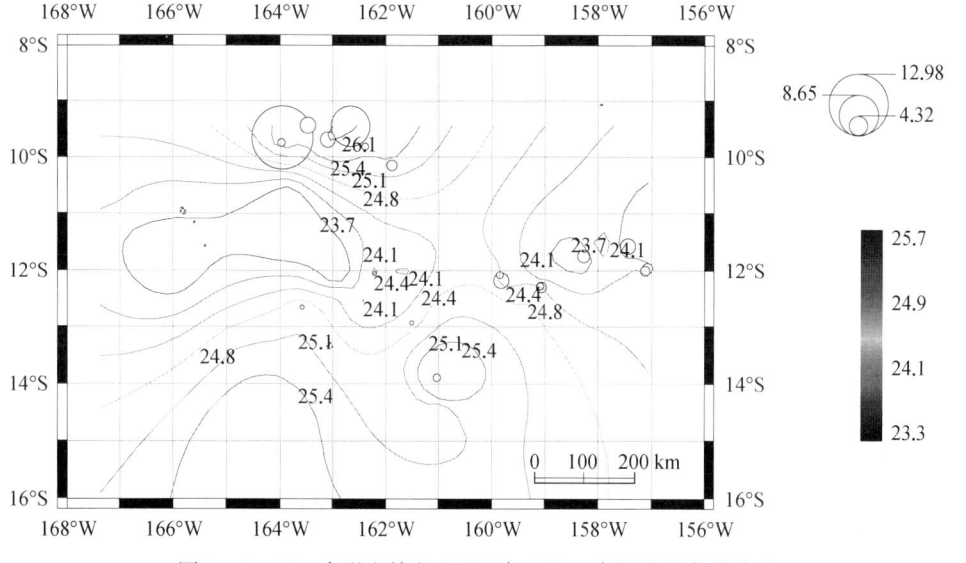

图 2-7-10 大眼金枪鱼 CPUE 与 125 m 水深处温度的关系

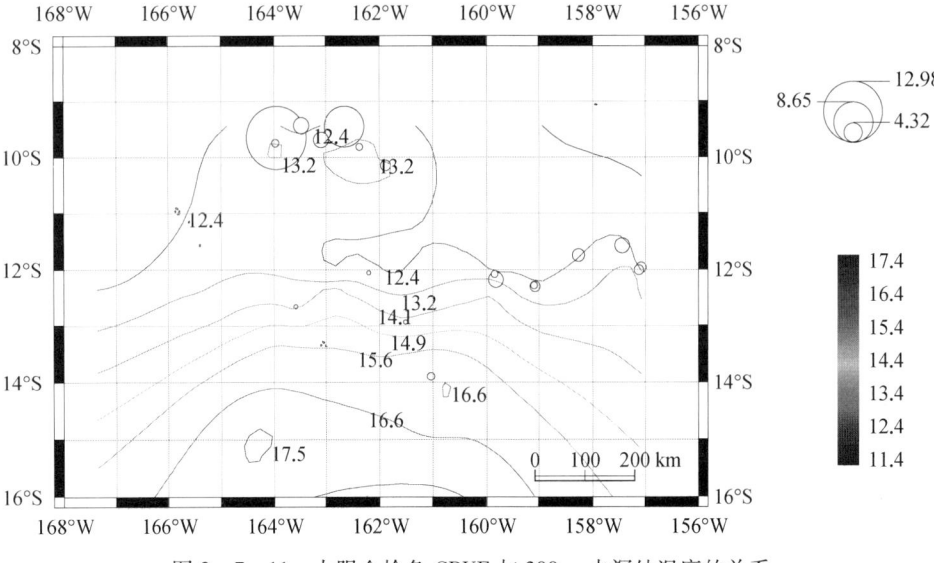

图 2-7-11 大眼金枪鱼 CPUE 与 300 m 水深处温度的关系

7.4 小结

以上为 2013 年 9 月 8 日~2013 年 12 月 19 日基于"华南渔 716"调查船取得的数据对主要金枪鱼的渔场形成机制分析的结果。本次调查测量的指标较广,几乎收集了所有的风速、风向、渔具漂移速度、漂移方向、0~300 m 各水层的水温、叶绿素浓度、三维海流数据。

7.4.1 长鳍金枪鱼

根据对调查船整个调查期间所有数据进行分析的结果,25 m、200 m 水深处温度,75 m 水深处叶绿素浓度对长鳍金枪鱼 CPUE 分布的影响较大。

长鳍金枪鱼 CPUE 较高处为:
1) 25 m 水深处温度范围 26.5~27.6℃;
2) 75 m 水深处叶绿素浓度范围 0.3~0.5 μg/L;
3) 200 m 水深处温度范围 20.3~21.9℃。

7.4.2 黄鳍金枪鱼

根据对调查船整个调查期间所有数据进行分析的结果,200 m 水深处温度对黄鳍金枪鱼 CPUE 分布的影响较大。

黄鳍金枪鱼 CPUE 较高处为:200 m 水深处温度范围 20.0~20.5℃。

7.4.3 大眼金枪鱼

根据对调查船整个调查期间所有数据进行分析的结果,25、125、300 m 水深处温度,25 m 水深处叶绿素对大眼金枪鱼 CPUE 分布的影响较大。

大眼金枪鱼 CPUE 较高处为：
1）25 m 水深处温度范围 28.3~29.6℃；
2）25 m 水深处叶绿素浓度范围 0.12~0.18 μg/L；
3）125 m 水深处温度范围 24.4~25.8℃；
4）300 m 水深处温度范围 12.4~13.2℃。

第三篇

2015 年公海水域低温金枪鱼延绳钓渔船捕捞技术研究

浙江丰汇远洋渔业有限公司与上海海洋大学合作,于 2015 年 4 月 11 日~2015 年 9 月 4 日对波利尼西亚群岛附近的公海长鳍金枪鱼渔场(3°00′~11°00′S、155°00′~140°00′W)进行了探捕。执行本次海上调查任务的渔船为低温金枪鱼延绳钓渔船"丰汇 17",主要的船舶参数如下:总长 47.59 m;型宽 7.60 m;型深 3.80 m;总吨 460 t;净吨 138 t;主机功率 735.00 kW。探捕船对 62 个站点(图 3 - 1 - 1)进行了探捕调查,记录了每天的投绳位置、投绳开始时间、起绳开始时间、投钩数、投绳时的船速和出绳速度、两钓钩间的时间间隔、两浮子间的钓钩数,主要金枪鱼鱼种的渔获量,抽样测定了它们的上钩钩号、死活状态、上钩时的位置,用卡尺测定了主要金枪鱼鱼种的叉长,用微型温度深度计(TDR - 2050)测定了部分钓钩在海水中的实际深度及其变化,用多功能水质仪(XR - 620)测定了调查站点 0~250 m 的温度、盐度、叶绿素浓度和溶解氧含量的垂直变化曲线,用三维海流计(Aquadopp - 2000)测定了调查站点的 0~300 m 的海流数据,通过微型温度深度计(TDR - 2050)测定钓钩的实际深度。进行了渔具渔法的交叉比较试验,对主要鱼种的生物学参数进行了测定等。

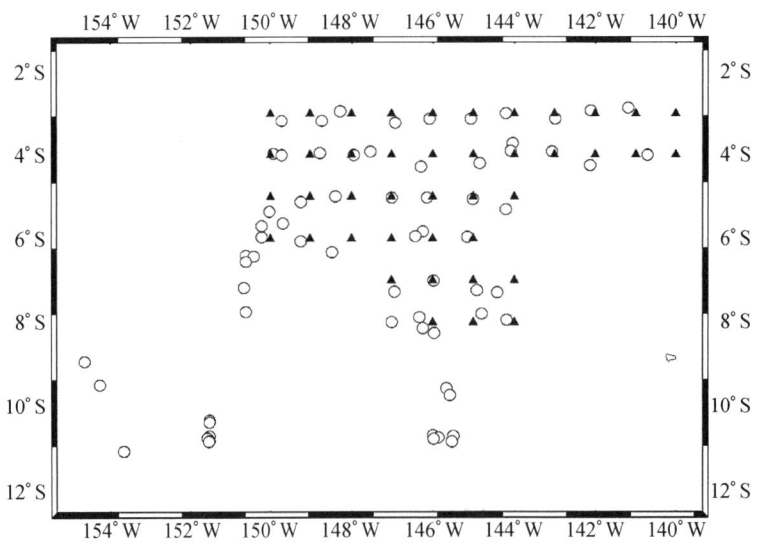

图 3 - 1 - 1 2015 年探捕海域

○:探捕站点;▲:计划站点

本次调查船上原来所用的钓具结构为：浮子直径为 360 mm（浮力 20 kg）；浮子绳长 25 m；干线直径为 4.0 mm；支线第一段为直径 3.5 mm 的硬质聚丙烯，长 1.5 m 左右，第二段为 180#（直径为 2.25 mm）的尼龙单丝，长 18 m，第三段与第二段材质相同，长 3 m；第一段与第二段用 3#箱型双转环连接，试验渔具的转环为包铅转环（75 g）；钓钩采用圆形钓钩（16/0）。

调查期间，一般情况下，5:30~11:30，投绳，持续时间为 6 h 左右；4:30 至第二天 3:30，起绳，持续时间为 13 h 左右；船长根据探捕计划调查站点位置决定当天投绳的位置，受条件所限实际的投绳位置和计划站点位置会有一定的偏差。

船速 8.0~9.0 节，出绳速度一般为 6 m/s，两浮子间的钓钩数为 25 枚，两钓钩间的时间间隔为 5 s。每天投放船用渔具钓钩 3 500~3 750 枚。

投放试验渔具时，靠近浮子的第 1 枚钓钩空缺，从靠近浮子的第 2 个钩位开始投放试验渔具，两浮子间的钓钩数为 25 枚，其他参数不变。

1 渔场海况

1.1 海流

本次调查时间为 2015 年 4 月 11 日~2015 年 9 月 4 日。具体调查范围为 3°~11°S、155°~140°W。海流数据是海流计实测的数据，取 5~15 m 水深海流为表层海流。表面漂流方向主要为东、东南，其次为东北，流速范围为 0.21~0.98 m/s。

1.2 风速风向

调查海域的风速为 1.7~8.7 m/s，绝大部分情况下为 2~7 m/s，调查过程中风速 1~2 m/s、8~9 m/s 出现很少，风速 2~7 m/s 出现的频率最高，占 86.76%，未出现超过 8.7 m/s 的风速（表 3-1-1）。主导风向为东南风、东风和东北风。

表 3-1-1 调查海域的风速频率

风速/(m/s)	频率/%	风速/(m/s)	频率/%
1~2	2.94	5~6	14.71
2~3	16.18	6~7	11.76
3~4	22.06	7~8	7.35
4~5	22.06	>8	2.94

1.3 表层水温

本文中取深度为水下 10±5 m 水层作为表层，考虑到海面受天气变化的影响较大，为了保证数据之间的可比性，本文统一取此水层作为表层，然后计算这一水层水温的算术平均值。调查海域的表层水温在 28.31~29.11℃波动，平均为 28.59℃（图 3-1-2）。

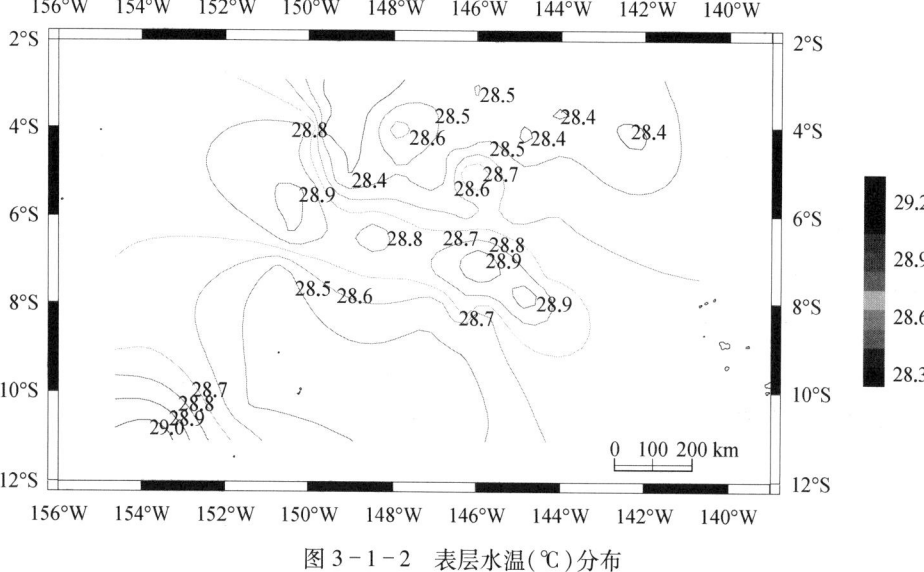

图 3-1-2 表层水温(℃)分布

1.4 表层叶绿素浓度

水层深度同上所述。计算该水层叶绿素浓度的算术平均值。调查海域的表层叶绿素浓度在 0.20~0.84 μg/L 波动，平均为 0.43 μg/L(图 3-1-3)。

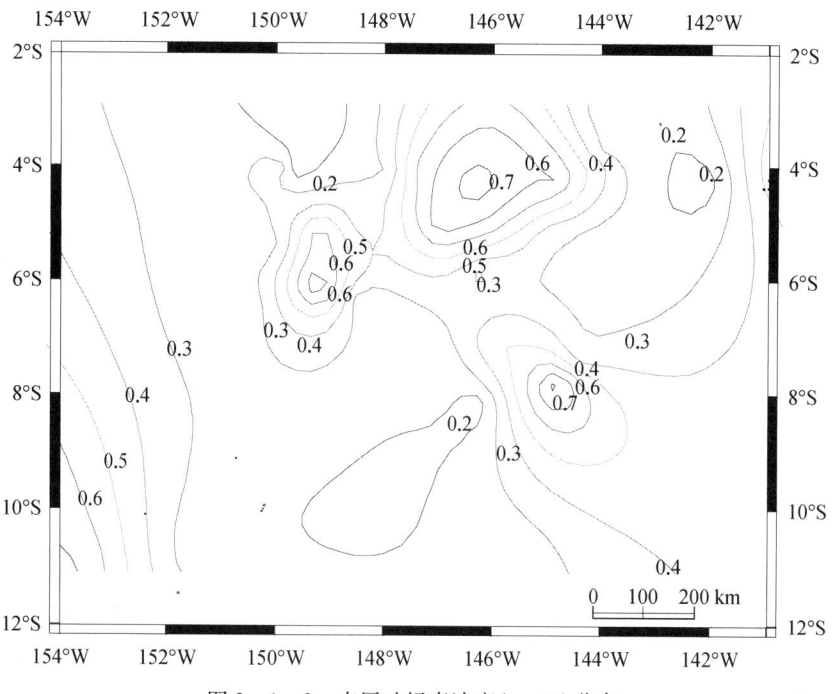

图 3-1-3 表层叶绿素浓度(μg/L)分布

1.5 表层盐度

水层深度同上所述。计算该水层盐度的算术平均值。调查海域的表层盐度在 35.27~36.26 波动,平均为 35.69(图 3-1-4)。

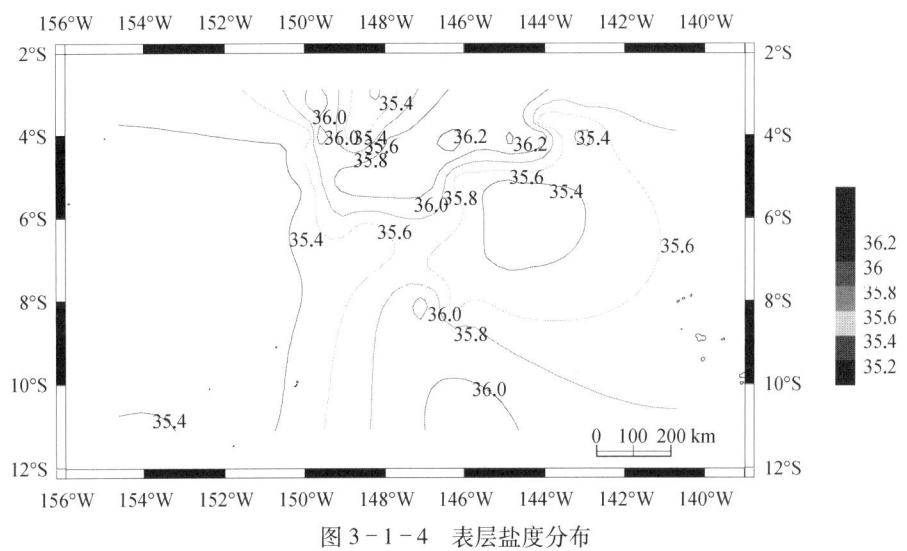

图 3-1-4 表层盐度分布

1.6 表层溶解氧含量

水层深度同上所述。计算该水层溶解氧含量的算术平均值。调查海域的表层溶解氧含量在 4.16~5.65 mg/L 波动,平均为 4.50 mg/L(图 3-1-5)。

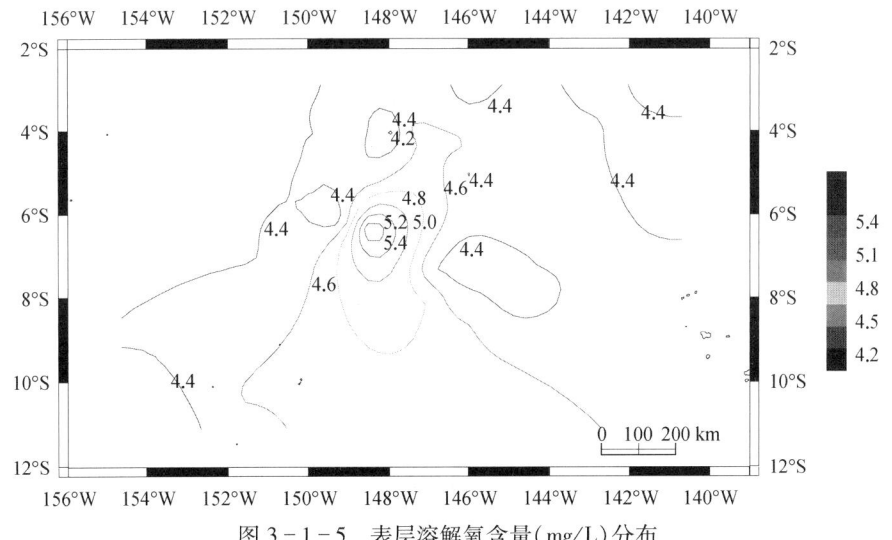

图 3-1-5 表层溶解氧含量(mg/L)分布

2 主要金枪鱼鱼种渔获量及上钩率情况

2.1 渔获量状况

2015年4月11日~2015年9月4日,共捕获长鳍金枪鱼、大眼金枪鱼、黄鳍金枪鱼、刺鲅、鲣、蓝枪鱼5 014尾,其中长鳍金枪鱼2 673尾(49.2 t)、大眼金枪鱼522尾(13.0 t)、黄鳍金枪鱼1 063尾(25.3 t)、鲣589尾(4.7 t)、刺鲅124尾(1.1 t)、蓝枪鱼43尾(2.1 t)。具体见表3-2-1。

表3-2-1 调查期间调查船的产量(尾)情况

作业次数	长鳍金枪鱼	鲣	黄鳍金枪鱼	刺鲅	大眼金枪鱼	蓝枪鱼	总渔获量
69	2 673	589	1 063	124	522	43	5 014

对本航次长鳍金枪鱼、大眼金枪鱼、黄鳍金枪鱼、鲣的日渔获量(尾,以下同)、上钩率(CUPE,单位:尾/千钩,以下同)进行了统计。整个调查期间,长鳍金枪鱼、大眼金枪鱼、黄鳍金枪鱼、鲣的日渔获量分布见图3-2-1~图3-2-4。

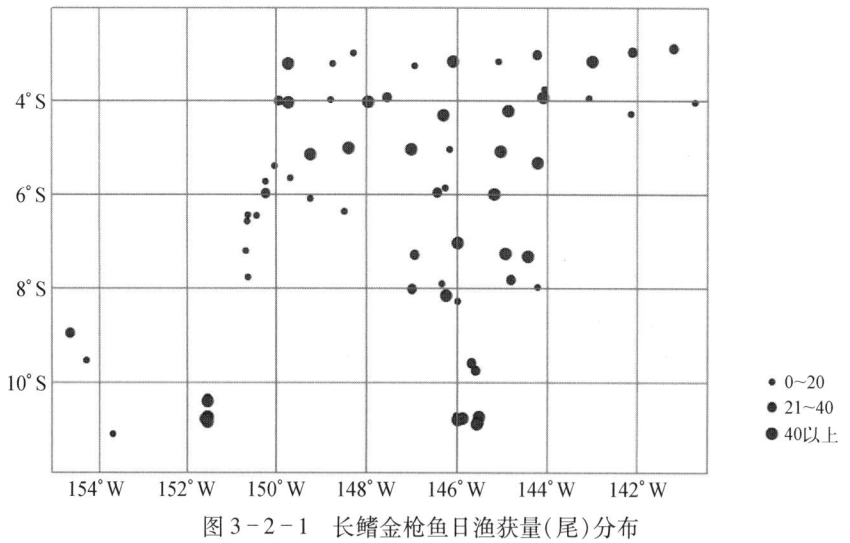

图3-2-1 长鳍金枪鱼日渔获量(尾)分布

1) 长鳍金枪鱼:整个调查期间,其平均日渔获量为40.5尾,最小日渔获量为0,最大日渔获量为129尾。具体的日渔获量等级分布见图3-2-5,由图可得:40尾以上的出现频率最高,28次,占41.18%;其他各个等级都有分布,31~40尾出现的频率最低,3次,占4.41%。

2) 大眼金枪鱼:整个调查期间,其平均日渔获量为7.57尾,最小渔获量为0,最大日渔获量为22尾。具体的日渔获量等级分布见图3-2-6,由图可得:渔获量0~5尾出现频率最高,30次,占44.12%;其他各个等级都有分布,15尾以上的出现频率最低,只出现5次,占7.35%。

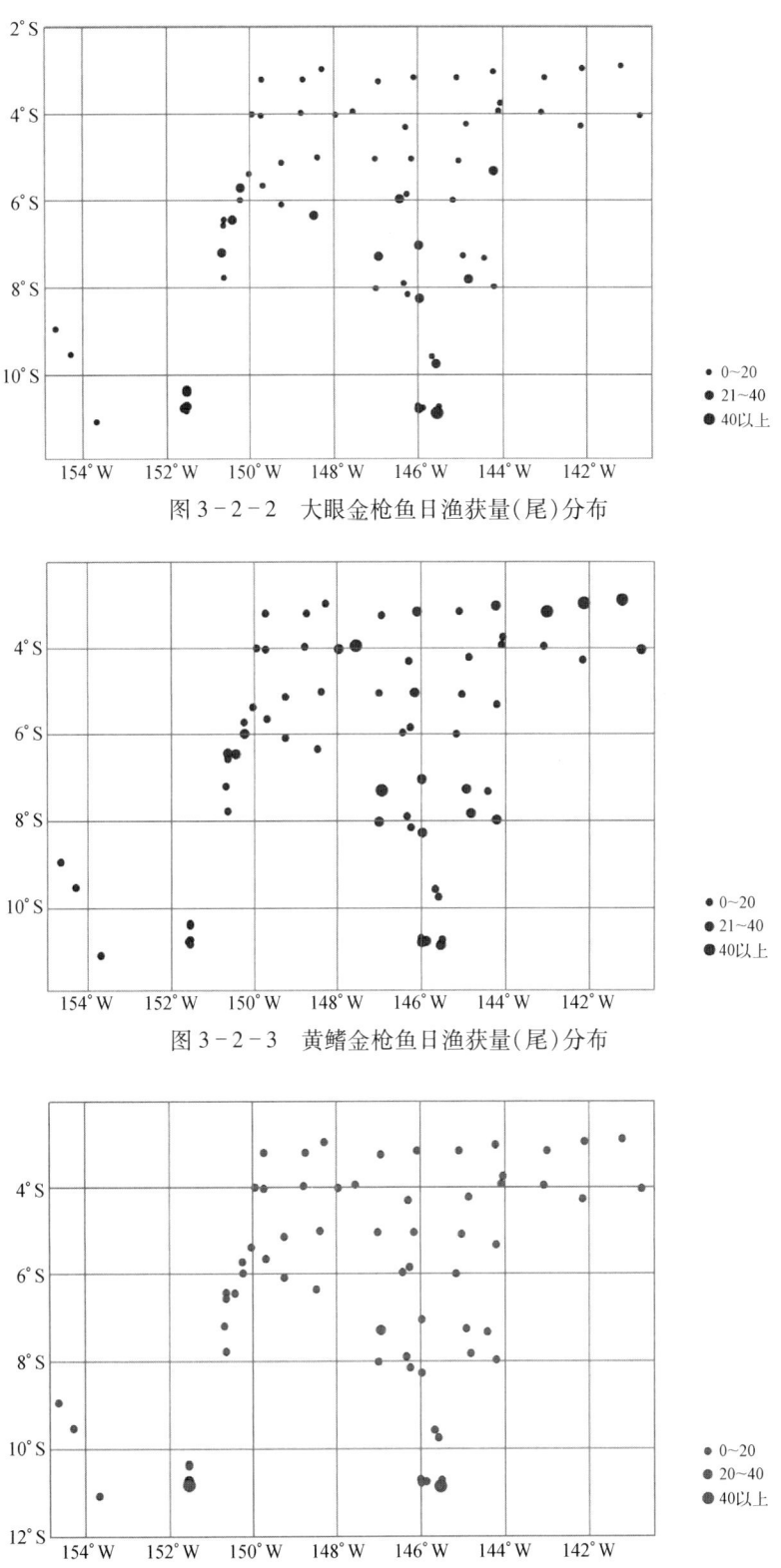

图 3-2-2 大眼金枪鱼日渔获量(尾)分布

图 3-2-3 黄鳍金枪鱼日渔获量(尾)分布

图 3-2-4 鲣日渔获量(尾)分布

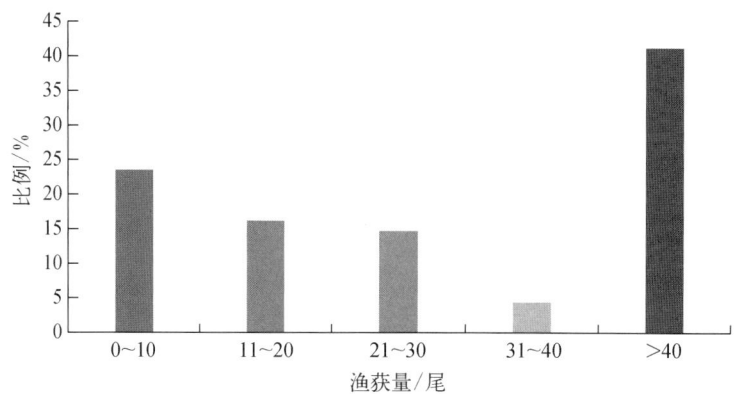

图 3-2-5　长鳍金枪鱼日渔获量等级分布

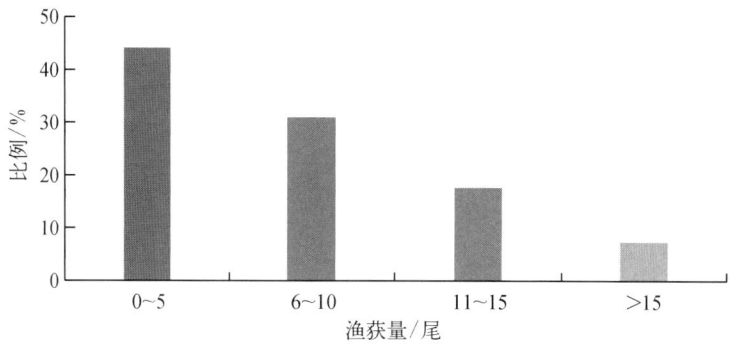

图 3-2-6　大眼金枪鱼日渔获量等级分布

3）黄鳍金枪鱼：整个调查期间，其平均日渔获量为 15.63 尾，最小渔获量为 0，最大日渔获量为 71 尾。具体的渔获量等级分布见图 3-2-7，由图可得：渔获量 0~10 尾出现频率最高，29次，占 42.65%；40 尾以上频率最低，只出现 3 次，占 4.41%；11~20 尾频率较高，20 次，占 29.41%。

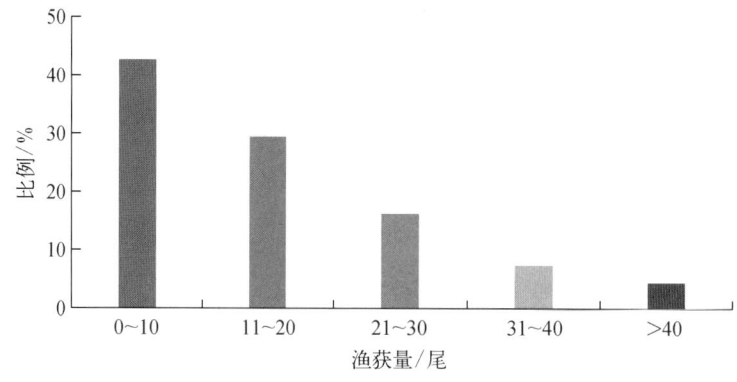

图 3-2-7　黄鳍金枪鱼日渔获量等级分布

4）鲣：整个调查期间，其平均日渔获量为 8.63 尾，最小渔获量为 0，最大日渔获量为 75尾。具体的日渔获量等级分布见图 3-2-8，由图可得：渔获量 0~5 尾出现频率最高，33次，占 48.53%；其他各个等级都有分布，15~20 尾出现频率最低，占 2.94%。

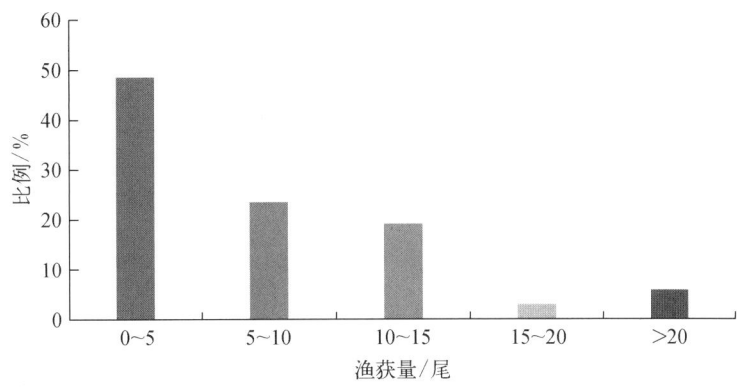

图 3-2-8 鲣日渔获量等级分布

5) 四种鱼：整个调查期间平均日渔获量为 70.25 尾，最小日渔获量为 0(6 月 30 日)，最大日渔获量为 203 尾(6 月 10 日)。具体的日渔获量等级分布见图 3-2-9，由图可得：渔获量在 40 尾以上的出现频率最高，共出现 47 次，占 69.12%；21~30 尾、31~40 尾等级频率较高；出现频率最低的为 0~10 尾、11~20 尾，各占 5.88%。

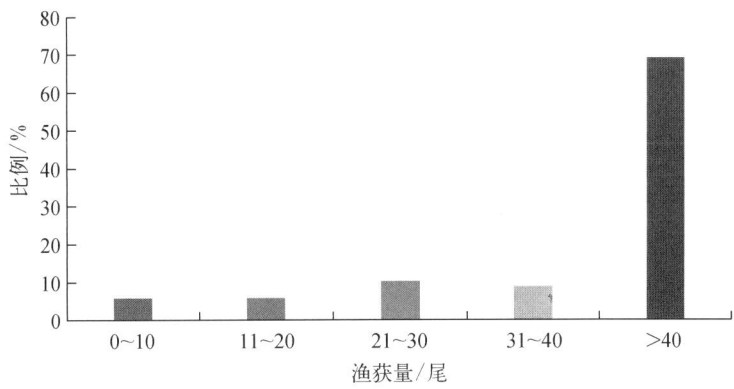

图 3-2-9 四种鱼的日渔获量等级分布

2.2 上钩率状况

共投钩 258 625 枚，长鳍金枪鱼、大眼金枪鱼、黄鳍金枪鱼、鲣四种鱼的上钩率分别为 10.33 尾/千钩、2.02 尾/千钩、4.11 尾/千钩、2.28 尾/千钩。调查期间调查船的上钩率情况见表 3-2-2。调查期间长鳍金枪鱼、大眼金枪鱼、黄鳍金枪鱼、鲣日上钩率分布见图 3-2-10~图 3-2-13。

表 3-2-2 调查期间的上钩率(尾/千钩)情况

钩 数	长鳍金枪鱼		大眼金枪鱼		黄鳍金枪鱼		鲣	
	尾 数	上钩率	尾 数	上钩率	尾 数	上钩率	尾 数	上钩率
258 625	2 673	10.33	522	2.02	1 063	4.11	589	2.28

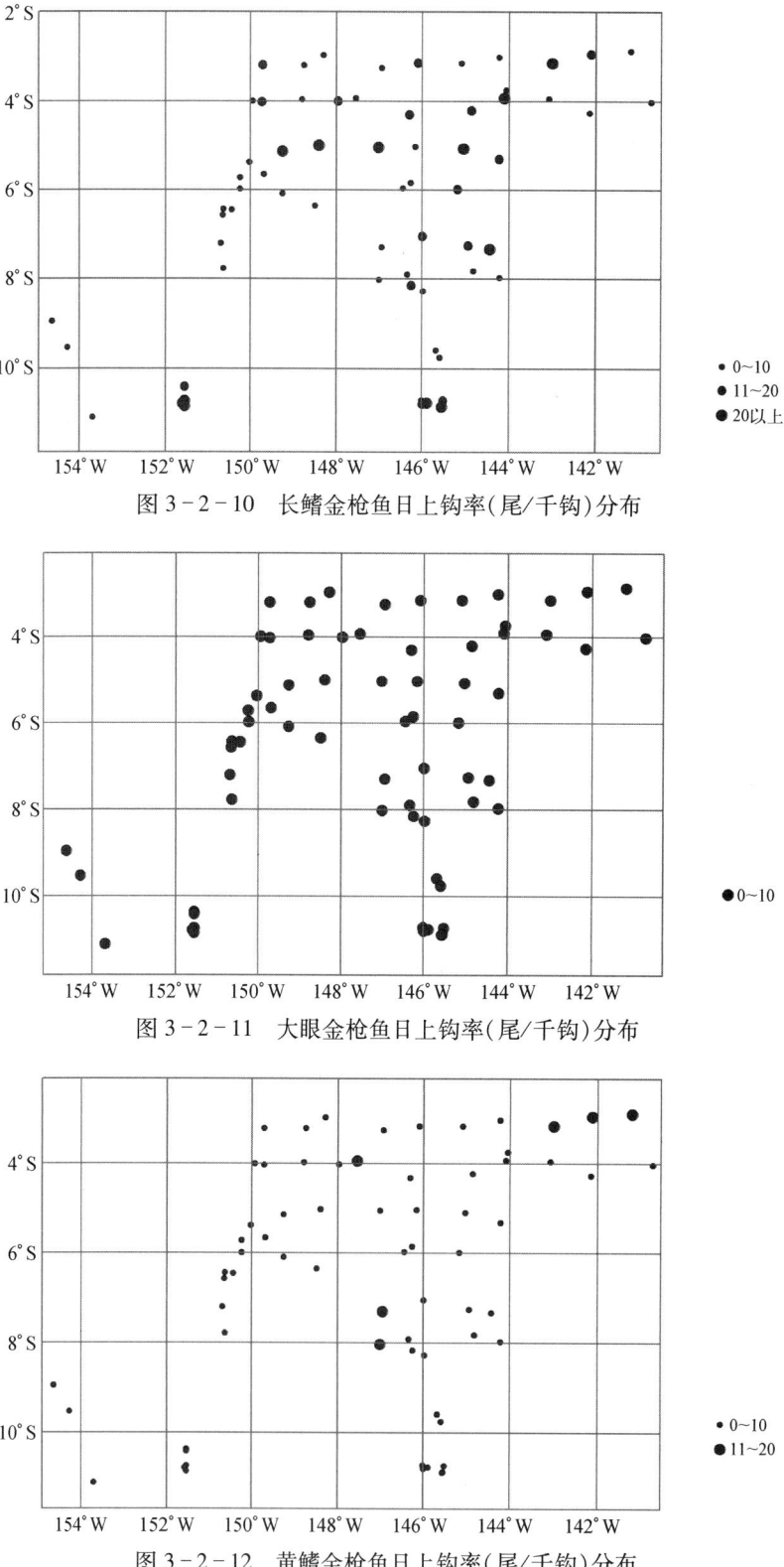

图 3-2-10 长鳍金枪鱼日上钩率(尾/千钩)分布

图 3-2-11 大眼金枪鱼日上钩率(尾/千钩)分布

图 3-2-12 黄鳍金枪鱼日上钩率(尾/千钩)分布

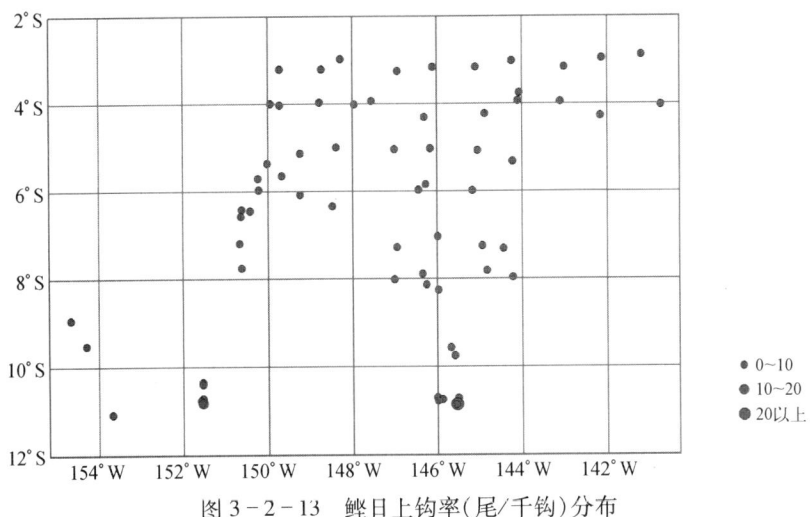

图 3-2-13 鲣日上钩率(尾/千钩)分布

对长鳍金枪鱼、大眼金枪鱼、黄鳍金枪鱼、鲣的上钩率(单位:尾/千钩,以下同)、四种鱼的上钩率进行了统计,长鳍金枪鱼、大眼金枪鱼、黄鳍金枪鱼、鲣的上钩率等级分布、四种鱼的上钩率等级分布见图 3-2-14~图 3-2-18。

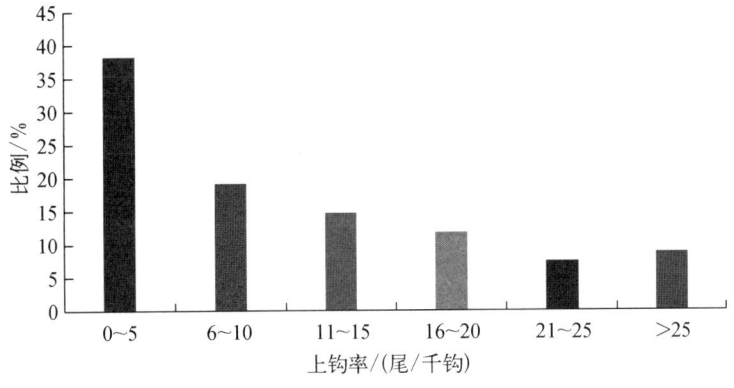

图 3-2-14 长鳍金枪鱼的上钩率等级分布

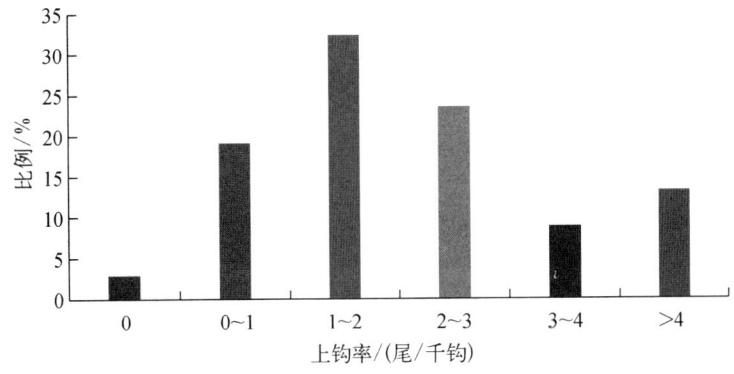

图 3-2-15 大眼金枪鱼的上钩率等级分布

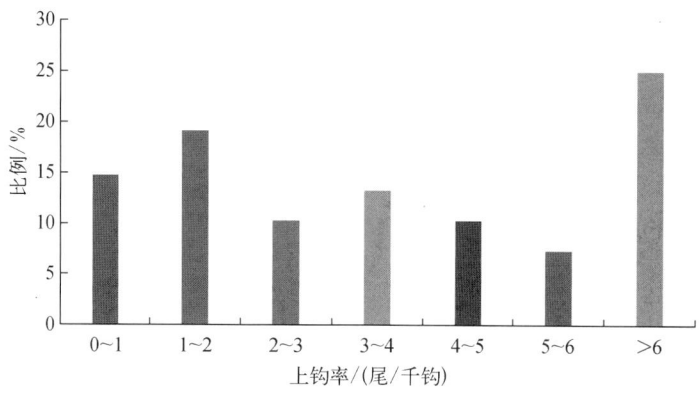

图 3-2-16　黄鳍金枪鱼的上钩率等级分布

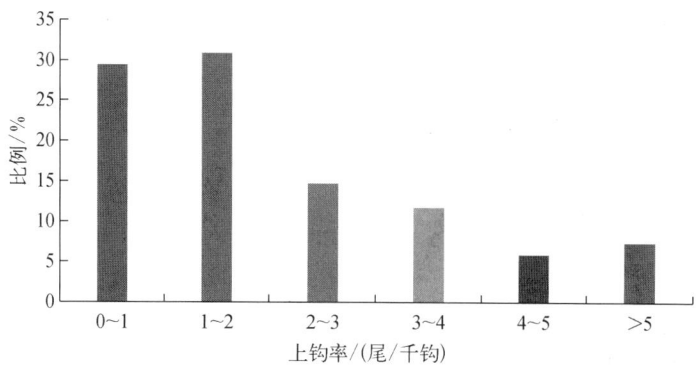

图 3-2-17　鲣的上钩率等级分布

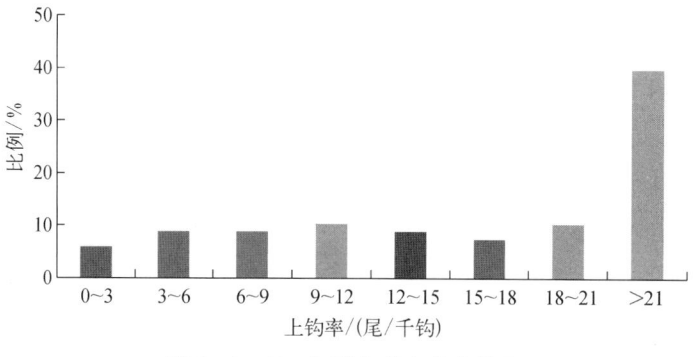

图 3-2-18　四种鱼的上钩率分布

1）长鳍金枪鱼：整个调查期间，其平均上钩率为 10.33 尾/千钩，最小上钩率为 0，最大上钩率为 34.40 尾/千钩。具体的上钩率等级分布见图 3-2-14，由图可得：上钩率 0~5 尾/千钩的出现频率较高，为 26 次，占 38.24%，21~25 以上出现的频率最少。

2）大眼金枪鱼：整个调查期间，其平均上钩率等级为 2.02 尾/千钩，最小上钩率为 0，最大上钩率为 5.87 尾/千钩。具体的上钩率等级分布见图 3-2-15，由图可得：上钩率为 1~2 尾/千钩的出现频率最高，22 次，占 32.35%，4 以上出现的频率较少。

3）黄鳍金枪鱼：整个调查期间，其平均上钩率为 4.11 尾/千钩，最小上钩率为 0，最大上钩率为18.93尾/千钩。具体的上钩率等级分布见图3-2-16,由图可得：上钩率为1~2尾/千钩和6尾/千钩以上出现频率较高,分别为13和17次,各占19.12%和25.00%,5~6尾/千钩出现的频率最低,占7.35%。

4）鲣：整个调查期间,其平均上钩率为2.28尾/千钩,最小上钩率为0,最大上钩率为20.41尾/千钩。具体的上钩率等级分布见图3-2-17,由图可得：上钩率为0~1尾/千钩和1~2尾/千钩的出现频率最高,分别为20和21次,各占29.41%和30.88%,4~5尾/千钩以上出现的频率最少。

5）四种鱼：整个调查期间平均上钩率为18.73尾/千钩,最小上钩率为0尾/千钩,最大上钩率为54.13尾/千钩。上钩率等级分布见图3-2-18,由图可得：上钩率大于21尾/千钩的出现频率较高,占39.71%,出现频率最低的为0~3尾/千钩,占5.88%。

3 主要金枪鱼种类生物学特性

3.1 长鳍金枪鱼

调查期间对所捕获的长鳍金枪鱼共1 141尾的叉长、体重、捕捞至甲板时的死活状况等数据进行了测定。样本叉长范围为80~117 cm。

3.1.1 叉长分布

调查期间,共测定了1 141尾长鳍金枪鱼的叉长,最小叉长为80 cm,最大叉长为117 cm,平均叉长为100 cm。整个调查期间长鳍金枪鱼的叉长分布见图3-3-1,其中95~104 cm为优势叉长,占74.76%。

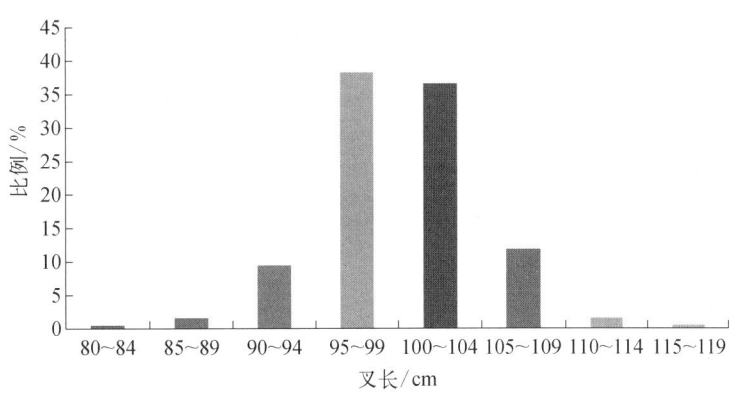

图3-3-1 长鳍金枪鱼叉长分布

3.1.2 体重分布

调查期间,共测定了1 141尾长鳍金枪鱼的体重,最小体重为10 kg,最大体重为28 kg,平均体重为18.6 kg。整个调查期间长鳍金枪鱼的体重分布见图3-3-2,其中16~20 kg为优势体重,占62.93%。

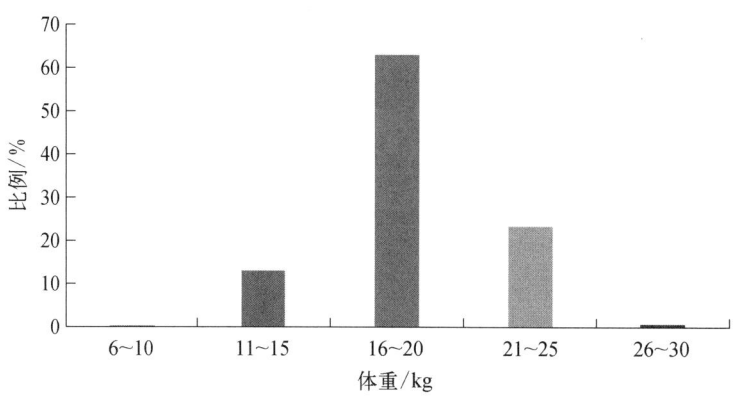

图 3-3-2 长鳍金枪鱼体重分布

对调查期间的 1 141 尾长鳍金枪鱼的叉长、体重进行拟合,长鳍金枪鱼叉长与体重的关系见图 3-3-3。

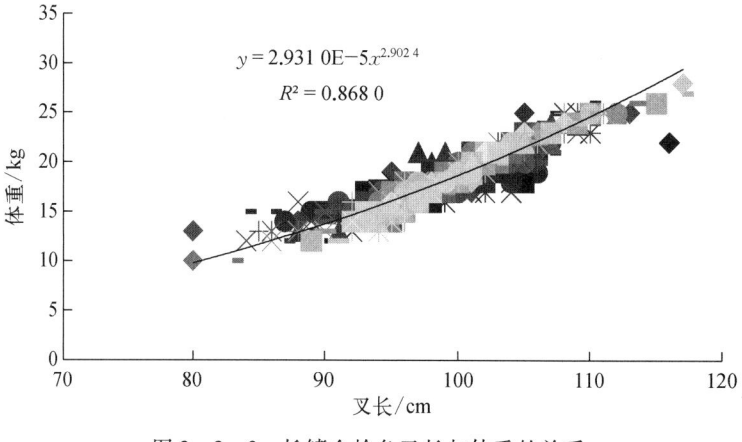

图 3-3-3 长鳍金枪鱼叉长与体重的关系

由图 3-3-3 可知,调查期间长鳍金枪鱼的叉长与体重成幂函数关系,即

$$y = 2.931\,0 \times 10^{-5} x^{2.902\,4},\ R^2 = 0.868\,0,\ N = 114\,1 \qquad (3-3-1)$$

3.1.3 死活状况

整个调查期间观测了 1 141 尾长鳍金枪鱼捕捞到甲板时的死活状况,见表 3-3-1,可知长鳍金枪鱼捕捞到甲板时活鱼明显占多数,占 69.85%。

表 3-3-1 长鳍金枪鱼的死活状况

状 态	尾 数	百分比/%
死	344	30.15
活	797	69.85
总计	1 141	100.00

3.2 大眼金枪鱼

调查期间对所捕获的大眼金枪鱼共202尾的叉长、体重、捕捞至甲板时的死活状况等数据进行了测定。样本叉长范围为76~198 cm。

3.2.1 叉长分布

调查期间,共测定了202尾大眼金枪鱼的叉长,最小叉长为76 cm,最大叉长为198 cm,平均叉长为113 cm。整个调查期间的大眼金枪鱼的叉长分布见图3-3-4,其中90~99 cm和120~129 cm为优势叉长,共占49.5%。

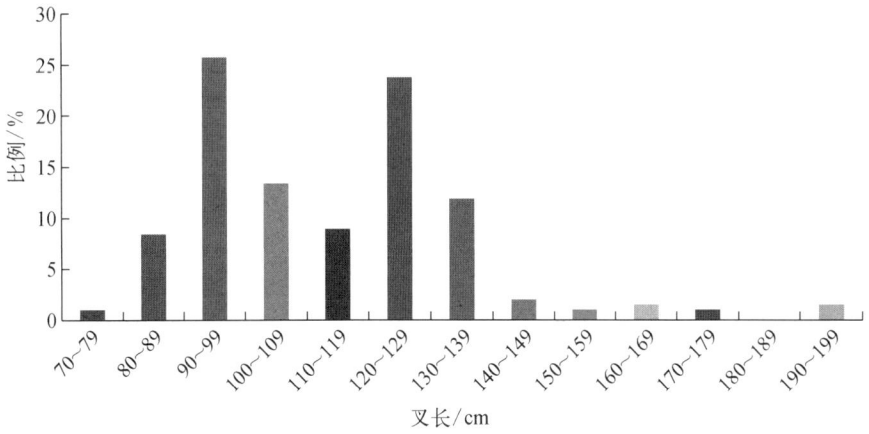

图3-3-4 大眼金枪鱼叉长分布

3.2.2 体重分布

调查期间,共测定了202尾大眼金枪鱼的体重,最小体重为7 kg,最大体重为135 kg,平均体重为25.14 kg。整个调查期间的大眼金枪鱼的体重分布见图3-3-5,其中6~35 kg为优势体重,占86.64%。

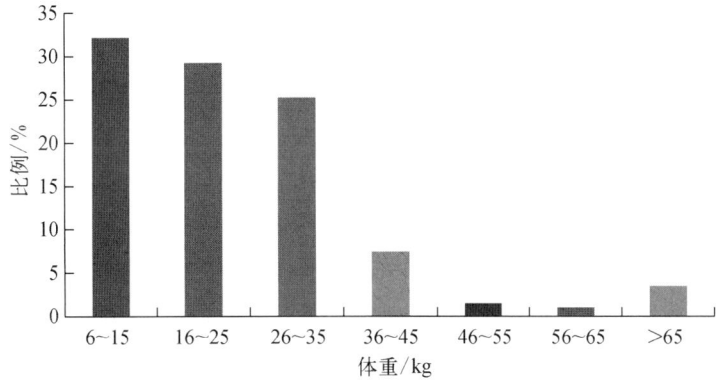

图3-3-5 大眼金枪鱼体重分布

对调查期间的 202 尾大眼金枪鱼的叉长、体重进行拟合,大眼金枪鱼叉长与体重的关系见图 3-3-6。

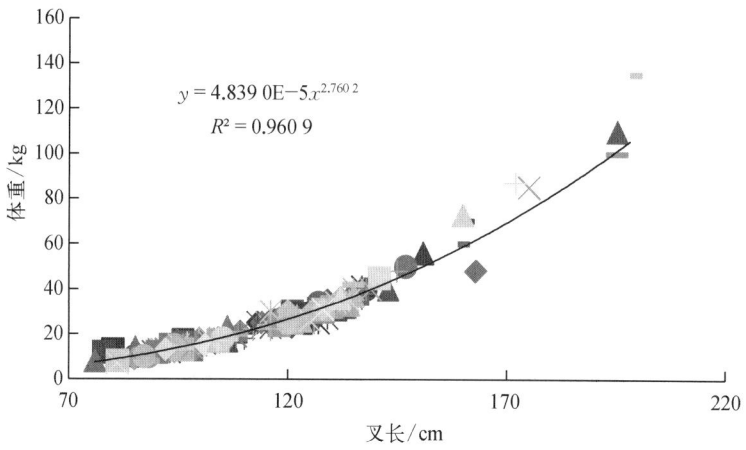

图 3-3-6　大眼金枪鱼叉长与体重的关系

由图 3-3-6 可知,调查期间大眼金枪鱼的叉长与体重成幂函数关系,即

$$y = 4.839\,0 \times 10^{-5} x^{2.760\,2}, R^2 = 0.960\,9, N = 202 \tag{3-3-1}$$

3.2.3　死活状况

整个调查期间观测了 202 尾大眼金枪鱼捕捞到甲板时的死活状况,见表 3-3-2,可知大眼金枪鱼捕捞到甲板时活鱼明显占多数,占 81.68%。

表 3-3-2　大眼金枪鱼的死活状况

状　态	尾　数	百分比/%
死	37	18.32
活	165	81.68
总计	202	100.00

3.3　黄鳍金枪鱼

调查期间对所捕获的黄鳍金枪鱼共 396 尾的叉长、体重、捕捞至甲板时的死活状况等数据进行了测定。样本叉长范围为 81～181 cm。

3.3.1　叉长分布

调查期间,共测定了 396 尾黄鳍金枪鱼的叉长,最小叉长为 81 cm,最大叉长为 181 cm,平均叉长为 122 cm。整个调查期间黄鳍金枪鱼的叉长分布见图 3-3-7,其中 110～129 cm 为优势叉长,占 53.28%。

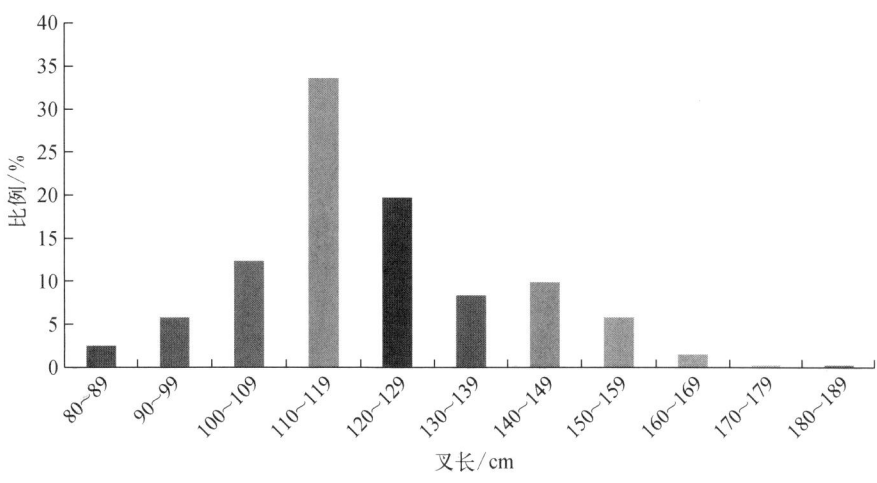

图 3-3-7 黄鳍金枪鱼叉长分布

3.3.2 体重分布

调查期间,共测定了 396 尾黄鳍金枪鱼的体重,最小体重为 6 kg,最大体重为 64 kg,平均体重为 24.9 kg。整个调查期间的黄鳍金枪鱼的体重分布见图 3-3-8,其中 16~25 kg 为优势体重,占 50.51%。

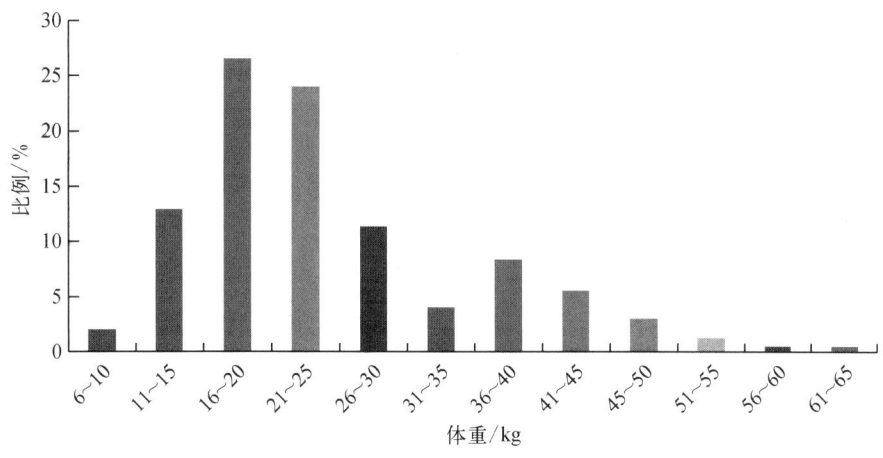

图 3-3-8 黄鳍金枪鱼体重分布

对调查期间的 396 尾黄鳍金枪鱼的叉长、体重进行拟合,黄鳍金枪鱼叉长与体重的关系见图 3-3-9。

由图 3-3-9 可知,调查期间黄鳍金枪鱼的叉长与体重成幂函数关系,即

$$y = 2.2910 \times 10^{-5} x^{2.8830}, \ R^2 = 0.9457, \ N = 396 \quad (3-3-2)$$

3.3.3 死活状况

整个调查期间观测了 396 尾黄鳍金枪鱼捕捞到甲板时的死活状况,见表 3-3-3,可知

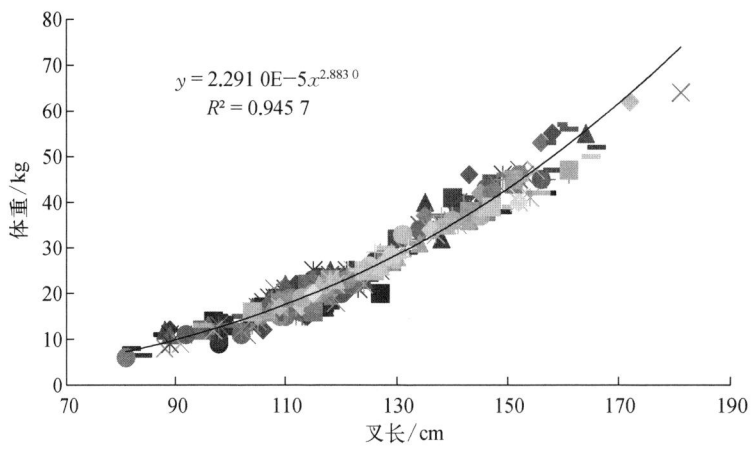

图 3-3-9 黄鳍金枪鱼叉长与体重的关系

黄鳍金枪鱼捕捞到甲板时活鱼明显占多数,占91.67%。

表 3-3-3 黄鳍金枪鱼的死活状况

状 态	尾 数	百分比/%
死	33	8.33
活	363	91.67
总计	396	100.00

4 实际钓钩深度与理论深度的关系

实际钓钩深度与理论深度的关系采用线性回归的方法,即把海流分为3个等级[0~0.3节、0.3(含)~0.6节和0.6节及以上],渔具分为船用渔具和试验渔具(带铅转环75 g)进行分析,以便渔民掌握。其他同"第一篇 4 实际钓钩深度与理论深度的关系"。

4.1 不同海流下船用渔具

海流分为3个等级: 0~0.3节、0.3(含)~0.6节和0.6节及以上。

4.1.1 0~0.3节(图3-4-1)

$$y = 0.993\,2x, N = 65, R^2 = 0.805\,6 \quad (3-4-1)$$

式中,y为实际钓钩深度,x为理论钓钩深度,N为数据个数,下同。

4.1.2 0.3(含)~0.6节(图3-4-2)

$$y = 0.953\,6x, N = 97, R^2 = 0.760\,9 \quad (3-4-2)$$

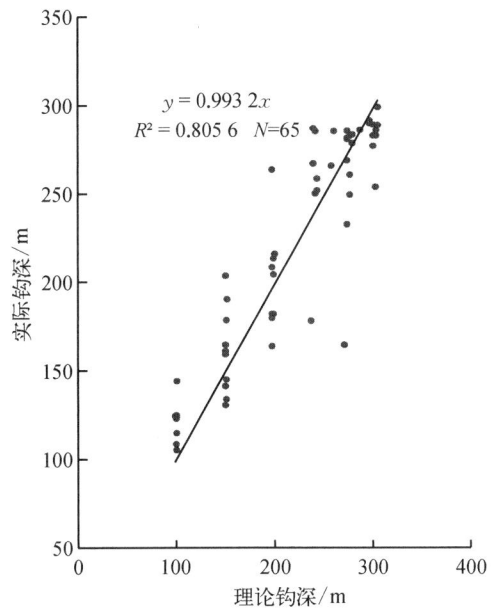

图 3-4-1 船用渔具理论深度与实际深度的关系(0~0.3 节)

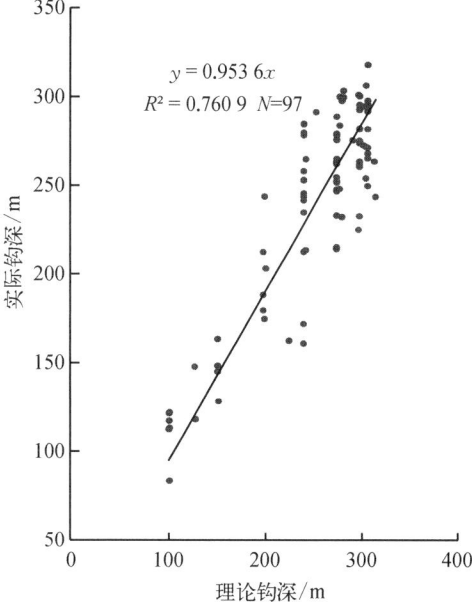

图 3-4-2 船用渔具理论深度与实际深度的关系[0.3(含)~0.6 节]

4.1.3 0.6 节及以上(图 3-4-3)

$$y = 0.825\,8x, \quad N = 23, \quad R^2 = 0.671\,2 \quad (3-4-3)$$

海流速度低时理论钓钩深度和实际深度的相关系数都较高,拟合程度好;随海流速度增加,相关系数降低,拟合程度减低。

4.2 不同海流下试验渔具

海流分为 3 个等级: 0~0.3 节、0.3(含)~0.6 节和 0.6 节及以上;试验渔具的转环重量为 75 g。

4.2.1 0~0.3 节(图 3-4-4)

$$y = 0.963x, \quad N = 35, \quad R^2 = 0.693\,8 \quad (3-4-4)$$

4.2.2 0.3~0.6 节(图 3-4-5)

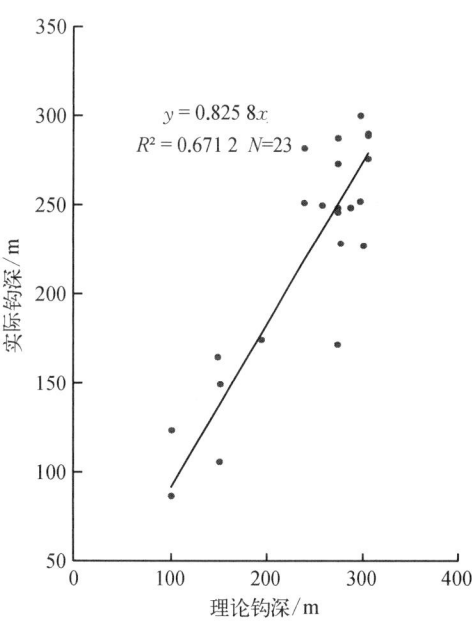

图 3-4-3 船用渔具理论深度与实际深度的关系(0.6 节及以上)

$$y = 0.939\,6x, \quad N = 23, \quad R^2 = 0.644\,7 \quad (3-4-5)$$

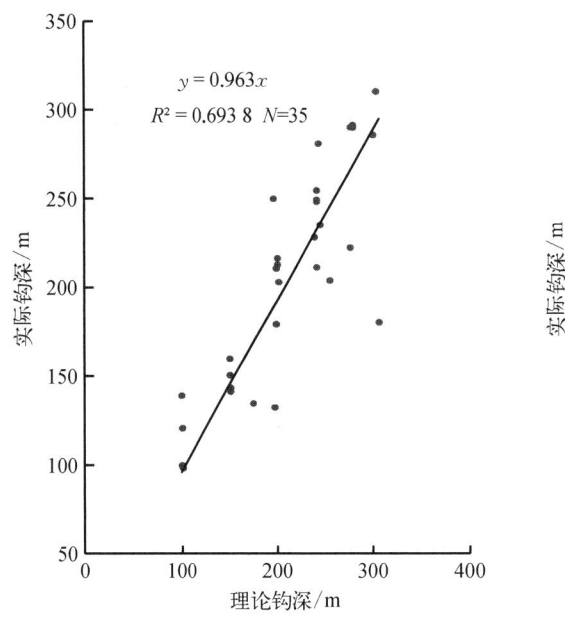

图 3-4-4 试验渔具理论深度与实际深度的关系（0~0.3 节，75 g）

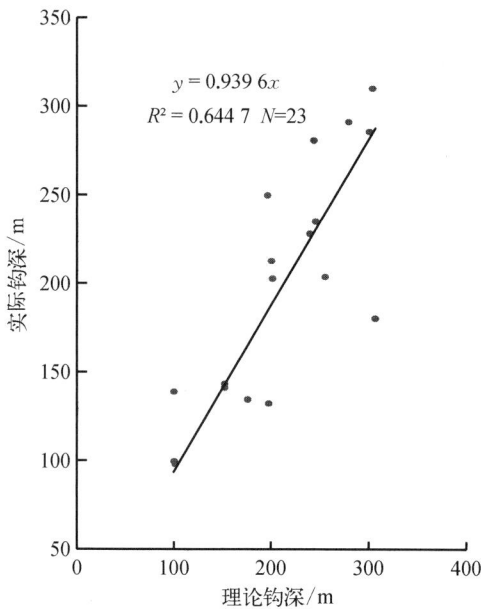

图 3-4-5 试验渔具理论深度与实际深度的关系[0.3(含)~0.6 节，75 g]

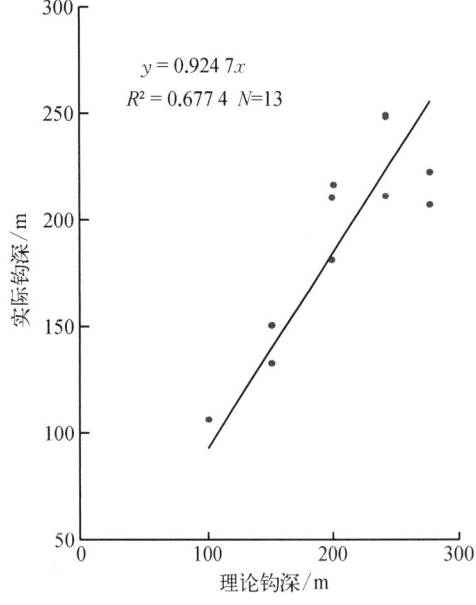

图 3-4-6 试验渔具理论深度与实际深度的关系（0.6 节及以上，75 g）

4.2.3 0.6 节以上（图 3-4-6）

$$y = 0.927\,4x, \quad N = 13, \quad R^2 = 0.677\,4 \tag{3-4-6}$$

流速小的时候相关系数比较高，计算误差较小。而流速大的时候相关系数较低，计算误差偏大。

4.3 拟合钓钩深度计算模型

4.3.1 基于钓具漂流速度

应用 SPSS 软件[1]，采用多元线性逐步回归的方法建立 2015 年 6 月 8 日~2015 年 8 月 30 日测定的有钓具漂流速度数据的钓钩的实际平均深度（$\bar{D}_j$）与理论深度（D_j）的关系模型。模型分为船用渔具和试验渔具两部分。具体见"第一篇 4.3.1 基于钓具漂流速度"。

（1）对于船用渔具部分

回归结果见表 3-4-1 和 3-4-2，取模型 2 为适用模型。

表 3-4-1　船用渔具回归结果概要的模型总结

模　型	R	R^2	调整 R^2	估计的标准误差
1	0.508[a]	0.258	0.253	0.044 654 8
2	0.534[b]	0.285	0.276	0.043 960 1

a. 预测变量:(常量),lg 钩号。
b. 预测变量:(常量),lg 钩号,lg 风舷角正弦值。

表 3-4-2　船用渔具回归结果参数

模　型		非标准化系数		标准系数	t	Sig.
		样本回归系数	标准误差	样本回归系数		
1	(常量)	0.098	0.013		7.354	0.000
	lg 钩号	-0.108	0.014	-0.508	-7.545	0.000
2	(常量)	0.083	0.014		5.817	0.000
	lg 钩号	-0.103	0.014	-0.485	-7.258	0.000
	lg 风舷角正弦值	-0.035	0.014	-0.167	-2.495	0.014

a. 因变量:lg 沉降率。

设

$$\lg(Y_1/Y_2) = b_0 + b_1\lg(X_1) + b_2\lg(X_2) + b_3\lg(X_3) + b_4\lg(X_4) + b_5\lg(X_5) \quad (3-4-7)$$

式中,Y_1 为实测钓钩深度;Y_2 为理论深度;X_1 为钩号;X_2 为漂移速度;X_3 为风速;X_4 为风流合压角正弦值;X_5 为风舷角正弦值。

则回归模型为

$$\lg(Y_1/Y_2) = 0.083 - 0.103\lg(X_1) - 0.035\lg(X_3) \quad (n=185,\ R=0.534) \quad (3-4-8)$$

则拟合钓钩深度的最终计算公式:

$$\overline{D}_j = 1.211 D_j \cdot j^{-0.103}(\sin Q_w)^{-0.035} \quad (3-4-9)$$

(2) 对于试验渔具

回归结果见表 3-4-3 和 3-4-4,取模型 3 为适用模型。

表 3-4-3　试验渔具回归结果概要的模型总结

模　型	R	R^2	调整 R^2	估计的标准误差
1	0.430[a]	0.185	0.181	0.046 654 8
2	0.444[b]	0.197	0.193	0.045 960 1

a. 预测变量:(常量),lg 钩号。
b. 预测变量:(常量),lg 钩号,lg 风速。

表 3-4-4　试验渔具回归结果参数

模　型		非标准化系数		标准系数	t	Sig.
		样本回归系数	标准误差	样本回归系数		
1	(常量)	0.079	0.013		7.051	0.000
	lg 钩号	-0.106	0.014	-0.497	-6.325	0.000

续表

模型		非标准化系数		标准系数	t	Sig.
		样本回归系数	标准误差	样本回归系数		
2	（常量）	0.056	0.015		5.817	0.000
	lg 钩号	−0.087	0.013	−0.298	−7.258	0.002
	lg 风速	−0.009	0.112	−0.183	−2.495	0.021

a. 因变量: lg 沉降率。

设

$$\lg(Y_1/Y_2) = b_0 + b_1\lg(X_1) + b_2\lg(X_2) + b_3\lg(X_3) + b_4\lg(X_4) + b_5\lg(X_5) + b_6\lg(X_6) \tag{3-4-10}$$

式中，Y_1 为实测钓钩深度；Y_2 为理论深度；X_1 为钩号；X_2 为漂移速度；X_3 为风速；X_4 为风流合压角正弦值；X_5 为风舷角正弦值；X_6 为转环重量。

则回归模型为

$$\lg(Y_1/Y_2) = 0.056 - 0.087\lg(X_1) - 0.009\lg(X_4), \quad N = 71, \quad R = 0.444 \tag{3-4-11}$$

则拟合钓钩深度的最终计算公式：

$$\overline{D}_j = 1.138 D_j \cdot j^{-0.087}(\sin\gamma) \tag{3-4-12}$$

4.3.2 基于流剪切系数

应用 SPSS 软件[1]，采用多元线性逐步回归的方法建立 2015 年 6 月 8 日~2015 年 8 月 30 日测定钓钩的实际平均深度（$\overline{D}_j$）与理论深度（D_j）的关系模型。模型分为船用渔具和试验渔具两部分。具体见"第二篇　4.3.2 基于流剪切系数"。

（1）对于船用渔具

回归结果见表 3-4-5 和 3-4-6，取模型 3 为适用模型。

表 3-4-5　船用渔具回归结果概要的模型总结

模型	R	R^2	调整 R^2	估计的标准误差
1	0.504[a]	0.254	0.249	0.046 697 56
2	0.546[b]	0.298	0.290	0.045 410 36
3	0.562[c]	0.316	0.304	0.044 963 62

a. 预测变量：（常量），lg 钩号。
b. 预测变量：（常量），lg 钩号，lg 风舷角正弦值。
c. 预测变量：（常量），lg 钩号，流剪切系数，lg 风舷角正弦值。

表 3-4-6　船用渔具回归结果参数

模型		非标准化系数		标准系数	t	Sig.
		样本回归系数	标准误差	样本回归系数		
1	（常量）	0.097	0.013		7.248	.000
	lg 钩号	−0.111	0.014	−0.504	−7.644	.000

续表

模型		非标准化系数		标准系数	t	Sig.
		样本回归系数	标准误差	样本回归系数		
2	（常量）	0.079	0.014		5.674	.000
	lg 钩号	-0.106	0.014	-0.481	-7.459	.000
	lg 风流合压角正弦值	-0.046	0.014	-0.213	-3.300	.001
3	（常量）	0.092	0.015		6.090	.000
	lg 钩号	-0.106	0.014	-0.481	-7.538	.000
	lg 风流合压角正弦值	-0.041	0.014	-0.190	-2.944	.004
	$\tilde{K}$	-0.012	0.024	-0.145	-2.101	.005

a. 因变量：lg 沉降率。

设

$$\lg(Y_1/Y_2) = b_0 + b_1\lg(X_1) + b_2\lg(X_2) + b_3\lg(X_3) + b_4\lg(X_4) + b_5\lg(X_5) \quad (3-4-13)$$

式中，Y_1 为实测钓钩深度；Y_2 为理论深度；X_1 为 $\lg(j)$；X_2 为流剪切系数 ψ；X_3 为 $\lg(Vw)$；X_4 为 $\lg(\sin r)$；X_5 为 $\lg(\sin Qw)$。

则回归模型为

$$\lg(Y_1/Y_2) = 0.092 - 0.106\lg(X_1) - 0.012\tilde{K} - 0.041\lg(X_4), \quad N = 185, \quad R = 0.562 \quad (3-4-14)$$

则拟合钓钩深度的最终计算公式：

$$\overline{D}_j = 1.236 D_j \cdot j^{-0.106}(\sin \gamma)^{-0.041} \cdot 10^{-0.012\tilde{K}} \quad (3-4-15)$$

（2）对于试验渔具

回归结果见表 3-4-7 和 3-4-8，取模型 2 为适用模型。

表 3-4-7　试验渔具回归结果概要的模型总结

模 型	R	R^2	调整 R^2	估计的标准误差
1	0.561[a]	0.315	0.305	0.041 445 75
2	0.615[b]	0.378	0.349	0.042 548 72

a. 预测变量：（常量），lg 钩号。
b. 预测变量：（常量），lg 钩号，流剪切系数，lg 风舷角正弦值。

表 3-4-8　试验渔具回归结果参数

模　型		非标准化系数		标准系数	t	Sig.
		B	标准误差	试用版		
1	（常量）	0.057	0.031		7.829	0.000
	lg 钩号	-0.088	0.035	-0.826	-2.534	0.004
2	（常量）	0.100	0.134		7.567	0.000
	lg 钩号	-0.084	0.039	-0.308	-4.133	0.000
	$\tilde{K}$	0.021	0.064	1.489	2.671	0.001
	lg 风流合压角正弦值	0.001	0.032	0.913	1.623	0.006

a. 因变量：lg 沉降率。

设

$$\lg(Y_1/Y_2) = b_0 + b_1\lg(X_1) + b_2\lg(X_2) + b_3\lg(X_3) + b_4\lg(X_4) + b_5\lg(X_5) + b_6\lg(X_6) \quad (3-4-16)$$

式中,Y_1 为实测钓钩深度;Y_2 为理论深度;X_1 为钩号;X_2 为流剪切系数 $\tilde{K}$;X_3 为风速;X_4 为风流合压角正弦值;X_5 为风舷角正弦值,X_6 为转环重量。

则回归模型为

$$\lg(Y_1/Y_2) = 0.1 - 0.084\lg(X_1) + 0.021\tilde{K} + 0.001\lg(X_4), \quad N = 71, \quad R = 0.615 \quad (3-4-17)$$

则拟合钓钩深度的最终计算公式:

$$\bar{D}_j = 1.259 D_j \cdot j^{-0.084} (\sin Q_w)^{0.01} \cdot 10^{0.021\tilde{K}} \quad (3-4-18)$$

5 渔具渔法的比较试验

对调查期间船用渔具、试验渔具的长鳍金枪鱼、黄鳍金枪鱼、大眼金枪鱼和 3 种鱼合计的上钩率分海流等级[0~0.3 节、0.3(含)~0.6 节、0.6 节及以上],采用统计的方法比较其上钩率情况。

5.1 调查期间船用渔具和试验渔具的上钩率比较

调查期间的船用渔具(3# 箱型双转环)和试验渔具(75 g 包铅转环)的长鳍金枪鱼、黄鳍金枪鱼、大眼金枪鱼和 3 种鱼合计的总体平均、最高上钩率见表 3-5-1。长鳍金枪鱼、黄鳍金枪鱼、大眼金枪鱼和 3 种鱼合计的"最高上钩率"的渔具都是试验渔具;船用渔具长鳍金枪鱼的平均上钩率(10.24 尾/千钩)低于试验渔具(11.22 尾/千钩);船用渔具黄鳍金枪鱼的平均上钩率(4.07 尾/千钩)略低于试验渔具(4.47 尾/千钩);船用渔具大眼金枪鱼的平均上钩率(1.98 尾/千钩)略低于试验渔具(2.36 尾/千钩);船用渔具 3 种金枪鱼合计的平均上钩率(5.43 尾/千钩)略低于试验渔具(6.02 尾/千钩)。

表 3-5-1 调查期间 2 种渔具的平均上钩率和最高上钩率 (单位:尾/千钩)

	长鳍金枪鱼	黄鳍金枪鱼	大眼金枪鱼	合 计
船用渔具(平均)	10.24	4.07	1.98	5.43
试验渔具(平均)	11.22	4.47	2.36	6.02
船用渔具(最高)	34.12	15.88	3.83	17.94
试验渔具(最高)	57.14	48.57	14.28	40.00

5.1.1 不同海流下试验渔具与船用渔具上钩率的比较

海流分为 3 个等级:0~0.3 节、0.3(含)~0.6 节和 0.6 节及以上。渔具分为船用渔具、试验渔具 2 种。

(1) 漂流速度为 0~0.3 节时

长鳍金枪鱼、黄鳍金枪鱼、大眼金枪鱼和 3 种鱼合计的上钩率(CPUE)情况见表 3-5-2,由此得出:试验渔具长鳍金枪鱼的上钩率(6.23 尾/千钩)低于船用渔具的上钩率(8.83 尾/千钩);试验渔具黄鳍金枪鱼的上钩率(5.59 尾/千钩)比船用渔具的上钩率(3.79 尾/千钩)高;试验渔具大眼金枪鱼的上钩率(2.11 尾/千钩)略低于船用渔具的上钩率(2.12 尾/千钩);试验渔具 3 种金枪鱼合计的上钩率(4.64 尾/千钩)略低于船用渔具(4.91 尾/千钩)。流速较低、黄鳍金枪鱼较多时可用试验渔具。

表 3-5-2 不同海流下 2 种渔具的上钩率　　　　　　　　　　(单位:尾/千钩)

海流状况/节	渔具类型	长鳍金枪鱼	黄鳍金枪鱼	大眼金枪鱼	合 计
0~0.3	船用渔具	8.83	3.79	2.12	4.91
	试验渔具	6.23	5.59	2.11	4.64
0.3(含)~0.6	船用渔具	14.27	2.73	2.08	6.24
	试验渔具	18.01	1.49	3.60	7.7
0.6 及以上	船用渔具	8.63	5.83	1.45	5.30
	试验渔具	8.05	6.62	1.73	5.46

(2) 漂流速度为 0.3(含)~0.6 节时

长鳍金枪鱼、黄鳍金枪鱼、大眼金枪鱼和 3 种鱼合计的 CPUE 情况见表 3-5-2,由此得出:试验渔具长鳍金枪鱼的上钩率(18.01 尾/千钩)比船用渔具的上钩率(14.27 尾/千钩)高;试验渔具黄鳍金枪鱼的上钩率(1.49 尾/千钩)比船用渔具的上钩率(2.73 尾/千钩)低;试验渔具大眼金枪鱼的上钩率(3.60 尾/千钩)比船用渔具的上钩率(2.08 尾/千钩)高;试验渔具 3 种金枪鱼合计的上钩率(7.7 尾/千钩)略高于船用渔具(6.24 尾/千钩)。流速中等,长鳍金枪鱼、大眼金枪鱼较多时可用试验渔具。

(3) 漂流速度为 0.6 节及以上时

长鳍金枪鱼、黄鳍金枪鱼、大眼金枪鱼和 3 种鱼合计的 CPUE 情况见表 3-5-2,由此得出:试验渔具长鳍金枪鱼的上钩率(8.05 尾/千钩)略低于船用渔具的上钩率(8.63 尾/千钩);试验渔具黄鳍上钩率(6.62 尾/千钩)比船用渔具(5.83 尾/千钩)高;试验渔具大眼上钩率(1.73 尾/千钩)比船用渔具(1.45 尾/千钩)高;试验渔具 3 种金枪鱼合计的上钩率(5.46 尾/千钩)略高于船用渔具(5.30 尾/千钩)。流速较大,黄鳍金枪鱼、大眼金枪鱼较多时可用试验渔具。

综上比较对于 2 种渔具在不同海流下是否使用的情况见表 3-5-3。

表 3-5-3 不同情况下渔具的配备情况

海流状况/节	转环类型	长鳍金枪鱼较多时	黄鳍金枪鱼较多时	大眼金枪鱼较多时	建议使用
0~0.3	船用渔具	用	不用	用	船用渔具
	试验渔具	不用	用	不用	
0.3(含)~0.6	船用渔具	不用	用	不用	试验渔具
	试验渔具	用	不用	用	
0.6 及以上	船用渔具	用	不用	不用	试验渔具
	试验渔具	不用	用	用	

5.2 不同海流下试验渔具上钩率的比较

海流分为3个等级:0~0.3节、0.3(含)~0.6节和0.6节及以上;上钩率分为长鳍金枪鱼、黄鳍金枪鱼、大眼金枪鱼和3种鱼合计4种情况。分为船用渔具和试验渔具两组。

5.2.1 不分海流等级情况下

(1) 3种金枪鱼合计CPUE

2组渔具对应的长鳍金枪鱼、黄鳍金枪鱼、大眼金枪鱼CPUE见表3-5-1,方差分析、试验结果见表3-5-4。即不分海流等级情况下,船用渔具和试验渔具对3种金枪鱼合计上钩率无显著性影响。

表3-5-4 方差分析、试验结果

因素	平均值	方差	自由度	F	$P(F \leq f)$单尾	F单尾临界值	显著性
船用渔具	5.43	18.44	2	0.861	0.463	0.05	不显著
试验渔具	6.02	21.42	2				

(2) 3种金枪鱼对不同渔具对应的CPUE显著性差异分析

3种金枪鱼对2种渔具对应的CPUE见表3-5-1,卡方检验分析、试验结果见表3-5-5。即不分海流等级情况下,船用渔具、试验渔具对3种鱼合计上钩率均无显著影响。

表3-5-5 卡方检验分析、试验结果

鱼 种	卡方值	自由度	P值	显著性差异
长鳍金枪鱼	0.044 8	1	0.832 5	无
黄鳍金枪鱼	0.018 7	1	0.891 1	无
大眼金枪鱼	0.033 3	1	0.855 3	无

5.2.2 0~0.3节以下海流

(1) 3种金枪鱼合计CPUE

2种渔具对应的CPUE见表3-5-2,方差分析、试验结果见表3-5-6。即0~0.3节以下海流情况下,2种渔具对3种金枪鱼总上钩率无显著性影响。

表3-5-6 方差分析、试验结果

因素	平均值	方差	自由度	F	$P(F \leq f)$单尾	F单尾临界值	显著性
船用渔具	4.913	12.202	2	2.482	0.287	19	不显著
试验渔具	4.643	4.916	2				

(2) 3种金枪鱼对不同渔具对应的CPUE显著性差异分析

3种金枪鱼对2种渔具对应的CPUE见表3-5-2,卡方检验分析、试验结果见表3-5-7。

即 0~0.3 节以下海流情况下,船用渔具、试验渔具对 3 种金枪鱼的上钩率均无显著性影响。

表 3-5-7　卡方检验分析、试验结果

鱼　　种	卡方值	自由度	P 值	显著性差异
长鳍金枪鱼	0.448 9	1	0.502 9	无
黄鳍金枪鱼	0.345 4	1	0.556 7	无
大眼金枪鱼	0	1	0.996 1	无

5.2.3　0.3 节(含)~0.6 节海流

(1) 3 种金枪鱼合计 CPUE

2 种渔具对应的 CPUE 见表 3-5-2,方差分析、试验结果见表 3-5-8。即 0.3 节(含)~0.6 节海流情况下,2 种钓具对 3 种金枪鱼合计上钩率的影响无显著性差异。

表 3-5-8　方差分析、试验结果

因　素	平均值	方　差	自由度	F	$P(F \leq f)$ 单尾	F 单尾临界值	显著性
船用渔具	6.36	47.03	2	0.582	0.368	0.053	不显著
试验渔具	7.7	80.84	2				

(2) 卡方检验 3 种金枪鱼对不同渔具对应的 CPUE 显著性差异分析

3 种金枪鱼对 2 种渔具对应的 CPUE 见表 3-5-2,卡方检验分析、试验结果见表 3-5-9。即 0.3(含)~0.6 节海流情况下,船用渔具、试验渔具对 3 种金枪鱼的上钩率均无显著性影响。

表 3-5-9　卡方检验分析、试验结果

鱼　　种	卡方值	自由度	P 值	显著性差异
长鳍金枪鱼	0.433 3	1	0.510 4	无
黄鳍金枪鱼	0.195 5	1	0.658 4	无
大眼金枪鱼	0406 8	1	0.523 6	无

5.2.4　0.6 节及以上海流

(1) 3 种金枪鱼合计 CPUE

2 种渔具对应的 CPUE 见表 3-5-2,方差分析、试验结果见表 3-5-10。即 0.6 节及以上海流情况下,2 种渔具对 3 种金枪鱼合计上钩率无显著性影响。

表 3-5-10　方差分析、试验结果

因　素	平均值	方　差	自由度	F	$P(F \leq f)$ 单尾	F 单尾临界值	显著性
船用渔具	5.303	15.096	2	1.192	0.456	19	不显著
试验渔具	4.467	10.983	2				

(2) 卡方检验 3 种金枪鱼对不同渔具对应的 CPUE 显著性差异分析

3 种金枪鱼对 2 种渔具对应的 CPUE 见表 3-5-2,卡方检验分析、试验结果见表 3-5-11。即 0.6 节及以上海流情况下,船用渔具、试验渔具对 3 种金枪鱼上钩率均无显著性影响。

表 3-5-11 卡方检验分析、试验结果

鱼　　种	卡方值	自由度	P 值	显著性差异
长鳍金枪鱼	0.020 2	1	0.887 1	无
黄鳍金枪鱼	0.050 1	1	0.822 8	无
大眼金枪鱼	0.024 7	1	0.875 2	无

6 长鳍金枪鱼、黄鳍金枪鱼、大眼金枪鱼的栖息环境

长鳍金枪鱼、黄鳍金枪鱼、大眼金枪鱼的栖息水层、水温、盐度、叶绿素浓度、溶解氧含量的研究采用研究长鳍金枪鱼、黄鳍金枪鱼、大眼金枪鱼的上钩率(CPUE)与拟合钓钩深度、水温、盐度、叶绿素浓度、溶解氧含量、三维海流的关系进行,具体方法如下。

水层:80~280 m,每 40 m 为一层,分为 5 层;

水温:11~29℃,每 1℃为一段,分为 18 段;

叶绿素浓度:0.20~0.84 μg/L,每 0.08 μg/L 为一段,共 8 段;

盐度:34.8~36.6,每 0.2 为一段,共 9 段;

溶解氧含量:0~5 mg/L,每 0.5 mg/L 为一段,共 10 段;

东西向海流:-0.2~0.4 m/s,每 0.1 m/s 为一段,共 6 段;

南北向海流:-0.2~0.4 m/s,每 0.1 m/s 为一段,共 6 段;

垂向海流:-0.1~0.04 m/s,每 0.01 m/s 为一段,共 14 段;

水平海流:0~0.4 m/s,每 0.1 m/s 为一段,分 4 段。

其他见"第二篇 6 长鳍金枪鱼、黄鳍金枪鱼、大眼金枪鱼的栖息环境"。

6.1 应用漂流速度拟合钓钩深度计算模型分析长鳍金枪鱼、黄鳍金枪鱼、大眼金枪鱼的栖息环境

应用 SPSS 软件[1],采用多元线性逐步回归的方法建立 2015 年 6 月 8 日~2015 年 8 月 30 日测定的 256 枚(有渔具漂流速度数据)钓钩的实际平均深度($\overline{D}_j$)与理论深度(D_j)的关系模型。模型分为船用渔具(根据 185 枚钓钩拟合)和试验渔具(根据 71 枚钓钩拟合)两部分。

船用渔具钓钩深度计算模型为

$$\overline{D}_j = 1.211 D_j \cdot j^{-0.103} (\sin Q_w)^{-0.035} \quad (3-6-1)$$

试验渔具钓钩深度计算模型为

$$\overline{D}_j = 1.138 D_j \cdot j^{-0.087} (\sin \gamma)^{-0.09} \quad (3-6-2)$$

6.1.1 长鳍金枪鱼的栖息环境

调查期间,共测定了2 673尾长鳍金枪鱼的上钩钩号。分析长鳍金枪鱼CPUE与拟合钓钩深度、水温、盐度、叶绿素浓度、溶解氧含量、三维海流、水平海流的关系时,用到全部2 673尾鱼。以下分析结合专家经验和有关数据进行。

6.1.1.1 长鳍金枪鱼的栖息水层

长鳍金枪鱼CPUE与钓钩深度的关系见图3-6-1,由图可得,长鳍金枪鱼的CPUE随着深度的增加先增加后减小,CPUE较高的水层主要集中在160~240 m,CPUE最高(19.65尾/千钩)的水层为200~240 m。

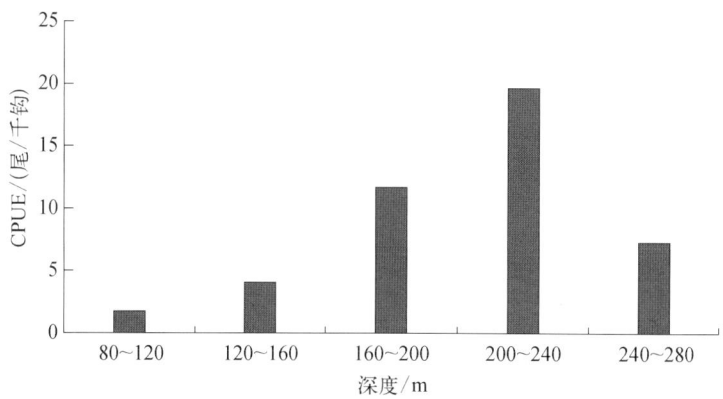

图3-6-1 长鳍金枪鱼CPUE与水深的关系

6.1.1.2 长鳍金枪鱼的栖息水温

长鳍金枪鱼CPUE与水温的关系见图3-6-2,由图可得,长鳍金枪鱼CPUE较高的水温范围为18~25℃,长鳍金枪鱼CPUE最高(34.60尾/千钩)的水温段为22~23℃。

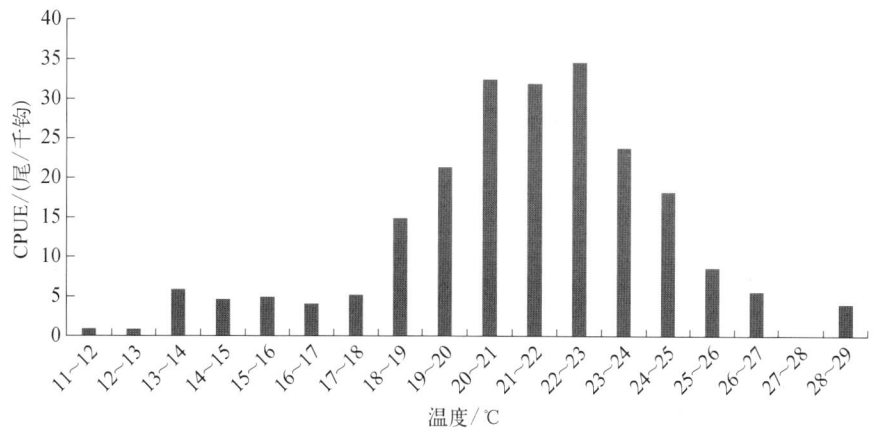

图3-6-2 长鳍金枪鱼CPUE与水温的关系

6.1.1.3　长鳍金枪鱼的栖息盐度

长鳍金枪鱼 CPUE 与盐度的关系见图 3-6-3，由图可得，长鳍金枪鱼 CPUE 较高的盐度范围为 35.8~36.6，CPUE 最高（21.63 尾/千钩）的盐度范围为 36.4~36.6。

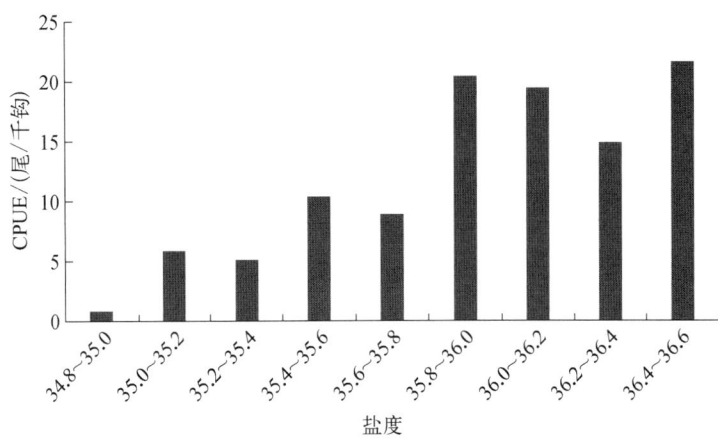

图 3-6-3　长鳍金枪鱼 CPUE 与盐度的关系

6.1.1.4　长鳍金枪鱼的栖息叶绿素浓度

长鳍金枪鱼 CPUE 与叶绿素浓度的关系见图 3-6-4，由图可得，长鳍金枪鱼 CPUE 较高的叶绿素浓度范围为 0.52~0.76 μg/L。CPUE 最高（21.86 尾/千钩）的叶绿素浓度范围为 0.52~0.60 μg/L。

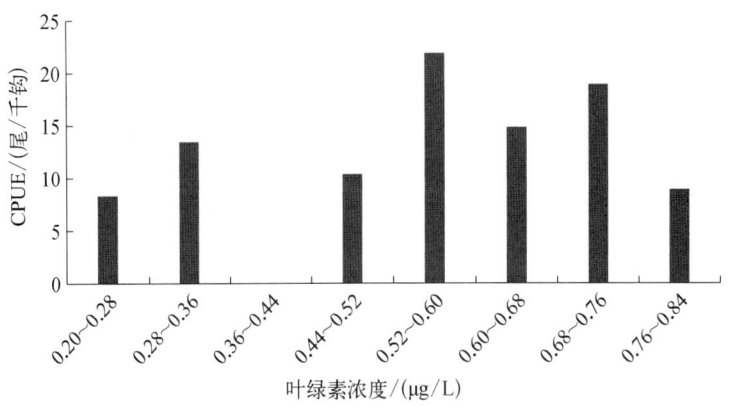

图 3-6-4　长鳍金枪鱼 CPUE 与叶绿素浓度的关系

6.1.1.5　长鳍金枪鱼的栖息溶解氧含量

长鳍金枪鱼 CPUE 与溶解氧含量的关系见图 3-6-5，由图可得，长鳍金枪鱼 CPUE 较高的溶解氧含量范围为 3.0~4.0 mg/L，CPUE 最高（21.84 尾/千钩）的溶解氧含量范围为 3.5~4.0 mg/L。

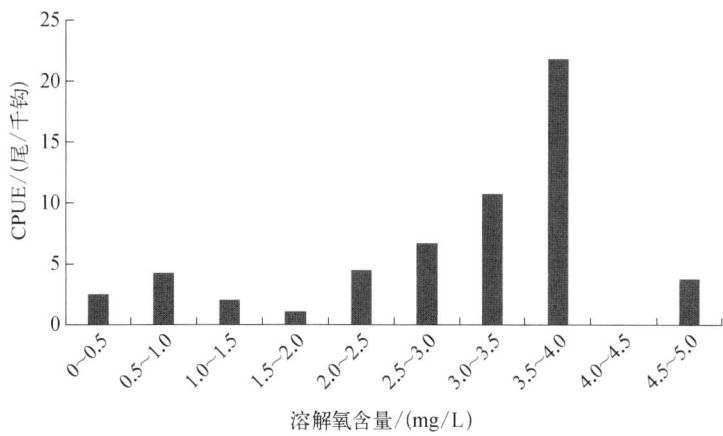

图 3-6-5　长鳍金枪鱼 CPUE 与溶解氧含量的关系

6.1.1.6　长鳍金枪鱼的栖息南北向海流

长鳍金枪鱼 CPUE 与南北向海流的关系见图 3-6-6，由图可得，长鳍金枪鱼 CPUE 较高的南北向海流范围为-0.2~0.2 m/s，长鳍金枪鱼 CPUE 最高（14.28 尾/千钩）的海流范围为 0~0.1 m/s。

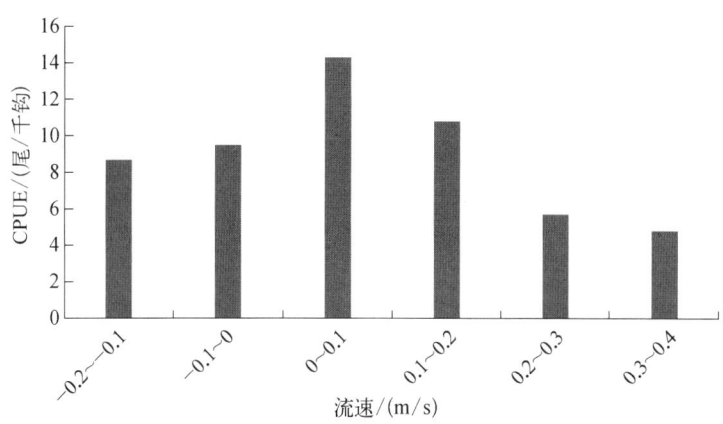

图 3-6-6　长鳍金枪鱼 CPUE 与南北向海流的关系

6.1.1.7　长鳍金枪鱼的栖息东西向海流

长鳍金枪鱼 CPUE 与东西向海流的关系见图 3-6-7，由图可得，长鳍金枪鱼 CPUE 较高的东西向海流范围为-0.2~0.2 m/s，长鳍金枪鱼 CPUE 最高（17.93 尾/千钩）的海流范围为-0.2~-0.1 m/s。

6.1.1.8　长鳍金枪鱼的栖息垂向海流

长鳍金枪鱼 CPUE 与垂向海流的关系见图 3-6-8，由图可得，垂向海流各段的长鳍金枪鱼 CPUE 相差不大，长鳍金枪鱼 CPUE 最高（18.22 尾/千钩）的垂向海流范围为-0.02~-0.01 m/s。

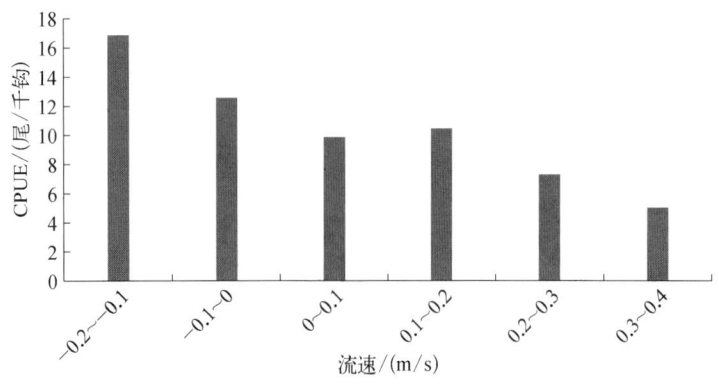

图 3-6-7　长鳍金枪鱼 CPUE 与东西向海流的关系

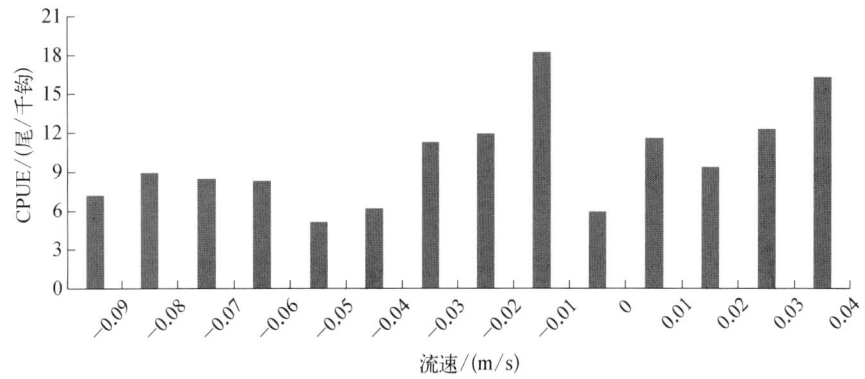

图 3-6-8　长鳍金枪鱼 CPUE 与垂向海流的关系

6.1.1.9　长鳍金枪鱼的栖息水平海流

长鳍金枪鱼 CPUE 与水平海流的关系见图 3-6-9，由图可得，长鳍金枪鱼在 0~0.4 m/s 流速范围内的 CPUE 逐渐递减。其中 CPUE 最高（14.81 尾/千钩）对应的水平流速范围为 0~0.1 m/s。

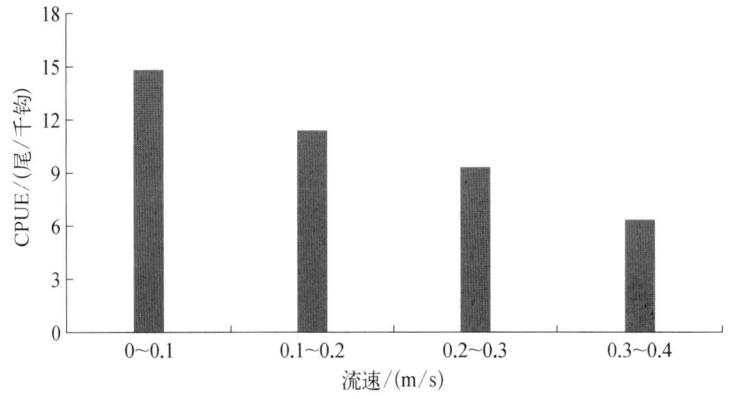

图 3-6-9　长鳍金枪鱼 CPUE 与水平海流的关系

6.1.2 黄鳍金枪鱼的栖息环境

调查期间,共测定了1 063尾黄鳍金枪鱼的上钩钩号。分析黄鳍金枪鱼CPUE与拟合钓钩深度、水温、盐度、叶绿素浓度、溶解氧含量与三维海流的关系时,用到全部1 063尾鱼,以下分析结合专家经验和有关数据进行。

6.1.2.1 黄鳍金枪鱼的栖息水层

黄鳍金枪鱼CPUE与拟合钓钩深度的关系见图3-6-10,由图可得,黄鳍金枪鱼CPUE较高的水层为200~280 m,黄鳍金枪鱼CPUE最高(6.30尾/千钩)的水层为200~240 m。

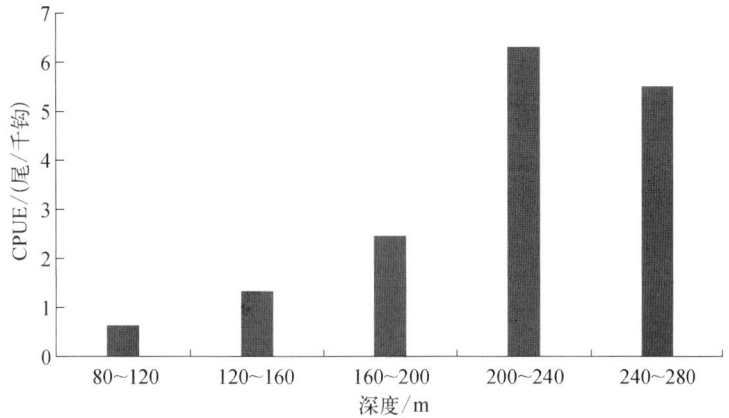

图3-6-10 黄鳍金枪鱼CPUE与水深的关系

6.1.2.2 黄鳍金枪鱼的栖息水温

黄鳍金枪鱼CPUE与水温的关系见图3-6-11,由图可得,黄鳍金枪鱼CPUE较高的水温范围为14~21℃,黄鳍金枪鱼CPUE最高(17.17尾/千钩)的水温范围为14~15℃。

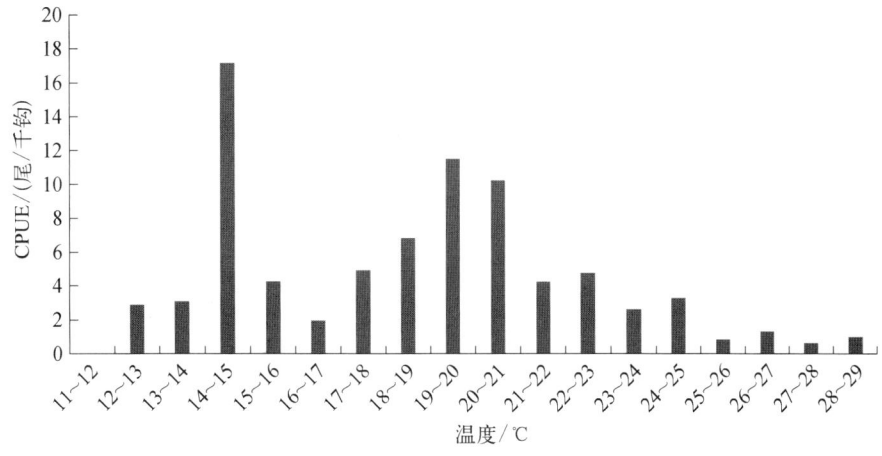

图3-6-11 黄鳍金枪鱼CPUE与水温的关系

6.1.2.3 黄鳍金枪鱼的栖息盐度

黄鳍金枪鱼 CPUE 与盐度的关系见图 3-6-12，由图可得，黄鳍金枪鱼 CPUE 较高的盐度范围为 35.0~36.0，CPUE 最高(6.68 尾/千钩)的盐度范围为 35.4~35.6。

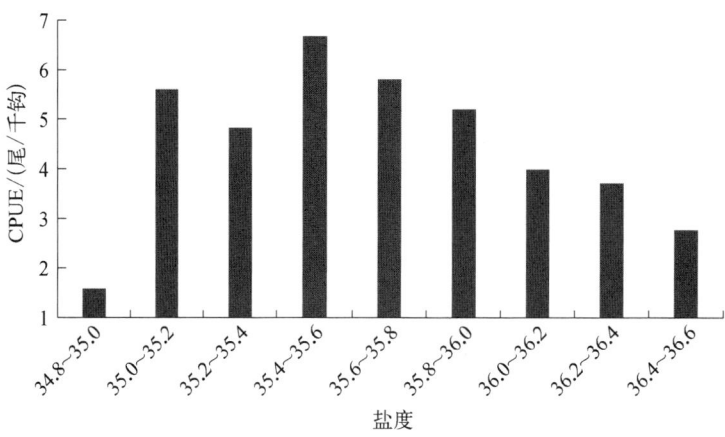

图 3-6-12 黄鳍金枪鱼 CPUE 与盐度的关系

6.1.2.4 黄鳍金枪鱼的栖息叶绿素浓度

黄鳍金枪鱼 CPUE 与叶绿素浓度的关系见图 3-6-13，由图可得，黄鳍金枪鱼的 CPUE 整体上都比较低，黄鳍金枪鱼 CPUE 最高(10.22 尾/千钩)的叶绿素浓度范围为 0.76~0.84 μg/L。

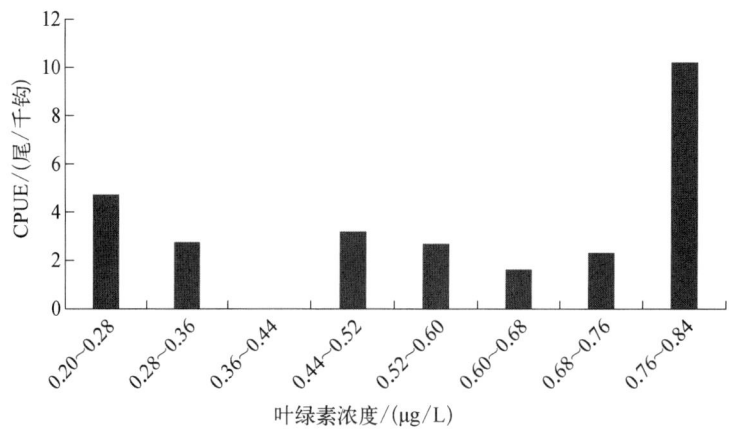

图 3-6-13 黄鳍金枪鱼 CPUE 与叶绿素浓度的关系

6.1.2.5 黄鳍金枪鱼的栖息溶解氧含量

黄鳍金枪鱼 CPUE 与溶解氧含量的关系见图 3-6-14，由图可得，黄鳍金枪鱼 CPUE 较高的溶解氧含量范围为 1.0~2.5 mg/L，CPUE 最高(19.18 尾/千钩)的溶解氧含量范围为 1.5~2.0 mg/L。

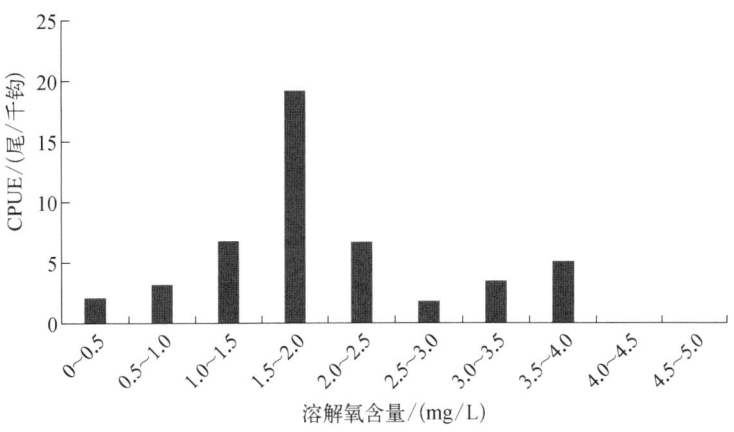

图 3-6-14　黄鳍金枪鱼 CPUE 与溶解氧含量的关系

6.1.2.6　黄鳍金枪鱼的栖息南北向海流

黄鳍金枪鱼 CPUE 与南北向海流的关系见图 3-6-15,由图可得,黄鳍金枪鱼 CPUE 较高的南北向海流范围为 $-0.2 \sim 0.2$ m/s,黄鳍金枪鱼 CPUE 最高(5.13 尾/千钩)的海流范围为 $-0.1 \sim 0$ m/s。

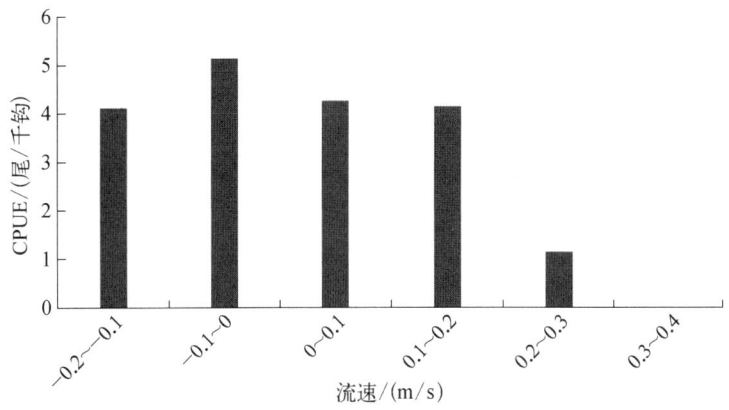

图 3-6-15　黄鳍金枪鱼 CPUE 与南北向海流的关系

6.1.2.7　黄鳍金枪鱼的栖息东西向海流

黄鳍金枪鱼 CPUE 与东西向海流的关系见图 3-6-16,由图可得,黄鳍金枪鱼 CPUE 较高的东西向海流范围为 $0 \sim 0.4$ m/s,黄鳍金枪鱼 CPUE 最高(5.61 尾/千钩)的东西向海流范围为 $0.1 \sim 0.2$ m/s。

6.1.2.8　黄鳍金枪鱼的栖息垂向海流

黄鳍金枪鱼 CPUE 与垂向海流的关系见图 3-6-17,由图可得,黄鳍金枪鱼 CPUE 最高(7.58 尾/千钩)的垂向海流范围为 $0.03 \sim 0.04$ m/s。

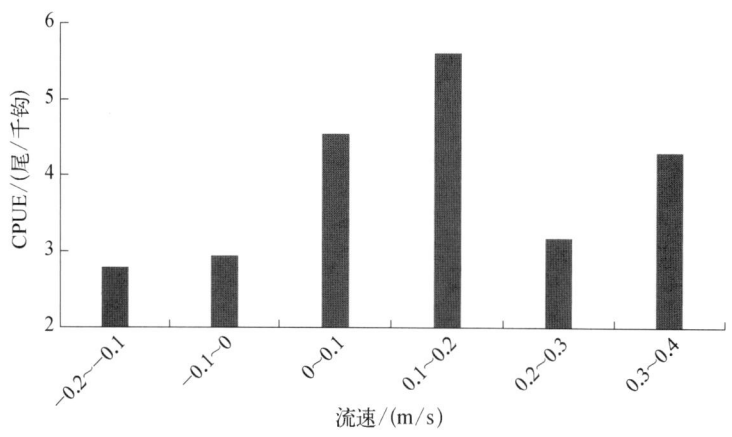

图 3-6-16　黄鳍金枪鱼 CPUE 与东西向海流的关系

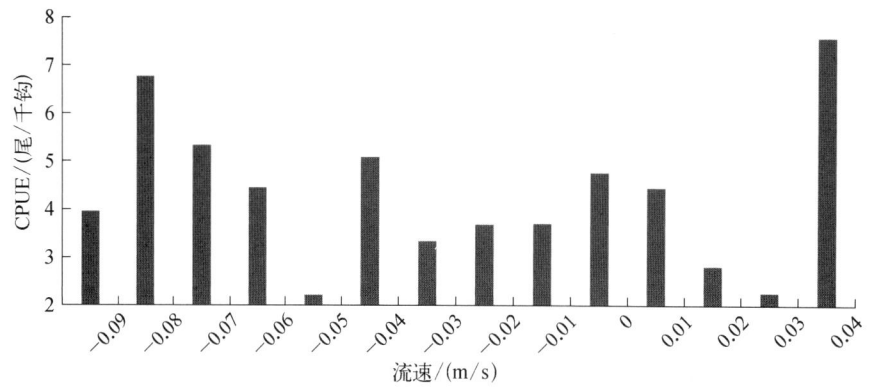

图 3-6-17　黄鳍金枪鱼 CPUE 与垂向海流的关系

6.1.2.9　黄鳍金枪鱼的栖息水平海流

黄鳍金枪鱼 CPUE 与水平海流的关系见图 3-6-18,由图可得,黄鳍金枪鱼 CPUE 随着水平流速增加呈递减趋势,黄鳍金枪鱼 CPUE 最高(4.91 尾/千钩)的水平海流范围为 0~0.1 m/s。

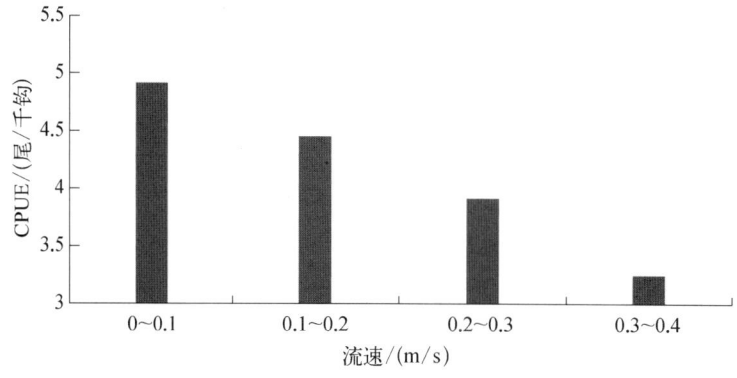

图 3-6-18　黄鳍金枪鱼 CPUE 与水平海流的关系

6.1.3 大眼金枪鱼的栖息环境

调查期间,共测定了522尾大眼金枪鱼的上钩钩号。分析大眼金枪鱼CPUE与拟合钓钩深度、水温、盐度、叶绿素浓度、溶解氧含量与三维海流的关系时,用到全部522尾鱼。以下分析结合专家经验和有关数据进行。

6.1.3.1 大眼金枪鱼的栖息水层

大眼金枪鱼CPUE与拟合钓钩深度的关系见图3-6-19,由图可得,大眼金枪鱼CPUE较高的水层为200~280 m,大眼金枪鱼CPUE最高(3.83尾/千钩)的水层为240~280 m。

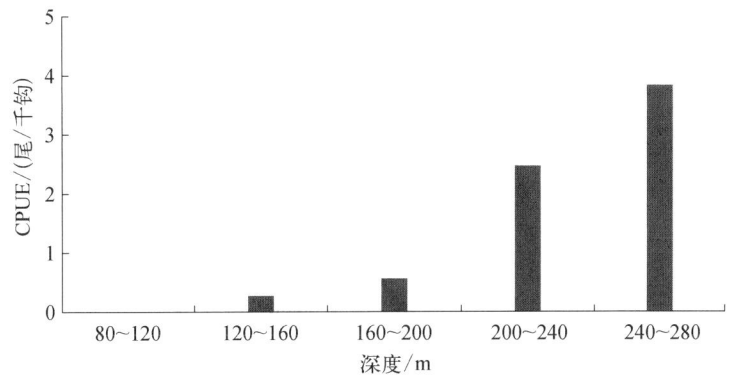

图3-6-19 大眼金枪鱼CPUE与水深的关系

6.1.3.2 大眼金枪鱼的栖息水温

大眼金枪鱼CPUE与水温的关系见图3-6-20,由图可得,大眼金枪鱼CPUE较高的水温范围为17~20℃,大眼金枪鱼CPUE最高(5.46尾/千钩)的水温为18~19℃。

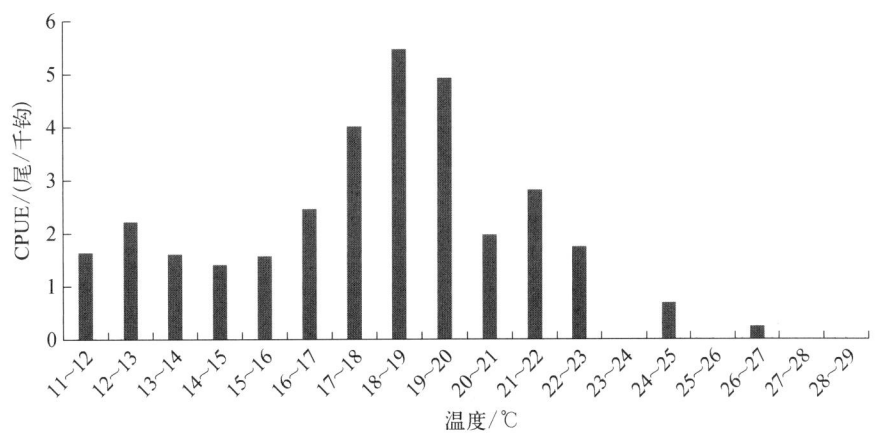

图3-6-20 大眼金枪鱼CPUE与水温的关系

6.1.3.3 大眼金枪鱼的栖息盐度

大眼金枪鱼 CPUE 与盐度的关系见图 3-6-21,由图可得,大眼金枪鱼 CPUE 较高的盐度范围为 35.4~36.2,CPUE 最高(3.28 尾/千钩)的盐度范围为 35.4~35.6。

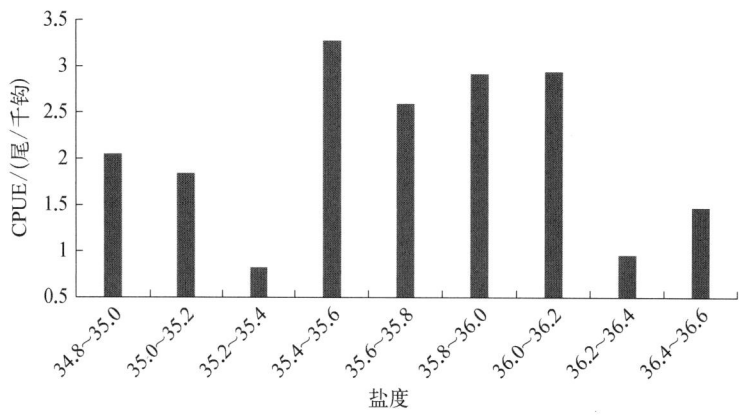

图 3-6-21 大眼金枪鱼 CPUE 与盐度的关系

6.1.3.4 大眼金枪鱼的栖息叶绿素浓度

大眼金枪鱼 CPUE 与叶绿素浓度的关系见图 3-6-22,由图可得,大眼金枪鱼 CPUE 较高的叶绿素浓度为 0.20~0.52 μg/L,大眼金枪鱼 CPUE 最高(3.03 尾/千钩)的叶绿素浓度为 0.28~0.36 μg/L。

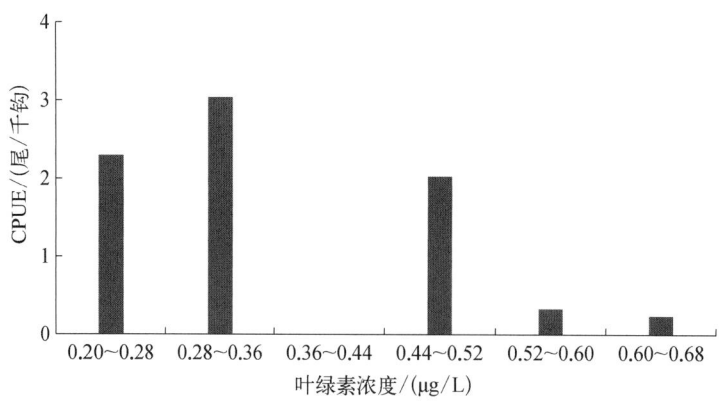

图 3-6-22 大眼金枪鱼 CPUE 与叶绿素浓度的关系

6.1.3.5 大眼金枪鱼的栖息溶解氧含量

大眼金枪鱼 CPUE 与溶解氧含量的关系见图 3-6-23,由图可得,大眼金枪鱼 CPUE 较高的溶解氧含量范围为 1.0~2.5 mg/L,CPUE 最高(4.66 尾/千钩)的溶解氧含量范围为 2.0~2.5 mg/L。

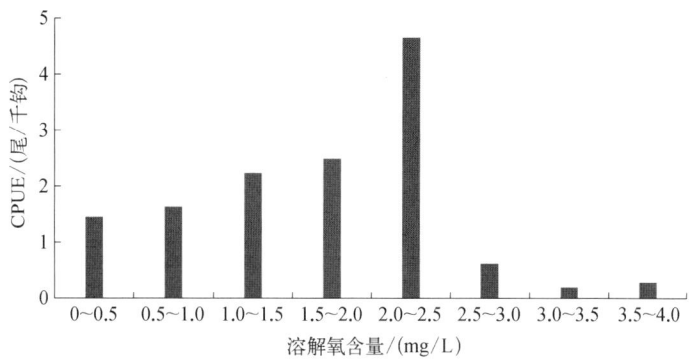

图 3-6-23　大眼金枪鱼 CPUE 与溶解氧含量的关系

6.1.3.6　大眼金枪鱼的栖息南北向海流

大眼金枪鱼 CPUE 与南北向海流的关系见图 3-6-24。由图可得,大眼金枪鱼 CPUE 较高的南北向海流范围为 -0.2~0.2 m/s,大眼金枪鱼 CPUE 最高(3.53 尾/千钩)的海流范围为 -0.2~-0.1 m/s。

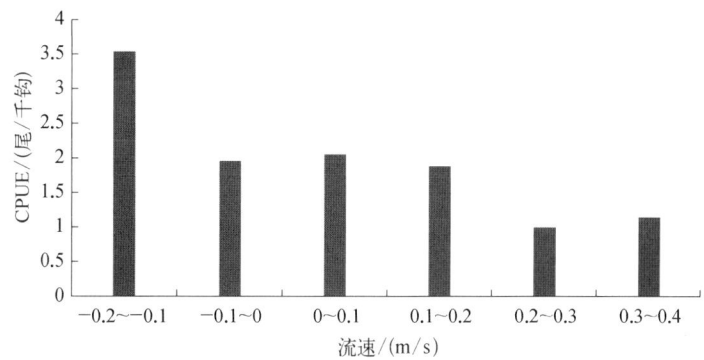

图 3-6-24　大眼金枪鱼 CPUE 与南北向海流的关系

6.1.3.7　大眼金枪鱼的栖息东西向海流

大眼金枪鱼 CPUE 与东西向海流的关系见图 3-6-25,由图可得,大眼金枪鱼的 CPUE 在东西向各海流范围变化不大,大眼金枪鱼 CPUE 最高(3.04 尾/千钩)的东西向海流范围为 0.3~0.4 m/s。

6.1.3.8　大眼金枪鱼的栖息垂向海流

大眼金枪鱼 CPUE 与垂向海流的关系见图 3-6-26,由图可得,大眼金枪鱼 CPUE 最高(3.93 尾/千钩)的垂向海流范围为 -0.09~-0.08 m/s。

6.1.3.9　大眼金枪鱼的栖息水平海流

大眼金枪鱼 CPUE 与水平海流的关系见图 3-6-27,由图可得,大眼金枪鱼 CPUE 最高(2.30 尾/千钩)的水平流速范围为 0.3~0.4 m/s。

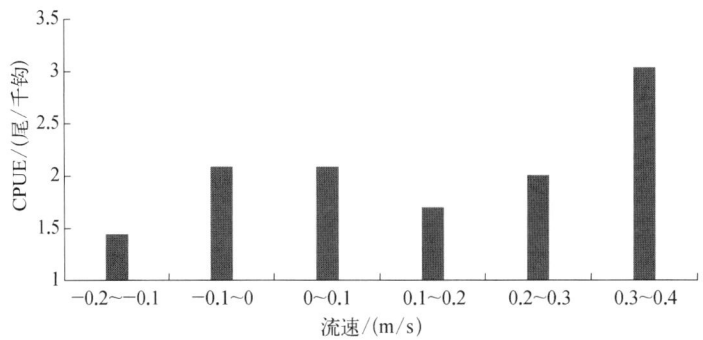

图 3-6-25　大眼金枪鱼 CPUE 与东西向海流的关系

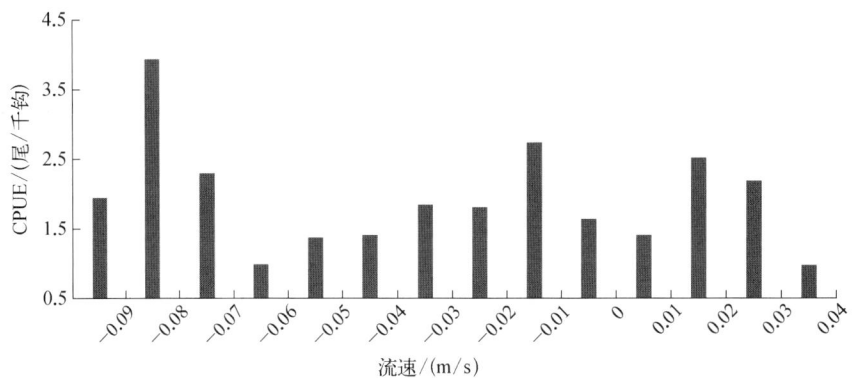

图 3-6-26　大眼金枪鱼 CPUE 与垂向海流的关系

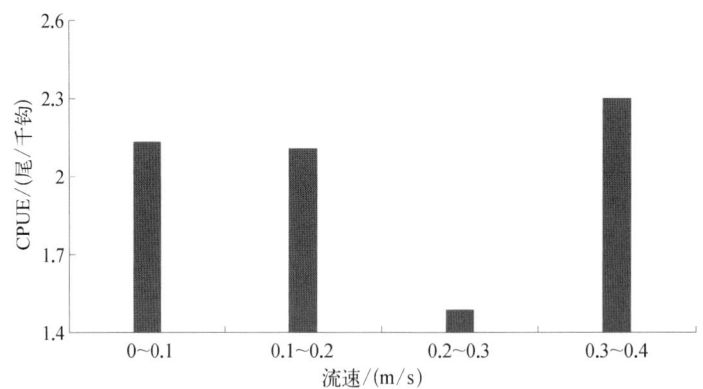

图 3-6-27　大眼金枪鱼 CPUE 与水平海流的关系

6.2　应用流剪切系数拟合钓钩深度计算模型分析长鳍金枪鱼、黄鳍金枪鱼、大眼金枪鱼的栖息环境

应用 SPSS 软件[1],采用多元线性逐步回归的方法建立 2015 年 6 月 8 日~2015 年 8 月

30 日测定的 230 枚(有流剪切系数数据)钓钩的实际平均深度 ($\overline{D}_j$)与理论深度(D_j)的关系模型。模型分为船用渔具(根据 140 枚钓钩拟合)和试验渔具(根据 90 枚钓钩拟合)两部分。

船用渔具钓钩深度计算采用的模型为

$$\overline{D}_j = 1.236 D_j \cdot j^{-0.106} (\sin\gamma)^{-0.041} \cdot 10^{-0.012\tilde{K}} \quad (3-6-3)$$

试验渔具钓钩深度计算采用的模型为

$$\overline{D}_j = 1.259 D_j \cdot j^{-0.084} (\sin Q_w) \cdot 10^{0.021\tilde{K}} \quad (3-6-4)$$

6.2.1 长鳍金枪鱼的栖息环境

调查期间,共测定了 2 673 尾长鳍金枪鱼的上钩钩号。分析长鳍金枪鱼 CPUE 与拟合钓钩深度、水温、盐度、叶绿素浓度、溶解氧含量、三维海流、水平海流的关系时,用到全部 2 673 尾鱼。以下分析结合专家经验和有关数据进行。

6.2.1.1 长鳍金枪鱼的栖息水层

长鳍金枪鱼 CPUE 与钓钩深度的关系见图 3-6-28,由图可得,长鳍金枪鱼的 CPUE 随着深度的增加先上升后下降,CPUE 最高(20.09 尾/千钩)的水层为 160~200 m。

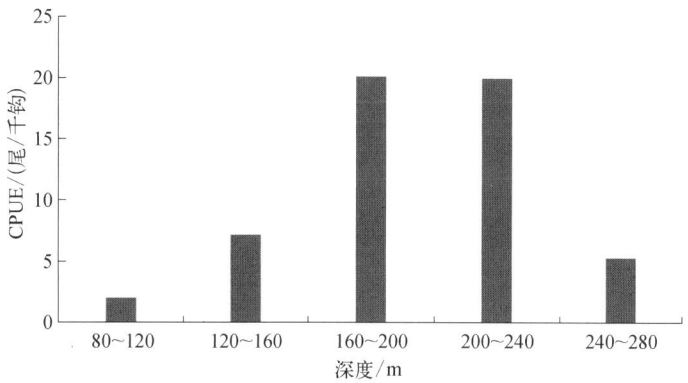

图 3-6-28 长鳍金枪鱼 CPUE 与水深的关系

6.2.1.2 长鳍金枪鱼的栖息水温

长鳍金枪鱼 CPUE 与水温的关系见图 3-6-29,由图可得,长鳍金枪鱼 CPUE 较高的水温范围为 19~25℃,长鳍金枪鱼 CPUE 最高(33.16 尾/千钩)的水温范围为 23~24℃。

6.2.1.3 长鳍金枪鱼的栖息盐度

长鳍金枪鱼 CPUE 与盐度的关系见图 3-6-30,由图可得,长鳍金枪鱼 CPUE 较高的盐度范围为 35.6~36.6,CPUE 最高(27.36 尾/千钩)的盐度范围为 36.0~36.2。

6.2.1.4 长鳍金枪鱼的栖息叶绿素浓度

长鳍金枪鱼 CPUE 与叶绿素浓度的关系见图 3-6-31,由图可得,长鳍金枪鱼 CPUE 在

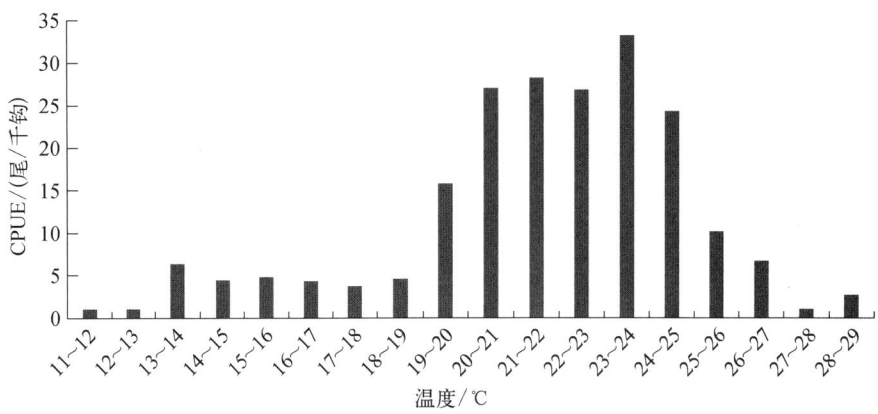

图 3-6-29 长鳍金枪鱼 CPUE 与水温的关系

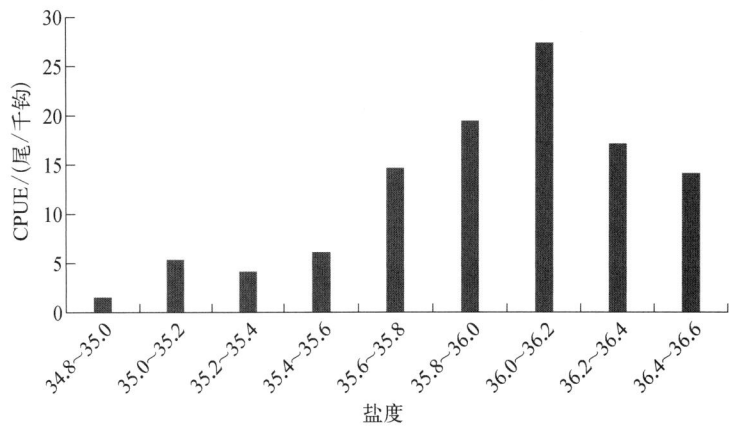

图 3-6-30 长鳍金枪鱼 CPUE 与盐度的关系

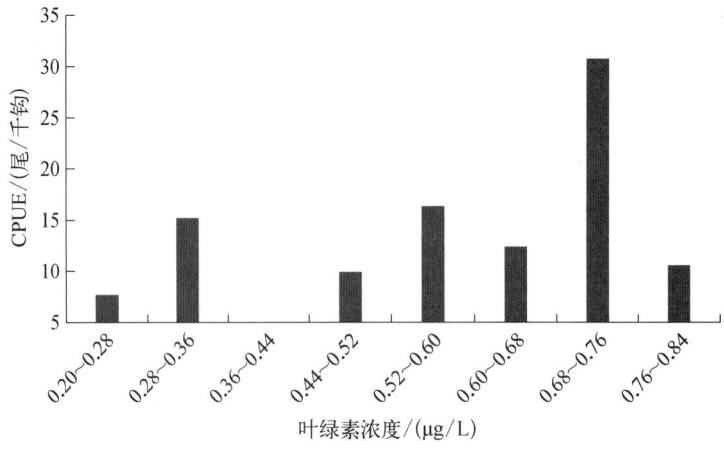

图 3-6-31 长鳍金枪鱼 CPUE 与叶绿素浓度的关系

整个叶绿素浓度范围内都比较低,CPUE最高(30.73尾/千钩)的叶绿素浓度范围为0.68~0.76 μg/L。

6.2.1.5 长鳍金枪鱼的栖息溶解氧含量

长鳍金枪鱼CPUE与溶解氧含量的关系见图3-6-32,由图可得,长鳍金枪鱼CPUE随着溶解氧含量的增加而增加,CPUE最高(20.52尾/千钩)的溶解氧含量范围为3.5~4.0 mg/L。

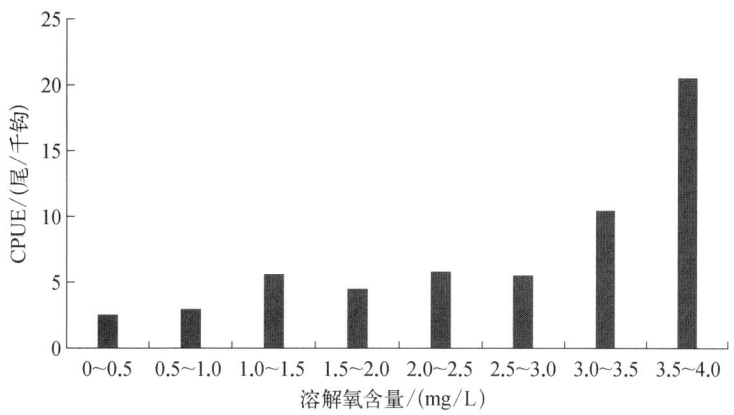

图3-6-32　长鳍金枪鱼CPUE与溶解氧含量的关系

6.2.1.6 长鳍金枪鱼的栖息南北向海流

长鳍金枪鱼CPUE与南北向海流的关系见图3-6-33,由图可得,长鳍金枪鱼CPUE较高的南北向海流范围为0.2~0.4 m/s,长鳍金枪鱼CPUE最高(15.84尾/千钩)的海流范围为0.2~0.3 m/s。

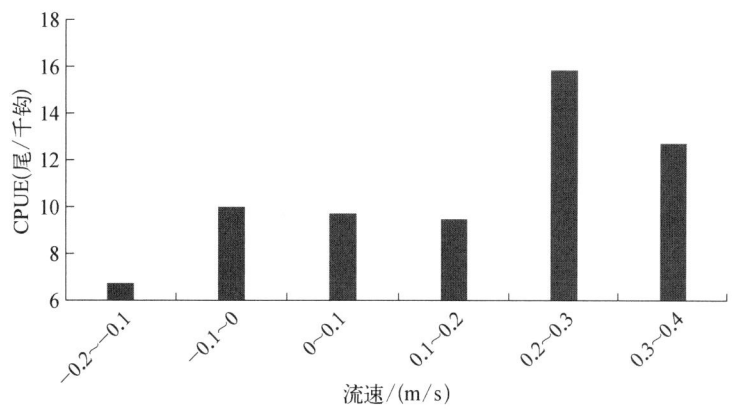

图3-6-33　长鳍金枪鱼CPUE与南北向海流的关系

6.2.1.7 长鳍金枪鱼的栖息东西向海流

长鳍金枪鱼CPUE与东西向海流的关系见图3-6-34,由图可得,长鳍金枪鱼CPUE在东西向各海流范围都差不多,长鳍金枪鱼 CPUE 最高(11.25 尾/千钩)的海流范围为 0.3~0.4 m/s。

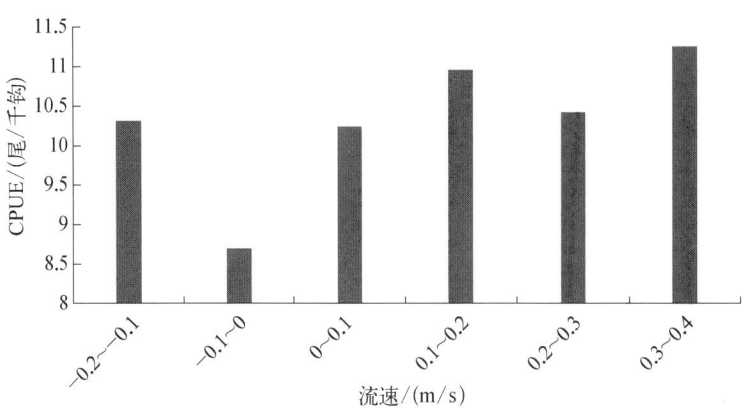

图 3-6-34　长鳍金枪鱼 CPUE 与东西向海流的关系

6.2.1.8　长鳍金枪鱼的栖息垂向海流

长鳍金枪鱼 CPUE 与垂向海流的关系见图 3-6-35,由图可得,除 -0.1~-0.08 m/s 范围内的 CPUE 较高外,其他各垂向海流范围内的长鳍金枪鱼 CPUE 相差不大。

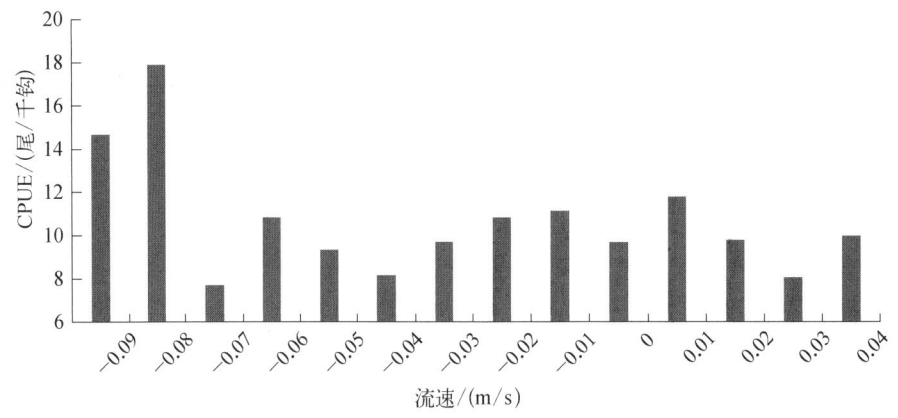

图 3-6-35　长鳍金枪鱼 CPUE 与垂向海流的关系

6.2.1.9　长鳍金枪鱼的栖息水平海流

长鳍金枪鱼 CPUE 与水平海流的关系见图 3-6-36,由图可得,随着水平流速的增加,长鳍金枪鱼的 CPUE 呈递减趋势。CPUE 最高(13.09 尾/千钩)对应的水平流速范围为 0~0.1 m/s。

6.2.2　黄鳍金枪鱼的栖息环境

调查期间,共测定了 1 063 尾黄鳍金枪鱼的上钩钩号。分析黄鳍金枪鱼 CPUE 与拟合钓

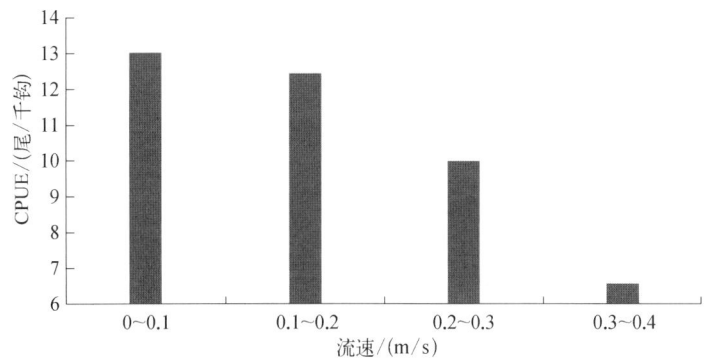

图 3-6-36　长鳍金枪鱼 CPUE 与水平海流的关系

钩深度、水温、盐度、叶绿素浓度、溶解氧含量、三维海流、水平海流的关系时,用到全部 1 063 尾鱼。以下分析结合专家经验和有关数据进行。

6.2.2.1　黄鳍金枪鱼的栖息水层

黄鳍金枪鱼 CPUE 与拟合钓钩深度的关系见图 3-6-37,由图可得,黄鳍金枪鱼 CPUE 较高的水层为 160~280 m,CPUE 最高(8.07 尾/千钩)的水层为 200~240 m。

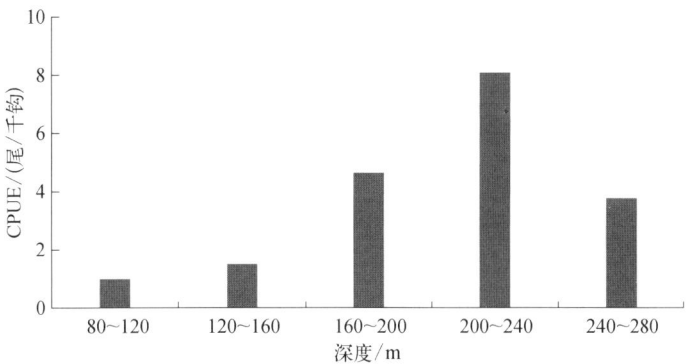

图 3-6-37　黄鳍金枪鱼 CPUE 与水深的关系

6.2.2.2　黄鳍金枪鱼的栖息水温

黄鳍金枪鱼 CPUE 与水温的关系见图 3-6-38,由图可得,黄鳍金枪鱼 CPUE 较高的水温范围为 15~21℃,黄鳍金枪鱼 CPUE 最高(18.54 尾/千钩)的水温为 15~16℃。

6.2.2.3　黄鳍金枪鱼的栖息盐度

黄鳍金枪鱼 CPUE 与盐度的关系见图 3-6-39,由图可得,黄鳍金枪鱼 CPUE 较高的盐度范围为 35.2~36.2,CPUE 最高(7.50 尾/千钩)的盐度范围为 35.6~35.8。

6.2.2.4　黄鳍金枪鱼的栖息叶绿素浓度

黄鳍金枪鱼 CPUE 与叶绿素浓度的关系见图 3-6-40,由图可得,黄鳍金枪鱼 CPUE 较

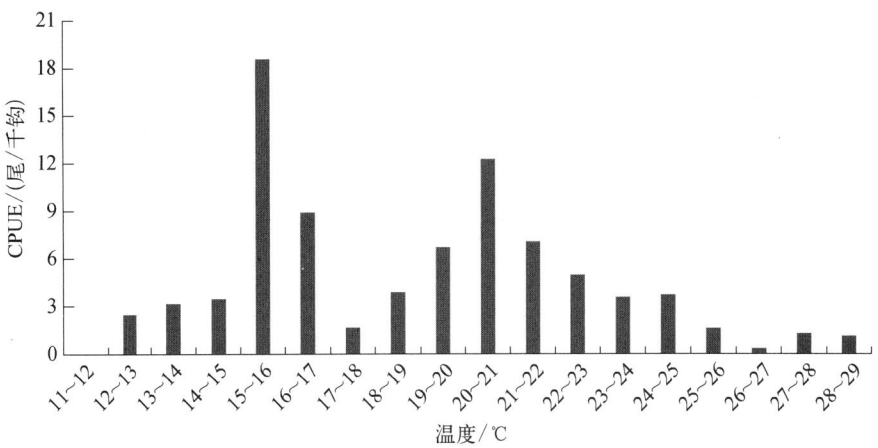

图 3-6-38　黄鳍金枪鱼 CPUE 与水温的关系

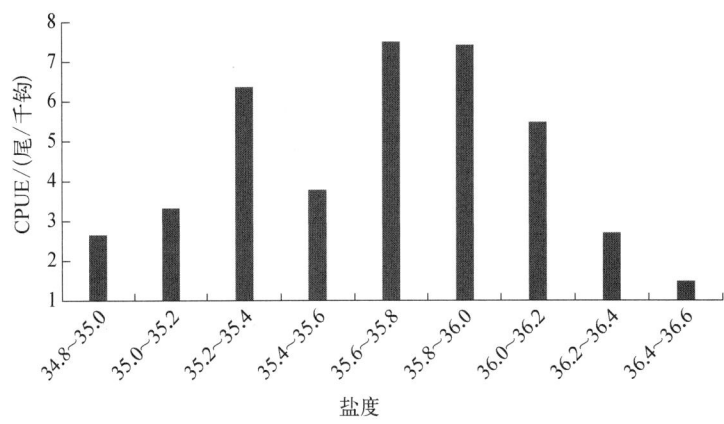

图 3-6-39　黄鳍金枪鱼 CPUE 与盐度的关系

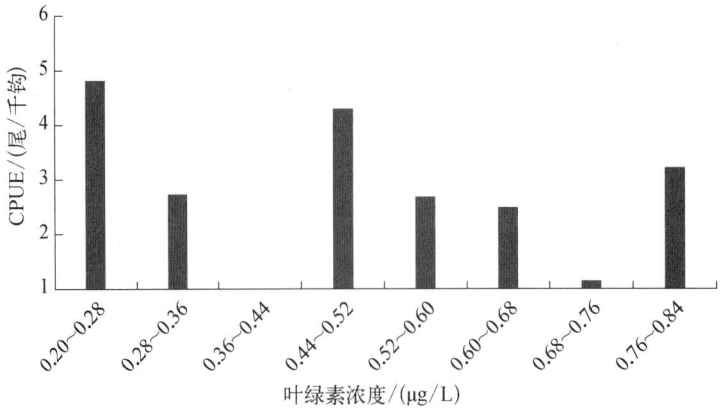

图 3-6-40　黄鳍金枪鱼 CPUE 与叶绿素浓度的关系

高的叶绿素浓度范围为 0.20~0.36 μg/L 和 0.44~0.60 μg/L。CPUE 最高(4.82 尾/千钩)的叶绿素浓度范围为 0.20~0.28 μg/L。

6.2.2.5 黄鳍金枪鱼的栖息溶解氧含量

黄鳍金枪鱼 CPUE 与溶解氧含量的关系见图 3-6-41，由图可得，黄鳍金枪鱼 CPUE 在溶解氧含量各范围内均比较低，但在溶解氧含量为 2.0~2.5 mg/L 时 CPUE 很高(15.23 尾/千钩)。

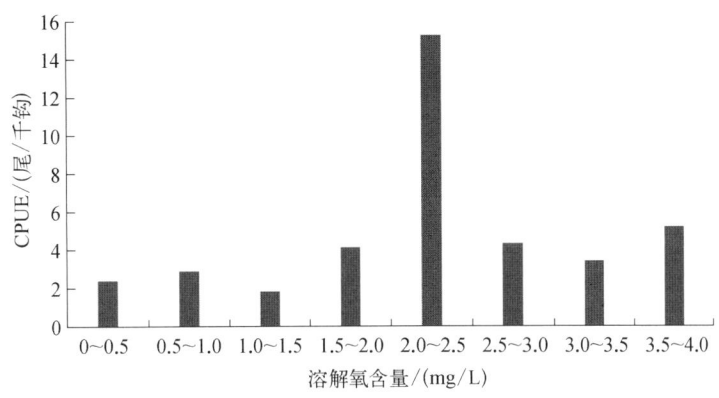

图 3-6-41 黄鳍金枪鱼 CPUE 与溶解氧含量的关系

6.2.2.6 黄鳍金枪鱼的栖息南北向海流

黄鳍金枪鱼 CPUE 与南北向海流的关系见图 3-6-42，由图可得，黄鳍金枪鱼 CPUE 较高的南北向海流范围为 -0.2~0.3 m/s，黄鳍金枪鱼 CPUE 最高(7.09 尾/千钩)的海流范围为 0.2~0.3 m/s。

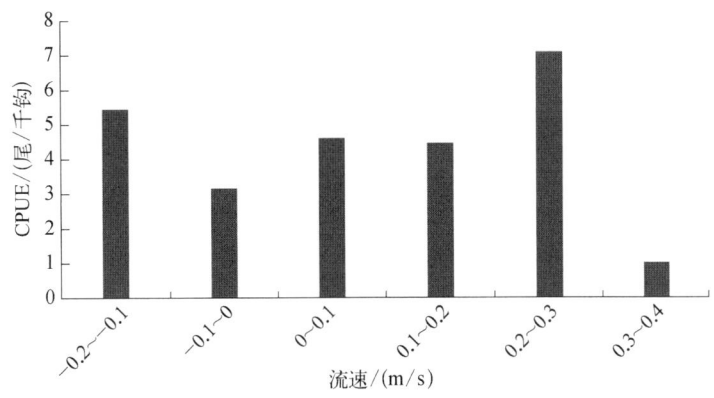

图 3-6-42 黄鳍金枪鱼 CPUE 与南北向海流的关系

6.2.2.7 黄鳍金枪鱼的栖息东西向海流

黄鳍金枪鱼 CPUE 与东西向海流的关系见图 3-6-43，由图可得，黄鳍金枪鱼 CPUE 较高的东西向海流范围为-0.1~0.4 m/s,黄鳍金枪鱼CPUE最高(6.3尾/千钩)的海流范围为0.3~0.4 m/s。

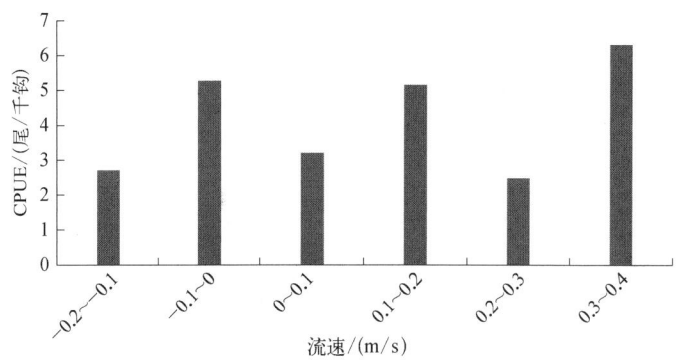

图3-6-43 黄鳍金枪鱼CPUE与东西向海流的关系

6.2.2.8 黄鳍金枪鱼的栖息垂向海流

黄鳍金枪鱼CPUE与垂向海流的关系见图3-6-44,由图可得,除-0.09~-0.08 m/s范围内的CPUE明显较高(6.92尾/千钩)和0.01~0.02 m/s范围内的CPUE明显较低外,其他各垂向海流范围内的黄鳍金枪鱼CPUE相差不大。

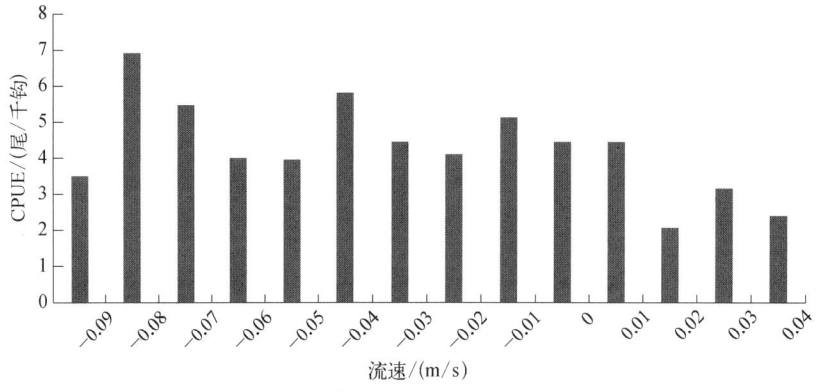

图3-6-44 黄鳍金枪鱼CPUE与垂向海流的关系

6.2.2.9 黄鳍金枪鱼的栖息水平海流

黄鳍金枪鱼CPUE与水平海流的关系见图3-6-45,由图可得,随着水平流速的增加,黄鳍金枪鱼的CPUE在水平流速为0.1~0.4 m/s较高。最高CPUE(5.70尾/千钩)对应的水平流速范围为0.1~0.2 m/s。

6.2.3 大眼金枪鱼的栖息环境

调查期间,共测定了522尾大眼金枪鱼的上钩钩号。分析大眼金枪鱼CPUE与拟合钓钩深度、水温、盐度、叶绿素浓度、溶解氧含量、三维海流、水平海流的关系时,用到全部522

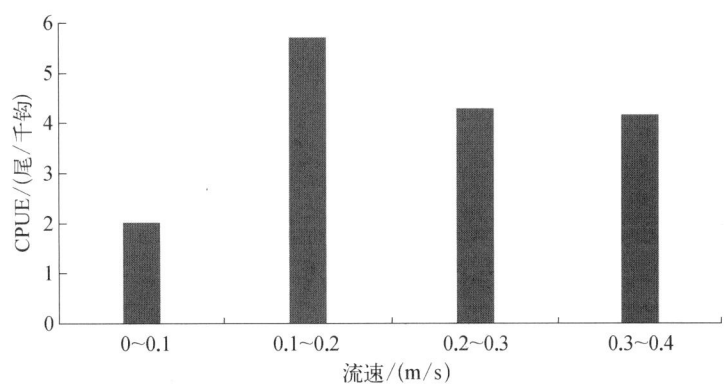

图3-6-45 黄鳍金枪鱼CPUE与水平海流的关系

尾鱼。以下分析结合专家经验和有关数据进行。

6.2.3.1 大眼金枪鱼的栖息水层

大眼金枪鱼CPUE与钓钩深度的关系见图3-6-46,由图可得,CPUE较高的水层为200~280 m。大眼金枪鱼CPUE最高(2.99尾/千钩)的水层为240~280 m。

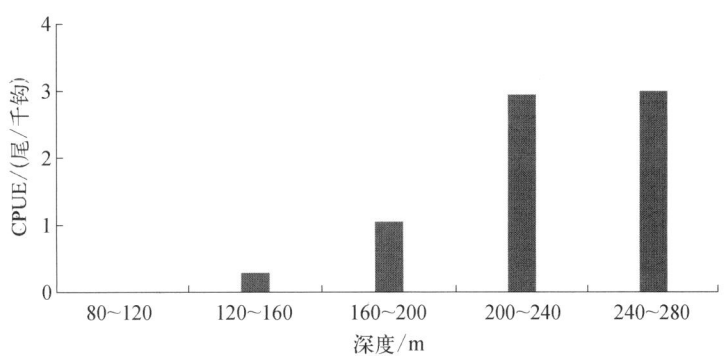

图3-6-46 大眼金枪鱼CPUE与水深的关系

6.2.3.2 大眼金枪鱼的栖息水温

大眼金枪鱼CPUE与水温的关系见图3-6-47,由图可得,大眼金枪鱼CPUE较高的水温范围为11~23℃,大眼金枪鱼CPUE最高(4.92尾/千钩)的水温范围为19~20℃。

6.2.3.3 大眼金枪鱼的栖息盐度

大眼金枪鱼CPUE与盐度的关系见图3-6-48,由图可得,大眼金枪鱼CPUE较高的盐度范围为35.4~36.0,CPUE最高(4.83尾/千钩)的盐度范围为35.6~35.8。

6.2.3.4 大眼金枪鱼的栖息叶绿素浓度

大眼金枪鱼CPUE与叶绿素浓度的关系见图3-6-49,由图可得,大眼金枪鱼CPUE较

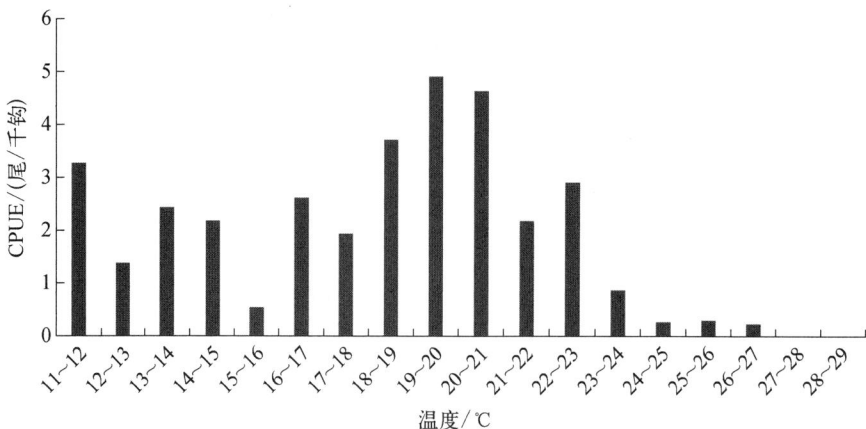

图3-6-47 大眼金枪鱼CPUE与水温的关系

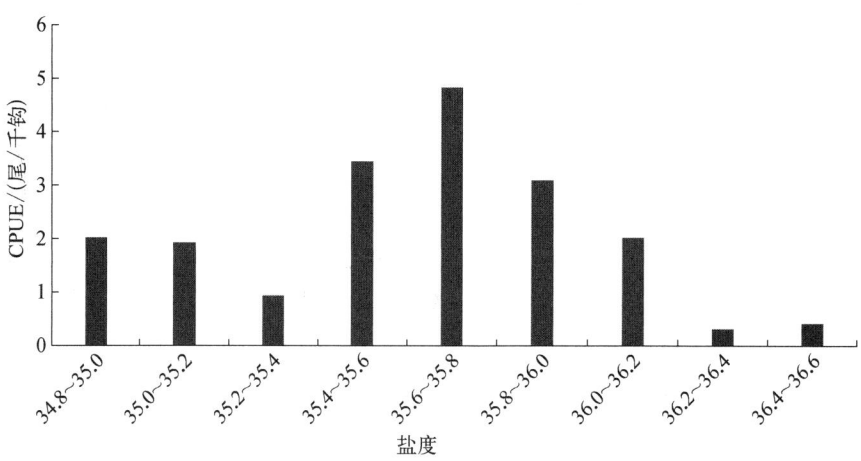

图3-6-48 大眼金枪鱼CPUE与盐度的关系

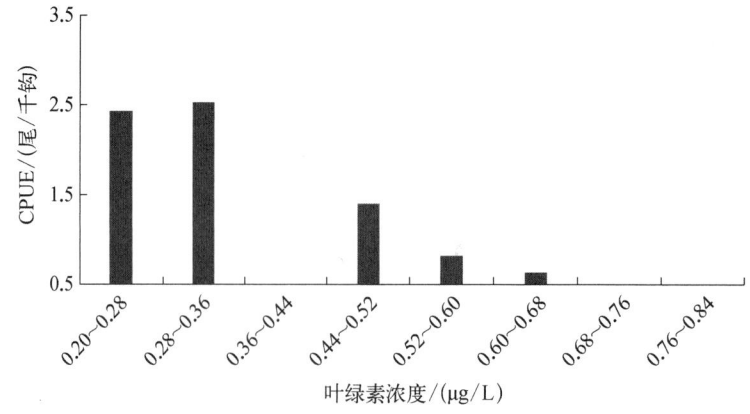

图3-6-49 大眼金枪鱼CPUE与叶绿素浓度的关系

高的叶绿素浓度范围主要集中在 0.20~0.52 μg/L。CPUE 最高(2.53 尾/千钩)的叶绿素浓度范围为 0.28~0.36 μg/L。

6.2.3.5 大眼金枪鱼的栖息溶解氧含量

大眼金枪鱼 CPUE 与溶解氧含量的关系见图 3-6-50,由图可得,大眼金枪鱼 CPUE 较高的溶解氧含量范围为 0.5~2.0 mg/L 和 3.0~4.0 mg/L,CPUE 最高(2.56 尾/千钩)的溶解氧含量范围为 1.0~1.5 mg/L。

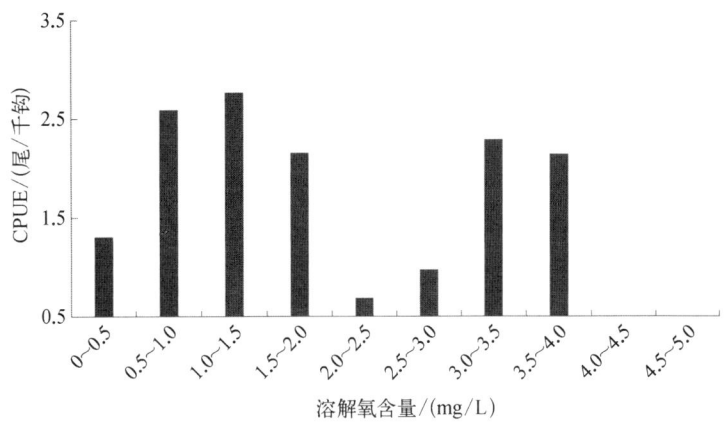

图 3-6-50 大眼金枪鱼 CPUE 与溶解氧含量的关系

6.2.3.6 大眼金枪鱼的栖息南北向海流

大眼金枪鱼 CPUE 与南北向海流的关系见图 3-6-51,由图可得,大眼金枪鱼 CPUE 较高的南北向海流范围为 -0.1~0.3 m/s,大眼金枪鱼 CPUE 最高(3.19 尾/千钩)的海流范围为 0.1~0.2 m/s。

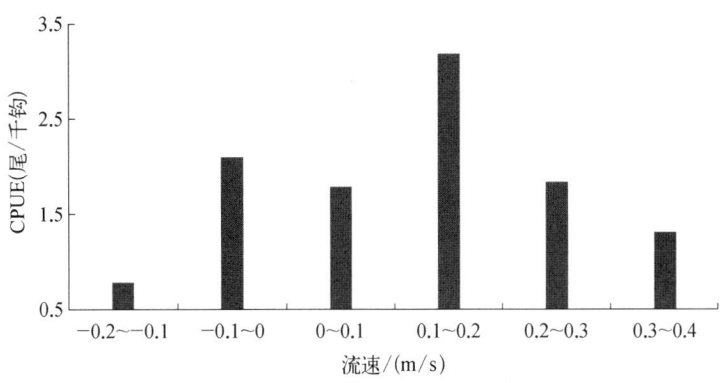

图 3-6-51 大眼金枪鱼 CPUE 与南北向海流的关系

6.2.3.7 大眼金枪鱼的栖息东西向海流

大眼金枪鱼 CPUE 与东西向海流的关系见图 3-6-52,由图可得,大眼金枪鱼 CPUE 较高的东西向海流范围为 0.2~0.4 m/s,大眼金枪鱼 CPUE 最高(2.34 尾/千钩)的海流范围为 0.2~0.3 m/s。

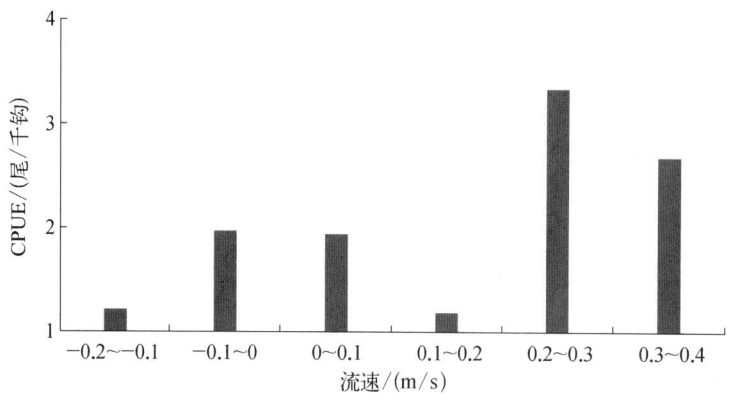

图 3-6-52　大眼金枪鱼 CPUE 与东西向海流的关系

6.2.3.8　大眼金枪鱼的栖息垂向海流

大眼金枪鱼 CPUE 与垂向海流的关系见图 3-6-53,由图可得,大眼金枪鱼 CPUE 较高的垂向海流范围为-0.04~0.04 m/s。CPUE 最高(3.00 尾/千钩)的垂向海流范围为 0.02~0.03 m/s。

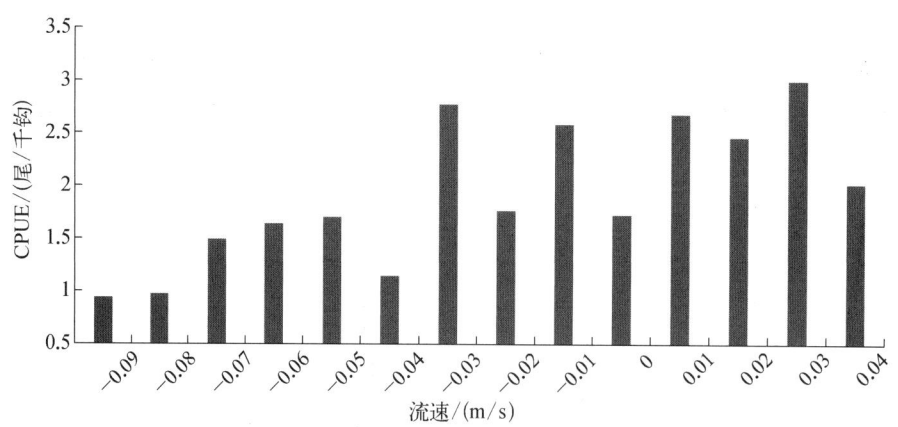

图 3-6-53　大眼金枪鱼 CPUE 与垂向海流的关系

6.2.3.9　大眼金枪鱼的栖息水平海流

大眼金枪鱼 CPUE 与水平海流的关系见图 3-6-54,由图可得,大眼金枪鱼 CPUE 除了在水平流速为 0.3~0.4 m/s 较低外,其他水平流速范围相差不大。大眼金枪鱼 CPUE 最高为 2.18 尾/千钩。

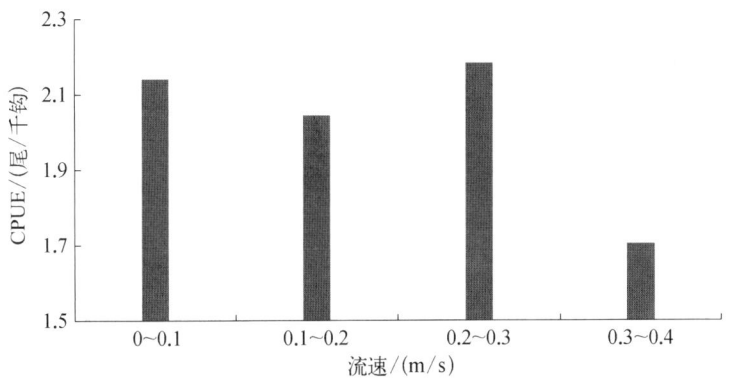

图 3-6-54　大眼金枪鱼 CPUE 与水平海流的关系

7　渔场形成机制

按照图 3-1-1 中 62 个站点的数据来分析主要鱼种 CPUE 与水层（0～39.9 m、40～79.9 m、80～119.9 m、120～159.9 m、160～199.9 m、200～240 m）的平均温度、盐度、叶绿素浓度、溶解氧含量（水温分别记为 $T_{0\sim39.9}$、$T_{40\sim79.9}$、$T_{80\sim119.9}$、$T_{120\sim159.9}$、$T_{160\sim199.9}$、$T_{200\sim240}$；盐度分别记为 $S_{0\sim39.9}$、$S_{40\sim79.9}$、$S_{80\sim119.9}$、$S_{120\sim159.9}$、$S_{160\sim199.9}$、$S_{200\sim240}$；叶绿素浓度分别记为 $CH_{0\sim39.9}$、$CH_{40\sim79.9}$、$CH_{80\sim119.9}$、$CH_{120\sim159.9}$、$CH_{160\sim199.9}$、$CH_{200\sim240}$；溶解氧含量分别记为 $O_{0\sim39.9}$、$O_{40\sim79.9}$、$O_{80\sim119.9}$、$O_{120\sim159.9}$、$O_{160\sim199.9}$、$O_{200\sim240}$）及钓具的漂移速度 V_g、风流合压角 γ、风速 V_w、风舷角 Q_w 的相关关系。

运用 SPSS 软件[1]进行相关性分析。首先通过相关分析，求出各指标与主要鱼种 CPUE 的 Pearson 相关系数，此相关系数反映两指标间的相关关系，再通过两指标间的显著性水平（取 10%），确定显著相关指标。其他详见"第一篇　7　渔场形成机制"。

7.1　长鳍金枪鱼

调查期间长鳍金枪鱼 CPUE（单位：尾/千钩，以下同）分布见图 3-7-1。

整个调查期间 62 个站点与长鳍金枪鱼 CPUE 分布有显著相关性的指标及相关系数和显著性水平见表 3-7-1。

表 3-7-1　整个调查期间与长鳍金枪鱼 CPUE 有显著相关性的指标及相关系数和显著性水平（62 个站点汇总统计）

相关指标	Pearson 相关系数	P 值（双尾）
$S_{40\sim79.9}$	0.687	0.000
$CH_{80\sim119.9}$	0.307	0.048
$T_{120\sim159.9}$	0.354	0.021
$O_{160\sim199.9}$	0.417	0.006

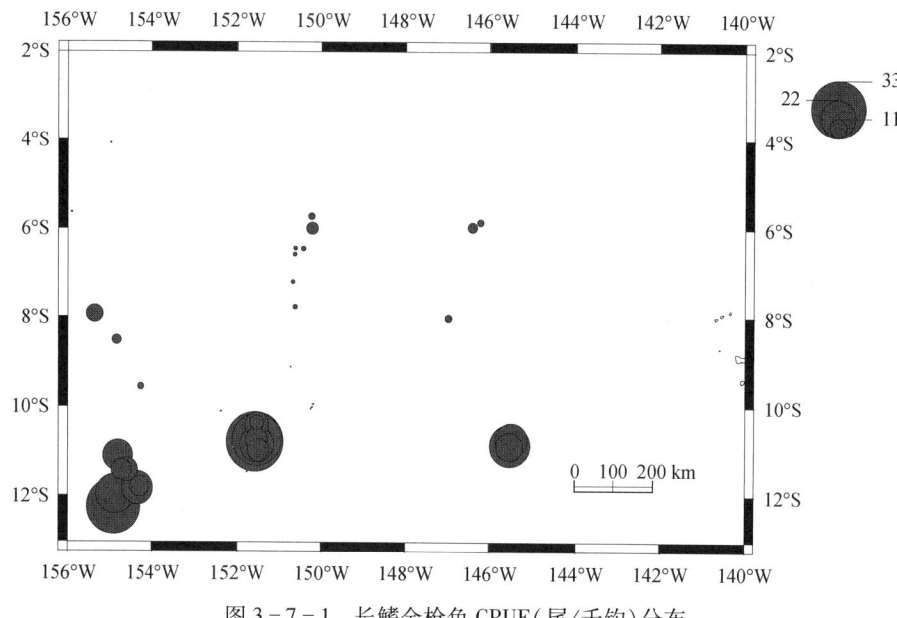

图 3-7-1　长鳍金枪鱼 CPUE(尾/千钩)分布

长鳍金枪鱼 CPUE 与 40~79.9 m 水层的盐度关系见图 3-7-2。由图可得,长鳍金枪鱼 CPUE 与 40~79.9 m 水层的盐度有较弱的正相关关系,盐度 35.7~36.2 内,长鳍金枪鱼 CPUE 较高,盐度高于 35.7 的区域,CPUE 较高。

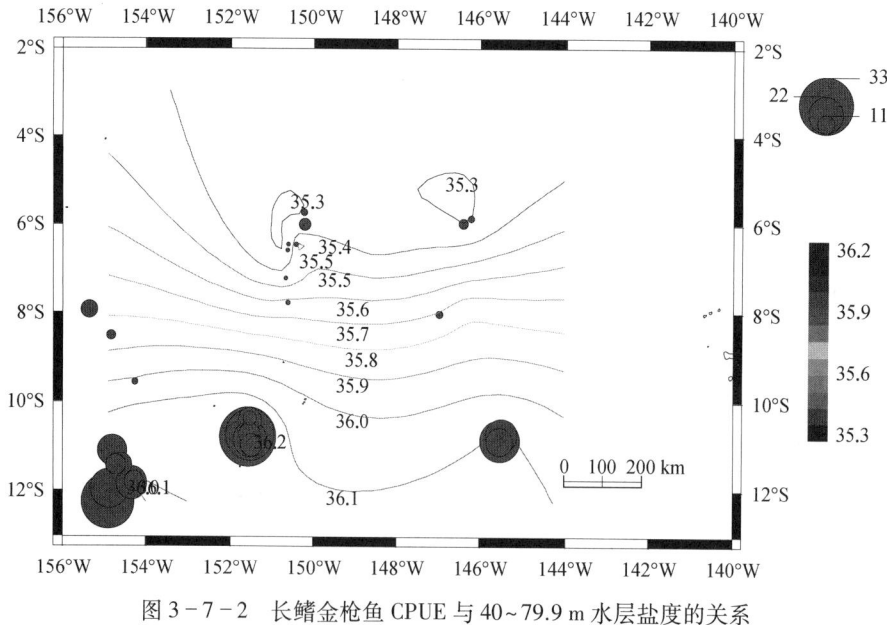

图 3-7-2　长鳍金枪鱼 CPUE 与 40~79.9 m 水层盐度的关系

长鳍金枪鱼 CPUE 与 80~119.9 m 水层叶绿素浓度关系如图 3-7-3。由图可得,长鳍金枪鱼 CPUE 与 80~119.9 m 水层叶绿素浓度有较弱的正相关关系,叶绿素浓度在 0.7~0.8 μg/L 范围内,长鳍金枪鱼 CPUE 较高,叶绿素浓度小于 0.6 μg/L 的区域,CPUE 较低。

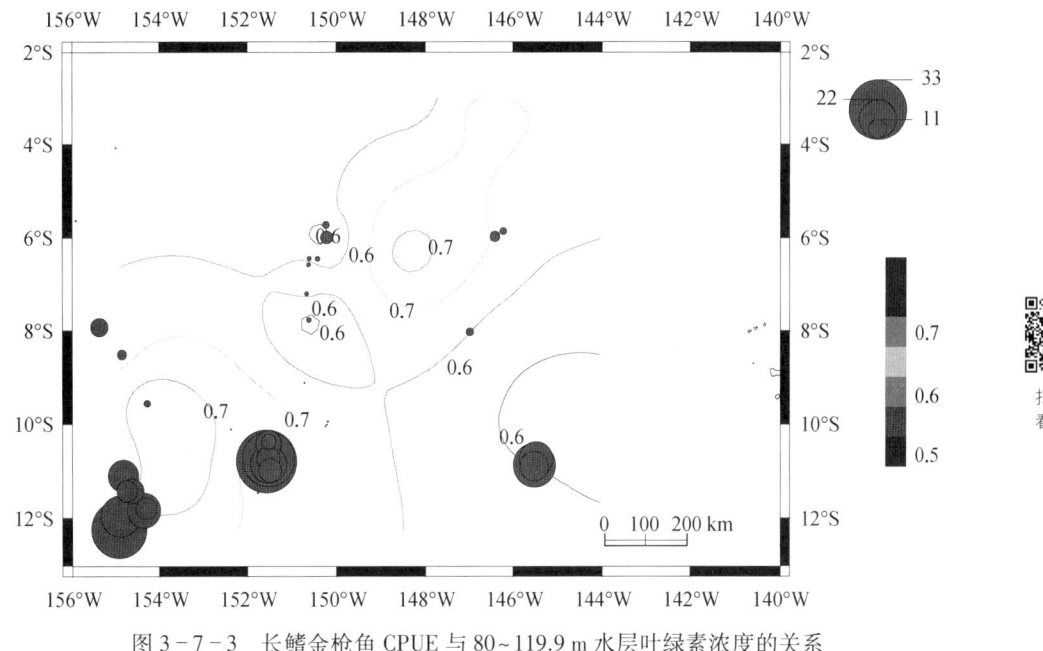

图 3-7-3　长鳍金枪鱼 CPUE 与 80~119.9 m 水层叶绿素浓度的关系

长鳍金枪鱼 CPUE 与 120~159.9 m 水层的温度关系见图 3-7-4。由图可得,长鳍金枪鱼 CPUE 与 120~159.9 m 水层的温度有较弱的正相关关系,温度在 23.1~25.3℃范围内,长鳍金枪鱼 CPUE 较高,温度低于 23.1℃的区域,CPUE 较低。

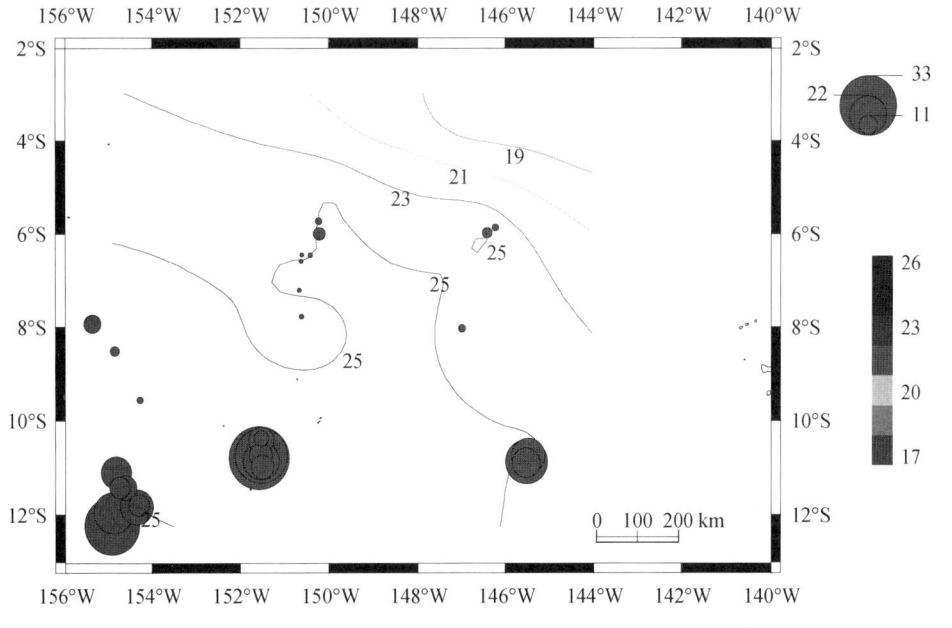

图 3-7-4　长鳍金枪鱼 CPUE 与 120~159.9 m 水层温度的关系

长鳍金枪鱼 CPUE 与 160~199.9 m 水层的溶解氧含量关系见图 3-7-5。由图可得,长鳍金枪鱼 CPUE 与 160~199.9 m 水层的溶解氧含量有较弱的正相关关系,溶解氧含量在

3.1~3.8 mg/L 范围内,长鳍金枪鱼 CPUE 较高,溶解氧含量低于 3.1 mg/L 的区域,CPUE 较低。

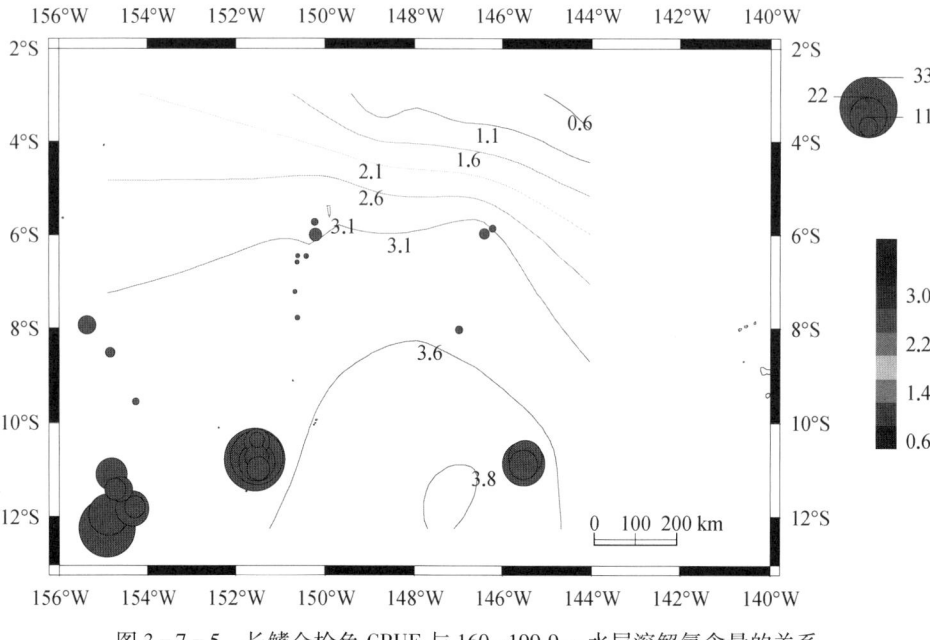

图 3-7-5　长鳍金枪鱼 CPUE 与 160~199.9 m 水层溶解氧含量的关系

7.2　黄鳍金枪鱼

调查期间黄鳍金枪鱼 CPUE 分布见图 3-7-6。

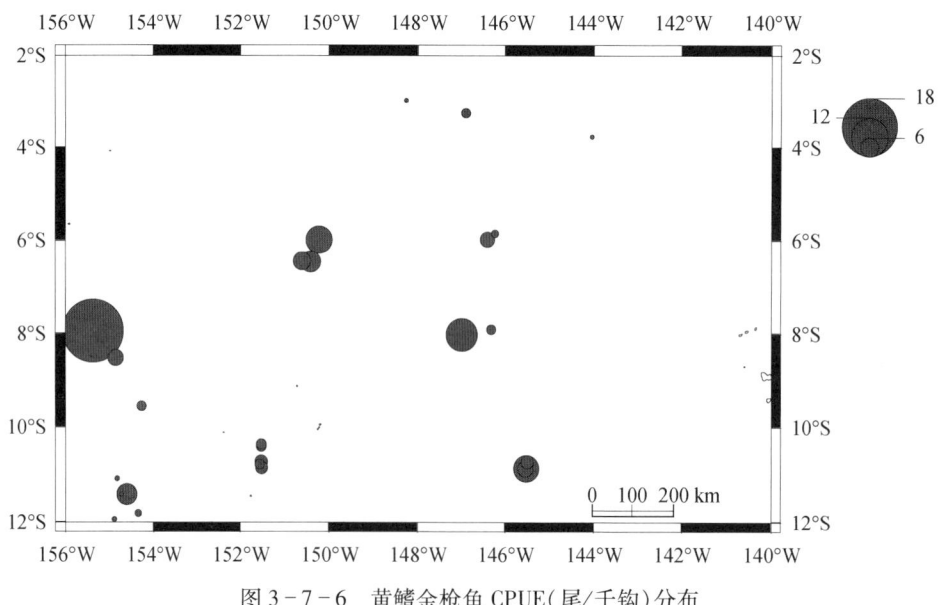

图 3-7-6　黄鳍金枪鱼 CPUE(尾/千钩)分布

整个调查期间62个站点与黄鳍金枪鱼CPUE分布有显著相关性的指标及相关系数和显著性水平见表3-7-2。

表3-7-2 整个调查期间与黄鳍金枪鱼CPUE有相关性的指标及相关系数和显著性水平(62个站点汇总统计)

相关指标	Pearson相关系数	P值(双尾)
$T_{40\sim79.9}$	0.256	0.100
$O_{120\sim159.9}$	0.298	0.097
$T_{120\sim159.9}$	0.426	0.019

黄鳍金枪鱼CPUE与40~79.9 m水层温度关系如图3-7-7。由图可得,黄鳍金枪鱼CPUE与40~79.9 m水层的温度有较弱的正相关关系,温度在28.3~28.9℃内,黄鳍金枪鱼CPUE较高,温度小于28.3℃的区域,CPUE较低。

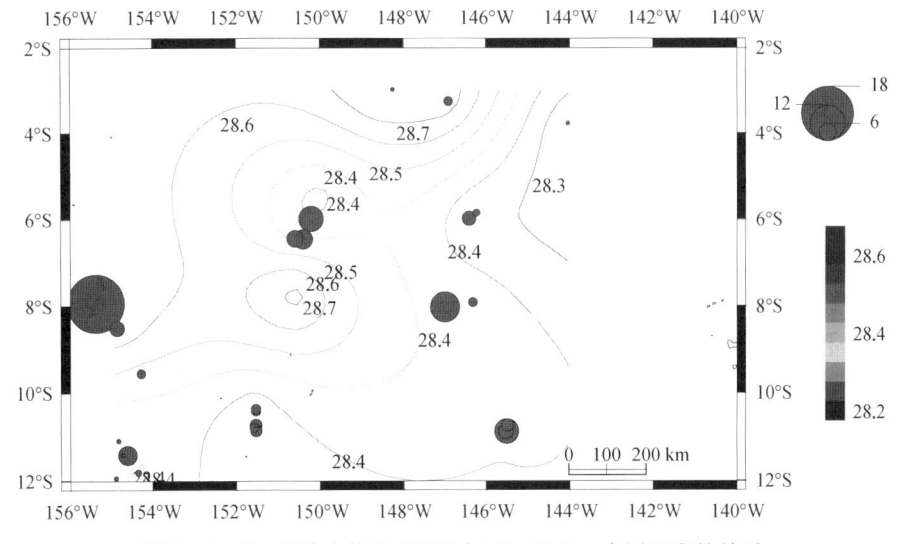

图3-7-7 黄鳍金枪鱼CPUE与40~79.9 m水层温度的关系

黄鳍金枪鱼CPUE与120~159.9 m水层溶解氧含量关系如图3-7-8。由图可得,黄鳍金枪鱼CPUE与120~159.9 m水层的溶解氧含量有较弱的正相关关系,溶解氧含量在3.1~3.8 mg/L范围内,黄鳍金枪鱼CPUE较高,溶解氧含量小于3.1 mg/L的区域,CPUE较低。

黄鳍金枪鱼CPUE与120~159.9 m水层的温度关系见图3-7-9。由图可得,黄鳍金枪鱼CPUE与120~159.9 m水层的温度有较弱的正相关关系,温度在24.3~26.3℃内,黄鳍金枪鱼CPUE较高,温度低于24.3℃的区域,CPUE较低。

7.3 大眼金枪鱼

调查期间大眼金枪鱼CPUE分布见图3-7-10。

整个调查期间62个站点与大眼金枪鱼CPUE分布有显著相关性的指标及相关系数和显著性水平见表3-7-3。

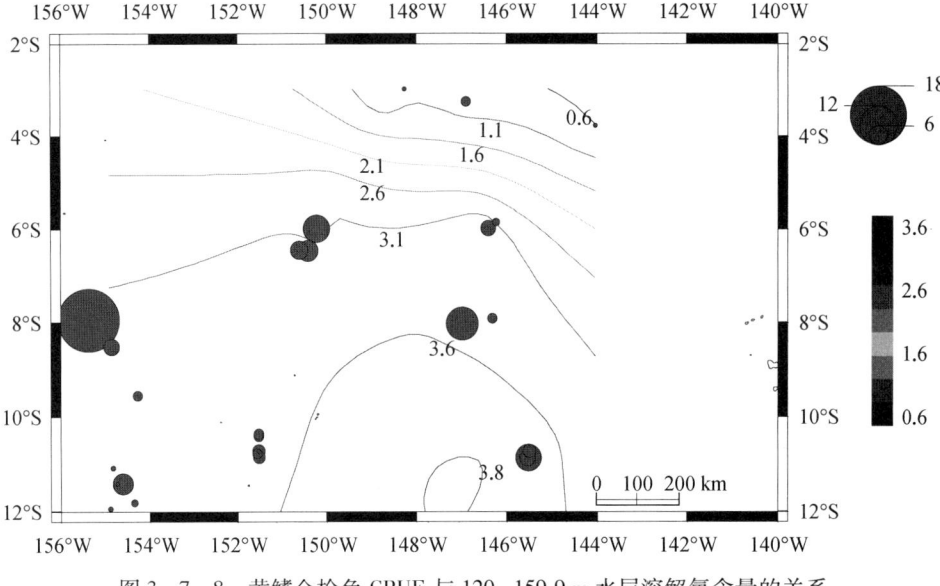

图3-7-8 黄鳍金枪鱼CPUE与120~159.9 m水层溶解氧含量的关系

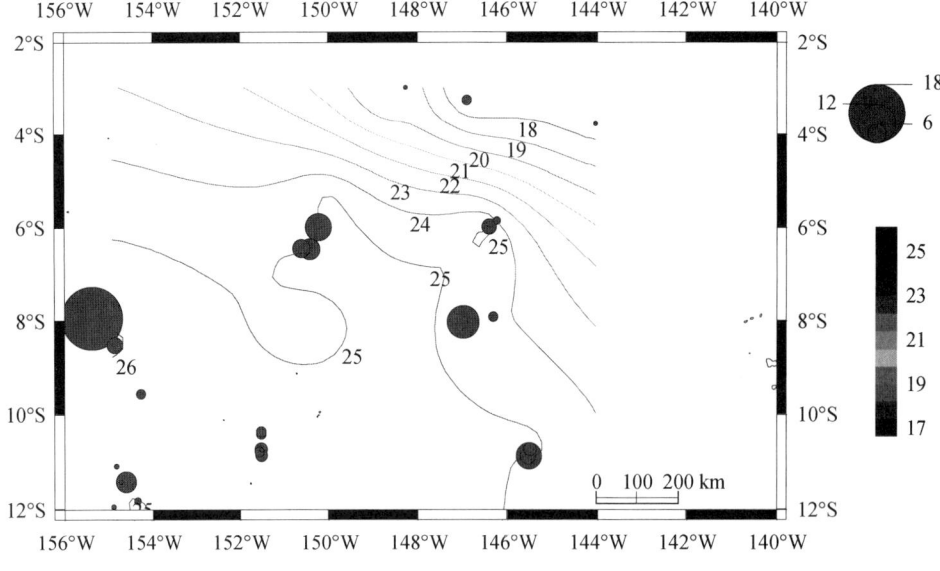

图3-7-9 黄鳍金枪鱼CPUE与120~159.9 m水层温度的关系

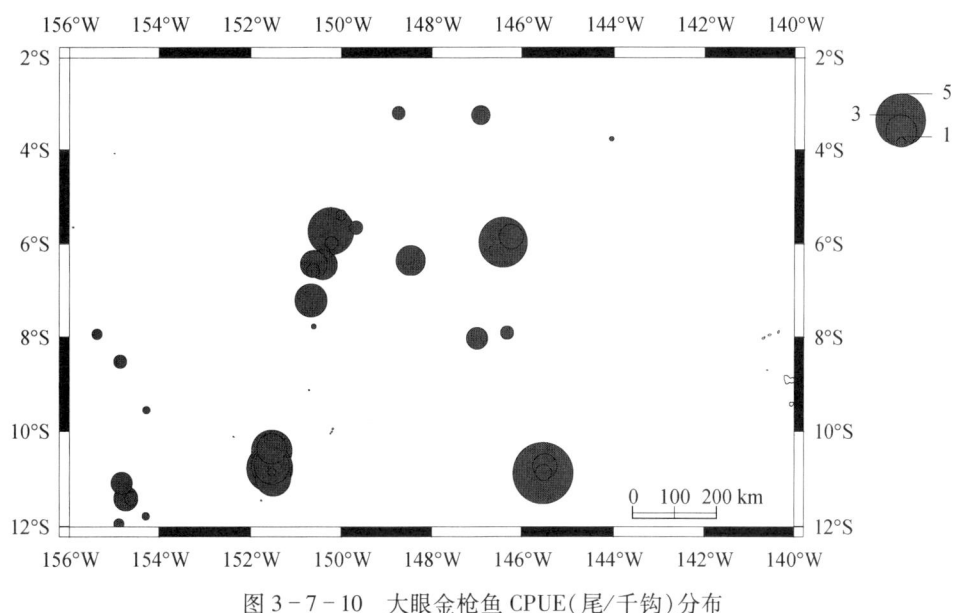

图 3-7-10 大眼金枪鱼 CPUE(尾/千钩)分布

表 3-7-3 整个调查期间与大眼金枪鱼 CPUE 有显著相关性的指标及相关系数和显著性水平(62 个站点汇总统计)

相 关 指 标	Pearson 相关系数	P 值(双尾)
$CH_{40\sim79.9}$	0.357	0.022
$O_{120\sim159.9}$	0.278	0.078
$CH_{200\sim139.9}$	0.333	0.033

大眼金枪鱼 CPUE 与 40~79.9 m 水层叶绿素浓度关系如图 3-7-11。由图可得,大眼

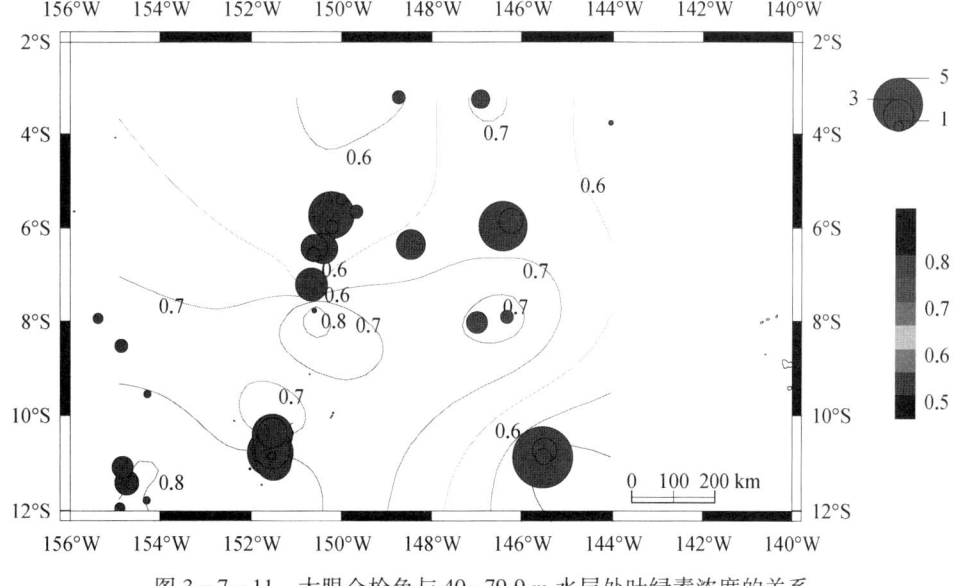

扫一扫
看彩图

图 3-7-11 大眼金枪鱼与 40~79.9 m 水层处叶绿素浓度的关系

金枪鱼 CPUE 与 40~79.9 m 水层叶绿素浓度有较弱的正相关关系,叶绿素浓度在 0.6~1.1 μg/L 内,大眼金枪鱼 CPUE 较高,叶绿素浓度小于 0.6 μg/L 的区域,CPUE 较低。

大眼金枪鱼 CPUE 与 120~159.9 m 水层溶解氧含量关系如图 3-7-12。由图可得,大眼金枪鱼 CPUE 与 120~159.9 m 处溶解氧含量有较弱的正相关关系,溶解氧含量在 3.3~3.8 mg/L 内,大眼金枪鱼 CPUE 较高,溶解氧含量小于 3.3 mg/L 的区域,CPUE 较低。

扫一扫
看彩图

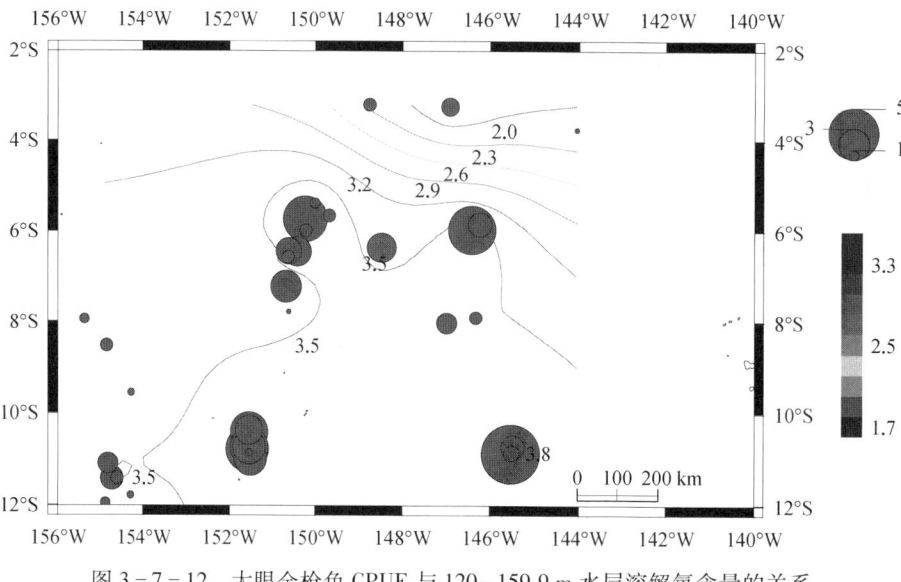

图 3-7-12 大眼金枪鱼 CPUE 与 120~159.9 m 水层溶解氧含量的关系

大眼金枪鱼 CPUE 与 200~239.9 m 水层叶绿素浓度关系如图 3-7-13。由图可得,大眼金枪鱼 CPUE 与 200~239.9 m 处叶绿素浓度有较弱的负相关关系,叶绿素浓度在 0.2~0.3 μg/L 内,大眼金枪鱼 CPUE 较高,叶绿素浓度大于 0.3 μg/L 的区域,CPUE 较低。

扫一扫
看彩图

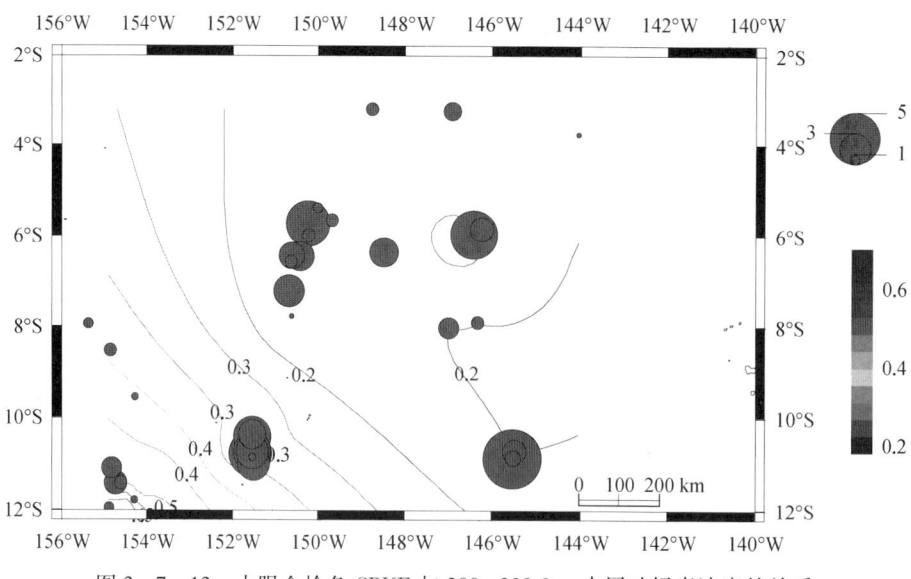

图 3-7-13 大眼金枪鱼 CPUE 与 200~239.9 m 水层叶绿素浓度的关系

7.4 小结

以上为 2015 年 4 月 11 日~2015 年 9 月 4 日基于"丰汇 17"调查船取得的数据,对主要金枪鱼的渔场形成机制分析的结果。本次调查测量的指标较广,几乎收集了所有的风速、风向、钓具漂移速度、漂移方向、0~300 m 各水层的水温、叶绿素浓度、溶解氧含量、三维海流数据。

7.4.1 长鳍金枪鱼

根据对调查船整个调查期间所有数据进行分析的结果,40~79.9 m 水层盐度、80~119.9 m 水层叶绿素浓度、120~159.9 m 水层温度、160~199.9 m 水层溶解氧含量对长鳍金枪鱼 CPUE 分布的影响较大。

长鳍金枪鱼 CPUE 较高处为:
1) 40~79.9 m 水层盐度范围 35.7~36.2;
2) 80~119.9 m 水层叶绿素浓度范围 0.7~0.8 μg/L;
3) 120~159.9 m 水层温度范围 23.1~25.3℃;
4) 160~199.9 m 水层溶解氧含量范围 3.1~3.8 mg/L。

7.4.2 黄鳍金枪鱼

根据对调查船整个调查期间所有数据进行分析的结果,40~79.9 m 水层温度、120~159.9 m 水层溶解氧含量、120~159.9 m 水层温度对黄鳍金枪鱼 CPUE 分布的影响较大。

黄鳍金枪鱼 CPUE 较高处为:
1) 40~79.9 m 水层温度范围 28.3~28.9℃;
2) 120~159.9 m 水层溶解氧含量范围 3.1~3.8 mg/L;
3) 120~159.9 m 水层温度范围 24.3~26.3℃。

7.4.3 大眼金枪鱼

根据对调查船整个调查期间所有数据进行分析的结果,40~79.9 m、120~159.9 m 水层叶绿素浓度、120~159.9 m 水层溶解氧含量对大眼金枪鱼 CPUE 分布的影响较大。

大眼金枪鱼 CPUE 较高处为:
1) 40~79.9 m 水层叶绿素浓度范围 0.6~1.1 μg/L;
2) 120~159.9 m 水层溶解氧含量范围 3.3~3.8 mg/L;
3) 120~159.9 m 水层叶绿素浓度范围 0.2~0.3 μg/L。

参 考 文 献

1. 李志辉,罗平.统计分析教程.北京:电子工业出版社,2003:173-175.

第四篇

2016年公海水域低温金枪鱼延绳钓渔船捕捞技术研究

浙江丰汇远洋渔业有限公司与上海海洋大学合作,于2016年3月21日~2016年7月11日对波利尼西亚群岛附近的公海长鳍金枪鱼渔场(4°30′~10°30′S、151°30′~143°30′W)进行了探捕。执行本次海上调查任务的渔船为低温金枪鱼延绳钓渔船"丰汇18",主要的船舶参数如下:总长47.59 m;型宽7.60 m;型深3.80 m;总吨460 t;净吨138 t;主机功率735.00 kW。探捕船对42个站点(图4-1-1)进行了探捕调查,记录了每天的投绳位置、投绳开始时间、起绳开始时间、投钩数、投绳时的船速和出绳速度、两钓钩间的时间间隔、两浮子间的钓钩数、主要金枪鱼鱼种的渔获量,抽样测定了它们的上钩钩号、死活状态、上钩时的位置,用卡尺测定了主要金枪鱼鱼种的叉长,用微型温度深度计(TDR-2050)测定了部分钓钩在海水中的实际深度及其变化,用多功能水质仪(XR-620)测定了调查站点的0~300 m的温度、盐度、叶绿素浓度和溶解氧含量的垂直变化曲线,用三维海流计(Aquadopp-2000)测定了调查站点的0~300 m的海流数据,通过微型温度深度计(TDR-2050)测定钓钩的实际深度。进行了渔具渔法的交叉比较试验,对主要鱼种的生物学参数进行了测定等。

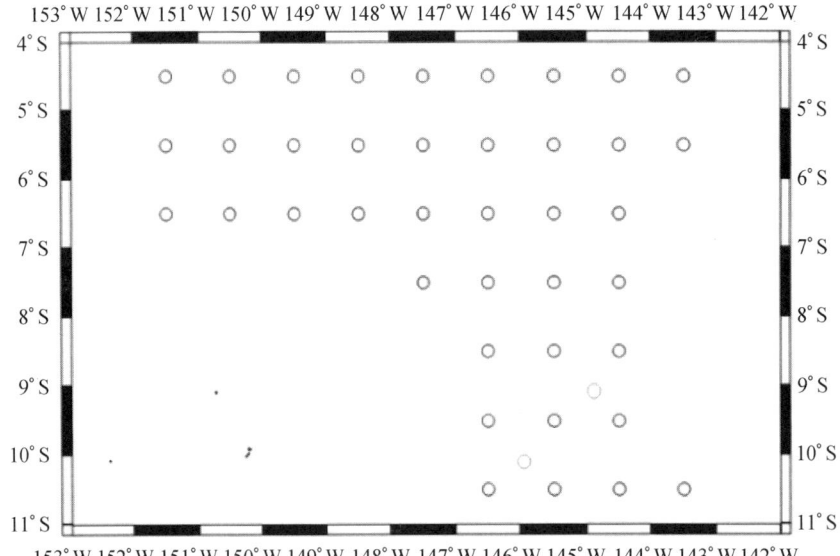

图4-1-1 2016年探捕海域
○:探捕站点

本次调查船上所用的钓具结构为：浮子直径为 360 mm(浮力 20 kg);浮子绳长 28 m;干线直径为 4.0 mm;支绳第一段为直径 3.5 mm 的硬质聚丙烯,长 1.5 m 左右,第二段为 180#(直径为 2.25 mm)的单丝,长 17 m;第一段与第二段用 H 型转环(不带铅)连接;钓钩采用圆形钓钩(16/0)。

调查期间,一般情况下,5:30~9:30,投绳,持续时间为 4 h 左右;15:30 至第二天 3:00,起绳,持续时间为 11.5 h 左右;船长根据探捕计划调查站点位置决定当天投绳的位置,受条件所限实际的投绳位置和计划站点位置会有一定的偏差。

船速 8.2~9.4 节,出绳速度一般为 11.1~12.6 节,两浮子间的钓钩数为 28 枚,两钓钩间的时间间隔为 6 s。每天投放船用渔具钓钩 2 750~4 160 枚。

1 渔 场 海 况

1.1 海流

本次调查时间为 2016 年 3 月 21 日~2016 年 7 月 11 日。具体调查范围为 4°30′~10°30′S、151°30′~143°30′W。海流数据是海流计实测的数据,取 5~15 m 水深海流为表层海流。表面漂流方向总体往东、东北,流速范围为 0.01~0.77 m/s。

1.2 风速风向

调查海域的风速为 0.9~15.5 m/s,绝大部分情况下为 3~9 m/s,调查过程中 0~3 m/s,9~15.5 m/s 风速出现很少,3~9 m/s 风速出现的频率最高,占 59.55%,未出现超过 15.5 m/s 的风速(表 4-1-1)。主导风向为东南风和东风。

表 4-1-1 调查海域的风速频率

风速/(m/s)	频率/%	风速/(m/s)	频率/%
0~3	24.72	6~9	24.72
3~6	34.83	>9	15.73

1.3 表层水温

本文中取深度为水下 10±5 m 水层作为表层,考虑到海面受天气变化的影响较大,为了保证数据之间的可比性,本文统一取此水层作为表层,然后计算这一水层水温的算术平均值。调查海域的表层水温在 29.3~30.8℃ 波动,平均为 30.3℃,东南部及西北部温度较高,西南部温度较低(图 4-1-2)。

1.4 表层盐度

水层深度同上所述。计算该水层盐度的算术平均值。调查海域的表层盐度含量在 34.36~35.79 波动,平均为 35.38,西南部较高(图 4-1-3)。

扫一扫
看彩图

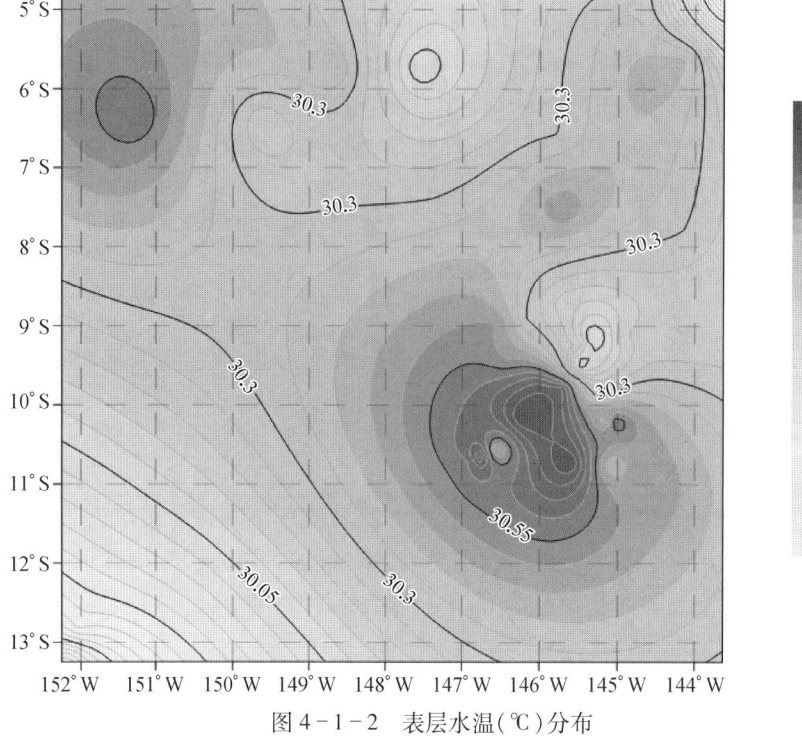

图 4-1-2 表层水温(℃)分布

扫一扫
看彩图

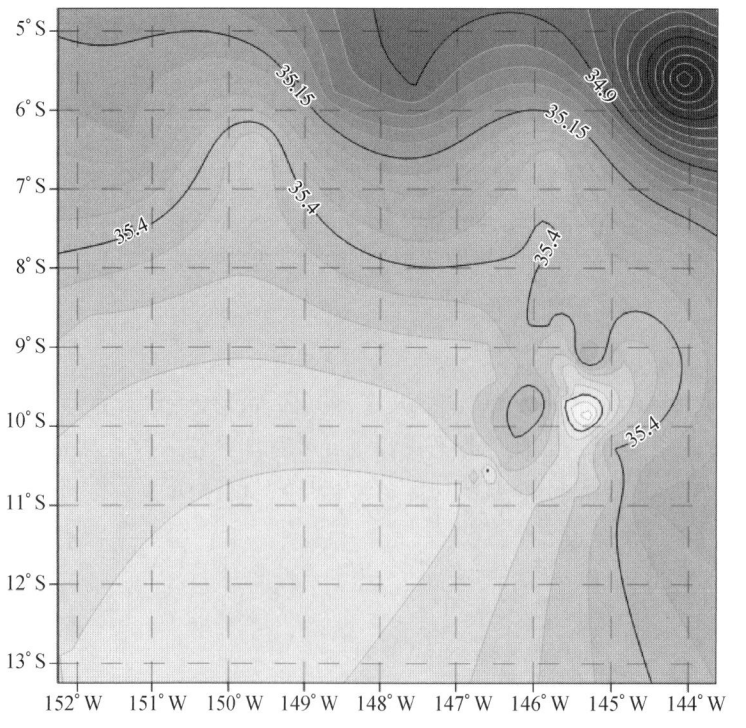

图 4-1-3 表层盐度分布

1.5 表层叶绿素

水层深度同上所述。计算该水层叶绿素浓度的算术平均值。调查海域的表层叶绿素浓度在 0.39~3.93 μg/L 波动,平均为 1.57 μg/L,西南部较高(图 4-1-4)。

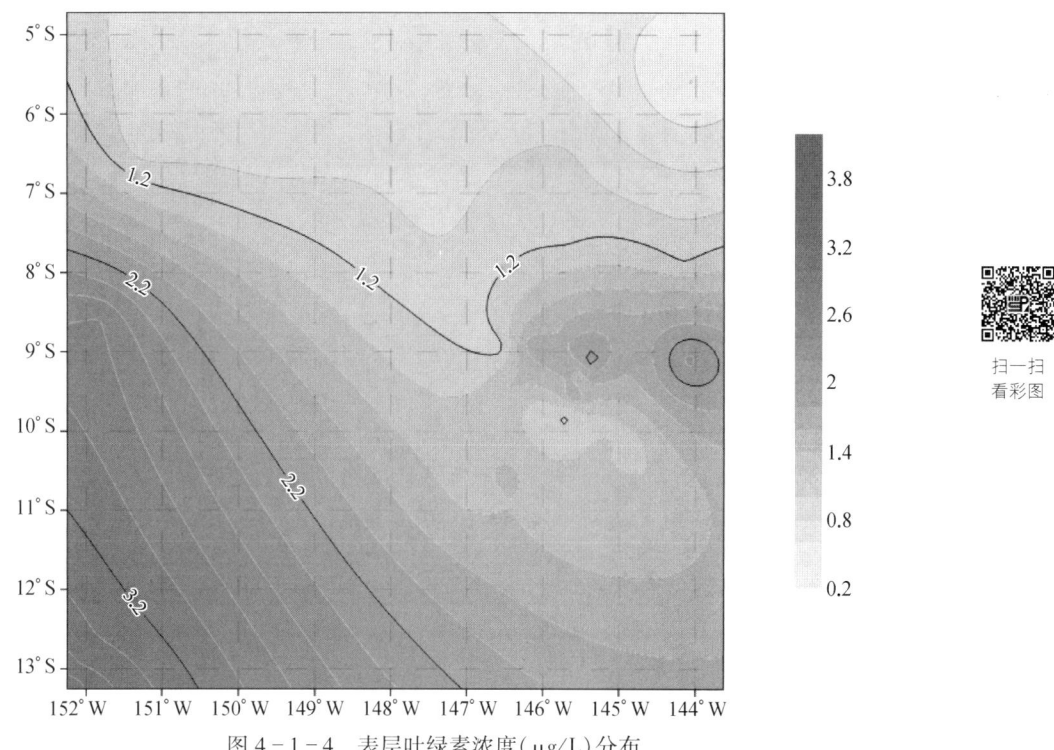

图 4-1-4　表层叶绿素浓度(μg/L)分布

1.6 表层溶解氧含量

水层深度同上所述。计算该水层溶解氧含量的算术平均值。调查海域的表层溶解氧含量在 3.12~4.28 mg/L 波动,平均为 4.04 mg/L,东北部偏低(图 4-1-5)。

2　主要金枪鱼鱼种渔获量及上钩率情况

2.1 渔获量状况

2016 年 3 月 23 日~2016 年 7 月 11 日,共作业 90 次,投钩 336 860 枚,共捕获长鳍金枪鱼 5 570 尾(95 023 kg)、大眼金枪鱼 565 尾(11 700 kg)、黄鳍金枪鱼 947 尾(21 421 kg)、蓝枪鱼 78 尾(3 469 kg)。具体见表 4-2-1。

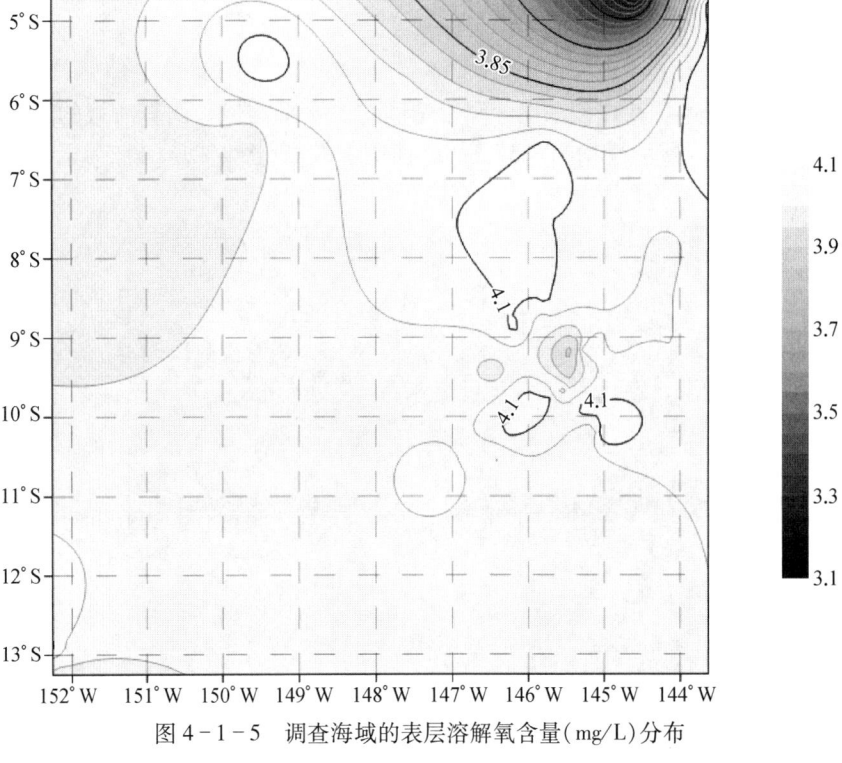

图 4-1-5 调查海域的表层溶解氧含量(mg/L)分布

表 4-2-1 调查期间调查船的产量(尾)情况

	长鳍金枪鱼	大眼金枪鱼	蓝枪鱼	黄鳍金枪鱼	总　计
尾数	5 570	565	78	947	7 160
重量/kg	95 023	11 700	3 469	21 421	131 613

对本航次长鳍金枪鱼、大眼金枪鱼、黄鳍金枪鱼的日渔获量(单位:尾)、上钩率(单位:尾/千钩,以下同)进行了统计。整个调查期间,长鳍金枪鱼、大眼金枪鱼、黄鳍金枪鱼的日渔获量(尾)分布见图 4-2-1~图 4-2-3。

1) 长鳍金枪鱼:整个调查期间,其平均日渔获量为 64.0 尾,最小日渔获量为 0,最大日渔获量为 193 尾。具体的日渔获量等级分布见图 4-2-4,由图可得:31~60 尾的出现频率最高,24 次,占 27.59%;其他各个等级都有分布,151~180 尾和大于 180 尾出现的频率最低,各 3 次,分别占 3.45%。

2) 大眼金枪鱼:整个调查期间,其平均日渔获量为 6.49 尾,最小渔获量为 0,最大日渔获量为 26 尾。具体的日渔获量等级分布见图 4-2-5,由图可得:渔获量 0~3 尾出现频率最高,32 次,占 36.78%;其他各个等级都有分布,大于 21 尾的出现频率最低,只出现 1 次,占 1.15%。

3) 黄鳍金枪鱼:整个调查期间,其平均日渔获量为 10.89 尾,最小渔获量为 0,最大日渔获量为 73 尾。具体的日渔获量等级分布见图 4-2-6,由图可得:渔获量 0~5 尾出现频率最高,35 次,占 40.23%;21~25 尾出现频率最低,1 次,占 1.15%。

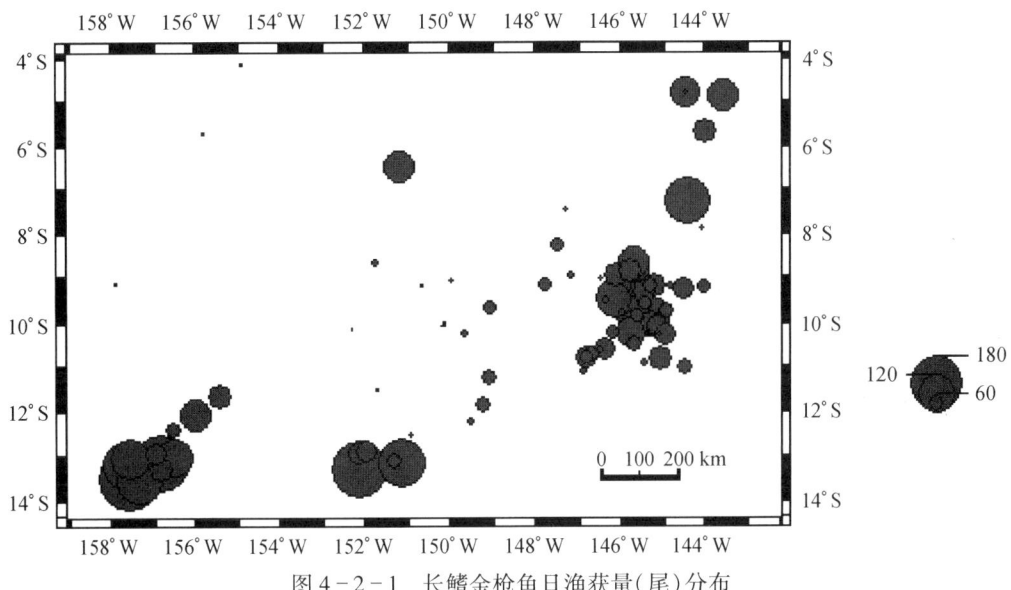

图 4-2-1　长鳍金枪鱼日渔获量(尾)分布

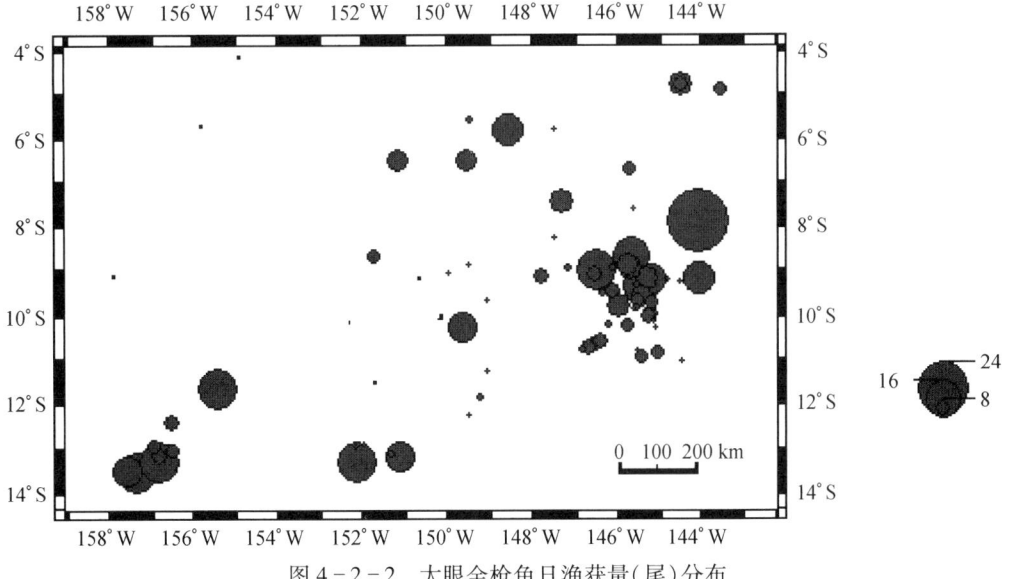

图 4-2-2　大眼金枪鱼日渔获量(尾)分布

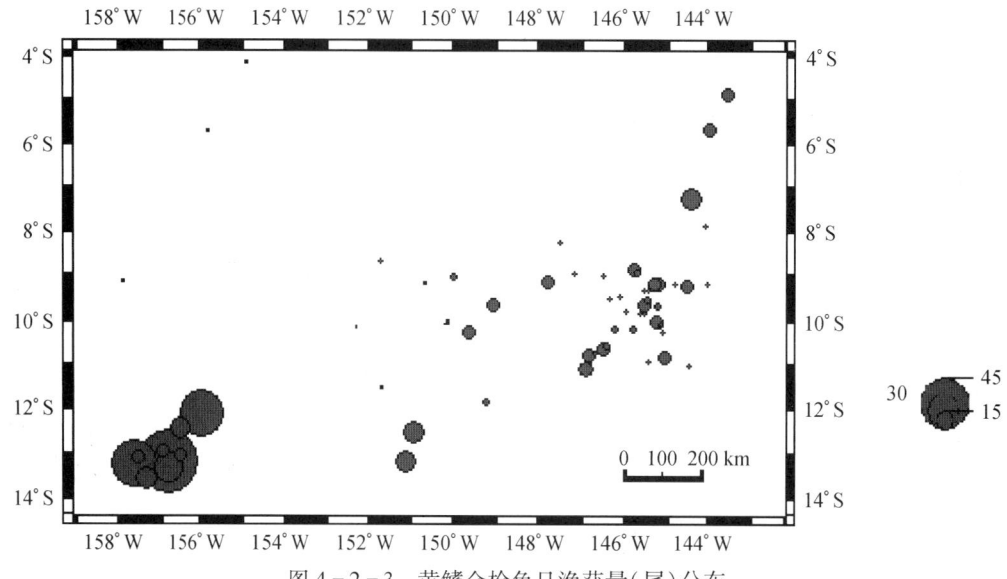

图 4-2-3 黄鳍金枪鱼日渔获量(尾)分布

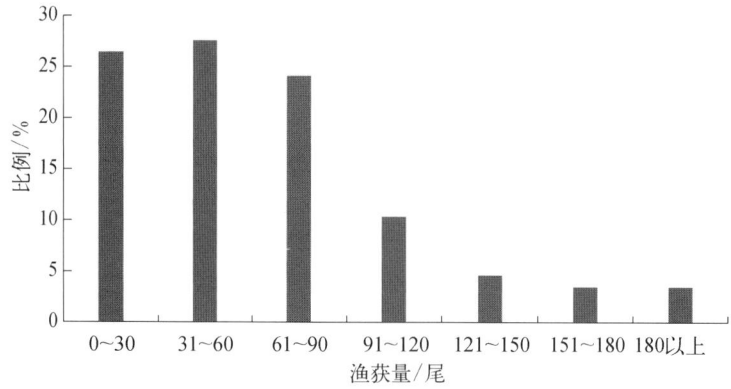

图 4-2-4 长鳍金枪鱼日渔获量等级分布

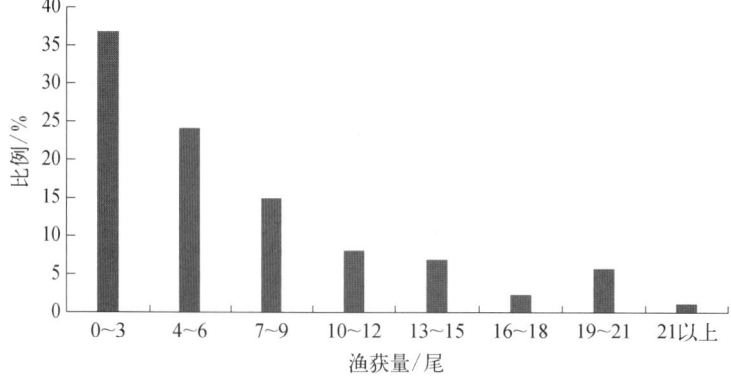

图 4-2-5 大眼金枪鱼日渔获量等级分布

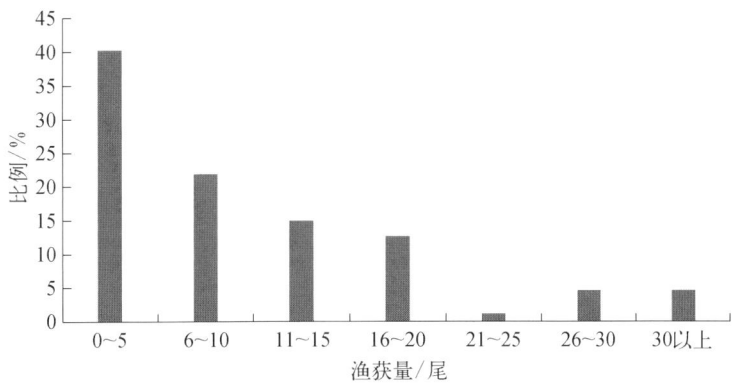

图 4-2-6　黄鳍金枪鱼日渔获量等级分布

4）三种鱼：整个调查期间平均日渔获量为 81.40 尾，最小日渔获量为 0，最大日渔获量为 265 尾。具体的渔获量等级分布见图 4-2-7，由图可得：渔获量在 61~90 尾的出现频率最高，占 22.73%；出现频率最低的为 210 尾以上，占 2.0%。

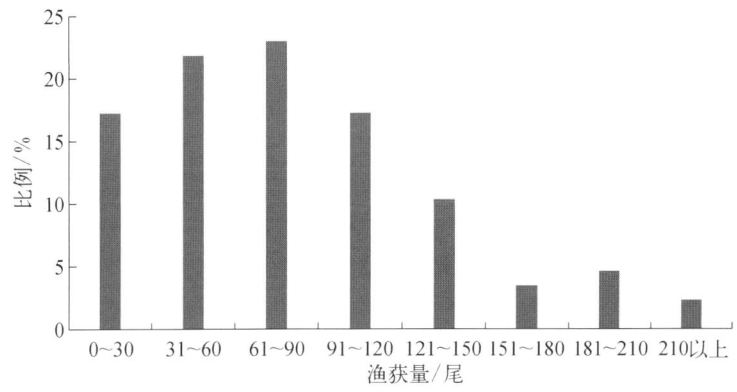

图 4-2-7　三种鱼的日渔获量等级分布

2.2　上钩率状况

共投钩 336 860 枚，长鳍金枪鱼、大眼金枪鱼、黄鳍金枪鱼三种鱼的上钩率分别为 16.53 尾/千钩、1.68 尾/千钩、2.81 尾/千钩。调查期间调查船的上钩率情况见表 4-2-2。

表 4-2-2　调查期间的上钩率（尾/千钩）情况

钩数	长鳍金枪鱼		大眼金枪鱼		黄鳍金枪鱼	
	尾数	上钩率	尾数	上钩率	尾数	上钩率
336 860	5 570	16.53	565	1.68	947	2.81

调查期间长鳍金枪鱼、大眼金枪鱼、黄鳍金枪鱼日上钩率分布见图 4-2-8~图 4-2-10。

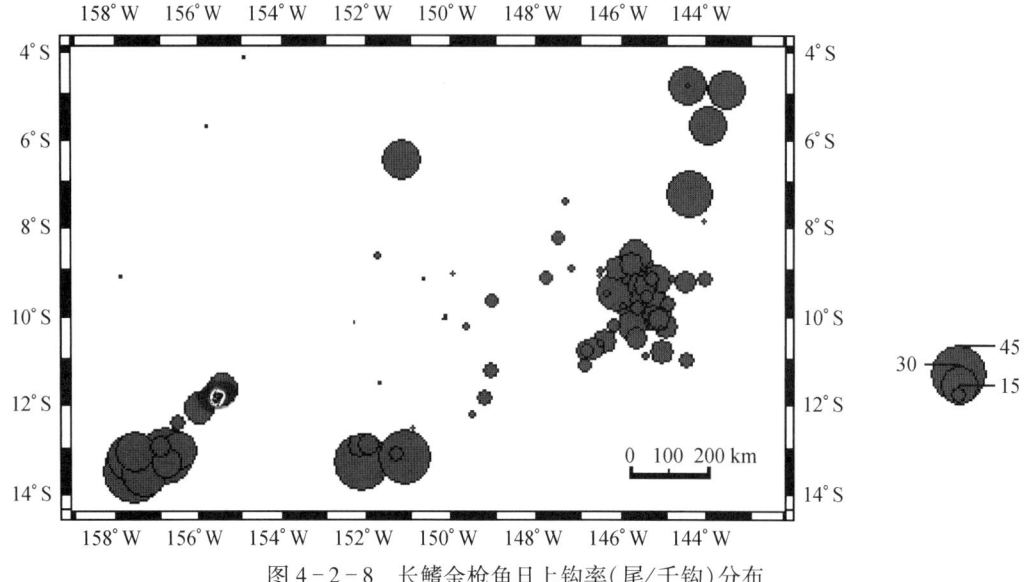

图 4-2-8 长鳍金枪鱼日上钩率(尾/千钩)分布

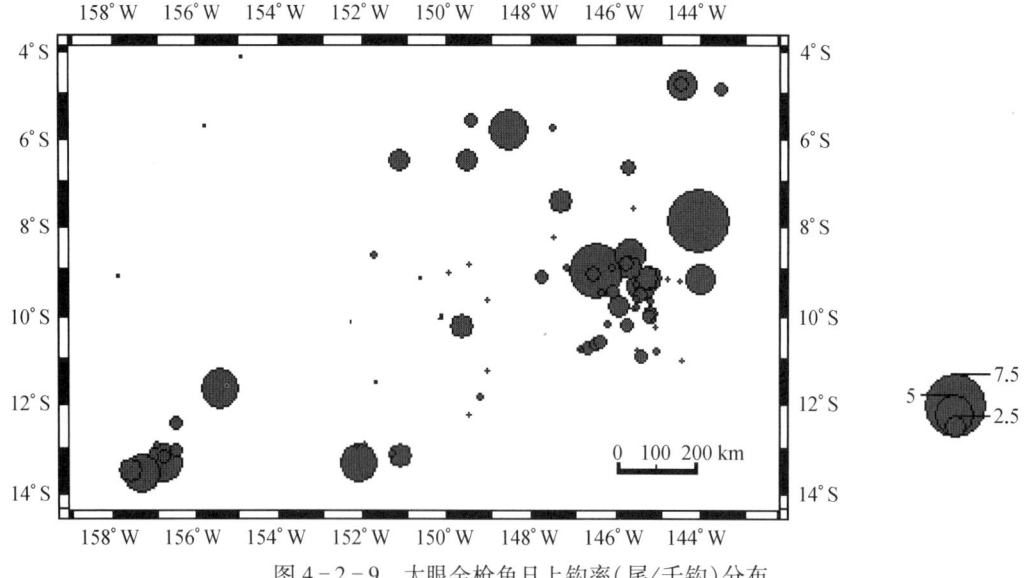

图 4-2-9 大眼金枪鱼日上钩率(尾/千钩)分布

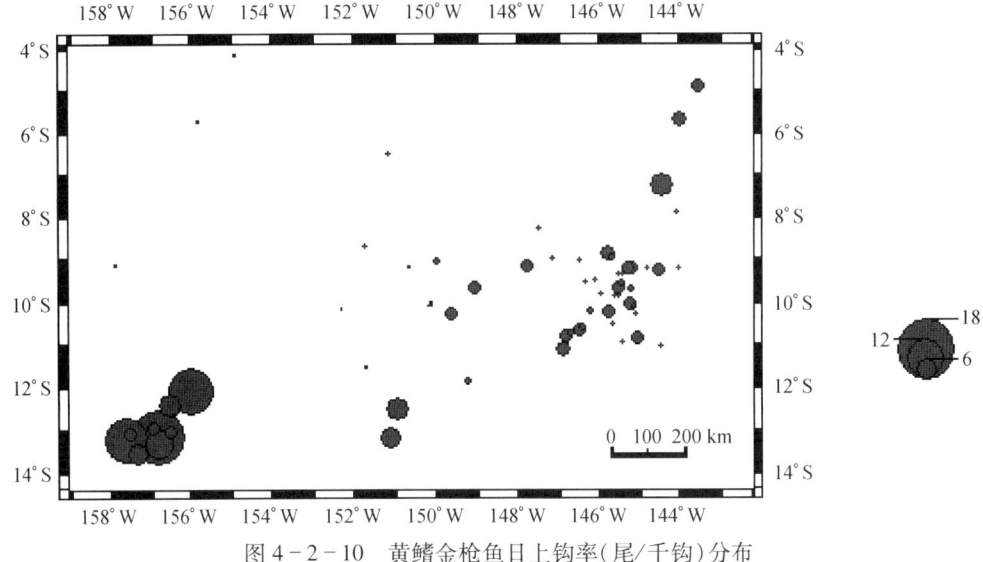

图4-2-10 黄鳍金枪鱼日上钩率(尾/千钩)分布

对长鳍金枪鱼、大眼金枪鱼、黄鳍金枪鱼的上钩率(单位：尾/千钩,以下同)、三种鱼的上钩率进行了统计,长鳍金枪鱼、大眼金枪鱼、黄鳍金枪鱼的上钩率等级分布、三种鱼的上钩率等级分布见图4-2-11~图4-2-14。

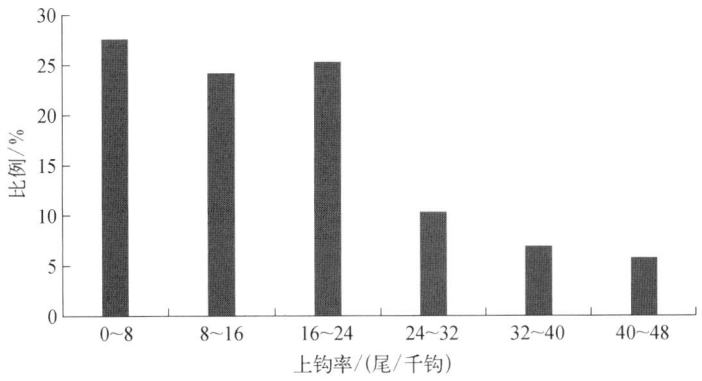

图4-2-11 长鳍金枪鱼的上钩率等级分布

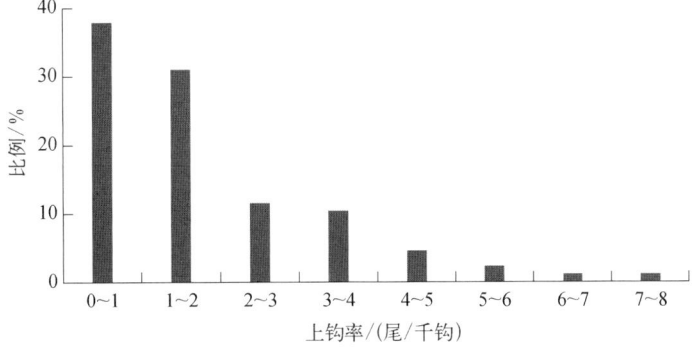

图4-2-12 大眼金枪鱼的上钩率等级分布

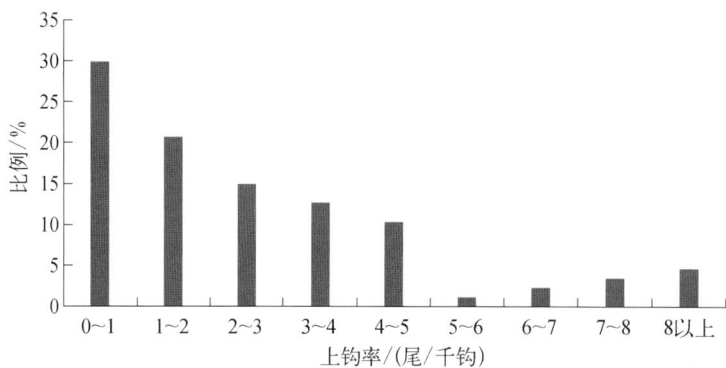

图4-2-13 黄鳍金枪鱼的上钩率等级分布

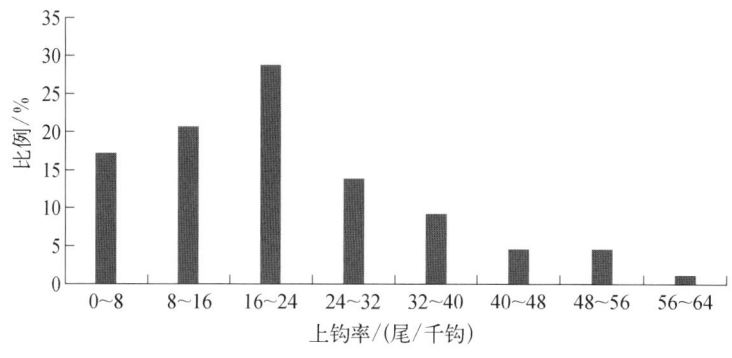

图4-2-14 三种鱼的上钩率等级分布

1) 长鳍金枪鱼：整个调查期间，其平均上钩率为16.41尾/千钩，最小上钩率为0，最大上钩率为46.39尾/千钩。具体的上钩率等级分布见图4-2-11，由图可得：上钩率等级0~8尾/千钩的出现频率最高，为24次，占27.59%，40~48尾/千钩出现的频率最少，5次，占5.75%。

2) 大眼金枪鱼：整个调查期间，其平均上钩率为1.74尾/千钩，最小上钩率为0，最大上钩率为7.41尾/千钩。具体的上钩率等级分布见图4-2-12，由图可得：上钩率为0~1尾/千钩的出现频率最高，33次，占37.93%，6~7尾/千钩和7~8尾/千钩出现的频率最低，分别为1次，各占1.15%。

3) 黄鳍金枪鱼：整个调查期间，其平均上钩率为2.79尾/千钩，最小上钩率为0，最大上钩率为17.55尾/千钩。具体的上钩率等级分布见图4-2-13，由图可得：上钩率为0~1尾/千钩出现频率较高，为26次，占29.89%，5~6尾/千钩出现的频率最低，1次，占1.15%。

4) 三种鱼：整个调查期间总的平均上钩率为20.94尾/千钩，最小上钩率为0，最大上钩率为63.70尾/千钩。上钩率等级分布见图4-2-14，由图可得：上钩率16~24尾/千钩的出现频率较高，25次，占28.73%，出现频率最低的为56~64尾/千钩，占1.15%。

3 主要金枪鱼种类生物学特性

3.1 长鳍金枪鱼

调查期间对所捕获的长鳍金枪鱼共 1 288 尾的叉长、体重、捕捞至甲板时的死活状况等数据进行了测定。样本叉长范围为 64~130 cm。

3.1.1 叉长分布

长鳍金枪鱼的最小叉长为 64 cm,最大叉长为 130 cm,平均叉长为 89 cm。整个调查期间的长鳍金枪鱼的叉长分布见图 4-3-1,其中 80~94 cm 为优势叉长,占 79.95%。

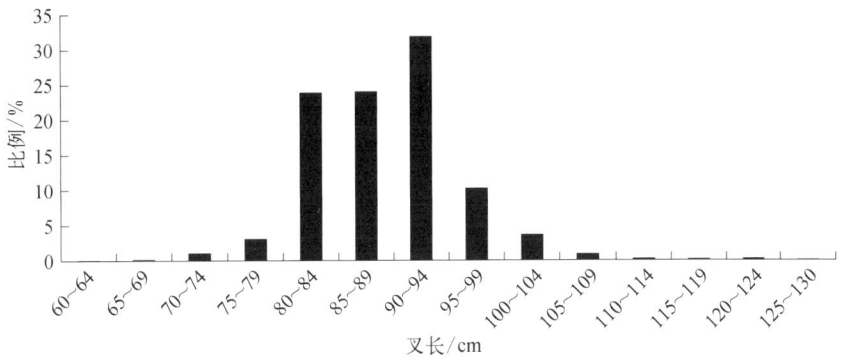

图 4-3-1 长鳍金枪鱼叉长分布

3.1.2 体重分布

长鳍金枪鱼的最小体重为 10 kg,最大体重为 30 kg,平均体重为 16.9 kg。整个调查期间的长鳍金枪鱼的体重分布见图 4-3-2,其中 15~19 kg 为优势体重,占 74.18%。

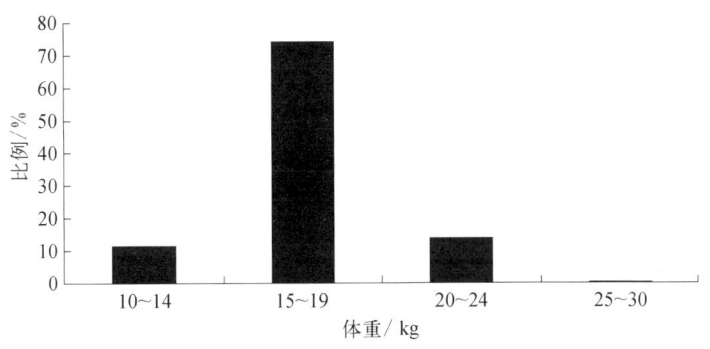

图 4-3-2 长鳍金枪鱼体重分布

对调查期间的 320 尾长鳍金枪鱼的叉长、体重进行拟合,长鳍金枪鱼叉长与体重的关系见图 4-3-3。

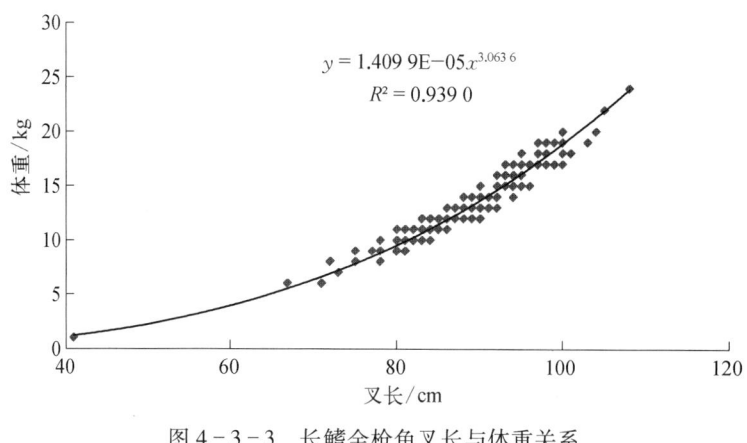

图 4-3-3　长鳍金枪鱼叉长与体重关系

由图 4-3-3 可知,调查期间长鳍金枪鱼的叉长与体重成幂函数关系,即

$$y = 1.409\,9 \times 10^{-5} x^{3.063\,6},\ R^2 = 0.939,\ N = 320 \tag{4-3-1}$$

3.1.3　死活状况

整个调查期间观测了 1 288 尾长鳍金枪鱼捕捞到甲板时的死活状况,见表 4-3-1,可知长鳍金枪鱼捕捞到甲板时活鱼明显占多数,占 66.02%。

表 4-3-1　长鳍金枪鱼的死活状况

状　态	尾　数	百分比/%
死	438	34.00
活	850	66.00
总计	1 288	100.00

3.2　大眼金枪鱼

调查期间对所捕获的大眼金枪鱼共 168 尾的叉长、体重、捕捞至甲板时的死活状况等数据进行了测定。样本叉长范围为 31~154 cm,叉长取样覆盖率为 100%。

3.2.1　叉长分布

大眼金枪鱼的最小叉长为 31 cm,最大叉长为 154 cm,平均叉长为 84 cm。整个调查期间的大眼金枪鱼叉长分布见图 4-3-4,其中 100~109 cm 占比最高,为 17.75%。

3.2.2　体重分布

大眼金枪鱼的最小体重为 5 kg,最大体重为 58 kg,平均体重为 20.76 kg。整个调查期间的大眼金枪鱼体重分布见图 4-3-5,其中 5~24 kg 为优势体重,占 66.27%。

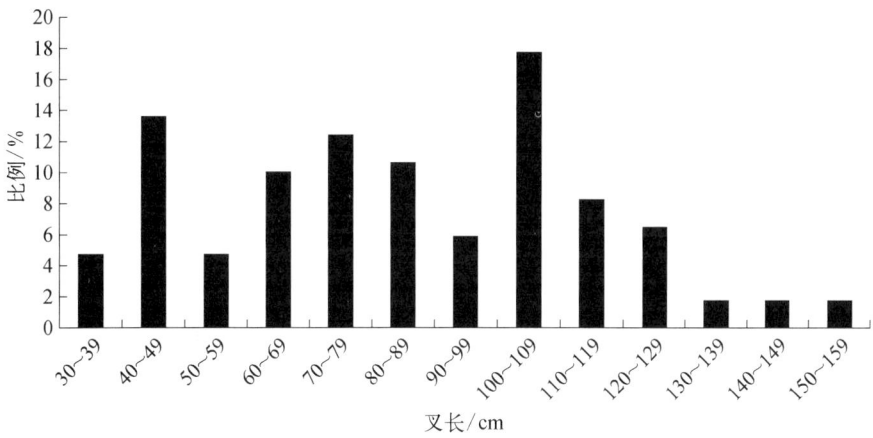

图 4-3-4 大眼金枪鱼叉长分布

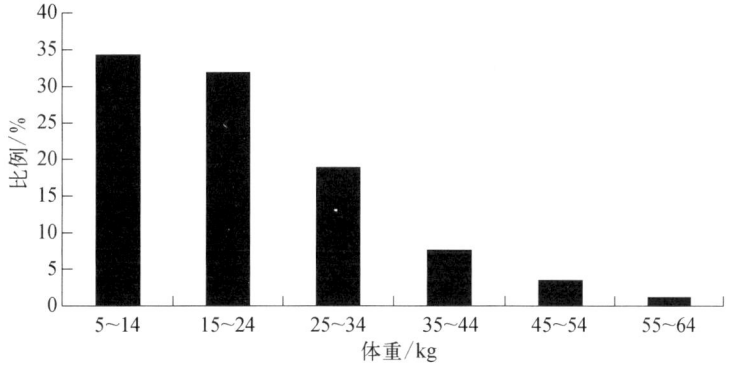

图 4-3-5 大眼金枪鱼体重分布

对调查期间的 85 尾大眼金枪鱼叉长、体重进行拟合,大眼金枪鱼叉长与体重的关系见图 4-3-6。

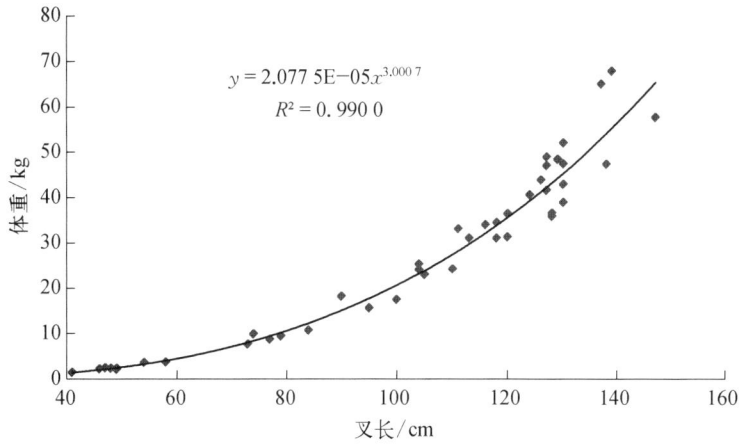

图 4-3-6 大眼金枪鱼叉长与体重的关系

由图 4-3-6 可知,调查期间大眼金枪鱼叉长与体重成幂函数关系,即

$$y = 2.077\,5 \times 10^{-5} x^{3.007}, R^2 = 0.990\,0, N = 85 \quad (4-3-2)$$

3.2.3 死活状况

整个调查期间观测了 168 尾大眼金枪鱼捕捞到甲板时的死活状况,见表 4-3-2,可知大眼金枪鱼捕捞到甲板时活鱼明显占多数,占 74.56%。

表 4-3-2 大眼金枪鱼的死活状况

状态	尾数	百分比/%
死	43	25.60
活	125	74.40
总计	168	100

3.3 黄鳍金枪鱼

调查期间对所捕获的黄鳍金枪鱼共 225 尾的叉长、体重、捕捞至甲板时的死活状况等数据进行了测定。样本叉长范围为 40~160 cm。

3.3.1 叉长分布

黄鳍金枪鱼的最小叉长为 40 cm,最大叉长为 160 cm,平均叉长为 100.46 cm。整个调查期间黄鳍金枪鱼的叉长分布见图 4-3-7,其中 120~129 cm 占比最高,为 17.78%。

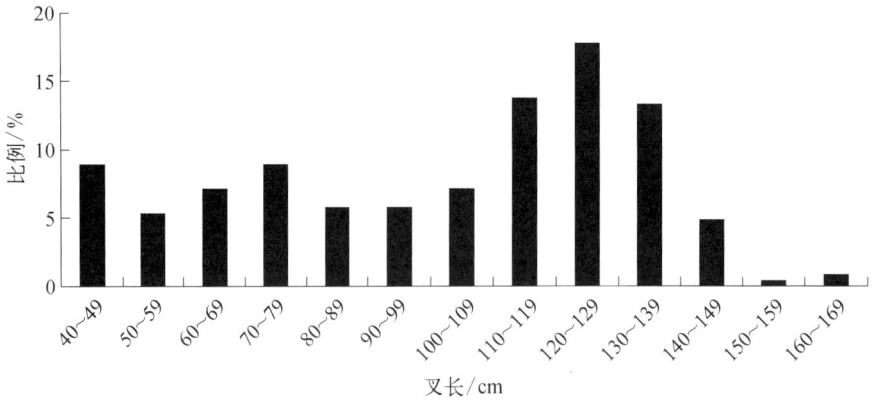

图 4-3-7 黄鳍金枪鱼叉长分布

3.3.2 体重分布

黄鳍金枪鱼的最小体重为 6 kg,最大体重为 71 kg,平均体重为 25.64 kg。整个调查期间黄鳍金枪鱼的体重分布见图 4-3-8,其中 25~34 kg 占比最高,为 34.67%。

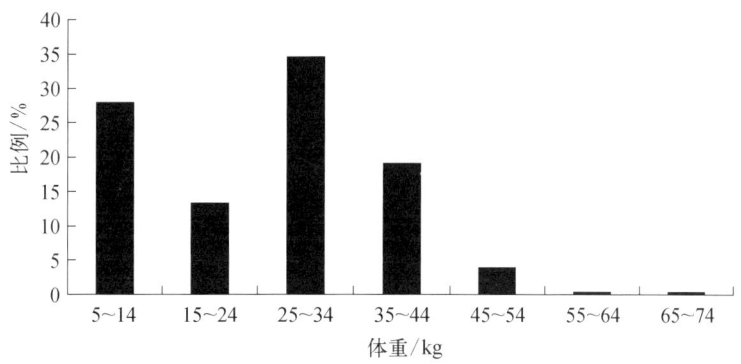

图 4-3-8 黄鳍金枪鱼体重分布

对调查期间的 113 尾黄鳍金枪鱼的叉长、体重进行拟合,黄鳍金枪鱼叉长与体重的关系见图 4-3-9。

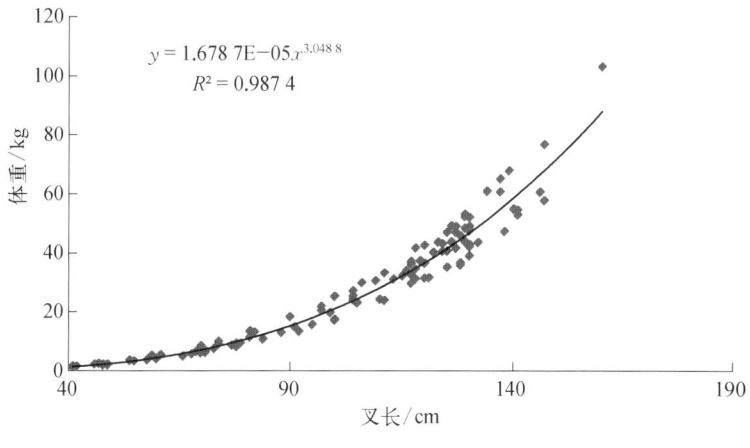

图 4-3-9 黄鳍金枪鱼叉长与体重关系

由图 4-3-9 可知,调查期间黄鳍金枪鱼叉长与体重成幂函数关系,即

$$y = 1.6787 \times 10^{-5} x^{3.0488}, R^2 = 0.9874, N = 113 \quad (4-3-3)$$

3.3.3 死活状况

整个调查期间观测了 225 尾黄鳍金枪鱼捕捞到甲板时的死活状况,见表 4-3-3,可知黄鳍金枪鱼捕捞到甲板时活鱼明显占多数,占 76.89%。

表 4-3-3 黄鳍金枪鱼的死活状况(%)

状 态	尾 数	百分比
死	52	23.11
活	173	76.89
总计	225	100

4 实际钓钩深度与理论深度的关系

实际钓钩深度与理论深度的关系采用线性回归的方法,即把海流分为3个等级[0~0.3节、0.3(含)~0.6节和0.6节及以上]进行分析,以便渔民掌握。

实际钓钩深度与理论深度、海洋环境等的关系采用多元回归的方法,得出拟合钓钩深度计算模型。具体见"第一篇 4 实际钓钩深度与理论深度的关系"。

4.1 不同海流下实际钓钩深度与理论深度的关系

海流分为3个等级:0~0.3节、0.3(含)~0.6节和0.6节及以上。

4.1.1 0~0.3节(图4-4-1)

$$y = 0.724\,6x,\ R^2 = 0.791\,1 \tag{4-4-1}$$

式中,y为实际钓钩深度,x为理论深度下同。

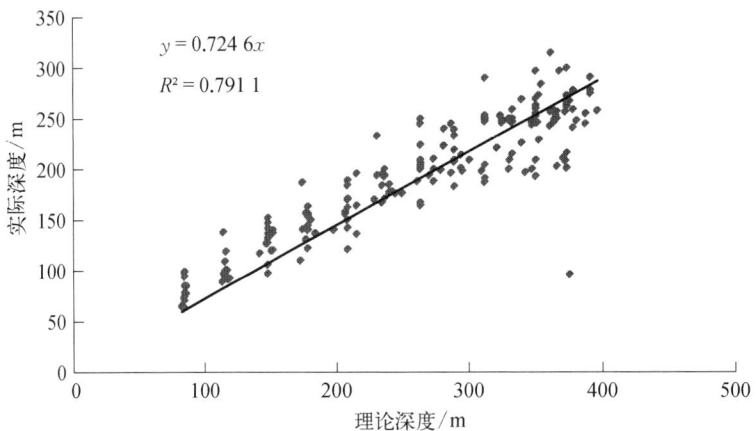

图4-4-1 钓钩理论深度与实际深度的关系(0~0.3节)

4.1.2 0.3(含)~0.6节(图4-4-2)

$$y = 0.707\,2x,\ R^2 = 0.748\,5 \tag{4-4-2}$$

4.1.3 0.6节及以上(图4-4-3)

$$y = 0.701\,3x,\ R^2 = 0.683\,7 \tag{4-4-3}$$

海流速度低时理论钓钩深度和实际钓钩深度的相关系数都较高,拟合程度较好;随海流速度增加相关系数降低。

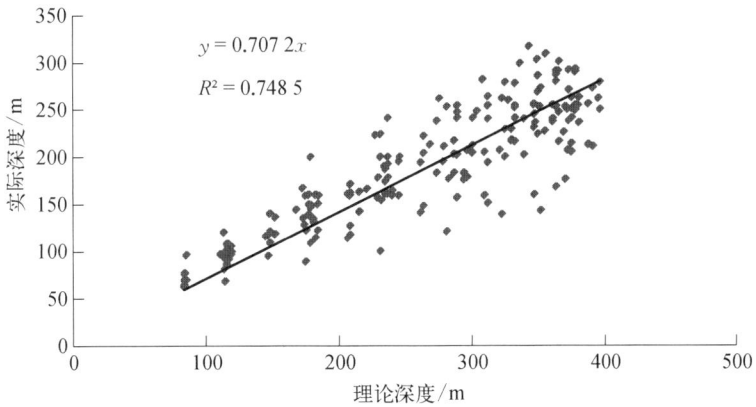

图 4-4-2 钓钩理论深度与实际深度的关系[0.3(含)~0.6 节]

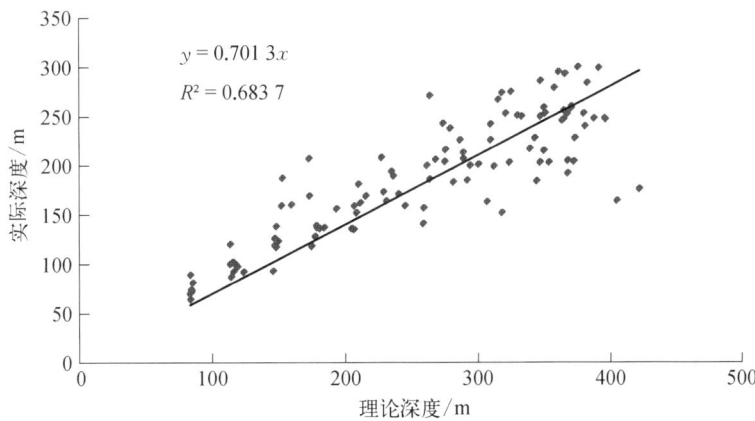

图 4-4-3 钓钩理论深度与实际深度的关系(0.6 节及以上)

4.2 拟合钓钩深度计算模型

4.2.1 基于钓具漂流速度

应用 SPSS 软件[1],采用多元线性逐步回归的方法建立 2016 年 3 月 24 日~2016 年 7 月 11 日测定的有钓具漂流速度数据的钓钩的实际平均深度($\overline{D}_j$)与理论深度(D_j)的关系模型。具体见"第二篇 4.3.1 基于钓具漂流速度"。回归结果见表 4-4-1 和表 4-4-2,取模型 2 为适用模型。

表 4-4-1 船用渔具回归结果概要

模 型	R	R^2	调整后 R^2	标准误差
1	0.551	0.303	0.301	0.056 19
2	0.586	0.344	0.340	0.054 62

表 4-4-2　船用渔具回归参数

模型		非标准化系数		标准化系数	t	显著性
		样本回归系数	标准误差	样本回归系数		
1	（常数）	-0.028	0.008		-3.641	0.000
	lg 钩号	-0.117	0.009	-0.551	-12.743	0.000
2	（常数）	-0.015	0.008		-1.852	0.065
	lg 钩号	-0.117	0.009	-0.551	-13.124	0.000
	lg 风舷角正弦值	0.050	0.010	0.201	4.779	0.000

a. 应变数\：$\lg(Y_1/Y_2)$。

设

$$\lg(Y_1/Y_2) = b_0 + b_1\lg(X_1) + b_2\lg(X_2) + b_3\lg(X_3) + b_4\lg(X_4) + b_5\lg(X_5) \quad (4-4-4)$$

式中，Y_1 为实测钓钩深度；Y_2 为理论深度；X_1 为钩号；X_2 为漂移速度；X_3 为风速；X_4 为风流合压角正弦值；X_5 为风舷角正弦值。

则回归模型为

$$\lg(Y_1/Y_2) = -0.015 - 0.117\lg(X_2) + 0.05\lg(X_5), \quad N = 375, \quad R = 0.586 \quad (4-4-5)$$

则拟合钓钩深度的最终计算公式：

$$\overline{D}_j = 0.966 D_j \cdot V_g^{-0.117}(\sin Q_w)^{0.05} \quad (4-4-6)$$

4.2.2　基于流剪切系数

应用 SPSS 软件[1]，采用多元线性逐步回归的方法建立 2016 年 3 月 24 日~2016 年 7 月 11 日测定的有流剪切系数数据的钓钩的实际平均深度（$\overline{D}_j$）与理论深度（D_j）的关系模型。具体见"第二篇　4.3.2　基于流剪切系数"。

回归结果见表 4-4-3 和 4-4-4，取模型 2 为适用模型。

表 4-4-3　船用渔具回归结果概要

模 型	R	R^2	调整后 R^2	标准误差
1	0.492	0.242	0.239	0.056 72
2	0.511	0.261	0.255	0.056 13

表 4-4-4　船用渔具回归参数

模 型		非标准化系数		标准化系数	t	显著性
		样本回归系数	标准误差	样本回归系数		
1	（常数）	-0.045	0.010		-4.618	0.000
	lg 钩号	-0.103	0.011	-0.492	-9.145	0.000
2	（常数）	-0.035	0.010		-3.425	0.001
	lg 钩号	-0.104	0.011	-0.495	-9.300	0.000
	lg 风舷角正值弦	0.029	0.011	0.137	2.570	0.011

a.应变数\：$\lg(Y_1/Y_2)$。

设

$$\lg(Y_1/Y_2) = b_0 + b_1\lg(X_1) + b_2\lg(X_2) + b_3\lg(X_3) + b_4\lg(X_4) + b_5\lg(X_5) \quad (4-4-7)$$

式中，Y_1 为实测钓钩深度；Y_2 为理论深度；X_1 为钩号；X_2 为流剪切系数 $\bar{K}$；X_3 为风速；X_4 为风流合压角正弦值；X_5 为风舷角正弦值。

则回归模型为

$$\lg(Y_1/Y_2) = -0.035 - 0.104\lg(X_1) + 0.029\lg(X_5), \ N = 264, \ R = 0.511 \quad (4-4-8)$$

则拟合钓钩深度的最终计算公式：

$$\bar{D}_j = 0.93 D_j \cdot j^{-0.104}(\sin Q_w)^{0.029} \quad (4-4-9)$$

5 长鳍金枪鱼、黄鳍金枪鱼、大眼金枪鱼的栖息环境

长鳍金枪鱼、黄鳍金枪鱼、大眼金枪鱼的栖息水层、水温、盐度、叶绿素浓度和溶解氧含量的研究采用研究长鳍金枪鱼、黄鳍金枪鱼、大眼金枪鱼的上钩率（CPUE，单位：尾/千钩，以下同）与拟合钓钩深度、水温、盐度、叶绿素浓度、溶解氧含量和三维海流的关系进行。

水层：40~280 m，每 40 m 为一层，分为 6 层；
水温：11℃~30℃，每 1℃ 为一段，分为 20 段；
盐度：34.8~36.6，每 0.2 为一段，分为 9 段；
叶绿素浓度：0.32~1.24 μg/L，每 0.04 为一段，共 23 段；
溶解氧含量：0.50~4.1 mg/L，每 0.3 mg/L 为一段，共 12 段；
东西向海流：−0.3~0.8 m/s，每 0.1 m/s 为一段，共 11 段；
南北向海流：−0.4~0.4 m/s，每 0.1 m/s 为一段，共 8 段；
垂向海流：−0.16~0.12 m/s，每 0.04 m/s 为一段，共 7 段；
水平海流：0~0.8 m/s，每 0.1 m/s 为一段，分 8 段。
具体方法见"第二篇　6　长鳍金枪鱼、黄鳍金枪鱼、大眼金枪鱼的栖息环境"。

5.1 应用漂流速度拟合钓钩深度计算模型分析长鳍金枪鱼、黄鳍金枪鱼、大眼金枪鱼的栖息环境

应用 SPSS 软件[1]，采用多元线性逐步回归的方法建立 2016 年 3 月 24 日~2016 年 7 月 11 日测定的 375 枚（有钓具漂流速度数据）钓钩的实际平均深度（$\bar{D}$）与理论深度（D_j）的关系模型。拟合钓钩深度计算模型为

$$\bar{D}_j = 0.966 D_j \cdot V_g^{-0.117}(\sin Q_w)^{0.05} \quad (4-5-1)$$

5.1.1 长鳍金枪鱼的栖息环境

调查期间，共渔获 5 570 尾长鳍金枪鱼，测定了 1 288 尾的上钩钩号。分析长鳍金枪鱼

CPUE 与拟合钓钩深度、水温、盐度、叶绿素浓度、溶解氧含量、三维海流、水平海流的关系时,用到全部 5 570 尾鱼。以下分析结合专家经验和有关数据进行。

5.1.1.1 长鳍金枪鱼的栖息水层

长鳍金枪鱼 CPUE 与拟合钓钩深度的关系见图 4-5-1。由图可得,长鳍金枪鱼的 CPUE 随着深度的增加先增加后减小,CPUE 较高的水层为 120~240 m,CPUE 最高(21.59 尾/千钩)的水层为 120~160 m。

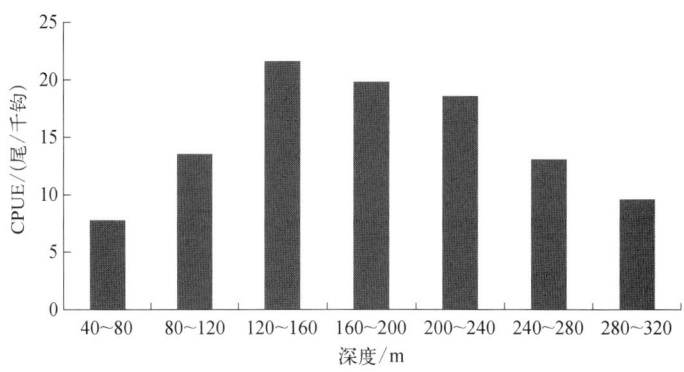

图 4-5-1 长鳍金枪鱼 CPUE 与水深的关系

5.1.1.2 长鳍金枪鱼的栖息水温

长鳍金枪鱼 CPUE 与水温的关系见图 4-5-2。由图可得,长鳍金枪鱼 CPUE 较高的水温范围为 16~26℃,长鳍金枪鱼 CPUE 最高(23.38 尾/千钩)的水温范围为 25~26℃。长鳍金枪鱼 CPUE 在 10~11℃偏高可能是异常值。

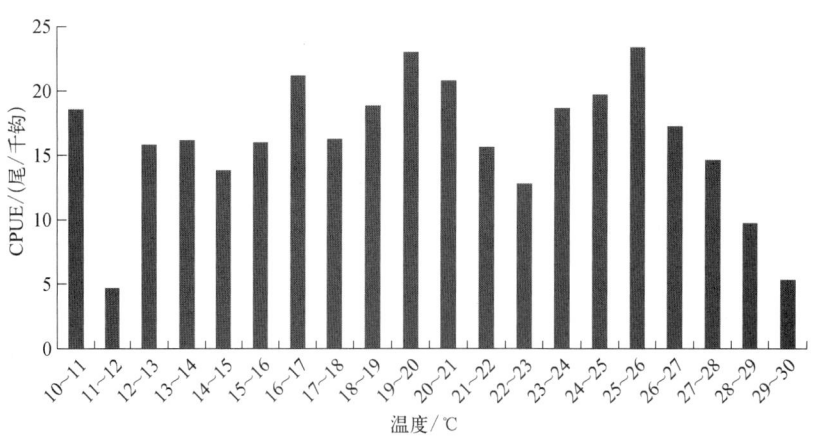

图 4-5-2 长鳍金枪鱼 CPUE 与水温的关系

5.1.1.3 长鳍金枪鱼的栖息盐度

长鳍金枪鱼 CPUE 与盐度的关系见图 4-5-3。由图可得,各盐度范围长鳍金枪鱼

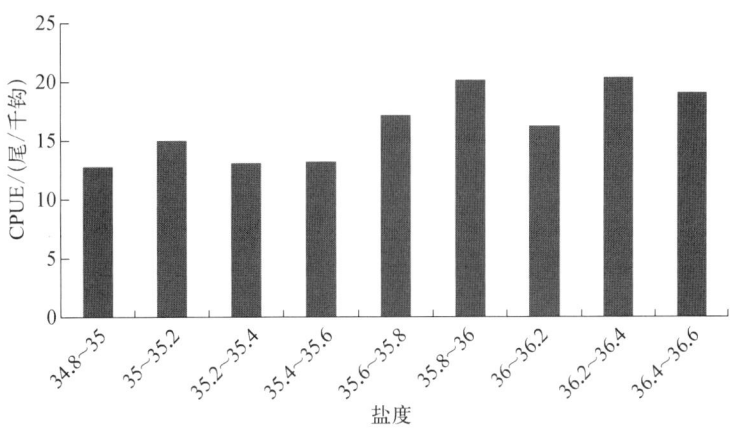

图4-5-3 长鳍金枪鱼CPUE与盐度的关系

CPUE变化不大。CPUE最高(20.34尾/千钩)的盐度范围为36.2~36.4。

5.1.1.4 长鳍金枪鱼的栖息叶绿素浓度

长鳍金枪鱼CPUE与叶绿素浓度的关系见图4-5-4。由图可得,长鳍金枪鱼CPUE较高的叶绿素浓度范围为0.76~1.08 μg/L。最高的CPUE(35.63尾/千钩)为0.76~0.80 μg/L。长鳍金枪鱼CPUE在叶绿素浓度1.2~1.24 μg/L较高,可能是异常值。

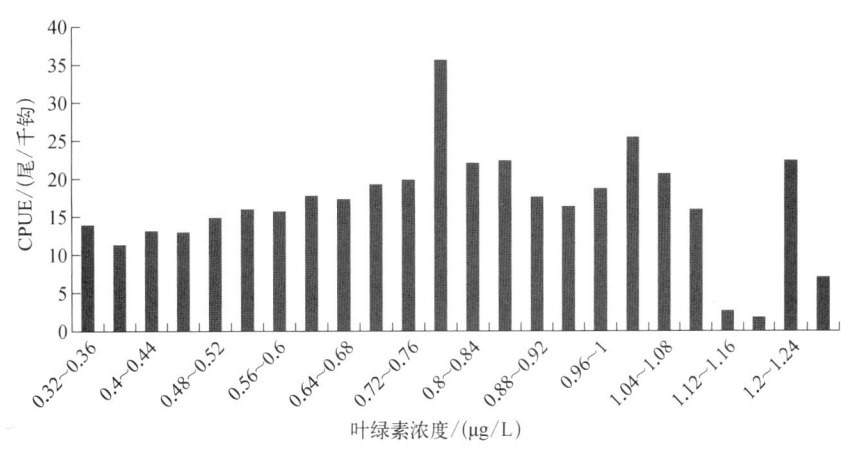

图4-5-4 长鳍金枪鱼CPUE与叶绿素浓度的关系

5.1.1.5 长鳍金枪鱼的栖息溶解氧含量

长鳍金枪鱼CPUE与溶解氧含量的关系见图4-5-5。由图可得,长鳍金枪鱼CPUE较高的溶解氧含量范围为1.4~2.6 mg/L。最高的CPUE(30.15尾/千钩)的溶解氧含量范围为1.4~1.7 mg/L。

5.1.1.6 长鳍金枪鱼的栖息东西向海流

长鳍金枪鱼CPUE与东西向海流的关系见图4-5-6。由图可得,长鳍金枪鱼CPUE较

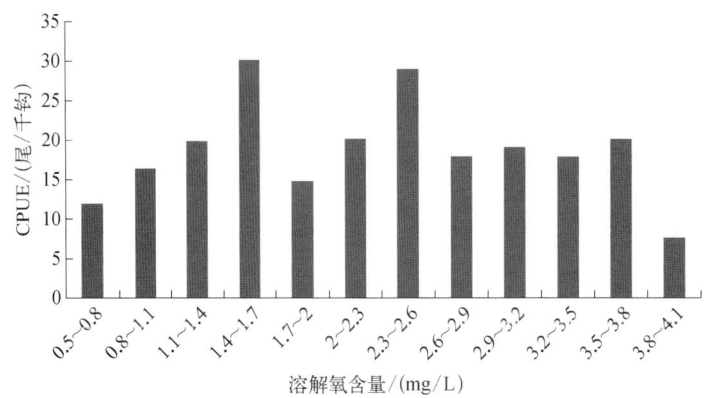

图 4-5-5　长鳍金枪鱼 CPUE 与溶解氧含量的关系

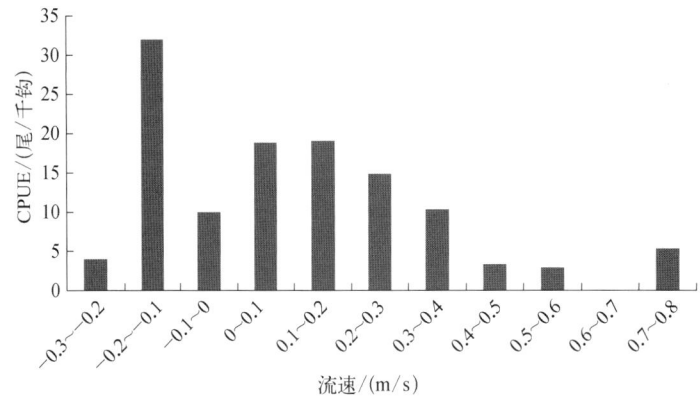

图 4-5-6　长鳍金枪鱼 CPUE 与东西向海流的关系

高的东西向海流范围为 -0.2~0.2 m/s，长鳍金枪鱼 CPUE 最高（31.99 尾/千钩）的海流范围为 -0.2~-0.1 m/s。

5.1.1.7　长鳍金枪鱼的栖息南北向海流

长鳍金枪鱼 CPUE 与南北向海流的关系见图 4-5-7。由图可得，长鳍金枪鱼 CPUE 较高的南北向海流范围为 -0.1~0.4 m/s，长鳍金枪鱼 CPUE 最高（21.77 尾/千钩）的南北向海流范围为 0.3~0.4 m/s。

5.1.1.8　长鳍金枪鱼的栖息垂向海流

长鳍金枪鱼 CPUE 与垂向海流的关系见图 4-5-8。由图可得，长鳍金枪鱼 CPUE 最高（18.97 尾/千钩）的垂向海流范围为 -0.08~-0.04 m/s。

5.1.1.9　长鳍金枪鱼的栖息水平海流

长鳍金枪鱼 CPUE 与水平海流的关系见图 4-5-9。由图可得，长鳍金枪鱼在 0~0.4 m/s 水平流速范围内的 CPUE 较高，其中最高 CPUE（19.93 尾/千钩）对应的水平流速范围为 0.1~0.2 m/s。

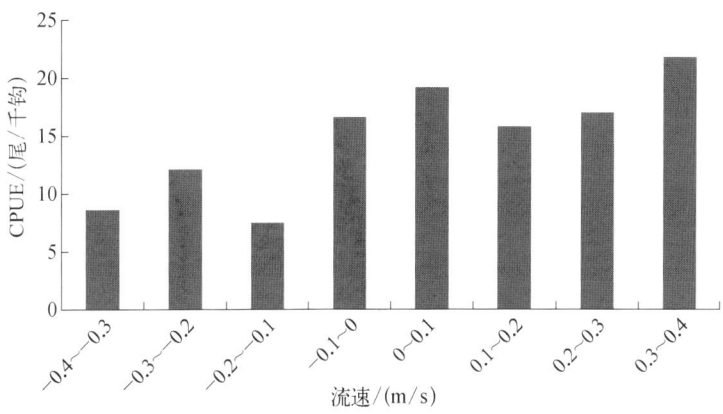

图 4-5-7 长鳍金枪鱼 CPUE 与南北向海流的关系

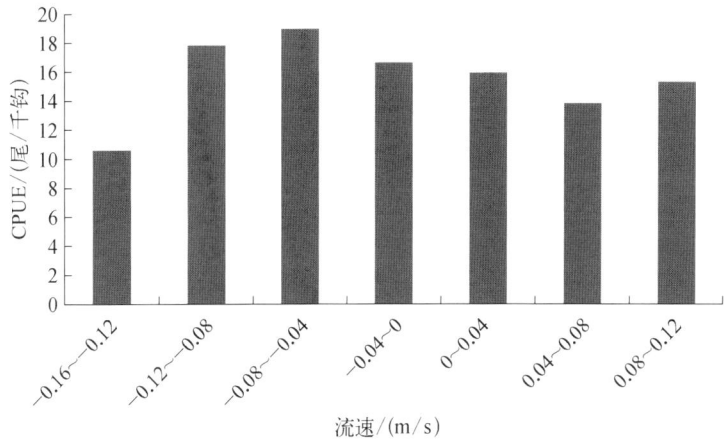

图 4-5-8 长鳍金枪鱼 CPUE 与垂向海流的关系

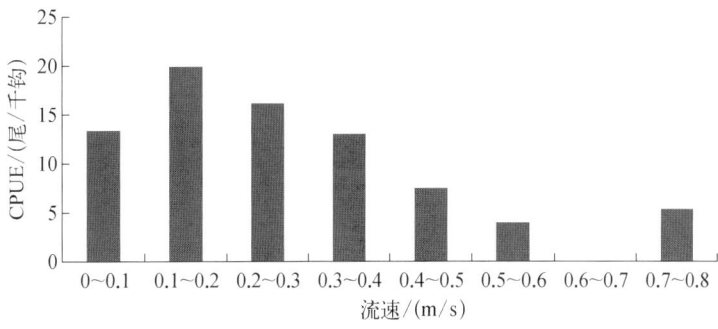

图 4-5-9 长鳍金枪鱼 CPUE 与水平海流的关系

5.1.2 黄鳍金枪鱼的栖息环境

调查期间,共渔获黄鳍金枪鱼 947 尾,测定了 225 尾的上钩钩号。分析黄鳍金枪鱼 CPUE 与拟合钓钩深度、水温、盐度、叶绿素浓度、溶解氧含量、三维海流、水平海流的关系时,用到全部 947 尾鱼。以下分析结合专家经验和有关数据进行。

5.1.2.1 黄鳍金枪鱼的栖息水层

黄鳍金枪鱼 CPUE 与钓钩深度的关系见图 4-5-10。由图可得，黄鳍金枪鱼的 CPUE 随着深度的增加先增加后减小，CPUE 最高（4.51 尾/千钩）的水层为 120~160 m。

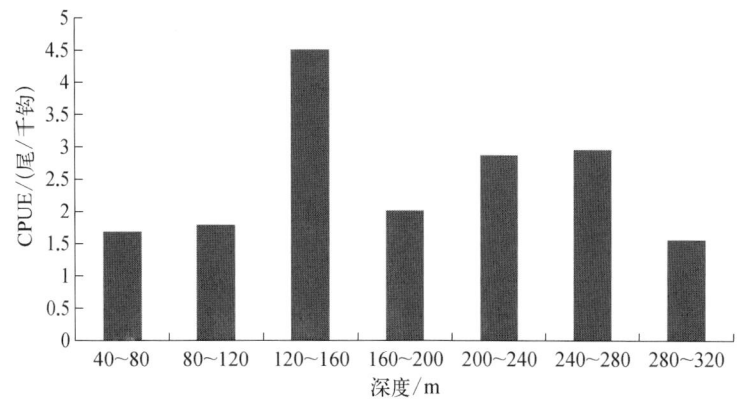

图 4-5-10　黄鳍金枪鱼 CPUE 与水深的关系

5.1.2.2 黄鳍金枪鱼的栖息水温

黄鳍金枪鱼 CPUE 与水温的关系见图 4-5-11。由图可得，黄鳍金枪鱼 CPUE 较高的水温范围为 21~25℃，黄鳍金枪鱼 CPUE 最高（10.01 尾/千钩）的水温范围为 23~24℃。

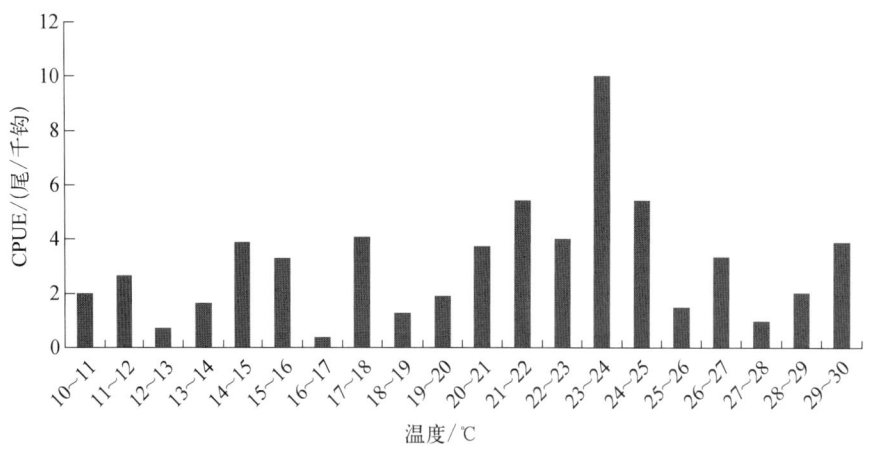

图 4-5-11　黄鳍金枪鱼 CPUE 与水温的关系

5.1.2.3 黄鳍金枪鱼的栖息盐度

黄鳍金枪鱼 CPUE 与盐度的关系见图 4-5-12。由图可得，黄鳍金枪鱼 CPUE（5.57 尾/千钩）最高的盐度范围为 36~36.2。

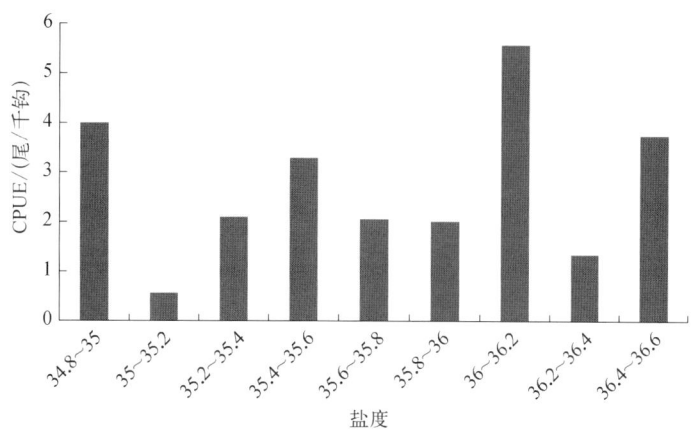

图 4-5-12 黄鳍金枪鱼 CPUE 与盐度的关系

5.1.2.4 黄鳍金枪鱼的栖息叶绿素浓度

黄鳍金枪鱼 CPUE 与叶绿素浓度的关系见图 4-5-13。由图可得,黄鳍金枪鱼 CPUE 较高的叶绿素浓度范围为 0.72~0.88 μg/L。最高的 CPUE(8.49 尾/千钩)叶绿素浓度范围为 0.76~0.8 μg/L。

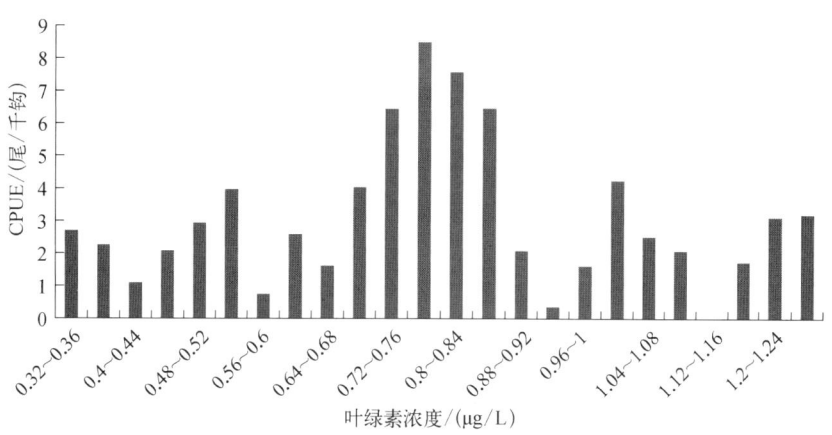

图 4-5-13 黄鳍金枪鱼 CPUE 与叶绿素浓度的关系

5.1.2.5 黄鳍金枪鱼的栖息溶解氧含量

黄鳍金枪鱼 CPUE 与溶解氧含量的关系见图 4-5-14。由图可得,黄鳍金枪鱼 CPUE 较高的溶解氧含量范围为 2.9~3.5 mg/L。最高的 CPUE(7.32 尾/千钩)的溶解氧含量范围为 3.2~3.5 mg/L。

5.1.2.6 黄鳍金枪鱼的栖息东西向海流

黄鳍金枪鱼 CPUE 与东西向海流的关系见图 4-5-15。由图可得,黄鳍金枪鱼 CPUE 最高(8.90 尾/千钩)的海流范围为 -0.2~-0.1 m/s。

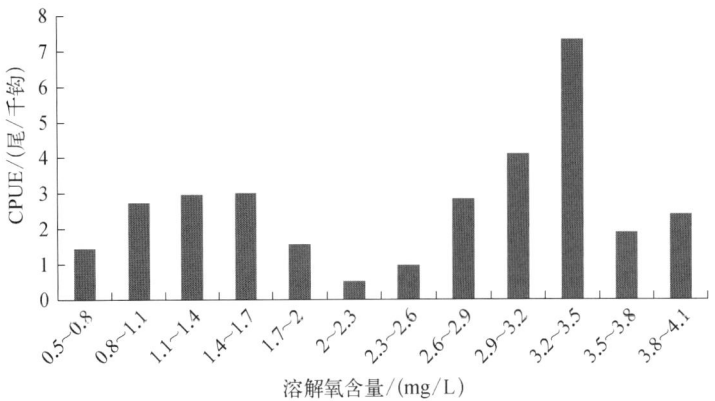

图 4-5-14 黄鳍金枪鱼 CPUE 与溶解氧含量的关系

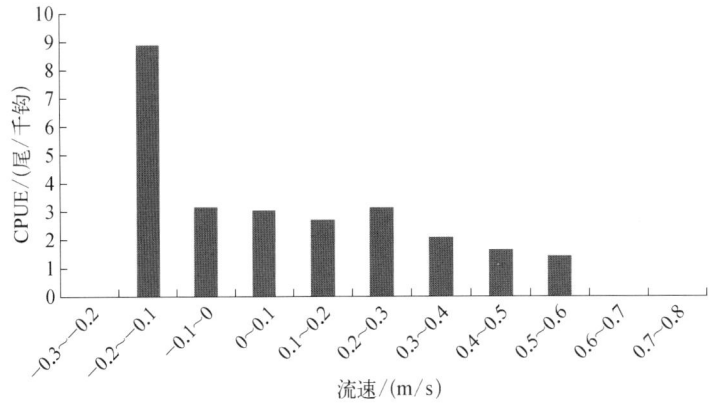

图 4-5-15 黄鳍金枪鱼 CPUE 与东西向海流的关系

5.1.2.7 黄鳍金枪鱼的栖息南北向海流

黄鳍金枪鱼 CPUE 与南北向海流的关系见图 4-5-16。由图可得,各南北向海流范围内的黄鳍金枪鱼 CPUE 相差不大。

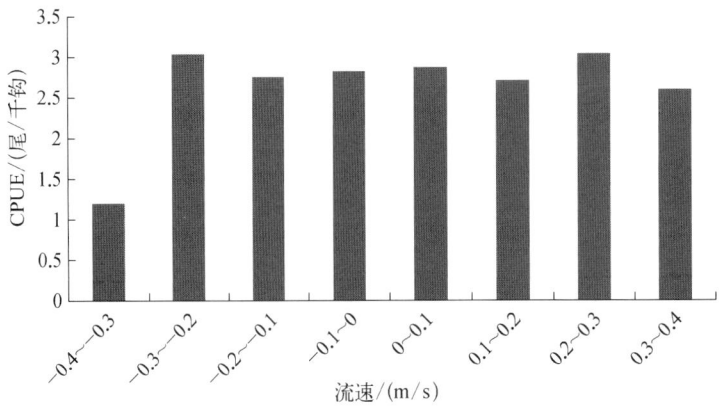

图 4-5-16 黄鳍金枪鱼 CPUE 与南北向海流的关系

5.1.2.8 黄鳍金枪鱼的栖息垂向海流

黄鳍金枪鱼 CPUE 与垂向海流的关系见图 4-5-17。由图可得,各垂向海流范围内的黄鳍金枪鱼 CPUE 相差不大。黄鳍金枪鱼 CPUE 最高(4.15 尾/千钩)的海流范围为 0~0.04 m/s。

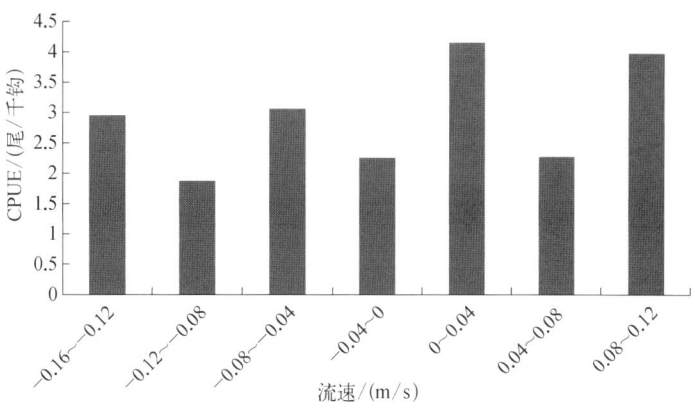

图 4-5-17　黄鳍金枪鱼 CPUE 与垂向海流的关系

5.1.2.9 黄鳍金枪鱼的栖息水平海流

黄鳍金枪鱼 CPUE 与水平海流的关系见图 4-5-18。由图可得,黄鳍金枪鱼最高 CPUE(3.54 尾/千钩)对应的水平流速范围为 0.2~0.3 m/s。

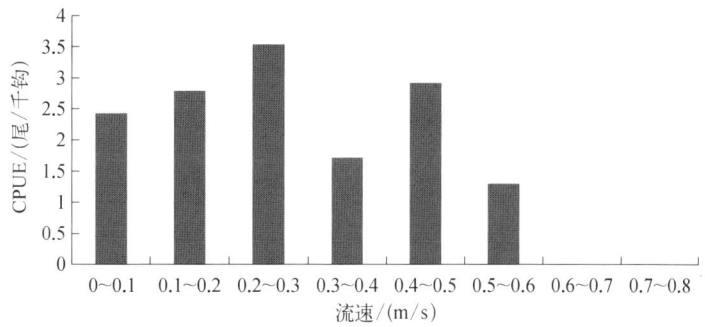

图 4-5-18　黄鳍金枪鱼 CPUE 与水平海流的关系

5.1.3　大眼金枪鱼的栖息环境

调查期间,共渔获大眼金枪鱼 565 尾,测定了 168 尾的上钩钩号。分析大眼金枪鱼 CPUE 与拟合钓钩深度、水温、盐度、叶绿素浓度、溶解氧含量、三维海流、水平海流的关系时,用到全部 565 尾鱼。以下分析结合专家经验和有关数据进行。

5.1.3.1　大眼金枪鱼的栖息水层

大眼金枪鱼 CPUE 与钓钩深度的关系见图 4-5-19。由图可得,大眼金枪鱼的 CPUE

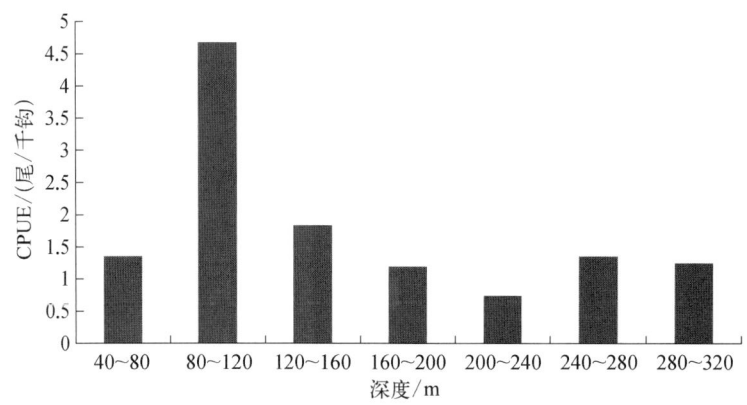

图4-5-19 大眼金枪鱼CPUE与水深的关系

随着深度的增加先增加后减小,CPUE最高(4.67尾/千钩)的水层为80~120 m。

5.1.3.2 大眼金枪鱼的栖息水温

大眼金枪鱼CPUE与水温的关系见图4-5-20。由图可得,大眼金枪鱼CPUE较高的水温范围为10~13℃与23~25℃,大眼金枪鱼CPUE最高(5.76尾/千钩)的水温范围为11~12℃。

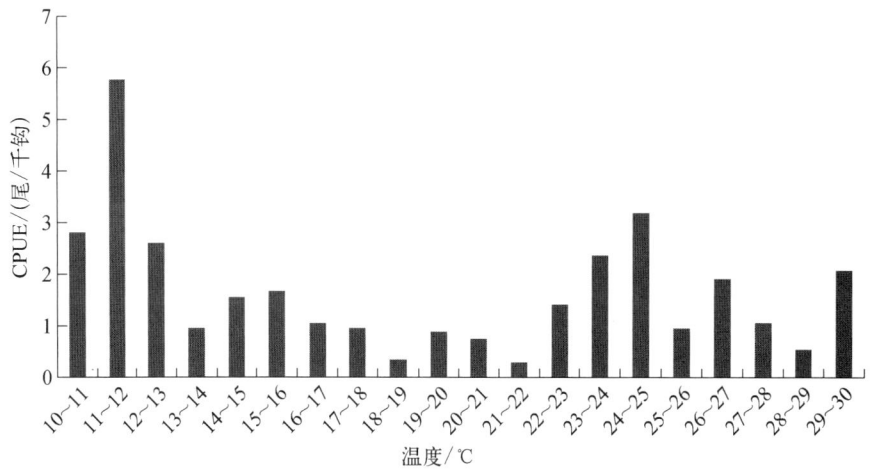

图4-5-20 大眼金枪鱼CPUE与水温的关系

5.1.3.3 大眼金枪鱼的栖息盐度

大眼金枪鱼CPUE与盐度的关系见图4-5-21。由图可得,大眼金枪鱼CPUE(7.46尾/千钩)最高的盐度范围为34.8~35。

5.1.3.4 大眼金枪鱼的栖息叶绿素浓度

大眼金枪鱼CPUE与叶绿素浓度的关系见图4-5-22。由图可得,大眼金枪鱼CPUE

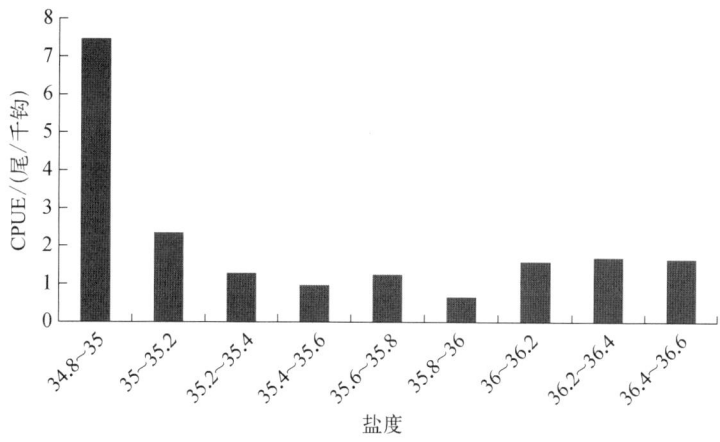

图 4-5-21 大眼金枪鱼 CPUE 与盐度的关系

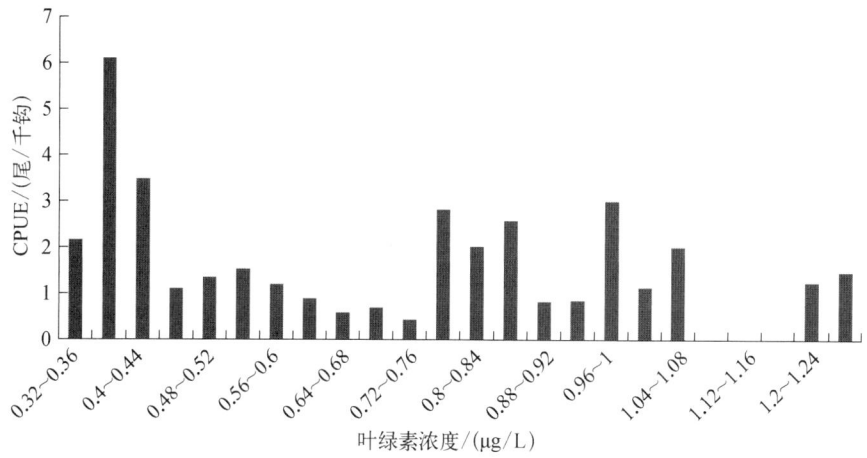

图 4-5-22 大眼金枪鱼 CPUE 与叶绿素浓度的关系

最高(6.11 尾/千钩)的叶绿素浓度为 0.36~0.4 μg/L。

5.1.3.5 大眼金枪鱼的栖息溶解氧含量

大眼金枪鱼 CPUE 与溶解氧的关系见图 4-5-23。由图可得,大眼金枪鱼 CPUE 最高(2.96 尾/千钩)的溶解氧含量范围为 0.5~0.8 mg/L。

5.1.3.6 大眼金枪鱼的栖息东西向海流

大眼金枪鱼 CPUE 与东西向海流的关系见图 4-5-24。由图可得,大眼金枪鱼 CPUE 最高(7.93 尾/千钩)的海流范围为 -0.1~0 m/s。

5.1.3.7 大眼金枪鱼的栖息南北向海流

大眼金枪鱼 CPUE 与南北向海流的关系见图 4-5-25。由图可得,大眼金枪鱼 CPUE

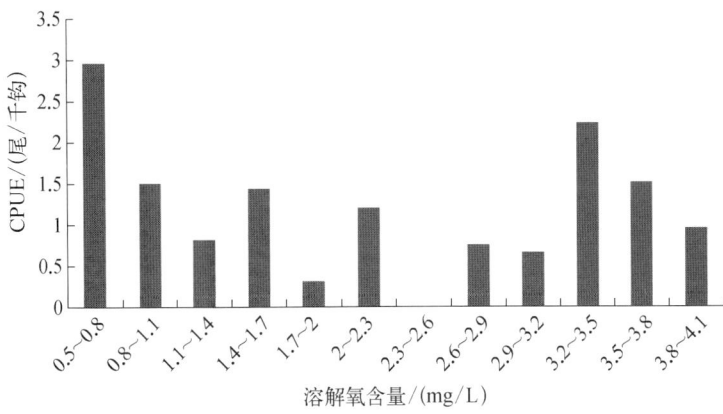

图 4-5-23　大眼金枪鱼 CPUE 与溶解氧含量的关系

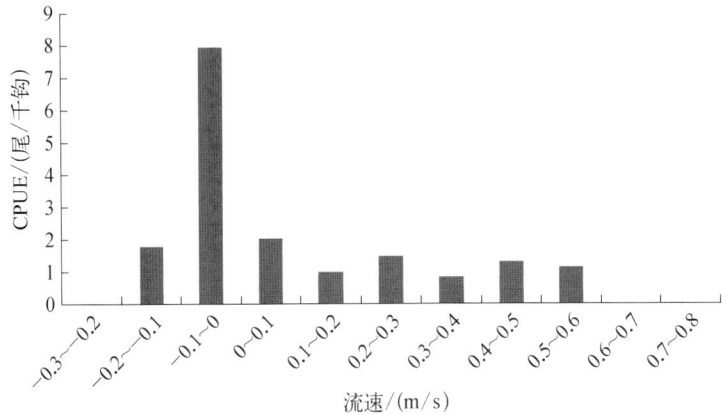

图 4-5-24　大眼金枪鱼 CPUE 与东西向海流的关系

较高的南北向海流范围为 -0.3~-0.1 m/s。最高 CPUE(4.95 尾/千钩)的南北向海流范围为 -0.2~-0.1 m/s。

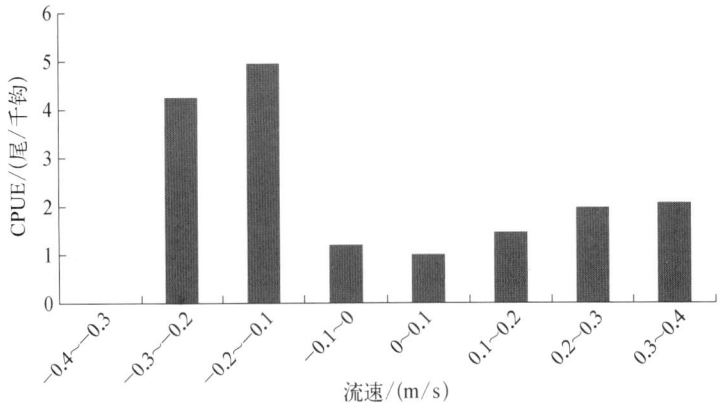

图 4-5-25　大眼金枪鱼 CPUE 与南北向海流的关系

5.1.3.8 大眼金枪鱼的栖息垂向海流

大眼金枪鱼 CPUE 与垂向海流的关系见图 4-5-26。由图可得,大眼金枪鱼 CPUE 最高(6.81 尾/千钩)的垂向海流范围为 -0.16~-0.12 m/s。

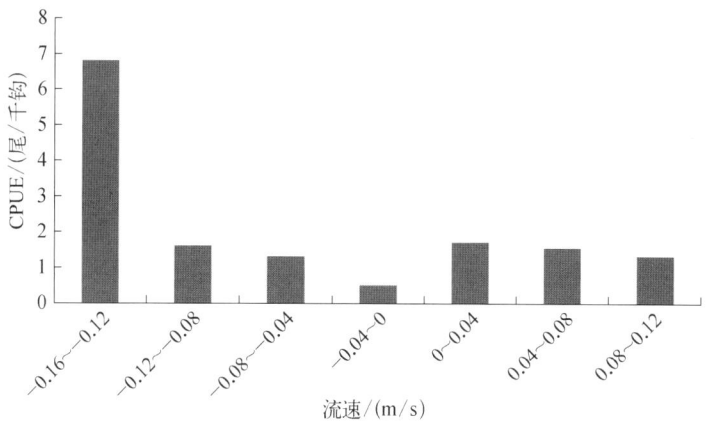

图 4-5-26　大眼金枪鱼 CPUE 与垂向海流的关系

5.1.3.9 大眼金枪鱼的栖息水平海流

大眼金枪鱼 CPUE 与水平海流的关系见图 4-5-27。由图可得,大眼金枪鱼最高 CPUE(6.02 尾/千钩)的水平流速范围为 0~0.1 m/s。

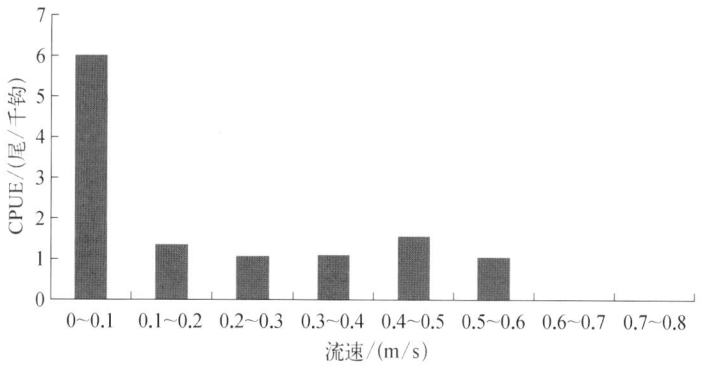

图 4-5-27　大眼金枪鱼 CPUE 与水平海流的关系

5.2　应用流剪切拟合钓钩深度计算模型分析长鳍金枪鱼、黄鳍金枪鱼、大眼金枪鱼的栖息环境

应用 SPSS 软件[1],采用多元线性逐步回归的方法建立 2016 年 3 月 24 日~2016 年 7 月 11 日测定的 264 枚(有流剪切数据)钓钩的实际平均深度($\bar{D}_j$)与理论深度(D_j)的关系模型。

钩深计算模型为

$$\overline{D}_j = 0.923 D_j \cdot j^{-0.104} (\sin Q_w)^{0.029} \tag{4-5-2}$$

5.2.1 长鳍金枪鱼的栖息环境

调查期间,总共渔获 5 570 尾长鳍金枪鱼,测定了 1 288 尾的上钩钩号。分析长鳍金枪鱼 CPUE 与拟合钓钩深度、水温、盐度、叶绿素浓度、溶解氧含量、三维海流、水平海流的关系时,用到全部 5 570 尾鱼。以下分析结合专家经验和有关数据进行。

5.2.1.1 长鳍金枪鱼的栖息水层

长鳍金枪鱼 CPUE 与拟合钓钩深度的关系见图 4-5-28。由图可得,长鳍金枪鱼的 CPUE 随着深度的增加先增加后减小,高 CPUE 主要集中在 80~200 m,CPUE 最高(23.99 尾/千钩)的水层为 120~160 m。

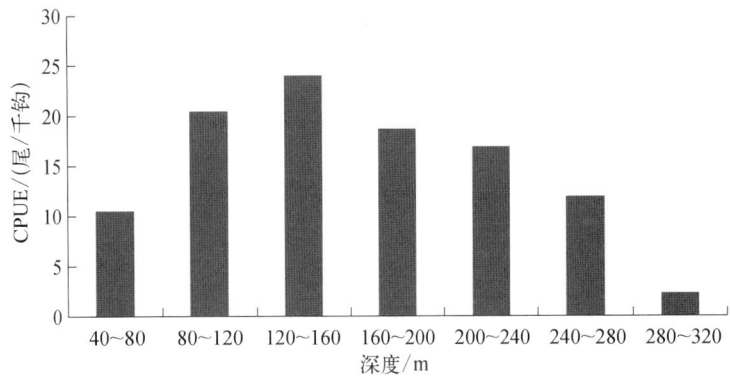

图 4-5-28 长鳍金枪鱼 CPUE 与水深的关系

5.2.1.2 长鳍金枪鱼的栖息水温

长鳍金枪鱼 CPUE 与水温的关系见图 4-5-29。由图可得,长鳍金枪鱼 CPUE 最高

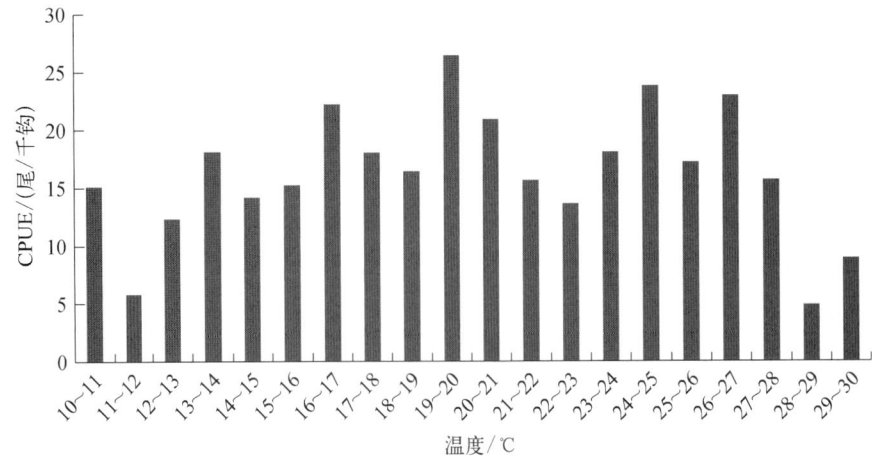

图 4-5-29 长鳍金枪鱼 CPUE 与水温的关系

(26.42 尾/千钩)的水温范围为 19~20℃。长鳍金枪鱼 CPUE 在水温 10~11℃ 偏高,可能是异常值。

5.2.1.3 长鳍金枪鱼的栖息盐度

长鳍金枪鱼 CPUE 与盐度的关系见图 4-5-30。由图可得,CPUE 最高(29.95 尾/千钩)的盐度范围为 35.8~36。

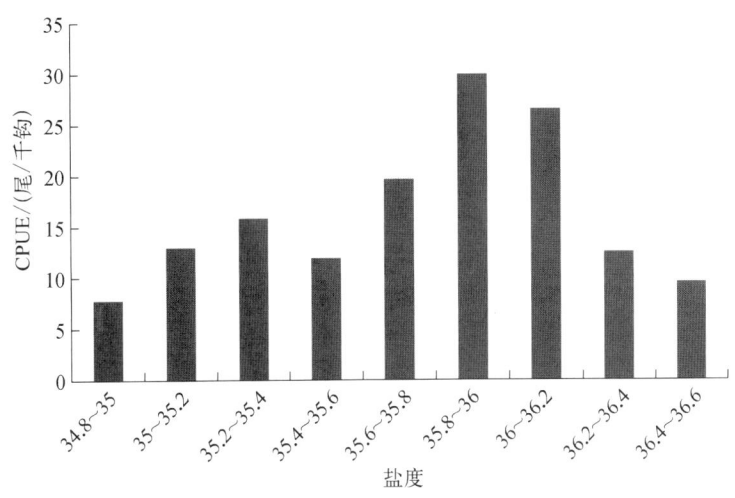

图 4-5-30　长鳍金枪鱼 CPUE 与盐度的关系

5.2.1.4 长鳍金枪鱼的栖息叶绿素浓度

长鳍金枪鱼 CPUE 与叶绿素浓度的关系见图 4-5-31。由图可得,长鳍金枪鱼 CPUE 最高(31.99 尾/千钩)的叶绿素浓度范围为 0.76~0.8 μg/L。

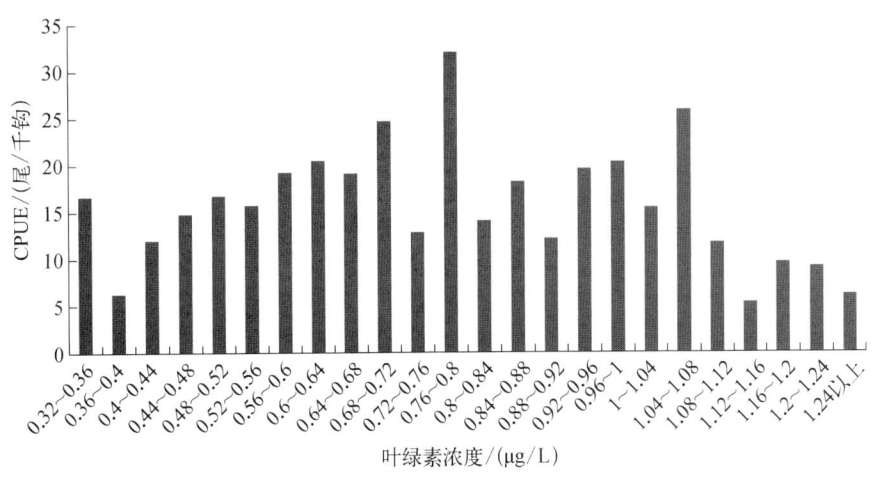

图 4-5-31　长鳍金枪鱼 CPUE 与叶绿素浓度的关系

5.2.1.5 长鳍金枪鱼的栖息溶解氧含量

长鳍金枪鱼 CPUE 与溶解氧含量的关系见图 4-5-32。由图可得,长鳍金枪鱼 CPUE 最高(25.41 尾/千钩)的溶解氧含量范围为 2.3~2.6 mg/L。

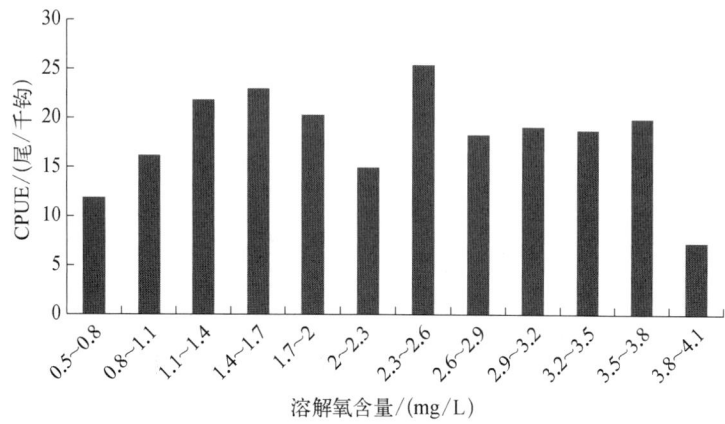

图 4-5-32　长鳍金枪鱼 CPUE 与溶解氧含量的关系

5.2.1.6 长鳍金枪鱼的栖息东西向海流

长鳍金枪鱼 CPUE 与东西向海流的关系见图 4-5-33。由图可得,长鳍金枪鱼 CPUE 最高(22.85 尾/千钩)的海流范围为 -0.2~-0.1 m/s。

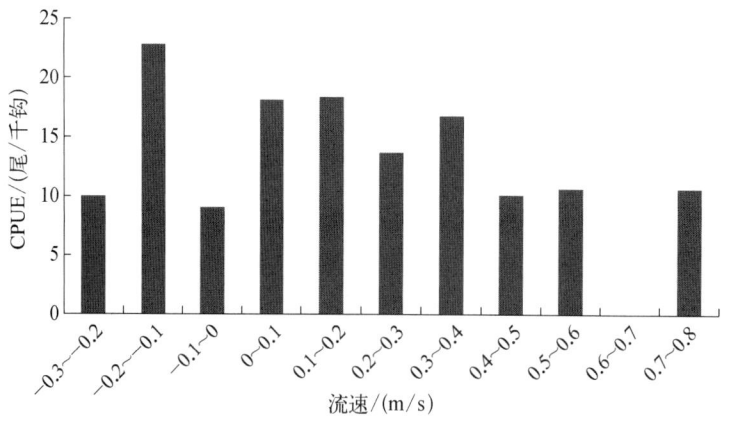

图 4-5-33　长鳍金枪鱼 CPUE 与东西向海流的关系

5.2.1.7 长鳍金枪鱼的栖息南北向海流

长鳍金枪鱼 CPUE 与南北向海流的关系见图 4-5-34。由图可得,各南北海流范围内的长鳍金枪鱼 CPUE 相差不大,长鳍金枪鱼 CPUE 最高(21.81 尾/千钩)的海流范围为 -0.4~-0.3 m/s。

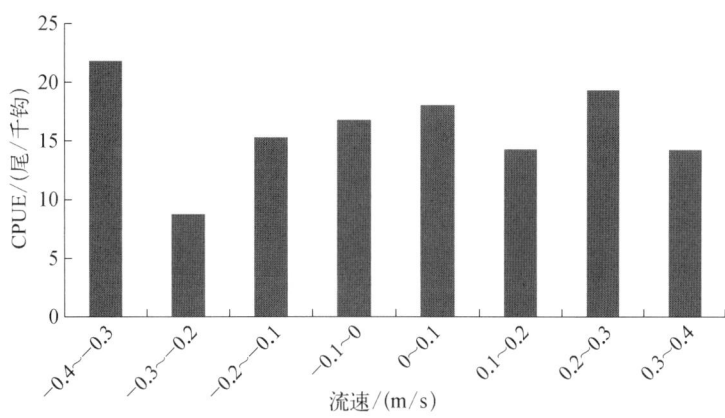

图 4-5-34 长鳍金枪鱼 CPUE 与南北向海流的关系

5.2.1.8 长鳍金枪鱼的栖息垂向海流

长鳍金枪鱼 CPUE 与垂向海流的关系见图 4-5-35。由图可得，各垂向海流范围内的长鳍金枪鱼 CPUE 相差不大，长鳍金枪鱼 CPUE 最高（19.47 尾/千钩）的海流范围为 -0.04~0 m/s。

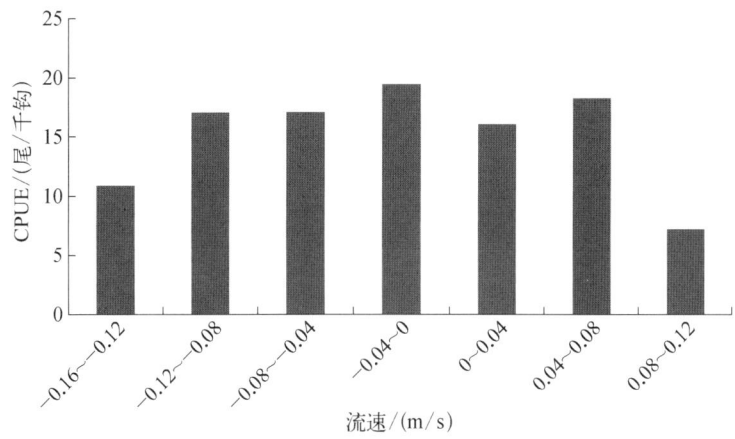

图 4-5-35 长鳍金枪鱼 CPUE 与垂向海流的关系

5.2.1.9 长鳍金枪鱼的栖息水平海流

长鳍金枪鱼 CPUE 与水平海流的关系见图 4-5-36。由图可得，长鳍金枪鱼 CPUE 较高的水平流速范围为 0~0.5 m/s，其中最高 CPUE（17.50 尾/千钩）的水平流速范围为 0.1~0.2 m/s。

5.2.2 黄鳍金枪鱼的栖息环境

调查期间，共渔获黄鳍金枪鱼 947 尾，测定了 225 尾的上钩钩号。分析黄鳍金枪鱼 CPUE 与拟合钓钩深度、水温、盐度、叶绿素浓度、溶解氧含量、三维海流、水平海流的关系时，用到全部 947 尾鱼。以下分析结合专家经验和有关数据进行。

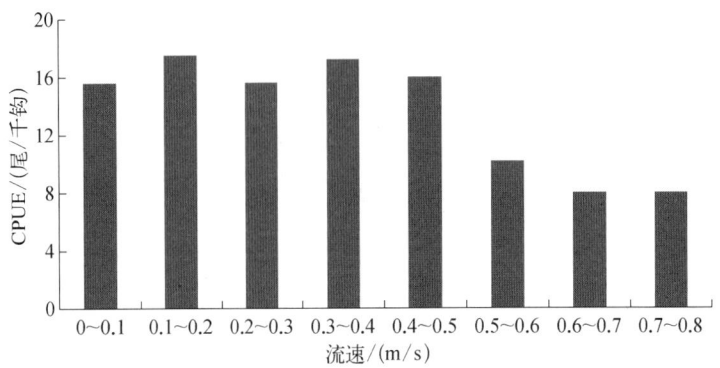

图 4-5-36 长鳍金枪鱼 CPUE 与水平海流的关系

5.2.2.1 黄鳍金枪鱼的栖息水层

黄鳍金枪鱼 CPUE 与拟合钓钩深度的关系见图 4-5-37。由图可得,黄鳍金枪鱼的 CPUE 随着深度的增加先增加后减小,CPUE 最高(3.55 尾/千钩)的水层为 160~200 m。

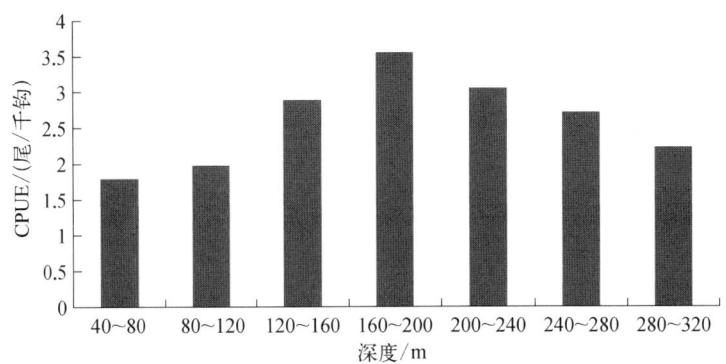

图 4-5-37 黄鳍金枪鱼 CPUE 与水深的关系

5.2.2.2 黄鳍金枪鱼的栖息水温

黄鳍金枪鱼 CPUE 与水温的关系见图 4-5-38。由图可得,黄鳍金枪鱼 CPUE 较高的水温范围为 21~25℃,黄鳍金枪鱼 CPUE 最高(12.37 尾/千钩)的水温范围为 23~24℃。

5.2.2.3 黄鳍金枪鱼的栖息盐度

黄鳍金枪鱼 CPUE 与盐度的关系见图 4-5-39。由图可得,黄鳍金枪鱼 CPUE 最高(8.99 尾/千钩)的盐度范围为 36~36.2。

5.2.2.4 黄鳍金枪鱼的栖息叶绿素浓度

黄鳍金枪鱼 CPUE 与叶绿素浓度的关系见图 4-5-40。由图可得,黄鳍金枪鱼 CPUE 较高的叶绿素浓度范围为 0.72~0.88 μg/L。CPUE 最高(9.34 尾/千钩)的叶绿素浓度范围为 1.16~1.2 μg/L。

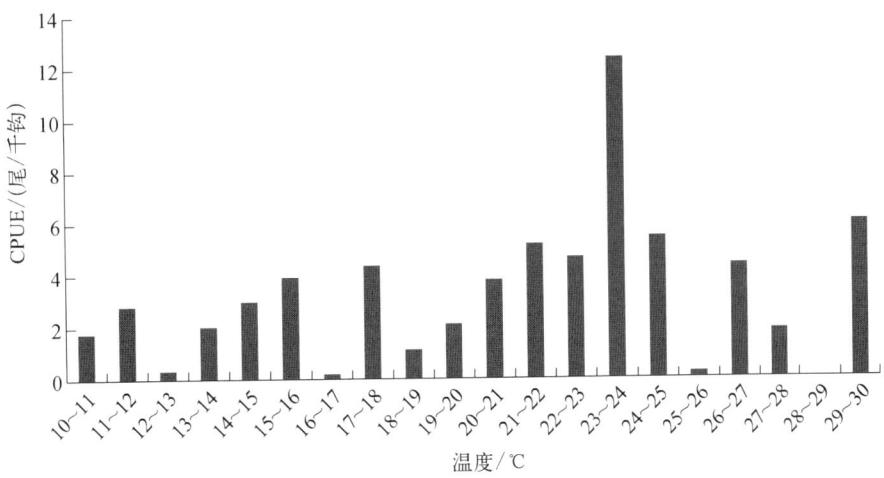

图 4-5-38 黄鳍金枪鱼 CPUE 与水温的关系

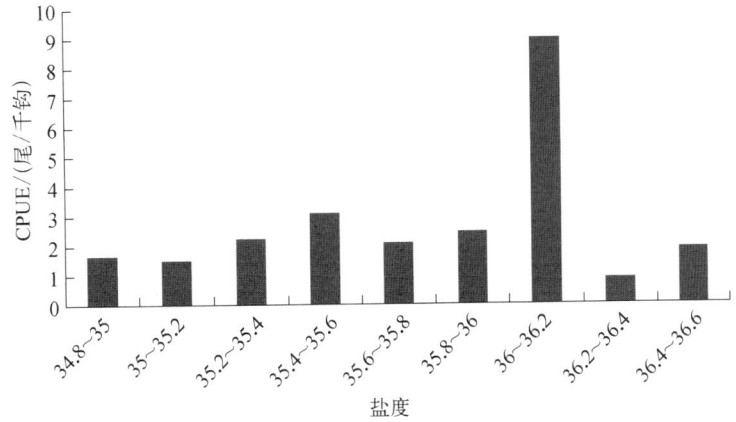

图 4-5-39 黄鳍金枪鱼 CPUE 与盐度的关系

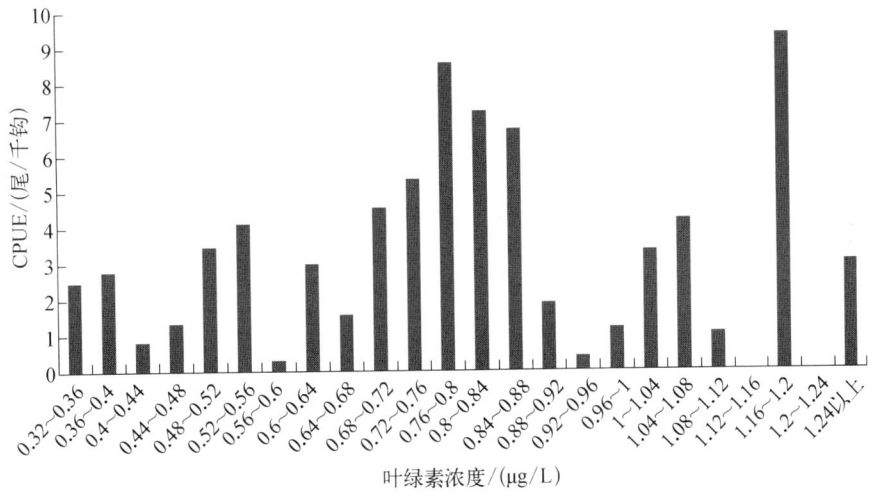

图 4-5-40 黄鳍金枪鱼 CPUE 与叶绿素浓度的关系

5.2.2.5 黄鳍金枪鱼的栖息溶解氧含量

黄鳍金枪鱼 CPUE 与溶解氧含量的关系见图 4-5-41。由图可得,黄鳍金枪鱼 CPUE 较高的溶解氧含量范围为 2.9~3.5 mg/L。CPUE 最高(7.32 尾/千钩)的溶解氧含量范围为 3.2~3.5 mg/L。

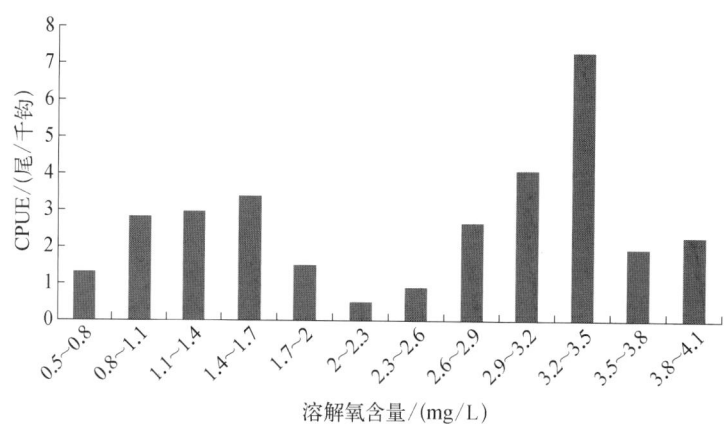

图 5-5-41　调查期间黄鳍金枪鱼 CPUE 与溶解氧含量的关系

5.2.2.6 黄鳍金枪鱼的栖息东西向海流

黄鳍金枪鱼 CPUE 与东西向海流的关系见图 4-5-42。由图可得,黄鳍金枪鱼 CPUE 最高(9.00 尾/千钩)的海流范围为 -0.2~-0.1 m/s。

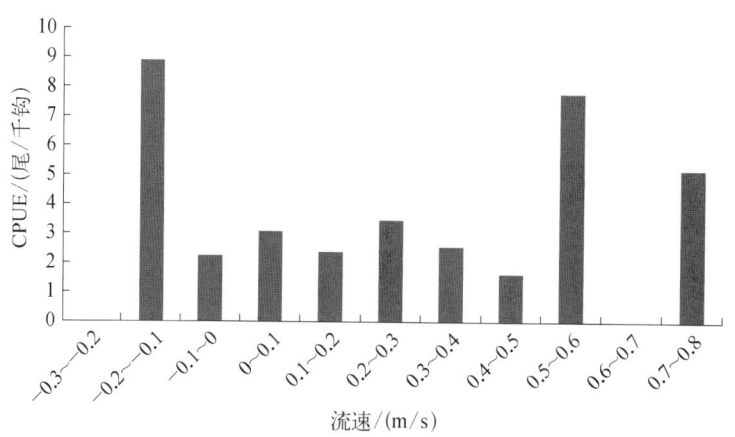

图 4-5-42　黄鳍金枪鱼 CPUE 与东西向海流的关系

5.2.2.7 黄鳍金枪鱼的栖息南北向海流

黄鳍金枪鱼 CPUE 与南北向海流的关系见图 4-5-43。由图可得,南北向海流 CPUE 最高(4.76 尾/千钩)的海流范围为 0.3~0.4 m/s。

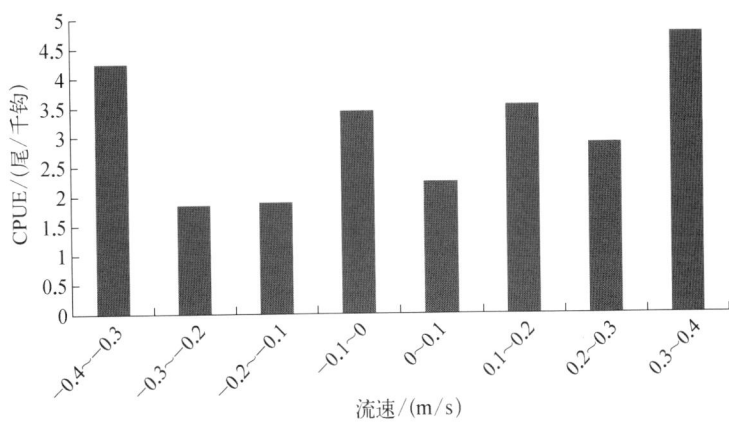

图 4-5-43　黄鳍金枪鱼 CPUE 与南北向海流的关系

5.2.2.8　黄鳍金枪鱼的栖息垂向海流

黄鳍金枪鱼 CPUE 与垂向海流的关系见图 4-5-44。由图可得，黄鳍金枪鱼 CPUE 最高(4.49 尾/千钩)的垂向海流范围为 0~0.04 m/s。

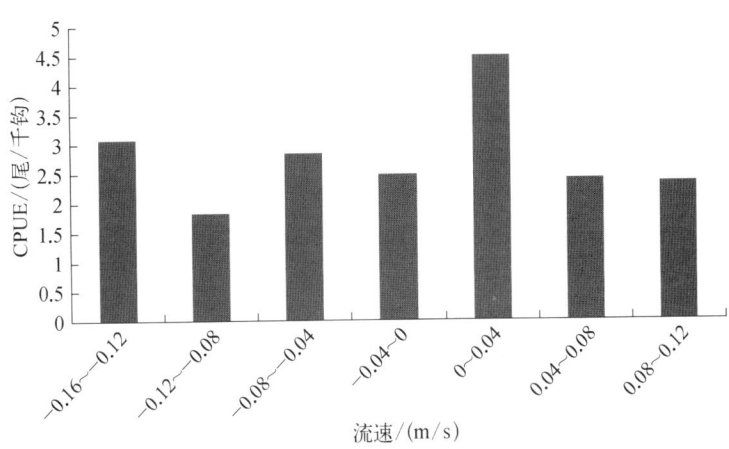

图 4-5-44　黄鳍金枪鱼 CPUE 与垂向海流的关系

5.2.2.9　黄鳍金枪鱼的栖息水平海流

黄鳍金枪鱼 CPUE 与水平海流的关系见图 4-5-45。由图可得，黄鳍金枪鱼最高 CPUE (8.49 尾/千钩)的水平流速范围为 0.5~0.6 m/s。

5.2.3　大眼金枪鱼的栖息环境

调查期间，共渔获大眼金枪鱼 565 尾，测定了 168 尾的上钩钩号。分析大眼金枪鱼 CPUE 与拟合钓钩深度、水温、盐度、叶绿素浓度、溶解氧含量、三维海流、水平海流的关系时，用到全部 565 尾鱼。以下分析结合专家经验和有关数据进行。

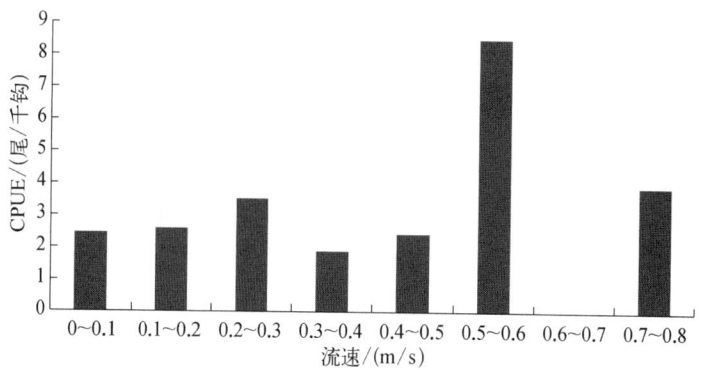

图 4-5-45　黄鳍金枪鱼 CPUE 与水平海流的关系

5.2.3.1　大眼金枪鱼的栖息水层

大眼金枪鱼 CPUE 与拟合钓钩深度的关系见图 4-5-46。由图可得,大眼金枪鱼的 CPUE 随着深度的增加而增加,CPUE 最高(3.55 尾/千钩)的水层为 280~320 m。

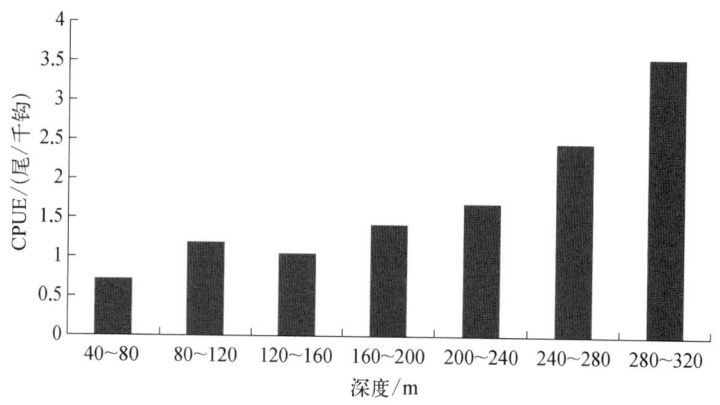

图 4-5-46　调查期间大眼金枪鱼 CPUE 与水深的关系

5.2.3.2　大眼金枪鱼的栖息水温

大眼金枪鱼 CPUE 与水温的关系见图 4-5-47。由图可得,大眼金枪鱼 CPUE 最高 (7.19 尾/千钩)的水温范围为 11~12℃。

5.2.3.3　大眼金枪鱼的栖息盐度

大眼金枪鱼 CPUE 与盐度的关系见图 4-5-48。由图可得,大眼金枪鱼 CPUE 最高 (3.96 尾/千钩)的盐度范围为 35~35.2。

5.2.3.4　大眼金枪鱼的栖息叶绿素浓度

大眼金枪鱼 CPUE 与叶绿素浓度的关系见图 4-5-49。由图可得,大眼金枪鱼 CPUE 最高(5.26 尾/千钩)的叶绿素浓度范围为 1.04~1.08 μg/L。

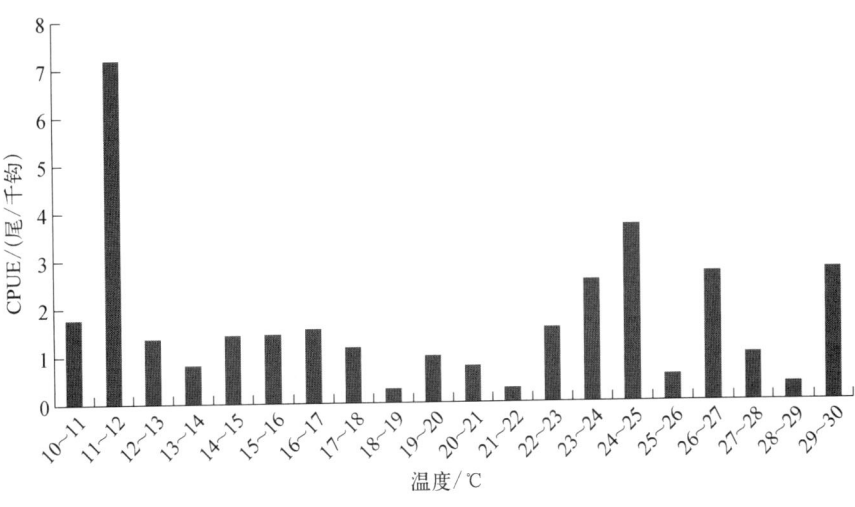

图 4-5-47 调查期间大眼金枪鱼 CPUE 与水温的关系

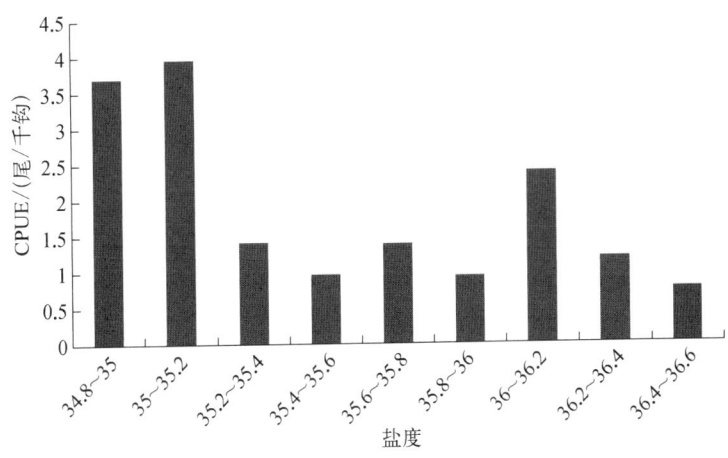

图 4-5-48 调查期间大眼金枪鱼 CPUE 与盐度的关系

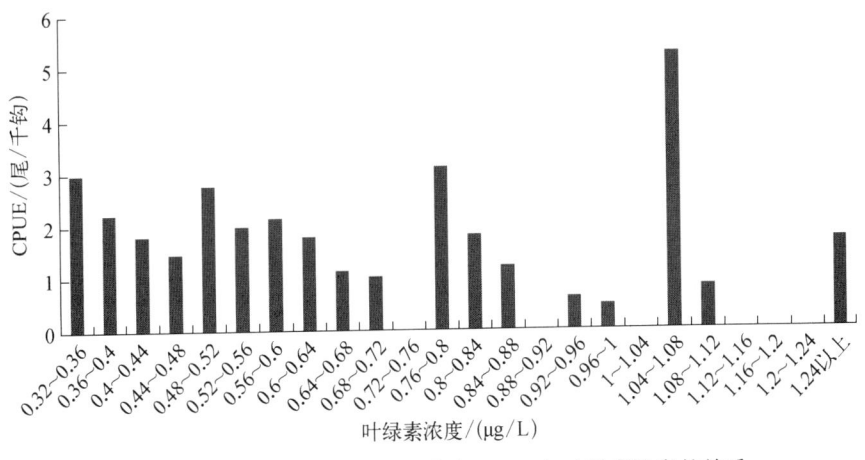

图 4-5-49 调查期间大眼金枪鱼 CPUE 与叶绿素浓度的关系

5.2.3.5 大眼金枪鱼的栖息溶解氧含量

大眼金枪鱼 CPUE 与溶解氧含量的关系见图 4-5-50。由图可得,大眼金枪鱼 CPUE 最高(3.79 尾/千钩)的溶解氧含量范围为 1.4~1.7 mg/L。

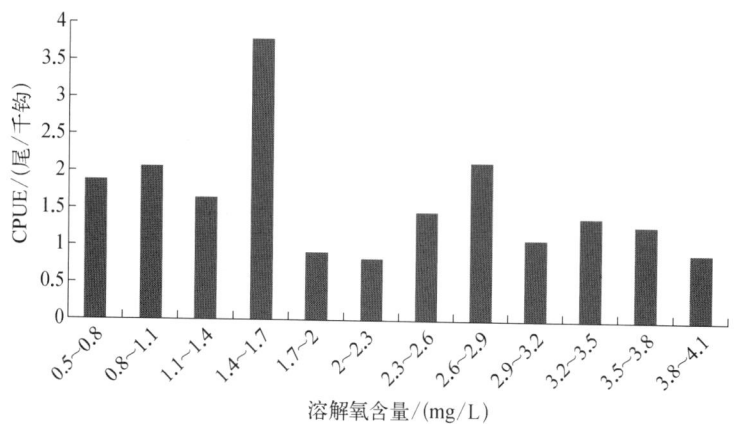

图 4-5-50　调查期间大眼金枪鱼 CPUE 与溶解氧含量的关系

5.2.3.6 大眼金枪鱼的栖息东西向海流

大眼金枪鱼 CPUE 与东西向海流的关系见图 4-5-51。由图可得,大眼金枪鱼 CPUE 最高(2.52 尾/千钩)的东西向海流范围为 -0.1~0 m/s。海流范围 0.7~0.8 m/s 的 CPUE 异常,可能存在较大的误差。

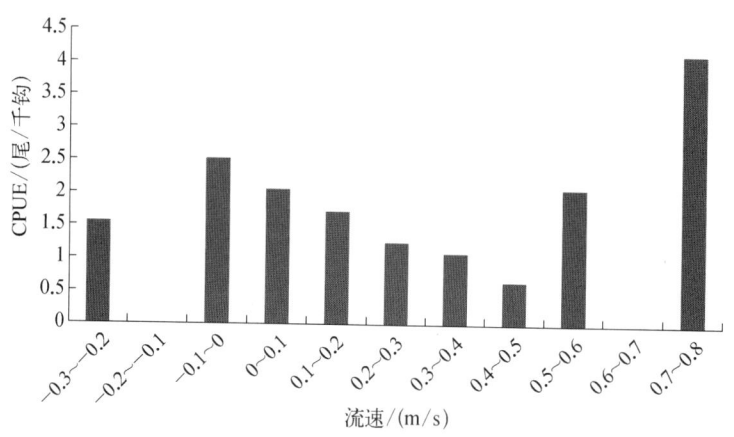

图 4-5-51　大眼金枪鱼 CPUE 与东西向海流的关系

5.2.3.7 大眼金枪鱼的栖息南北向海流

大眼金枪鱼 CPUE 与南北向海流的关系见图 4-5-52。由图可得,大眼金枪鱼 CPUE 较高的海流范围为 -0.3~-0.1 m/s。CPUE 最高(5.92 尾/千钩)的海流范围为 -0.3~-0.2 m/s。

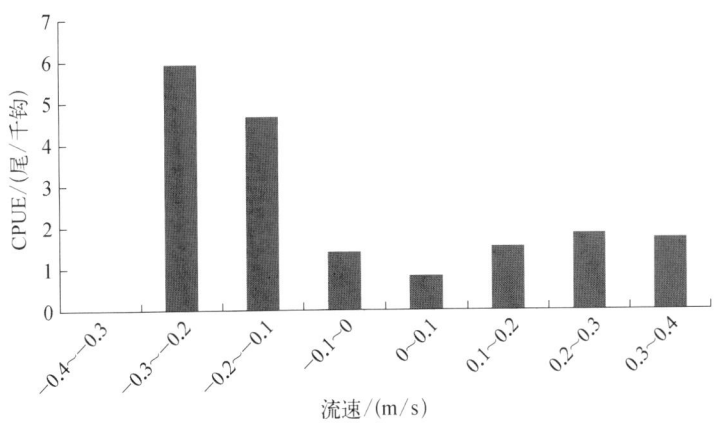

图 4-5-52　大眼金枪鱼 CPUE 与南北向海流的关系

5.2.3.8　大眼金枪鱼的栖息垂向海流

大眼金枪鱼 CPUE 与垂向海流的关系见图 4-5-53。由图可得,大眼金枪鱼 CPUE 最高(6.15 尾/千钩)的海流范围为 $-0.16 \sim -0.12$ m/s。

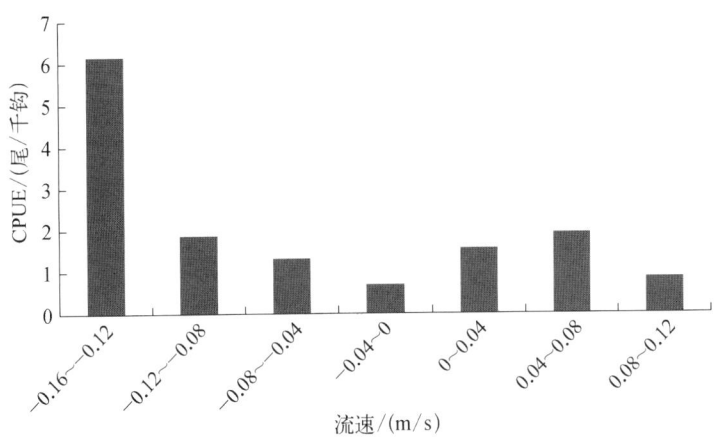

图 4-5-53　大眼金枪鱼 CPUE 与垂向海流的关系

5.2.3.9　大眼金枪鱼的栖息水平海流

大眼金枪鱼 CPUE 与水平海流的关系见图 4-5-54。由图可得,大眼金枪鱼最高 CPUE (6.07 尾/千钩)对应的水平流速范围为 $0 \sim 0.1$ m/s。

6　渔场形成机制

具体方法见"第一篇　7　渔场形成机制"。

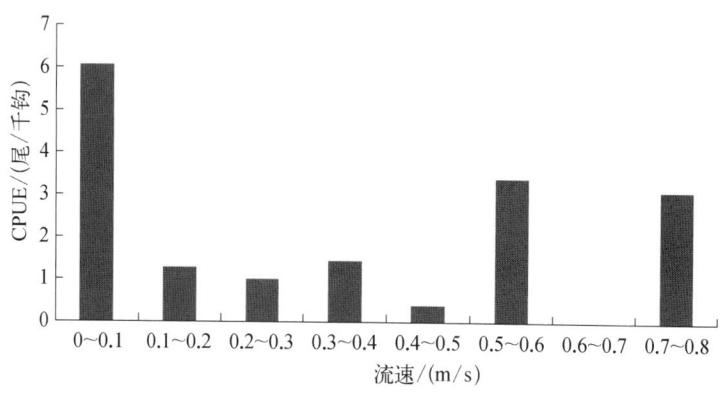

图 4-5-54 大眼金枪鱼 CPUE 与水平海流的关系

6.1 长鳍金枪鱼

调查期间长鳍金枪鱼 CPUE(单位为尾/千钩,以下同)分布见图 4-6-1。

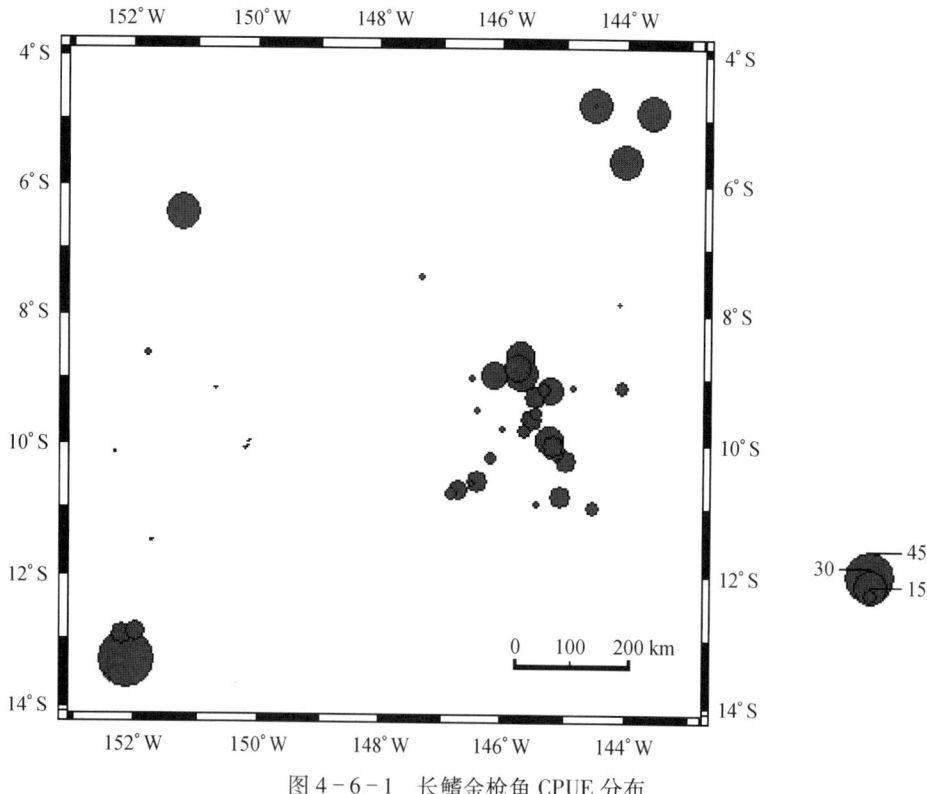

图 4-6-1 长鳍金枪鱼 CPUE 分布

整个调查期间调查站点与长鳍金枪鱼 CPUE 分布有显著相关性的指标及相关系数和显著性水平见表 4-6-1。

表 4-6-1 整个调查期间与长鳍金枪鱼 CPUE 有显著相关性的指标及相关系数和显著性水平

相关指标	Pearson 相关系数	P 值（双尾）
T_{250}	0.367	0.012
DO_{200}	0.317	0.030
DO_{250}	0.327	0.025
CH_5	0.596	0.000

长鳍金枪鱼 CPUE 与 250 m 水深处的温度关系见图 4-6-2。由图可得：长鳍金枪鱼 CPUE 与 250 m 水深处的温度有较弱的正相关关系，温度在 14.1～16.1℃时，长鳍金枪鱼 CPUE 较高。

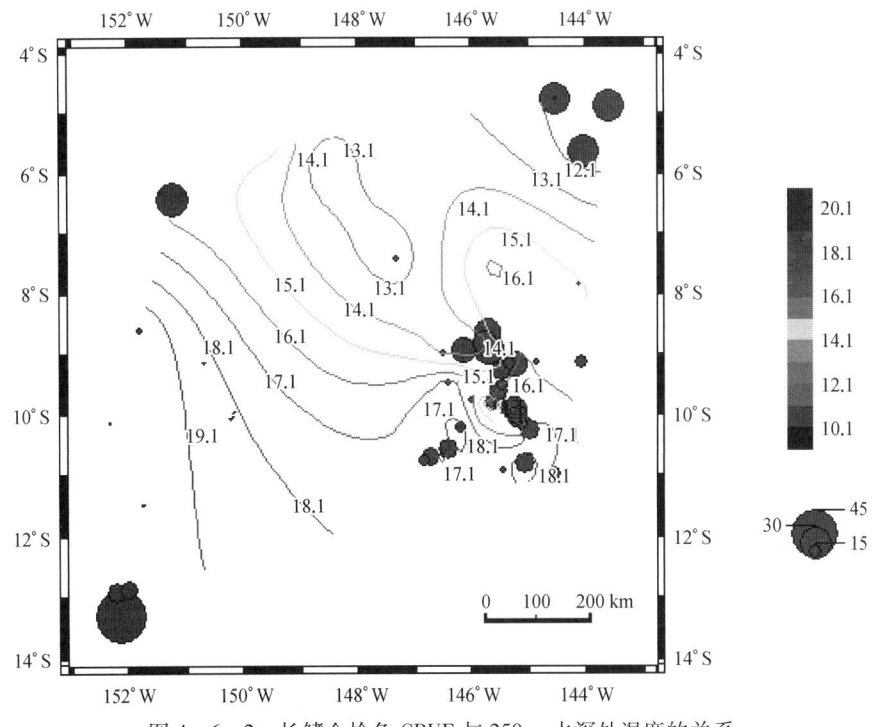

图 4-6-2 长鳍金枪鱼 CPUE 与 250 m 水深处温度的关系

长鳍金枪鱼 CPUE 与 200 m 水深处的溶解氧含量关系见图 4-6-3，由图可得：长鳍金枪鱼 CPUE 与 200 m 水深处的溶解氧含量有较弱的正相关关系，溶解氧含量在 3.2～3.5 mg/L 时，长鳍金枪鱼 CPUE 较高。

长鳍金枪鱼 CPUE 与 250 m 水深处的溶解氧含量关系见图 4-6-4。由图可得：长鳍金枪鱼 CPUE 与 250 m 水深处的溶解氧含量有较弱的正相关关系，溶解氧在 2.4～3.4 mg/L 时，长鳍金枪鱼 CPUE 较高。

长鳍金枪鱼 CPUE 与 5 m 水深处的叶绿素含量关系见图 4-6-5。由图可得：长鳍金枪鱼 CPUE 与 5 m 水深处的叶绿素含量有较强的正相关关系，叶绿素在 1.6～2.0 μg/L 时，长鳍金枪鱼 CPUE 较高。

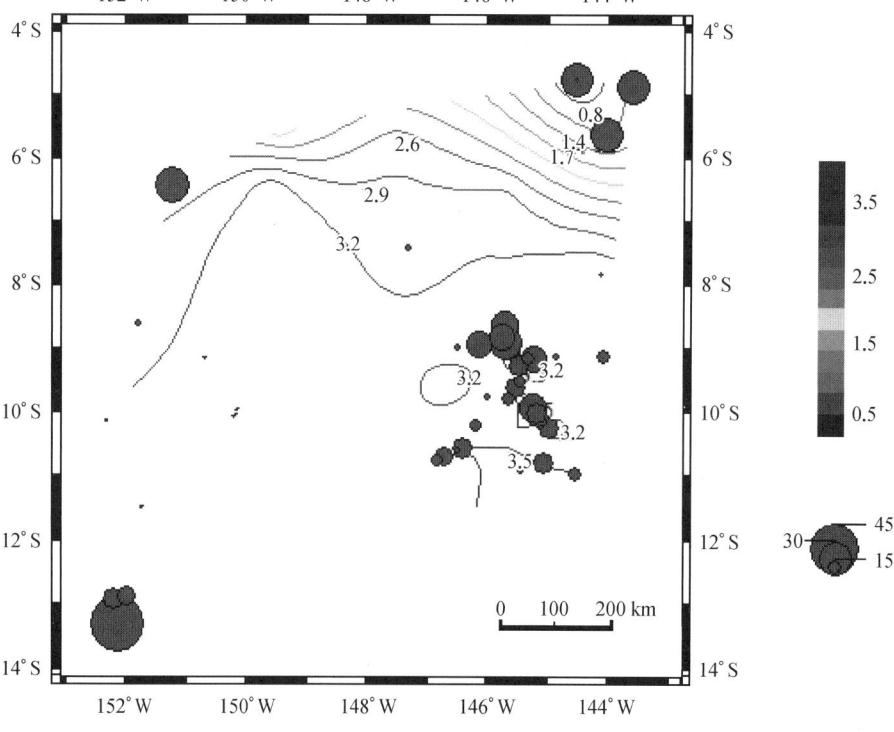

图 4-6-3 长鳍金枪鱼 CPUE 与 200 m 水深处溶解氧含量的关系

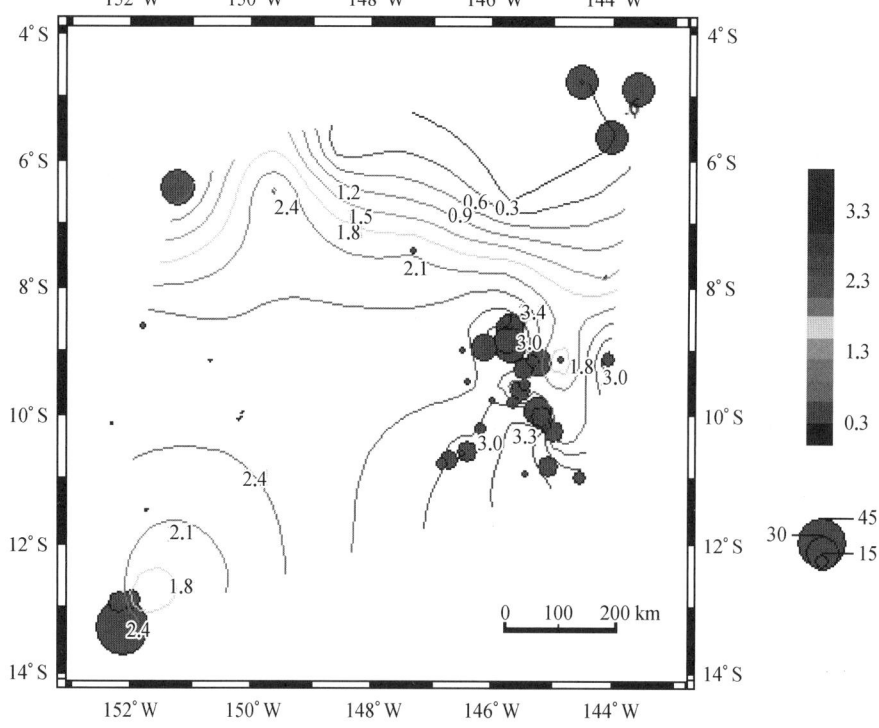

图 4-6-4 长鳍金枪鱼 CPUE 与 250 m 水深处溶解氧含量的关系

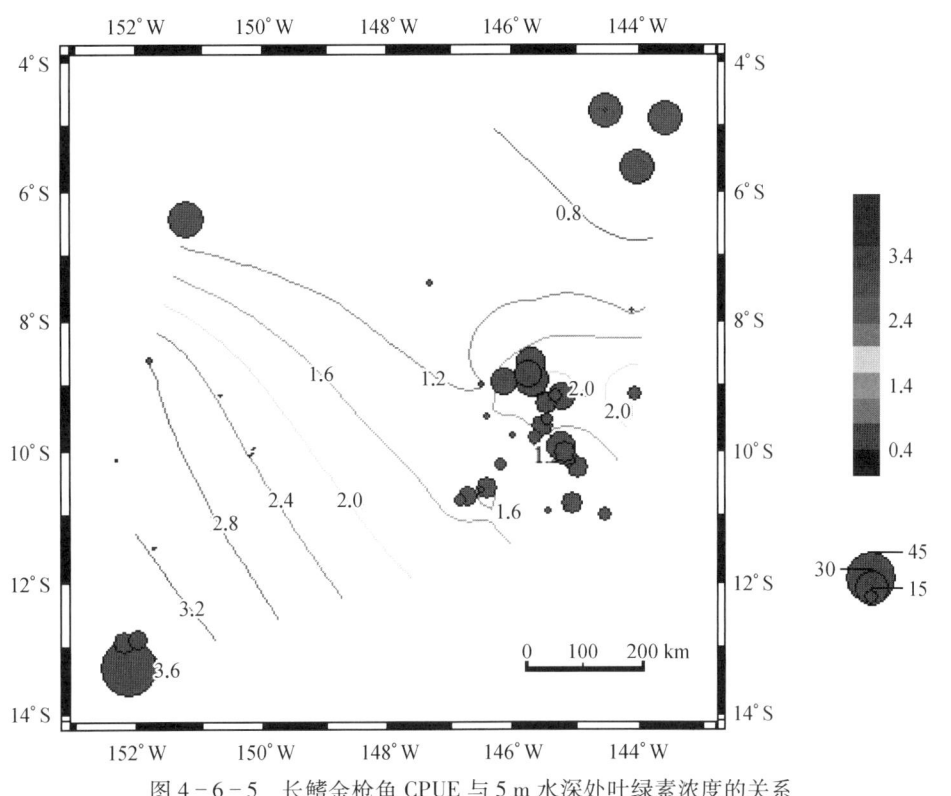

图 4-6-5 长鳍金枪鱼 CPUE 与 5 m 水深处叶绿素浓度的关系

6.2 黄鳍金枪鱼

调查期间黄鳍金枪鱼 CPUE(单位为尾/千钩)分布见图 4-6-6。

整个调查期间调查站点与黄鳍金枪鱼 CPUE 分布有显著相关性的指标及相关系数和显著性水平见表 4-6-2。

表 4-6-2　整个调查期间与黄鳍金枪鱼 CPUE 有显著相关性的指标及相关系数和显著性水平

相关指标	Pearson 相关系数	P 值(双尾)
T_5	0.299	0.042
CH_{50}	−0.386	0.007
CH_{75}	−0.338	0.020

黄鳍金枪鱼 CPUE 与 5 m 水深处温度关系如图 4-6-7。由图可得：黄鳍金枪鱼 CPUE 与 5 m 水深处的温度有较弱的正相关关系，温度在 30.3~30.7℃ 内，黄鳍金枪鱼 CPUE 较高。

黄鳍金枪鱼 CPUE 与 50 m 水深处叶绿素浓度关系如图 4-6-8。由图可得：黄鳍金枪鱼 CPUE 与 50 m 水深处的叶绿素浓度有较弱的负相关关系，叶绿素浓度在 0.8~1.4 μg/L 时，黄鳍金枪鱼 CPUE 较高。

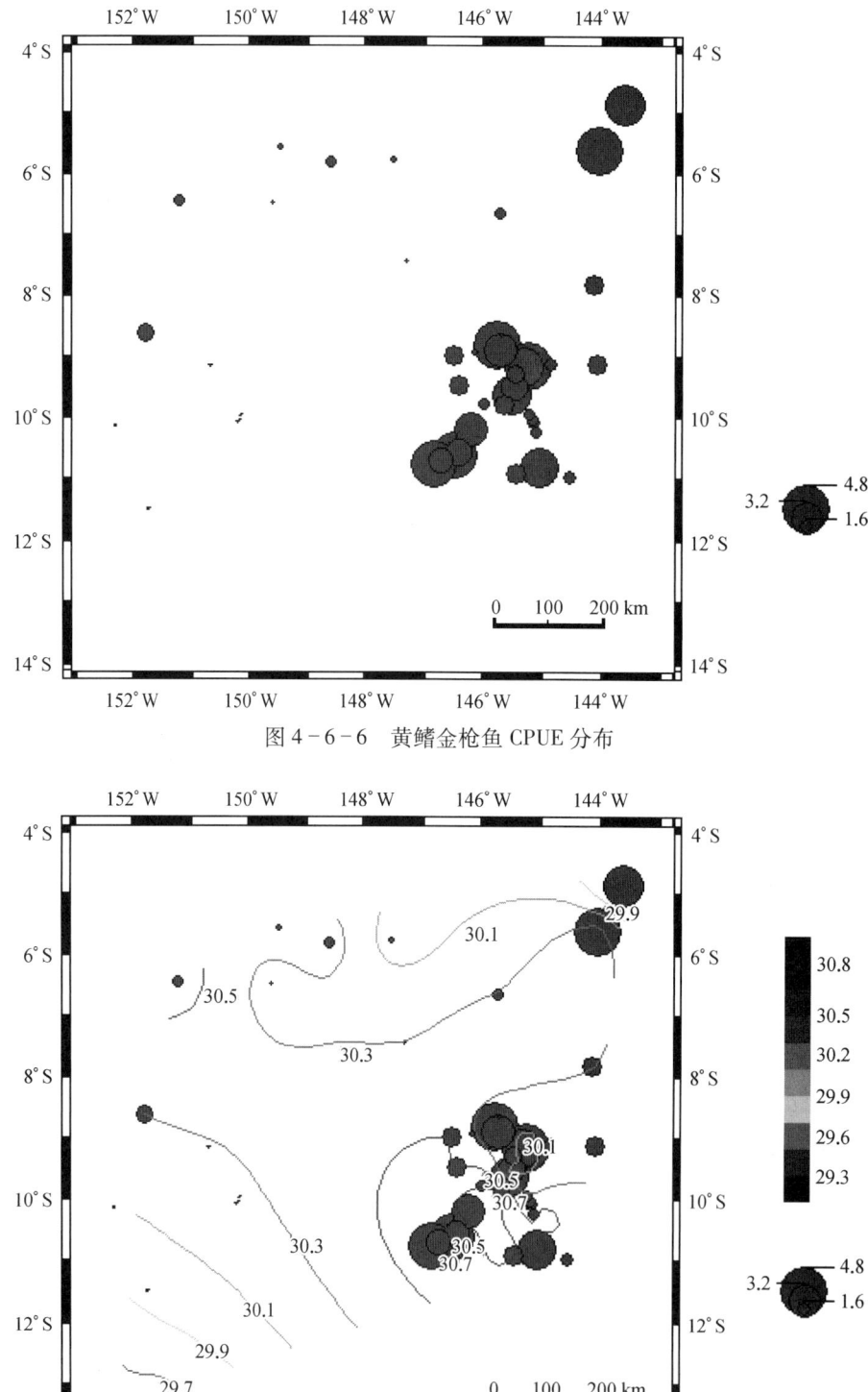

图 4-6-6 黄鳍金枪鱼 CPUE 分布

图 4-6-7 黄鳍金枪鱼 CPUE 与 5 m 水深处温度的关系

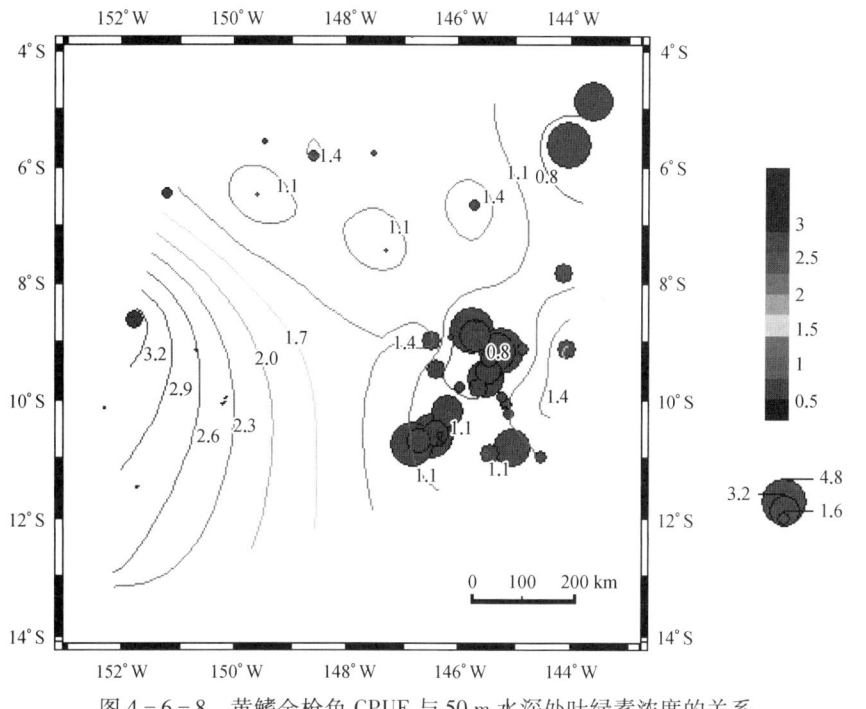

图 4-6-8　黄鳍金枪鱼 CPUE 与 50 m 水深处叶绿素浓度的关系

黄鳍金枪鱼 CPUE 与 75 m 水深处叶绿素浓度关系如图 4-6-9。由图可得：黄鳍金枪鱼 CPUE 与 75 m 水深处的叶绿素浓度有较弱的负相关关系，叶绿素浓度在 1.1~1.5 μg/L

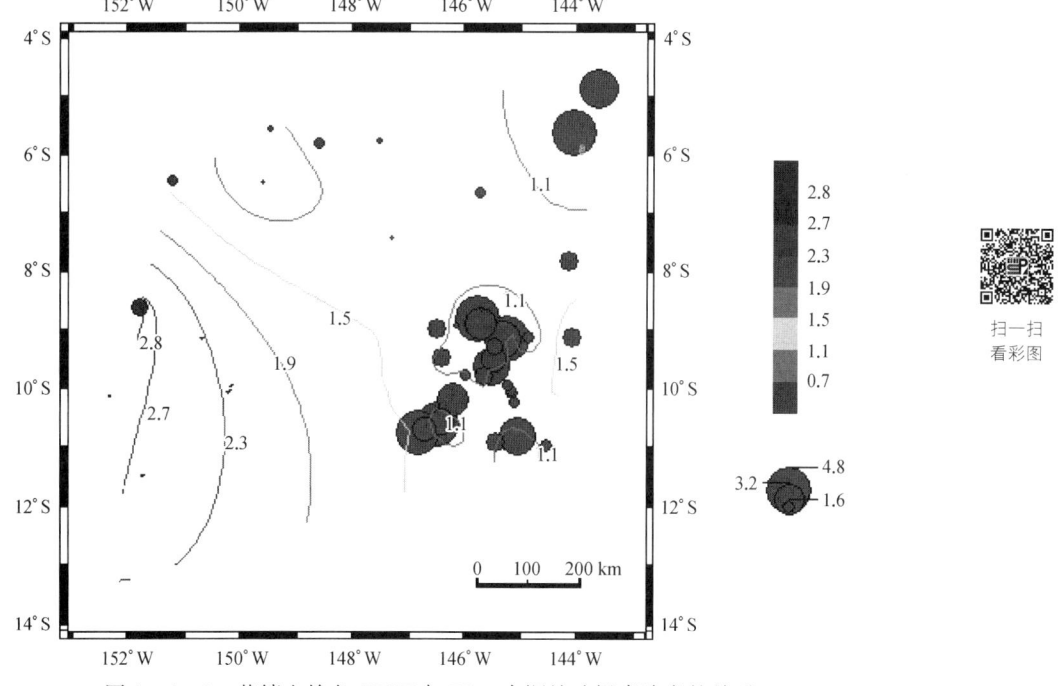

图 4-6-9　黄鳍金枪鱼 CPUE 与 75 m 水深处叶绿素浓度的关系

时,黄鳍金枪鱼 CPUE 较高。

6.3 大眼金枪鱼

调查期间大眼金枪鱼 CPUE(单位为尾/千钩)分布见图 4-6-10。

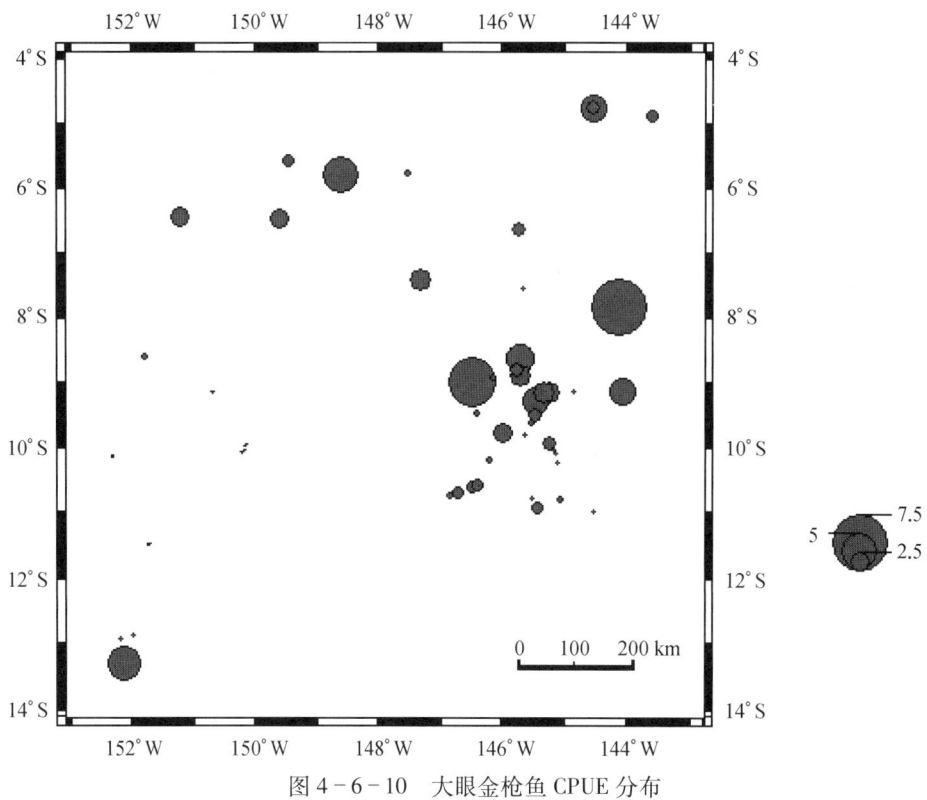

图 4-6-10 大眼金枪鱼 CPUE 分布

整个调查期间调查站点与大眼金枪鱼 CPUE 分布有显著相关性的指标及相关系数和显著性水平见表 4-6-3。

表 4-6-3 整个调查期间与大眼金枪鱼 CPUE 有显著相关性的指标及相关系数和显著性水平

相关指标	Pearson 相关系数	P 值(双尾)
T_5	-0.324	0.030

大眼金枪鱼 CPUE 与 5 m 水深处的温度关系见图 4-6-11。由图可得:大眼金枪鱼 CPUE 与 5 m 水深处的温度有较弱的负相关关系,温度在 30.1~30.3℃时,大眼金枪鱼 CPUE 较高。

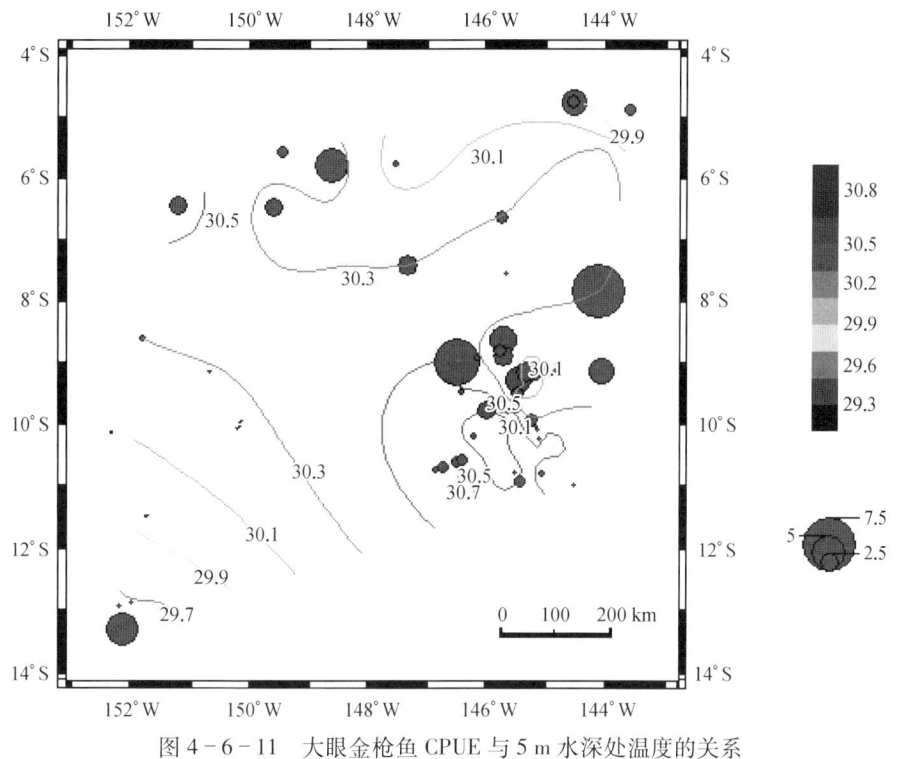

图 4-6-11 大眼金枪鱼 CPUE 与 5 m 水深处温度的关系

6.4 小结

以上为 2016 年 3 月 21 日~2016 年 7 月 11 日基于"丰汇 18"调查船取得的数据,对主要金枪鱼的渔场形成机制分析的结果。本次调查测量的指标较广,几乎搜集了所有的风速、风向、钓具漂移速度、漂移方向、0~300 m 各水层的水温、盐度、叶绿素浓度、溶解氧含量、三维海流数据。

6.4.1 长鳍金枪鱼

根据对调查船整个调查期间所有数据进行分析的结果,250 m 水深处温度,200 m、250 m 水深处溶解氧含量,5 m 水深处叶绿素浓度对长鳍金枪鱼 CPUE 分布的影响较大。

长鳍金枪鱼 CPUE 较高处为:

1) 250 m 水深处温度范围 14.1~16.1℃;
2) 200 m 水深处溶解氧含量范围 3.2~3.5 mg/L;
3) 250 m 水深处溶解氧含量范围 2.4~3.4 mg/L;
4) 5 m 水深处叶绿素浓度范围 1.6~2.0 μg/L。

6.4.2 黄鳍金枪鱼

根据对调查船整个调查期间所有数据进行分析的结果,5 m 水深处温度、50 m、75 m 水深处叶绿素浓度对黄鳍金枪鱼 CPUE 分布的影响较大。

长鳍金枪鱼 CPUE 较高处为：

1) 5 m 水深处温度范围 30.3~30.7℃；
2) 50 m 水深处叶绿素浓度范围 0.8~1.4 μg/L；
3) 75 m 水深处叶绿素浓度范围 1.1~1.5 μg/L。

6.4.3　大眼金枪鱼

根据对调查船整个调查期间所有数据进行分析的结果,5 m 水深处温度对大眼金枪鱼 CPUE 分布的影响较大。

大眼金枪鱼 CPUE 较高处为：5 m 水深处温度范围 30.1~30.3℃。

参 考 文 献

1. 李志辉,罗平.统计分析教程.北京：电子工业出版社,2003：173-175.